増補改訂版
第三世界の開発問題

M. モリッシュ著
保科秀明訳

本書は1994年の改訂版をもとに増補改訂したものである

古今書院

DEVELOPMENT IN THE THIRD WORLD

Michael Morrish

Oxford University Press

Originally published in English under the title
DEVELOPMENT IN THE THIRD WORLD ©
Oxford University Press 1983

増補の作成に寄せて

　本書の原本が英語で出版されたのは1983年。その内容のほとんどは1980年以前からすでにわかっていた事柄が述べられています。10年後の1991年に日本語訳を出版したのは，1980年以前から指摘されていた問題が80年代になって一層先鋭化し，環境問題とか所得格差の拡大など，深刻度を増した問題が多かったからです。さらに日本の若い世代の間では，こうした世界で起こっている出来事，特に開発途上国の問題に対して無関心が広がっているのではないか，という危惧もありました。

　幸い初版後，1994年改訂第2刷まで発行を重ね，1万部を越すまでになりました。大学や高校の教育現場における開発教育の拡大，開発問題に取り組む青年協力隊やNGO活動への関心が高まったせいかもしれません。何十万部，何百万部といった発行部数を誇る風潮が強いなかで，本書のような地味な図書が継続して読者を得たことについて，購読してくださった方はもちろん，ご推薦くださった教育関係者ほか，皆様に心から謝意を表する次第です。

　初版では，原書発行以降1980年代に起こった変化について，一部ですが巻末参考資料を補足しました。その後の改訂版では，さらに付表，付図を追加して，原書の内容の変化や補足の資料，また日本との係わりのある資料などを拾い出して追加しました。

　しかし，1990年代の世界の政治・経済情勢は変化が激しく，東西対立の消滅といった思いもかけない事態を引き起こします。これは途上国の政情不安や地域紛争の原因となり，紛争の調停や難民問題への支援，また市場経済化へ転換するための援助など，新しい援助が必要になりました。ひいてはこうした事態が途上国の開発を支援するための援助政策全体を大きく変えていきます。「先進国の援助疲れ」，「民主化」，「グッド・ガバナンス」といった言葉が関係者の間で使われ始めたのもこの時期です。

　しかしどんな事情にせよ，地球環境の保全と開発のバランスを保つという課題は21世紀に引き継がれていきます。宇宙船地球号は今後とも安全に航行を続けなければなりません。そのためには，20世紀末の10年間に提起された問題の見なおしが必要です。増補版発行を決めたのはこのような思いに駆られたからです。

　一方もっと遡って，開発問題とは何だったかを考えようとすれば，20世紀末の10年間を見なおすだけでは不充分です。やはり原書が取り上げた1980年までの事柄とそれ以降に起こった事を動的に把握する事が必要です。そこで増補版では，本編の補足資料を見なおし，必要な部分はボックス記事に差し替え，さらに巻末には増補解説を追加しました。原書の内容は歴史的事実として残し，これを基本的な屋台骨として，その上に物乾し台を乗せるような形で80年代，90年代の代表的な開発問題を紹介しました。1980年ごろまでの絵に，80年代・90年代のコンテンポラリーな色を塗り足したようなもの，といってもいいかもしれません。

　ただ巻末の補足解説については，上に乗せた物乾し台あるいは色の塗

り足し部分といっても，自分の専門分野に偏っていて，各方面で開発問題に取り組む方からすれば危うげで物足りないものに映るはずです。もとより浅学の身であれば，とても原書が取り上げた10章全部の領域をカバーする事はできなかったのです。不足している部分は読者に補ってもらうほかありません。にもかかわらずこの作業に取り組んだのは，環境問題と都市問題は技術，政治，経済，社会など，多様な専門分野にまたがる複合領域であり，21世紀に予想される課題のなかでも，引き続き中心的な開発問題の一つになると確信したからです。

ところで，本書は英国人が20年前に書いたものを10年前に日本人が翻訳し，さらに時代の変化を書きつないだ形になりました。結果として国境を超えて書き継がれたものになったと見ても良いのではないでしょうか。その意味で第三世界の開発問題は国境を超えて，また世代を積み重ねて，これからもずっと書き継いで行く事のできるテーマだと思います。21世紀をになう次の世代が書き継ぐ事によって，問題がどう変質していったか，あるいはどう解決されていったかを，しっかりと検証していく事ができるのです。

増補改訂版出版に当たっては，初版から一貫して励ましや的確な助言，作業の遅れに対する忍耐，そして新しい資料の手配や校正に至るまで，多大なご支援をいただいた古今書院・橋本寿資社長に，改めて深くお礼を申しあげます。

2000年2月吉日
保科秀明

日本語版の出版に寄せて

1983年に本書が出版されて以降も，世界には開発問題の研究を根底から揺るがすような大きな変化が次々と起こっています。これに呼応して学問の世界でも，現実に起こっている問題を研究の視座に据える必要性がますます高まってきました。様々な広がりの中で起こっている政治や意志決定のプロセスが，どういう役割を果たすかを考えることが特に重要になってきたといえるでしょう。言い換えれば，21世紀という新しい時代を迎えようとしている今，恐らくもっとも重要なのは，1980年代に起こったことをもう一度見直し，何が主なテーマであったかをまとめておくことではないでしょうか。

私の見るかぎり，最も根本的なテーマはこの世界が極めて高い相互依存関係を築いてきたことにあると思います。私たちは今，地球的な視野にたって解決しなければならない人類共通の問題がいかに多いか，ということに気付き始めています。このことは，例えば地球の気候変化・オゾン層の破壊・大気と海洋の汚染・森林破壊・砂漠化・種の絶滅といった，様々な環境問題に対して国際的な関心が高まってきたことに如実に現われています。しかしその一方で，人間一人一人の個人的人権や貧困の問題に関してみれば，国際社会が取ってきた行動は決して十分なものであったとは思えません。今もなお解消されない開発途上国の債務問題を見ると，世界の貿易や財政システムは相変わらず南北間の不平等をさらけ出しているし，さらにこの十年間を見ると，貧富の差は南北国家間だけの問題ではなく，あらゆる国家の内部における貧富の差を拡大するという現象さえ引き起こしているのです。こうした中で，歯止めの効かない産業の拡大と限りある自然資源の浪費という問題は，特に深刻な問題だといえます。

イギリスの新しく制定された教育指導要項では，環境に対する広い関心を高め，また各人に世界市民としての自覚を促すような内容を含むように注意が払われています。その意味では，本書はこの目的に十分答え得る内容を持っていると確信していますし，また日本のようにダイミックな変貌を遂げつつある国の若者にも，世界的な視野にたつものの見方を学んでほしいと思います。その意味でこの日本語版が，日本の皆様のお役に立つことを願ってやみません。

マイケル　モリッシュ
1990年8月
ロンドンにて

前書き

今日の地理学にとって、取り組まなければならない研究課題は数多くありますが、第三世界の開発問題はとくに重要な課題です。本書はイギリスで最初の義務教育国家検定試験 (Public Examination) を受験する学生のために編集したものです。したがって、内容は第三世界における開発問題の基本となる事柄をできるだけ網羅するように努めました。本書は開発地理学の基礎的な知識と方法論を理解してもらうことが目的なので、開発地理学の理論と社会の現実とを比較しながら理解を深めていけるようにしました。かなり頻繁に設問を入れたり図表を入れたのもそのためです。これは、読者のレベルに合わせてテキストとして使うことにも役立つはずです。

また、ここに紹介した資料には新聞や雑誌の記事をたくさん引用しましたが、それは出来るだけ今日的な話題を折り込みたかったからです。第三世界の問題を議論する時は、根拠となる統計資料の信頼性が疑われるようなことが少なくないので、資料を提供する人は十分な注意が必要です。また世界情勢の変化はことのほか早く、常に最新のデータを加え、情報を補足して考えていかなければなりません。

ところで、第三世界の研究では、研究者の価値観や問題への取組の姿勢に違いがあって、問題の捕らえ方も様々に違ってくることは避けられません。こうした違いを理解し、そのために議論を重ねることはそれ自体重要です。しかし、議論がヨーロッパ中心の、偏った見方にならないように留意することが必要です。これは、読者にも注意してほしい点です。さらに、南北に分れた世界の国々は相互に依存しあって生きているということも、はっきりと理解してほしいと思います。この問題に地理的な要因がどう働いているかを検討するために、国際関係に関わる社会的・政治的ファクターを少なからず取り上げておきました。おわりに、この本を読んで、読者が私たちの毎日の生活が何らかの形で開発問題と関わっている事を理解して頂ければ幸いです。

M.M.

目　次

増補版の作成に寄せて ——————————— i
日本語版の出版に寄せて ——————————— iii
前書き ——————————————————————— v

第 1 章　開発とは何か ———————————— 1
　　世界を読む目　1
　　第三世界の意味　4
　　富者と貧者　6
　　開発のレベルと統計　8
　　統計上の相関関係　13
　　北部ガーナ・ダトイリ村にて　14
　　スーダンの生活　20

第 2 章　人口の問題 ————————————— 25
　　人口増加のパターン　25
　　人口の回帰変化　27
　　人口の分布　29
　　人口の構造　33
　　中国の人口問題　36
　　インドの人口問題　39
　　エジプトの人口問題　44

第 3 章　自然環境の管理 ———————————— 49
　　生態系と人間　49
　　地球の環境帯　52
　　熱帯樹林　55

　　アマゾンの危機　59
　　砂漠化　64
　　水問題　68

第 4 章　農業の改善 ————————————— 73
　　農業の発展　73
　　農業のタイプ　75
　　パプア・ニューギニアの焼畑農業　79
　　アンデスの自給自足農業　82
　　営利灌漑農業　86
　　緑の革命　91
　　インドの稲作　93
　　土地所有制度と土地改革　96
　　ピンチョウ：中国の人民公社　100

第 5 章　保健と災害 ————————————— 107
　　保健と栄養　107
　　農村のヘルス・ケア　112
　　伝染病：コレラ　115
　　マラリア　117
　　ビルハルツ吸虫病　120
　　自然災害　121
　　インド・バングラデシュの洪水　123
　　サヘルのかんばつ　126
　　ニカラグアの地震　131

第 6 章　人と移住 ——— 135
マイグレーション　135
マイグレーションの歴史　138
植民地化　139
奴隷貿易　143
就業移住　146
カラードのイギリス移民　149
農村人口の減少　152
インドネシアのトランスマイグレーション計画　155
タンザニア：ウジャマーの部落　158

第 7 章　爆発する都市 ——— 161
都市化　161
首位都市　164
カルカッタ　166
スクォッター居住地　170
シンガポール：ある都市国家　175
キンシャサ：ある植民都市　179
ルサカ：自力更生のスクォッター　182

第 8 章　交通：空間の絆 ——— 185
交通手段　185
輸送効率の判定　188
交通網の発達　190
ガーナの港湾開発　192
ボルタ湖の内陸水運　195
航空輸送　198
ザンビアの開放鉄道　200
コルトラニア　204

第 9 章　産業と貿易 ——— 207
雇用需要　207
産業構造　209
工業開発　210
適正技術　212
零細企業の振興　214
貿易　216
メキシコ：新しいオイル・パワー　219
カリブの観光産業　224

第 10 章　分断された世界 ——— 229
ブラント報告　229
軍備：無用の長物　233
南アフリカとアパルトヘイト　237
開発援助　243

増補解説 ——— 248
はじめに　248
増補解説−1：地球環境と開発−持続的開発の課題　250
増補解説−2：持続的開発と都市問題−アジアの大都市問題　259

訳者あとがき ——— 271

索引 ——— 273

第1章　開発とは何か

世界を読む目

　この広い世界をくまなく知ることはまず不可能といってもいい。そればかりか，よその国のこととなると知らないことが多く，基礎的な地理の知識さえおぼつかない人も多いのではないだろうか。例えば，設問1にある問題をやってみよう。

1　図1-1の地図を見てください。

a　図中の番号順に国名を挙げてください。世界地図を見ないで，何か国の名前が分かりますか。
b　クラスの仲間やグループでテストする場合，ひとりひとり

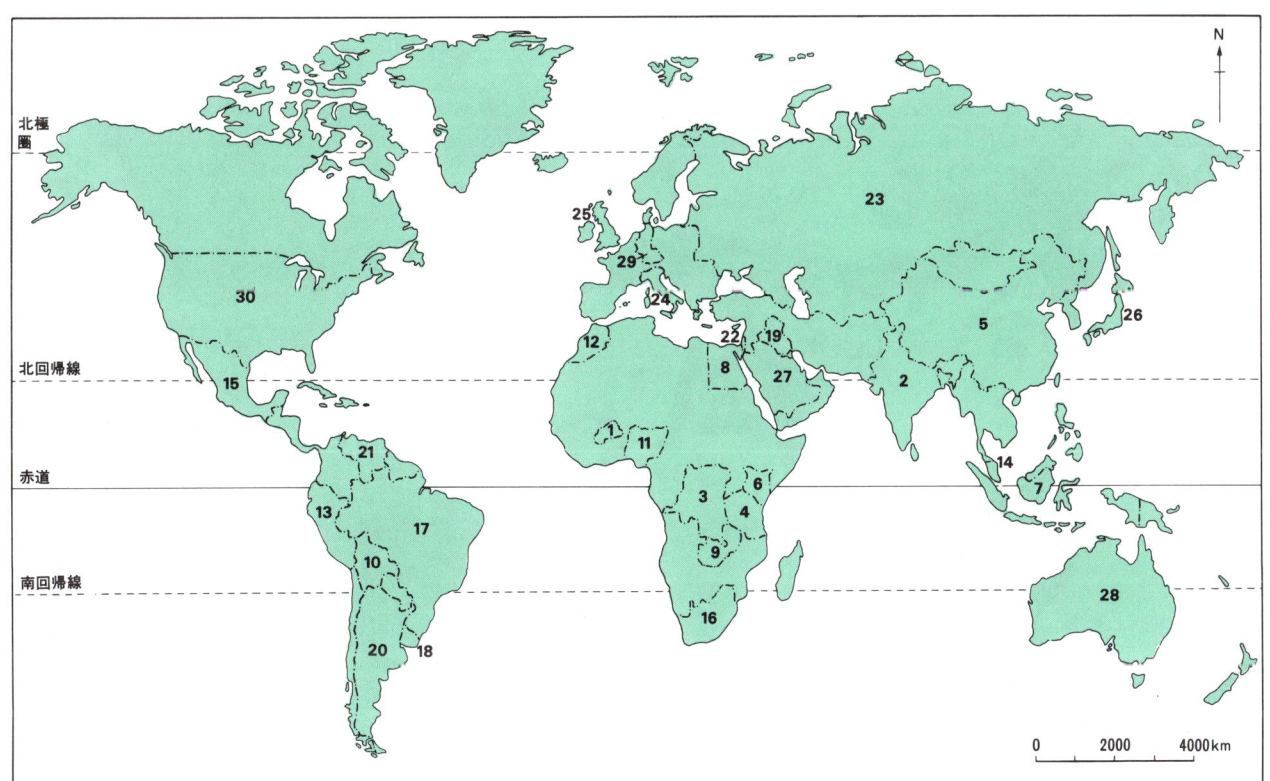

図1.1　世界30カ国の地理的位置

の平均正解率を計算して，1人当たり何問答えられたか比較してみましょう。

c 正解が寄せられたものの中から上位10カ国を選び，なぜそういう結果になったのかその理由を考えてください。

2 次にあげる国について，地図を見ないで国土の大きい順に国名を並べてください。
インド，ブラジル，中国，サウジアラビア，カナダ，ケニア，西ドイツ，オーストラリア。

3 次の6カ国について，それぞれの国にある都市名を5つあげてください。
フランス，アメリカ，ソ連，日本，南アフリカ，アルゼンチン。

4 次の6カ国について，その国にあった人口数を（ ）内から選んでください。
ニュージーランド，メキシコ，ナイジェリア，インドネシア，コロンビア，イギリス，（144, 79, 69, 56, 27, 3（単位百万人））

さて，この種の問題は正解を確かめようとすれば地図帳が必要である。実際，市販の地図帳はこういう単純な情報がすぐ見られるように作られている。しかし，地図帳から分かることにはかぎりがあるから，未知の国やそこに住む人々について実情を知ろうとすれば，やはり実際に現地に出かけてみるしかない。本に書かれている事柄や写真でもなかなか本当のことはわかりにくいものだ。その場の音とか，違った環境から受ける刺激，馴染みのない気候風土，また見知らぬ国の文化などに接したときの驚き，といったことは体験し

図1.2 シェーラ・レオーネのある町の日常風景

ないとわからない。ここでイギリスのある女学生がアフリカの,とある農村を訪れた時の印象記を紹介しよう。

「……私の第一印象はここはともかく広いな,ということでした。私たちの旅はフリータウンという町のキッシー通りを出発するところから始まりました。埃がものすごく沿道の住宅が狭苦しいのにはぞっとしました。でも,道路の道幅は広くて家屋もばらばら,しかも通りの片側にしか建っていないので,雰囲気としてはのんびりしたものでした。ここの人々はお金持ちではないかもしれないけれど,お金には替えられないような貴重な宝物を持っているんだと思いました。それは何かというと,空間のゆとりです。座っておしゃべりしたり,散歩したり,子供達には走り回って遊ぶ場所があるということです。

第二は民衆のことです。みんなやせていて,栄養の足りない食事をたくさん食べるために,おなかが突き出した人もいます。また,若い人にも老人にも肌があれて腫れ物が口を開けている人もいます。ここでは近代的なよい薬が手に入りにくいという事情がよく分かります。これはちょっと痛ましい出来事でしたが,こんなことがありました。丁度私たちが出発しようとしていたとき,向こうのほうから老人が一人足を引き摺りながらこちらに近寄ってきて,「何か痛み止めを持っていないかね。背中が……,背中が痛いんだ……。」とつぶやいたのです。気の毒でしたが,わたしたちはそんな薬は持っていませんでした。その老人はがっかりして,また足を引き摺りながら離れてゆきました。このことを思い出すと今でも心が痛みます。

さて,村に着いてみると,村人たちは皆親切そうな笑顔を絶やさず,精一杯生きているように見えました。私たちはみんなから歓迎された……,少なくとも歓迎されていると感じさせられて,幾度目かのほっとした溜息をつきました。私としては,初め私たち一行が村人たちからどう受け入れられるのか本当に気がかりでした。もしかすると私たちは余計な邪魔物なんじゃないかと恐れたのです。しかし予想に反して,私たちが村に入ると村中がひっくり返るような大騒ぎになりました。私たちと同じように,村人も興奮してしまったようです。子供達といえば,初めは結構人見知りしていたのですが,すぐになれて英語の練習さえ始めたのです。わたしは村に入って暫くするうちに,感動と充実感で胸が一杯になりました。」

Box 1.1　ウガンダという国

　今,アフリカには7億1千万の人が居住し,面積は日本の80倍といわれます。国の数は53カ国,言語は各部族語まで含めれば,数え切れません。その中の1つに,ウガンダという国があります。この国の人口は約2千万人,アフリカ東部内陸部の赤道直下,ケニアの西隣りにあります。この地域はナイル川の源流に当たり,アフリカ最大の湖・ヴィクトリア湖に面しているほか,多くの湖があって風土は美しく,土地が肥沃なところです。バンツー語系のガンダ人が農耕を営んでいた土地(ウガンダとは「ガンダ人の国」という意味)に,15世紀ごろ,アチョリ人などナイル語系の牛牧民が北方から移り住んできて,ガンダ人を従え,いくつかの王国を作りました。そのなかで最も強力だったニョロ王国が,現在のウガンダのほぼ南半分を支配するようになりますが,17世紀にはガンダ王国にとって代わられました。18世紀には,インド洋沿岸との間の通商路が開かれ,アラブ商人が出入りするようになりました。このように,アフリカの国々も様々な歴史で彩られています。

(訳者補足:「のうさぎとさいちょう」オコト・ビテック著・北村美都穂訳,新評論,1998) p.10 引用・加筆

第三世界の意味

第三世界という言葉は、普通国民所得の低い国々に対して使われるが、これらの国は開発途上国とか低開発国、また時には未開発国と呼ばれることがある。(巻末注1)

もともとこの第三世界という言葉は、1950年代冷戦(の時代)といわれた、世界政治の緊張が高かった頃に使われ始めたものである。当時第三世界という言葉は、西側ブロック(第一世界)にも東側ブロック(第二世界)にも属さない国々全体を総称する意味で使われていた。しかし今日低所得国の中には、西側諸国あるいはソ連・中国といった大国と政治的に強く関わっている国が多くなり、また一方では特にアラブ産油国や中近東諸国のように、独自の政治的立場を主張する国々も出てきている。しかもソ連と中国は反目しあい、共産世界を長い間分裂させてきたという事態もおこった。

今日では、第三世界という言葉から当初の意味は失われてしまい、その国の政治的な性格ではなく、経済的な状況をさす言葉として使われるようになった。これら開発途上国の経済に共通しているのは、少数の富裕階層の人と貧困から抜けだせない多くの大衆がいること、しかもその間には大きな所得格差があることである。裕福な人々が住む大都会は第三世界を代表するものではなく、ある意味では先進国の植民地だと表現した方がよいかもしれない。

なぜならば、農村地域にはあまり顧みられることのない何億もの農民がいて、彼らは農業に頼って何とかやりくりしながら、ぎりぎりの生活を営んでいるのである。

第三世界についてまず知っておかなければならないことがある。それはアフリカ、アジア、そしてラテン・アメリカ地域はそれぞれ地域によって国情が違い、また抱えている地域問題もそれぞれに異なる多種多様な国々からなっているという点である。

イギリス人といえどもまだ開発途上国に行ったことがないという人は少なくない。しかし本書の読者の中には、開発途上国へ観光旅行に行ったとか、中には両親が開発途上国で働いているためにしばらく一緒に住んでいたことがあるという人もいるに違いない。あるいは両親が開発途上国から来ているにもかかわらず、自分はまだ行ったことがないという人もいるかもしれない。いずれにしても、人間はどんなに経験を積んだとしても、自分の主観からしか物事を見ないものだから、私たちの意見や考えというのも、要は今もっている知識量の範囲でしかないと心して

図1.3　金持ちの高層マンションから見下ろされるボンベイの路上生活者

おくことが必要だろう。一般的にいって，私たちの第三世界に関する知識は，大体が日頃の新聞・テレビのニュースや番組に頼っているものである。ところが，この新聞やテレビの情報は事実のすべてを伝えているわけではなく，ある一面に過ぎないということに注意しておかなければならない。

5 読者の中に開発途上国で生活したことがある人はいますか？そこでの生活はどんなものだったでしょうか。

6 第三世界から国ないしは地域を1つ選んで，なにか1つの問題に関する一連のニュース報道について分析してみましょう。

a その問題に関連するニュースを，新聞や雑誌から手当たりしだいに集めてください。

b 集めた新聞や雑誌は，その問題の何に注目してニュース報道しているか分析する必要があります。報道の強調点にどんな違いがあるでしょうか。比較的事実報道に重点を置いていると思われるものはどれでしょうか。

新聞や雑誌は，購買対象となる読者の興味をいかに引くか，という視点からニュース記事を書いているものである。だから内容はどうしても自分たちの国と関わりの深い事柄が中心になりがちである。そうでない場合は，国際的に重大だと思われる事件が取り上げられたり，災害とか人道上の問題に関わるものがニュースになることが多い。ふだん私たちが開発途上国のニュースに関心を持つのは，このような何か大きな事件が起こったときぐらいのものではないだろうか。

Box 1.2　開発途上国

　本書原文の英語には開発途上国を意味する異なる単語がいくつか使われています。もっとも頻繁に使われているのがDeveloping Countriesですが，その他，Under Developed Countries, Less Developed Countries (＝LDCS), Developing Worldsなどが使われています。専門書ではそれぞれ直訳して使い分けているものもありますが，用語として厳密な定義があるわけではありませんので，ここではどれでも開発途上国と訳しました。日本語ではかつて低開発国という言葉が使われましたが，現在では使わないことにされています。また，発展途上国という用語も使われますが，これはどちらかというと国の経済的な問題を論じるときに使われることが多いようです。本書は開発問題の入門書であることを念頭に置いて，統一的に開発途上国という訳語を採用しました。

　1970年代後半から，この開発途上国の中にも著しい経済発展を遂げる国がでてきて，第三世界の国を一様に論ずることができなくなってきました。そして，韓国・香港・シンガポールを指して新興工業国 (Newly Industrialised Countries＝NICS；ニックス) とか，これに台湾を加えて新興工業国地域 (Newly Industrialised Counteies Economies＝NIES：ニーズ) という用語も使われるようになりました。この点，世界銀行の報告書では高所得国・中所得国・低所得国という分類が採用されています。さらに新しいところでは，OECD (経済協力開発機構) が上記のNIESにタイ・マレーシアを加えた6カ国をDAE (Dynamic Asian Economies＝ダイナミック・アジア経済国地域) と呼ぶようになりました。

　一方，これとは逆に極度な貧困状態に陥った国もあります。特に1973年に発生したオイル・ショックは，石油を持たずこれといった輸出産物も持たない開発途上国に深刻な経済的打撃を与えました。バングラデシュ，タンザニアなど，こうした国々はMSAC (Most Seriously Affected Countries) と呼ばれました。

（訳者補足）

富者と貧者

私たちが生きているこの世界では，富が本当の意味で人々に公平に分配されているとはいえないようである。富裕階層の上位10パーセントの人が世界の生産物の60パーセントを消費している一方で，およそ8億（地球人類の約20パーセント）の人々が生きていくのにぎりぎりの貧困生活を送っている。そのうえさらに，露命をつなぐのに必要な何がしかを求めて，あえぐような生活を送っている人々が数百万人にも達している。このような生活を送る開発途上国の貧しい農民にとっては，ほんのちょっとした変化が環境に起こっても，それはひどい災難になってしまうことが少なくない。このような現実のなかで，私たちは豊かな先進国に住んで生活をエンジョイしているが，私たちの生活だけがどうして豊かなのか，なぜ世界の資源がもっと公平に配分されないのか，私たちは問題を改善するために何をしてきたか，またそれで十分だったか，といったことについてもう一度考えなおすことが必要であろう。

しかしこれには，政治を背景とした様々な事情が複雑に絡んでいるために，実は大変難しい問題である。タンザニアのニエレレ大統領は，開発ということの意味を次のように説明している：「……開発とは，あらゆる人々が平等の権利と等しい機会を持ち，不正を被ることなく，搾取せずまた搾取されもせず，隣人どうしが平和に生きられるような，そして個人がぜいたくな生活をする以前に，徐々にではあっても確実に皆が基本的な生活水準を高めてゆけるような，そういう社会を建設することだ。」

7　このニエレレ大統領が指摘した点をどう理解すればよいでしょうか。読者なりの意見をまとめ，また開発ということについて，ほかにどんないい方があるか考えてみてください。

一般的にいえば，1国の開発レベルをはかるとき，その国の経済的な豊かさで見ることが多い。つまり，"最も経済的に貧しい国は最も開発の遅れた国"というわけだ。事実，貧困は生活のあらゆる面に影響を及ぼし，貧困に根ざした問題は極めて多い。生活水準が低いとたいていの人は食うだけの生活に追われ，貯金や生活条件をよくするための支出まではとても手がまわらない。開発途上国といわれる国では教育や保健サービスの改善も思うにまかせない。そのために生産力も上がらないので，結果的には国民が弱体化し，疲弊していくという悪循環がおこる。非衛生的な水しか手に入らず，粗末な下水道設備しかない環境は事態をさらに悪化させてしまう。これらの国では都市部の方が一般的に生活水準が高いので，人々は農村を離れて都市に集まってくる傾向にある。

表1.1　カゴ一杯分の食糧費に相当する労働時間

都市名	小学校教師	バス運転手	銀行の出納係	公務員
ニューヨーク	7	13	12	15
シドニー	9	17	13	14
ロンドン	18	20	18	20
東京	26	28	17	30
メキシコシティー	22	36	23	31
ホンコン	20	63	38	26
イスタンブール	36	64	46	39
ボゴタ	38	70	49	29
サンパウロ	31	115	35	21
ボンベイ	110	118	76	99

図1.4　第三世界会議に出席中のジュリアス・ニエレレ大統領

これが急激に進むと，都市では失業問題が新たに発生してくる。都市には産業があるとはいえ，技術や資本が十分ないので，雇用機会は急速には増えないのである。交通施設も時代遅れで，今日の交通需要が満たせない。農村部にいたっては満足な道路すらないといっても過言ではない。

開発途上国では，その生産活動の多くが限られた産業分野に依存している。たいていは第一次産品の生産と輸出が中心で，販売価格がいつも変動するために，収入が極めて不安定である。そのため，国が作る開発計画は目標の達成が難しくなり，さらには不規則な降雨や雨不足，また高温による病虫害の発生といったように，自然環境さえも国の発展を妨げるかのように働いてしまうことがある。

8 表1.1 は各都市ごとの，税金や労働時間そして食料品の価格などの違いを考慮して数値を調整してあります。
   a 世界地図のなかに表にあげられている都市を記入してください。
   b そのうち開発途上国の都市はどこですか。
   c この数値を見て，表から読み取れる特徴は何か分析してください。
   d 労賃が最低および最高の職業はどれでしょうか。各都市ごとに調べましょう。
   e この表では開発途上国の都市の生活水準が必ずしも正しく理解できないのですが，それはなぜでしょうか。

Box 1.3　開発問題を捉える視点

国際連合組織の1つに，国連開発計画（United Nations Development Programme＝UNDP）があります。通常UNDPと呼ばれ，1990年以降毎年「人間開発報告書」（Human Development Report）を発行しています（1994年以降の日本語版は国際協力出版会発行，古今書院発売）。それまでは，世界銀行（通称世銀）の発行する世界開発報告（World Development Report）が世界の開発問題を総合的に捉える年次報告書でした。

この2つの年次報告はそれぞれ編集方針の違いから，開発問題に対する見方が異なっています。世銀は途上国に対する開発資金の融資機関なので，世界開発報告は主に経済発展の側面に現れた世界的な現象の変化を見て，開発問題を捉えようとしています。これに対して，UNDPの人間開発報告書は「平和と開発は不可分であり，そのレベルを高めることがよりよい地球社会を作る」という立場から開発問題を捉えています。前者を経済的立場とすれば，後者は人道的立場と言えるでしょう。これに対して，ニエレレ元大統領の開発問題についての見かたは，社会主義国タンザニアの大統領だったこともあって，政治理念の立場と言ってもいいでしょう。経済も政治も，もとはといえば人間のものです。

21世紀が目前に迫り，開発問題への取り組みも半世紀を越える時代に入った今ほど，世界各国の政治・経済体制の協調と協力が強く求められる時代はありません。先進国・開発途上国を問わず，また視点や立場の違いを問わず，新しい世紀に向けてよりよい地球を残すために，これからも一層地球社会の英知を結集していくことが望まれています。

（訳者補足）

開発のレベルと統計

この世界は国によって事情がそれぞれに違うので、専門家は研究のための資料を集めるにもいろいろ工夫しなければならないし、また集めた資料をわかりやすくまとめることが求められている。そのためには統計資料が不可欠である。

一般的な統計資料は各国政府がまとめ、国連や世界銀行などがこれをもとに国際統計を発表している。これはいろいろな国際機関が開発計画をたてたり、また民間企業が将来の投資先を選択するときの資料として利用されているが、実際には統計データの精度がまちまちだったり、また古くて実情に合わないものや未完成だったりすることも少なくない。国によっては政治的理由からあえて欠陥資料を提供していることもある。貧しい国では財政難や組織がないために、人口統計といった基本的な国勢調査ですら実行できない国もある。

表1.2は貧しい国も豊かな国も取り混ぜて、世界30か国の自然環境や人口密度などの基本状況をまとめたものである。この表には各国の開発レベルが8つの指標（AからHまで）で示されている。（p.254 左欄参照）

A 「1人当たり国民総生産額」 ある国の国民総生産額（GNP）はその国が1年間に生産した製品やサービスの総量を金額で示した合計額である。その値をその国の総人口で割ったものを1人当たり国民総生産額（1人当たりGNP）という。開発途上国では人口のかなりの割合が農業に従事しているため、ときにGNPは間違って理解されることがある。というのは、農民は自己消費分の生産が中心で、他に販売する量は極めて少ない。GNPは本来自己消費分

表1.2　30カ国の基礎指標

	国　　名	A	B	C	D	E	F	G	H
1	アッパーボルタ（ブルキナファソ）	160	1.6	1880	42	83	30	9	5
2	インド	180	2.0	2020	51	74	180	22	36
3	ザイール	210	2.7	2270	46	76	70	34	15
4	タンザニア	230	3.0	2060	51	83	70	12	66
5	中国	230	1.6	2470	70	62	810	25	n/a
6	ケニア	330	3.3	2030	53	79	140	14	40
7	インドネシア	360	1.8	2270	47	60	280	20	62
8	エジプト	390	2.2	2760	54	51	460	45	44
9	ザンビア	480	3.0	2000	48	68	470	38	39
10	ボリビア	510	2.6	1970	52	51	370	33	63
11	ナイジェリア	560	2.5	1950	48	54	110	20	n/a
12	モロッコ	670	2.9	2530	55	53	290	41	28
13	ペルー	740	2.7	2270	56	39	650	67	72
14	マレーシア	1090	2.7	2610	67	50	720	29	60
15	メキシコ	1290	3.3	2650	65	39	1380	67	76
16	南アフリカ	1480	2.7	2830	60	30	2990	50	n/a
17	ブラジル	1570	2.8	2560	62	41	790	65	76
18	ウルグアイ	1610	0.3	3040	71	12	1050	84	94
19	イラク	1860	3.3	2130	55	42	633	72	n/a
20	アルゼンチン	1910	1.3	3350	71	14	1870	82	94
21	ベネズエラ	2910	3.3	2440	66	20	2990	83	82
22	イスラエル	3500	2.7	3140	72	7	2360	89	88
23	ソ連	3700	0.9	3460	70	17	5500	65	99
24	イタリア	3850	0.7	3430	73	13	3230	69	98
25	イギリス	5030	0.1	3340	73	2	5210	91	99
26	日本	7280	1.2	2950	76	13	3830	78	99
27	サウジアラビア	7690	3.5	2620	53	62	1310	67	n/a
28	オーストラリア	7990	1.6	3430	73	6	6620	89	100
29	西ドイツ	9580	0.1	3380	72	4	6020	85	99
30	アメリカ	9590	0.8	3580	73	2	11370	73	99

A：一人当たり国民総生産（単位USドル）
B：人口増加率（パーセント）
C：一人当たり一日食糧供給量（カロリー）
D：出生時平均寿命（才）
E：農業労働力（パーセント）
F：エネルギー消費量（石炭換算のキログラム量）
G：都市人口（パーセント）
H：成人識字率（パーセント）

の生産額を除いた値だが，農業の場合は自己消費分の価値を含んでしまっているので実際の生活水準は数字に表われたものよりずっと低いのである。同時に1人当たりGNPは総人口に対する"平均化された富"を示すもので，階層間の著しい所得格差が表現されない。開発途上国では一握りの人々に富が集中することが珍しくなく，また産業が集中している都市の労働者の所得は，農村の貧農よりずっと高いのが普通である。もちろんこれらの国では基本物資の値段は先進国よりも安いが，所得はそれ以上に，さらに低いということを覚えておく必要があろう。(巻末注2)

B 「人口増加率」 これは1年間に増えた人口の割合のことで，出生率と死亡率（1000人あたりの値）の差で表わされるから，人口の自然増加といってもよい。例えば，ある国の出生率がある年に1000人当たり42人，死亡率が1000人当たり22人だったとすれば，自然増加は1000人当たり20人（あるいは2％）ということになる。

C 「日当たり食糧供給量」 これは国民1人当りの食糧摂取量の平均値をエネルギー量に換算したもので，カロリー量で表わされる。食糧供給可能量を総人口で割って算定する。

D 「平均寿命」 新生児を基準にして，期待される生存年数の平均値を算定したものである。開発途上国では幼児の死亡率が高く，また一般に成人の健康状態も悪いために，平均寿命は全体的に低くなっている。

E 「農業労働力」 全労働力に占める割合で示されるが，国の開発レベルを示すにはよい指標である。開発途上国では技術集約的な機械化農業が導入されると，労働力需要は大きく低下する。また，農業技術が伝統的なものであるほど，その国では農業に従事する労働力の割合が高くなる。

F 「エネルギー消費量」 国が豊かになるほど産業，交通そして家庭などでの石油消費量が増えるので，世界のエネルギーの相当量がこれらの国によって消費されていることになる。エネルギー消費量は石炭換算量，つまり石油，ガス，木炭，核エネルギー，その他どんな熱源であっても石炭1 kgから得られる熱量に換算されて算定される。

G 「都市人口」 これは都市地域（一定のまとまりを持って人が住んでいるところ）に住んでいる人口の総人口に対する割合のことである。ただし，どの大きさのまとまりを都市として定義するかは難しい問題である。

H 「成人識字率」 これは成人の中で字が読め，また書ける人の割合を示すもので，ある国の一般的な教育程度を表わす指標である。

9　この演習を行なうに当たって，8人単位のグループを作ってください。**表1.2**を見て，1人ずつAからHまでの項目を分担します。（国名は図1.1に番号で示されている。）図1.1をコピーしてそのうえに各人が選んだ項目について，以下の凡例に従って国別に色分けしてください。色は数値の大きいものを濃く，小さいものは淡い色を選んでください。

　A　0～500，501～1500，1501～3000，3001以上
　B　1未満，1～1.9，2～2.9，3以上
　C　0～2000，2001～2500，2501～3000，3001以上
　D　0～50，51～60，61～70，71以上
　E　0～25，26～50，51～75，76～100
　F　0～500，501～1000，1001～3000，3001以上
　G　0～25，26～50，51～75，76～100
　H　0～40，41～60，61～80，81～100

　色塗りが終ったら，全体を並べて互いに比較してみましょう。（念のため，図にタイトルと凡例を忘れずに入れておいてください。）それぞれ自分の作った図について次の様な視点から特徴を説明してくださ

い。

a それぞれの国の開発状況を説明するためには，どの項目が最も適当ですか。

b ⅰ）最も開発の進んだ国，ⅱ）最も開発の遅れた国，はどこですか。

c 全体として工業先進国が集中しているのはどの緯度帯でしょうか。

d 図のうち2つは残りの6つと反対のパターンを示すはずですが，その2つはどれですか。またなぜその2つは他と違うのでしょうか。

e 何か特別な分野では開発が進んでいるという国はどこでしょうか。

ここで作った地図はコロプレス・マップ（choropleth map）といわれており，データをランクに分類してそれぞれの分類について分布を色分けしたり，濃淡で表現するものである。この図を相互に比較することによって2枚の地図に何か類似性はないかを知ることができる。もし2枚の地図にはっきりした類似性があるときは，その2つの事柄には強い相関性があるという。たとえば，1日当たり食糧供給量の項目と平均寿命とが似かよったパターンを示すとすれば，この2つの項目の間には相関関係があることになる。取りあげた事例だけではまだはっきり相関があると言い切れない場合，他の方法で確認する必要があるという前提条件のもとで，とりあえず1つの考え方として理解しておくことを「仮説を

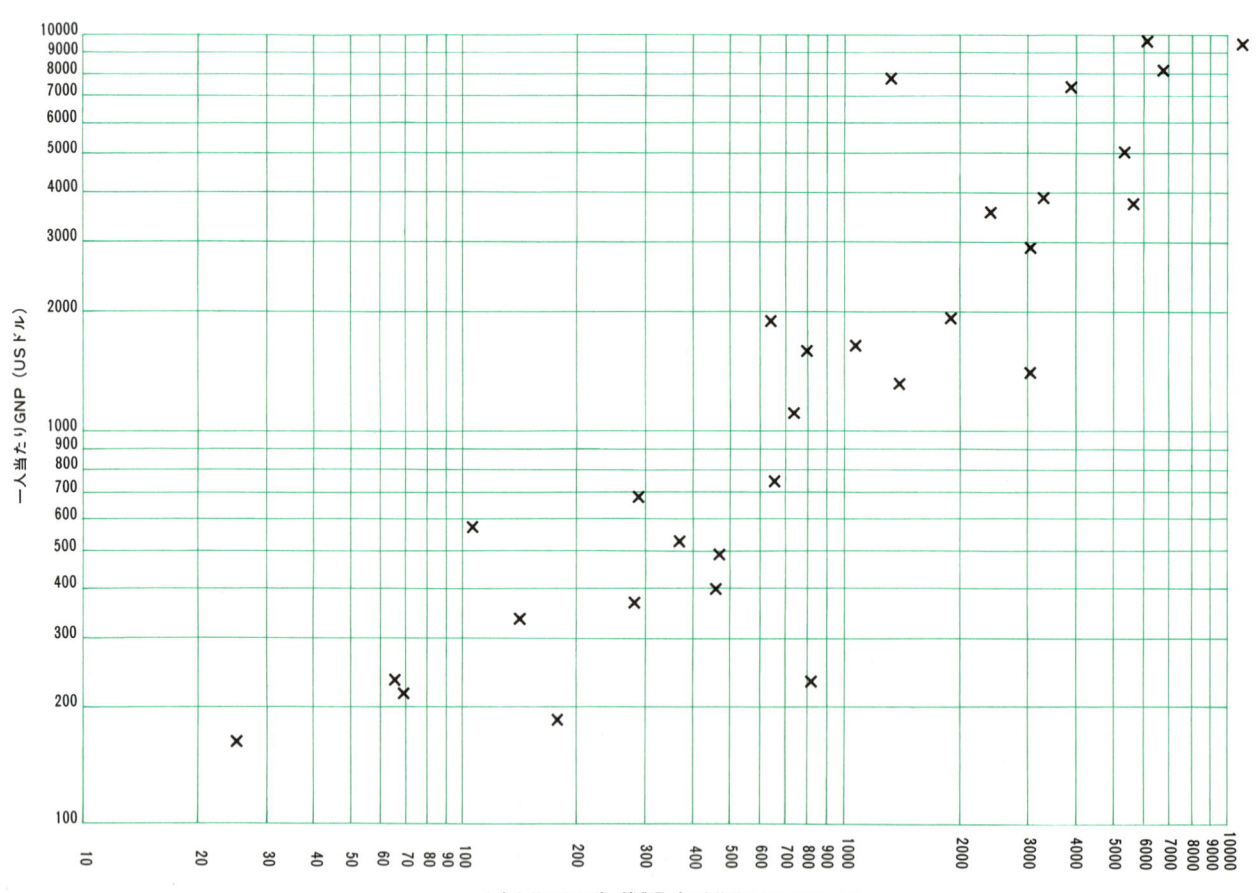

図1.5　30カ国の1人当りGNPとエネルギー消費量

立てる」という。

仮説を確かめる1つの方法としては，異なる2つの要素についてグラフに表現してみる方法がある。図1.5は1人当たりGNPとエネルギー消費の関係を見たものである（表1.2の項目Aと項目Fに当たるもの）。この図では国別に×印で2つの要素に関する値の位置が表示されており，計30か国の値が分布している。そこでこのグラフは「相関図」と呼ばれる。×印の分布は2つの要素についておたがいの相関関係の強さや，相関の性質を表わしている。×印が図の左下から右上に向かって集まって分布していれば，それはこの2つの要素間には正の相関（positive relationship）があることを意味する。つまり，一方の数値が増えるとき，他方もそれにつれて増える関係にあるということで，×印の分布が直線に近いものになるほど，この2要素の相関は強い。

2要素の関係を見るとき，数値の分布幅が大きいときは対数軸を使う。2要素が相関関係にあれば，点の分布が直線を示すので，対数軸を使うことで座標軸を短くすることができる。図1.5はその1例である。

表1.2に示された他の要素について，1人当たりGNPとの関係をみようとすれば，GNPを示す軸（垂直軸）だけを対数軸にすると良い。図1.6はこの片対数グラフの例で，GNPと農業労働力百分率との間の相関（negative relationship）を見たものである。この図では点は図左上から右下にかけて分布している。これは2つの要素が負の相関にある

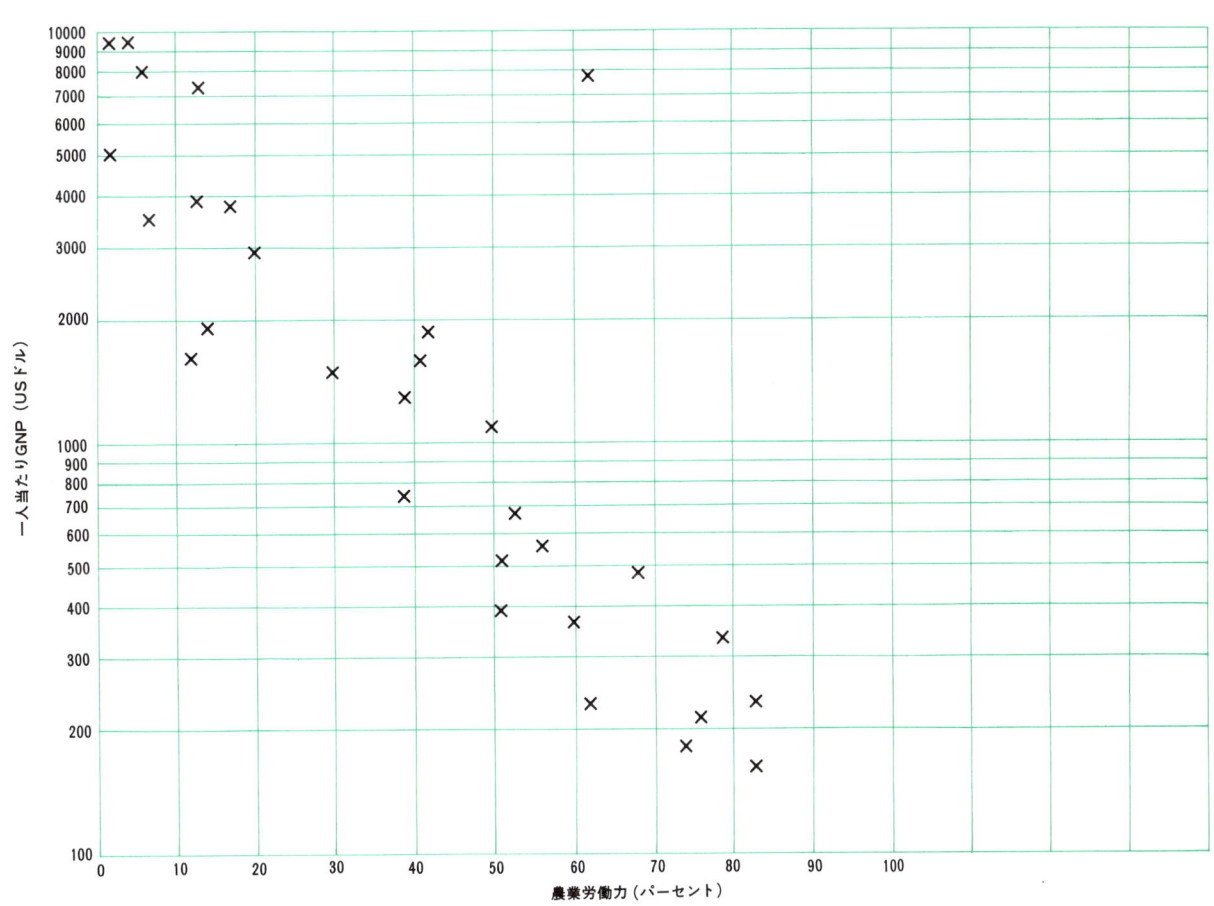

図1.6　30カ国の1人当りGNPと農業労働力

ということを意味している。つまり，一方が増えると他は減少する関係にあるということである。もし点が図中で幅広く分散し，ある方向を示す一定の傾向が読みとれない場合は，その2つの要素間には相関性がないということになる。

図1.6を見ると1つだけ全体から離れた点がある。これは残差といわれる。この点に該当する国はサウジアラビアだが，これはふつう見られる農業労働力と1人当たりGNPの関係に対して，サウジアラビアでは1人当たりGNPが飛び抜けて高いことを示している。

10 a 5人1組のグループを作ってください。表1.2から5項目を選んで，それぞれについて1人当たりGNPとの相関を図化してください。まず，人口増加率，1日当たり食糧供給量，平均寿命，都市人口，成人識字率について，どんな図がかけるかくらべてみましょう。

b 図1.7をコピーにとって，その図の最上段にあるGNPと他の7つの要素の関係をまとめてください。記入する内容に，強い正相関がある場合SP，弱い正相関の場合はWP，強い負相関はSN，弱い負相関はWN，相関があいまいなものについてはNOの記号を用いてください。

c 次に，その他の要素についても相関関係の強弱をみて，同じ略字を使って図を完成させてください。それができたらみんなで各人が作った図を比較してみましょう。

d ここで，散布図を作って相関関係をチェックしたければ，方眼紙を利用すると便利です。ただしエネルギー消費の項目は図1.6で使った対数相関図を使うとよいでしょう。

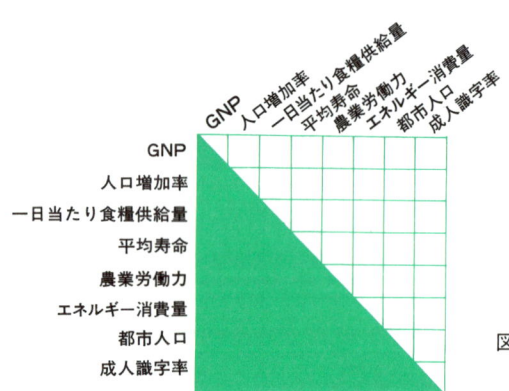

図1.7 8項目の開発指標に関する相関マトリックス

このように，図や地図を使って行なう比較分析の方法は視覚相関法（visual correlation）と呼ばれている。2つの要素が互いに強く相関するとき，これを「相関がよい」と表現する。ここにあげた要素について相関をみるだけでも，世界30カ国の開発状況がかなりはっきりわかることと思う。

Box 1.4　国内総生産

「国民総生産」に対して，「国内総生産」という概念用語があります。GNPに対して，GDP(Gross Domestic Products)と表されます。ある国の地域内に住む人々によって生産され，あるいは稼いで得られた所得で，単純に言えば国民総生産から「海外で稼いだ所得」を差し引いた額が国内総生産に当たると考えていいでしょう。国民総生産は国民の経済力がどのくらい大きいかをはかろうとするときに有効で，国内総生産は国内経済の景気変動の大きさや経済成長の変化について知ろうとするときに有効であるとされています。

（訳者補足）

統計上の相関関係

地図やグラフは一般的な相関関係をわかりやすく示してくれるが，それほど厳密なものではない。その点統計分析の手法を使えば，2組のデータ群の間の相関関係を厳密に調べることができる。さらに相関の有無だけでなく，相関の強さもあらわすことができる。よく使われるのが「スピアマンのランク」と呼ばれる相関テストであり，これは略して「スピアマンのR」とも言われている。

事例に沿ってこの方法をテストしてみよう（**表1.3**）。この例では10カ国について平均寿命と1人当たりGNPの関係を見ることにする。やり方は次のようである。

1) まず相関をみる2要素について，要素ごとに数値の大きい順に国別順位をつける。もっとも高い値の国は1位，その次に高い値の国は2位，という順で進める。もし2つの国が同じ値のときは同じ順位を与えることにする。

2) 国別に2つの要素につけられた順位の差（d）を計算する。

3) その差dの二乗（d^2）を求める。

4) d^2の総和Σd^2を求める。

5) この値を次の「スピアマンのR」の公式に代入する。

$$R = 1 - \left(\frac{6 \times \Sigma d^2}{n^3 - n} \right)$$

ここでnは国の数

Rは1から−1までの値をとるが，数値が0.7から1までの範囲にあるときは，強い正相関にあることを意味する。反対に−0.7から−1の範囲の値をとるときは，強い負の相関にあることを意味する。そして順位の差の絶対値が0に近づくほど相関が弱いことになる。（このときでもマイナスの値は負の，プラスの値は正の相関関係にあることに変わりはない。）値が0になる時は相関が全くないことになる。逆に1ないし−1は正ないし負の完全な相関を意味する。この事例では0.89という値を得たので，かなり強い正相関を示しているといえる。

11 **表1.2**を見て，ここにあげた10カ国の1日当たり食糧供給量と，農業労働力比率について統計上の関係をみてください。

a **表1.3**の事例にそって，同じくスピアマンのRを求めてください。

b その結果はどんな相関関係が得られたでしょうか。

c それは**表1.3**でみた平均寿命と1人当たりGNPの相関と比べて，どちらが強いといえますか。

12 a 設問10で作った相関表をみて，互いに強い負相関の関係にある2組の要素を選んでください。

b **表1.3**にある10カ国について，**表1.2**の数値を使ってこの二つの要素についてスピアマンのRを求めてください。

c その結果はどんな相関を示すでしょうか。

表1.3 1人当りGNPと出生時平均寿命との相関をスピアマンのRで計算した例

国名	(a)一人当たりGNP (USドル)	順位(a)	(b)平均寿命(才)	順位(b)	順位(a)と(b)の差(d)	差の二乗(d^2)
西ドイツ	9580	1	72	3	2	4
日本	7280	2	76	1	1	1
イギリス	5030	3	73	2	1	1
ソ連	3700	4	70	4	0	0
南アフリカ	1480	5	60	6	1	1
メキシコ	1290	6	65	5	1	1
ナイジェリア	560	7	48	9	2	4
ボリビア	510	8	52	7	1	1
インドネシア	360	9	47	10	1	1
インド	180	10	51	8	2	4
						$\Sigma d^2 = 18$

$$R = 1 - \left(\frac{6 \times 18}{1000 - 10} \right)$$
$$= 1 - \left(\frac{108}{990} \right)$$
$$= 1 - 0.11$$
$$= 0.89$$

北部ガーナ・ダトイリ村にて

これまで，開発問題を世界的な視野からみてきたが，ここからは反対にある1つの場所をとりあげることにしよう。まずガーナのダトイリと呼ばれる村をとりあげる。この記述を読めば，第三世界に住む貧しい農民の日常生活がどんなものかある程度わかると思う。もちろん村の生活は1つ1つ皆違うので，「第三世界の典型」といった村があるわけではないのだが，しかし，この事例は伝統的な生活様式や，村人たちの生活の知恵がいかに重要か教えてくれるだろう。

ダトイリ村の生活は長い間ほとんど変わらなかった。村人は現代社会の影響をほとんど受けずに生活していたからである。ここの人々は生活に必要なものは自分たちでだいたいまかなっている。つまり必需品はほとんど村の中で作っており，それでも間に合わないものだけ近くのマーケットで手に入れている。

13 a ダトイリ村の地図をみてください（**図1.8**）。そこに住む人々はどんな生活をしているでしょう。

b それぞれ自分の印象をまとめて，みんなでくらべてください。各人に共通しているのはどんな点でしょうか。

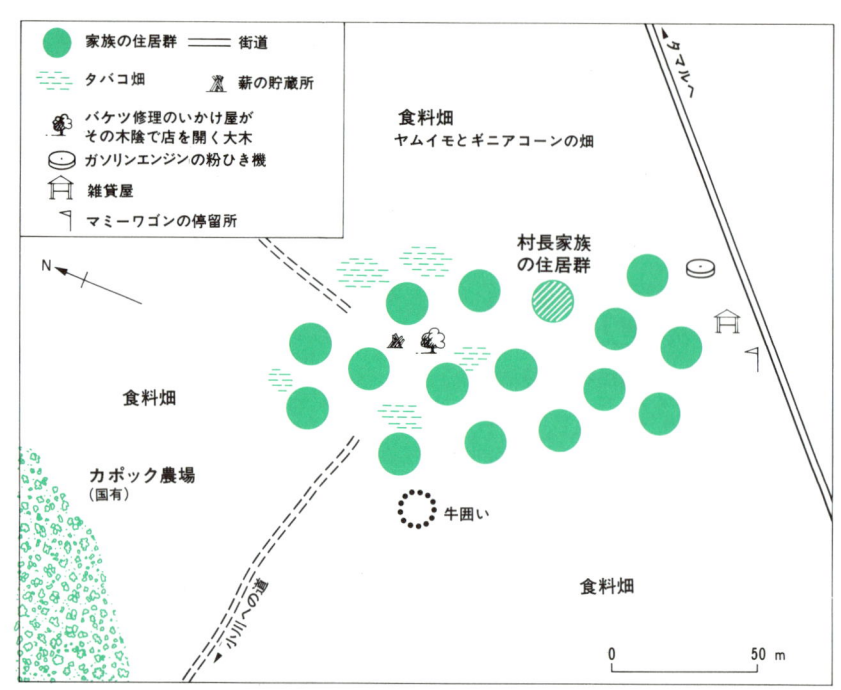

図1.8　ダトイリ村の平面図

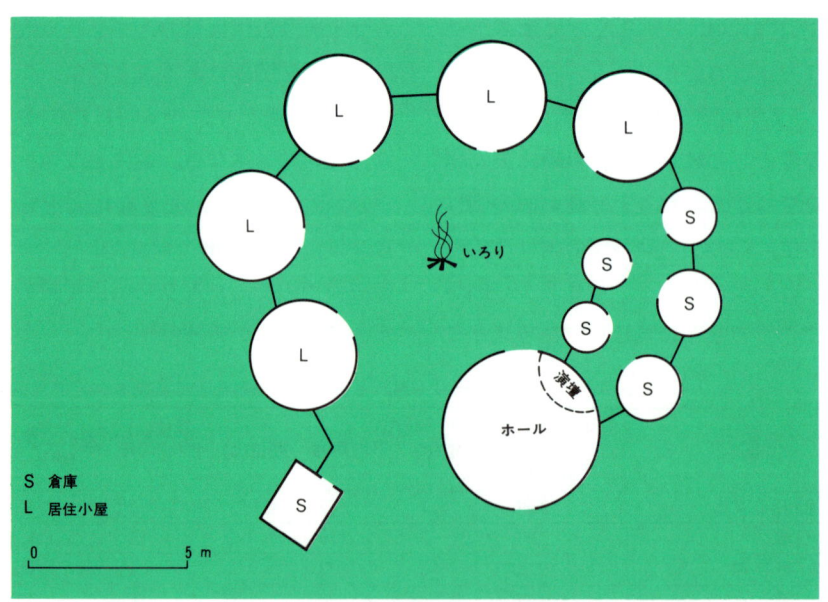

図1.9　村長家族の住居群の平面図

ダトイリ村はガーナ北部の平坦なサバナ地帯にある。サバナの特徴はじゅうたんを敷きつめたような雑草地に，枝を広げた低木が点在していることである。地質は赤茶のローム質で，砂と粘土がまざって水はけが

よい。特に肥沃とはいえないが、この表土が厚い地域では広く農業が営まれている。

この村はタマレの町から南西10 kmにあって、この町に通じる街道に面している。村の中には16の家族集合体が集まっていて、全体が1つの塊を形成している。村の中には中心らしい所もなく、村長の家も中央にない。

1つの家族集合体（以下大家族と呼ぶ）は平家の小屋が集まったもので、それぞれの小屋が高さ2mほどの塀でつながれている。大家族ごとに自分達の家を作るが、それにはまず村長の許可が必要である。家の建設には代々受け継がれてきた方法が用いられている。小屋の壁はほして煉瓦のようになった厚い粘土でできていて、それを1層ごとに積み重ねて作る。また円錐形の屋根は、土壁に突き刺した木のたるきで支え、ギニア・コーンの茎で葺く。小屋の建設や修理はもっぱら乾季に行ない、毎年きちんと手入れをすれば5年以上は十分持つようだ。

図1.9は村長のいる大家族の平面図だが、ほかの大家族と同じように、長の小屋とその妻たちの小屋および小型の食料庫が互いにチェーンのように塀でつながれている。内庭が家族生活の中心であり、小屋はこの内庭に面するように建てられ、中庭には共同のいろりがしつらえてある。小屋の内部は涼しいが、薄暗く、光りは小さな入り口から差し込むだけである。床は滑らかな硬い粘土で固められており、木製のスツールとか編み上げの籠があることを別にすれ

図1.10　西アフリカのサバナ地帯に見られる家族の住居単位

図1.11 落花生の収穫風景

図1.12 ヤムイモ畑

図1.13 砂糖もろこしの畑

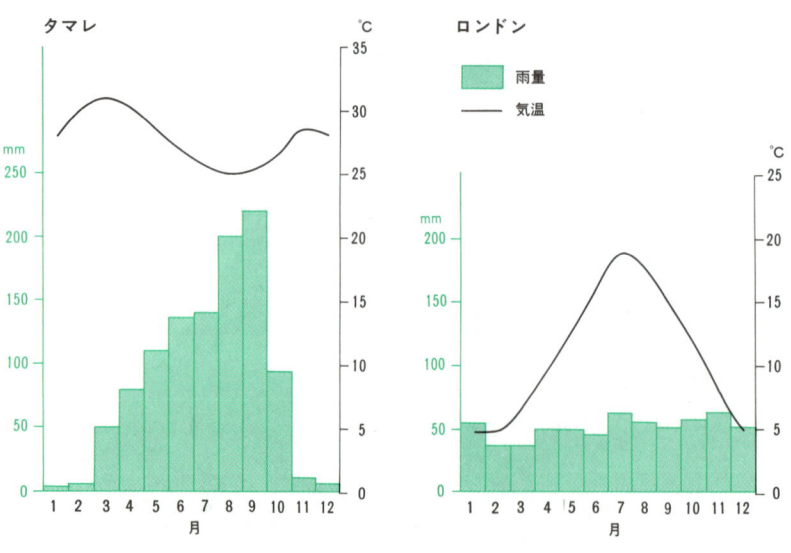
図1.14 タマレとロンドンの平均月間雨量と気温

で、穀物を育てたり家畜を飼ったりしているが、自分達が食べていく分をまかなうのが精々である。農作業はお天気次第というわけで、これは熱帯農村の置かれた状況をよく反映しているといえよう。

14 図1.14にある2つのグラフをみて下さい。
　a　タマレの町とロンドンの気温および降雨量のパターンを比較してその違いを説明してください。
　b　この2つの所在地の気候は農民にどんな問題をもたらしているでしょうか。

ダトイリ村では農地はすべて村長から借りている。部落に近い土地は

ば、家具らしいものは見当たらない。鍋や食べ物を入れておく土の瓶類は、こざっぱりと積み重ねて壁にたてかけてある。村には電気が来ていないので、暴風雨のときなどに使うカンテラや油に浸した灯心を照明に使っている。

ダトイリの村人はほとんどが農民

肥料が施されて継続的に耕されるが，離れた土地では一度耕作に使った後，肥沃さが戻るまで何年も休ませておく。このあたりのサバナでは，3月から10月まで雨季が続き，その後は厳しい乾季が訪れる。したがって，農業は家畜の飼育と雨季の穀物栽培，ないし乾季にも強い穀物の栽培に限られてしまう。

　主な穀類はヤムイモ（澱粉質のじゃがいものような根菜）やギニア・コーン，砂糖もろこし（赤茶の実を付ける背の高いイネ科の植物）などである。砂糖もろこしの実は粉にひくかそのまま料理され，葉は牛のかいばに使われる。穀物はビール作りにも利用される。

　落花生も食料や食用油を取るために栽培されている。ダトイリ村では落花生油は料理用に使われるばかりでなく，マーガリンや石けんを作るためにも利用される。落花生の一部は現金収入用に栽培されており，近くの市場で売られる。タバコもそうしたものの1つで，葉を乾かしておき，市場の値段がよくなるまで蓄えておくようだ。牛，鶏，山羊や羊などいろいろな家畜が飼われているが，牛は富の象徴でもあり，ほとんどがミルクを採るために飼われていて，よほどのことがない限り売られることはない。今日では牛はツエツエバエが媒介する牛疫やその他の疫病対策の予防接種が受けられるようになっている。

　ダトイリには，ある共同営農計画で使用した耕作機械類が残されているものの，ふつう農民が使っているのは簡単な土掘り棒である。これは短い木の柄に幅広の刃がついた鍬で用途が広い。だれもが想像するように，ダトイリの人は皆よく働くが生活水準は一向に改善されていない。そのため12月に収穫が済むと，次の3カ月ほどをココアのプランテーションで働くために，南部に出稼ぎに行く男たちが多い。

　一方，村の女たちは家事の面倒を

図1.15　家族単位につくられた穀物倉庫

みるのが役目である。どの家族でも，年配の主婦は若い主婦や子供達に家事を分担させながら自分は全般の面倒をみている。主婦の主な仕事は家族全員のために交代で食事の用意をすることである。料理には丸底の金属鍋を使い，土を塗り固めた炉に薪や炭をくべて作る。2，3日ごとに近所から薪を集めてきて，必要時に備えて小屋の壁にたてかけておく。家族のために水を汲んでくるのも女たちの役目である。そのために，女たちは1日に4回は川に水を汲みに行かなければならない。雨季には近くの川で間に合うのだが，乾季には2.5 kmも離れた川に足をのばさなければならない。水は金バケツに入れて，それを女たちは頭にのせて運んでいる。

タマレの町市場で売買してくることも女たちの役目である。だからダトイリの女たちにとっては，村がこの大きな市場町から近くにあって，また天候に左右されずに使える道路があるだけでも幸運だといえる。余裕さえあれば，マミーワゴンと呼ばれるバス代りの個人営業トラックを利用して，タマレの町を往復することもできる。もしこの道路がなければ，女たちは10 kmもの道のりを荷物を頭にのせて徒歩で運ばなければならない。

タマレの町には中学があるが，子供を中学に送る余裕のある村人はわずかしかない。ただしガーナでは，小学校は無料で，毎日タマレの町から政府派遣の先生がこの村にやって来る。しかしダトイリには校舎がないので，授業は大きな樹木の木陰で行なっている。村には医療施設がない上，医者はタマレにいるだけである。郵便ポストもこの市場町にしかない。

こんな様子を見ると，近代的な生活というものはこの町を通り過ぎて

図1.16　村に水を運ぶ様子

図1.17　田舎の市場で売られているヤムイモ

しまっているかのようだ。村人の最大関心事は、どうやって食べて行くかということである。乾季の終りともなると、食糧はどんどん減って苦しい時期になる。ダトイリでは栄養不良と栄養失調でおなかの膨らんだ子供達が多い。私たちが得ているような生活の必要条件がここでは保証されていないのである。ダトイリの村人の生活時間はこうした必要条件を自分で満たすために使われており、事情がさらに悪化したとしてもどうしようもなく、一層条件の悪い生活に耐えていくしかないのである。

15 a ダトイリ村に関する記述をもう一度読みなおして、住宅・食糧・水供給・労働・公共サービス・娯楽など、主な生活行為について短い文章にまとめて下さい。

b さて、ここで読者の家族生活や家庭の事情とくらべてみましょう。ダトイリの生活とくらべて、どんなサービスやぜいたくが可能になっているでしょうか。

c 読者の身のまわりの生活とダトイリでの生活の違いを細かく洗い出し、それぞれの生活について利点と欠点を考えてみてください。

普通人々が伝統的な生活様式を保っていることにはそれなりの理由がある。生活様式は何世紀にもわたって、特定の環境に順応するための現実的な方法として発展してきたからである。しかし近代的なものが入ってくると、どうしても生活様式のバランスが崩れてしまいがちになる。そこで次は日常的な生活面のことを2つとりあげ、そこにどんな変化が起こっているかをみることにしよう。人はどんな服装をしているか、また家庭や職場はどのように変わっていくのだろうか。

> **Box 1.5 ウガンダのアチョリ人**
>
> ウガンダの北部にアチョリランドと呼ばれる地域があって、アチョリ人という40万人ほどの少数民族が住んでいます。アチョリ人の社会は囲い地の中にまとまって住む「氏族」から構成されていて、氏族の幾つかが連合して、その最有力氏族の長を首長とする「首長国」を作っています。「国」とはいっても、はっきりした「領土」や「国境」があるわけではないようです。
>
> アチョリ人の人口は少ないのですが、精悍な民族で、近隣のランゴ人との抗争を繰り返していたそうです。英国植民地時代には、英国の統治に容易に従わず、様々な抵抗を続けていました。
>
> （訳者補足：p3 **Box 1.1** に同じ資料 p67 の一部引用・加筆）

スーダンの生活

北西アフリカにある砂漠の国、スーダンの気温は高い。スーダンの伝統的な暮し方には、この高温環境の中で少しでも過ごしやすくなるような工夫が行き届いている。建築様式、服装、人々の生活様式など、それぞれが高温から身を護るようにデザインされている。とはいっても気温はずっと高温のままというわけではなく、砂漠地帯は皆そうだが、スーダンでも昼間暑く夜寒いというように1日の温度差が非常に大きい。さらに、季節によっても気温、降雨量、湿度、風向にかなりの変化がある。

16 首都ハルツームの気候図があります（図1.18）。

- **a** 1年のうちで一番暑い時期はいつでしょうか。
- **b** ハルツームの冬は何月でしょうか。その頃の最低気温は何度ぐらいですか。
- **c** 1カ月ごとに、月間温度差をはかってください。年平均気温はいくらですか。
  月間温度差のもっとも大きい月、またもっとも小さい月はいつですか。
- **d** 湿度は雨季にもっとも高くなりますが、それは何月ごろでしょうか。
- **e** ハルツームの乾季はどのくらい続くでしょうか。乾季が続くにつれて、気温はどう変わりますか。
- **f** ハルツームの気候と、図1.14にあるロンドンの気候をくらべて、その違いを簡単に説明してください。

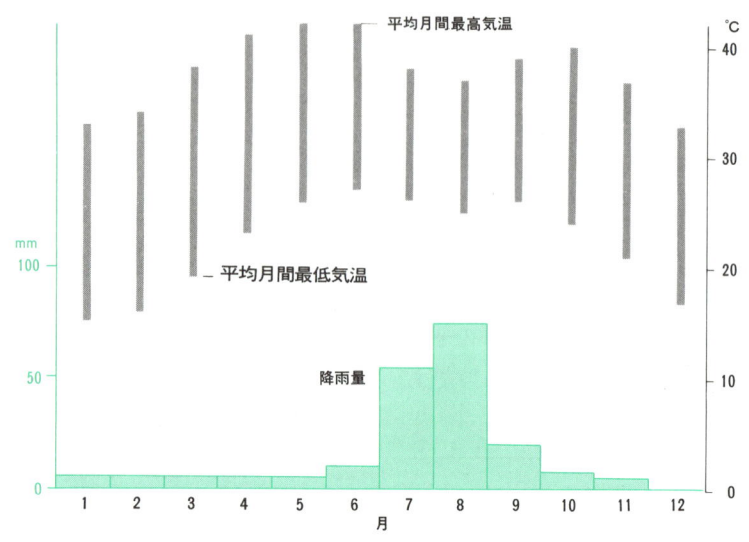

図1.18 ハルツームの気象グラフ

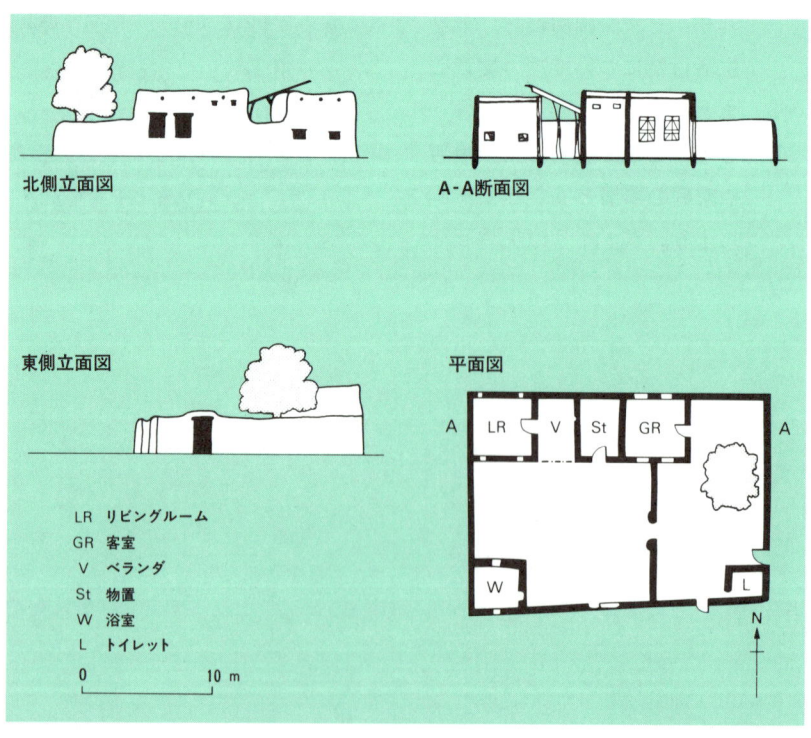

図1.19 スーダンの伝統的な住宅

5月，6月はスーダンには南風が到来する。その風は非常に熱く乾燥しており，時には猛烈な砂嵐になる。7月から9月にかけての雨季になると，風は弱まるが，最高気温は低くなるにもかかわらず，湿度が高くなる。冬の月には当然ながら気温がもっとも低くなり，地中海からの北風が吹いて，澄みきった青空と湿度の低い日が続く。

スーダンの伝統的な建物は，このような気候条件に合うように作られてきた。図1.19はスーダン式住宅の主な特徴を示したものである。建築材料にはすべてこの地域で手に入るものが使われ，建物は方形，屋根は陸屋根（水平な屋根のこと）という伝統的なアラブの建築様式でデザインされている。また壁は泥を乾燥して作るが，泥を重ねたりあるいは丈夫なものは日干しレンガにして使う。木材は砂漠地帯では手に入りにくいし，炊事のために燃料として残しておくのであまり使われていない。しかし重い泥屋根を支えるためには木材が必要なので，縦に割ったヤシの木の幹を使っている。窓は非常に小さく，切れ端の材木でも十分ふさげる程度の大きさである。この建材としての泥は重量の重い物質を多く含んでいるので，あたたまりにくく冷えにくい。家は太陽光線を反射しやすいように真白に塗られ，昼間は涼しく夜は暖かさが残るように工夫されている。夏など夜になってもまだ家の中に熱気が残っているようなときは，屋外に出て眠ることも多い。そんなときでも，窓を開けておけば，夜風が室内に入って次の日は家の中で寝られるようになる。

日常の決まりきった仕事は気候条件に合せて一日の涼しい時を選んでやることにしているようだ。日中の一番暑い時は，少しでも涼を取るために家の中で過ごし，夕方から夜にかけて室内がまだ日中のほてりを残している時は，屋外の中庭で涼をとる。この様な生活習慣を見ていると，

図1.20　ハルツーム市都心の伝統的な建物と近代的なビル

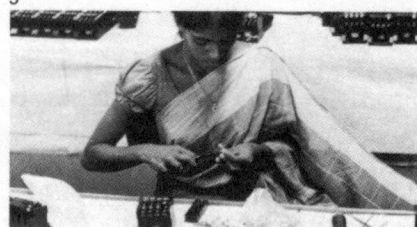

スーダン人にとって住宅とは，1軒の建物というよりも，壁で囲まれた私有地のなかに作られた，閉じたスペースと開け放したスペース，と表現したほうがふさわしい。

17 a 図1.19にあるスーダン人の住宅を写してください。その図のうえに，住宅の作られ方の特徴を書いて，それがスーダンのどんな風土性を反映しているか分析してみましょう。

 b あなたの家の簡単な平面図か間取りを書いて，主な特徴を分析してください。地域の気候条件をどのくらい考慮しているでしょうか。あなたならどんな工夫をしますか。

スーダン人の服装も気候によく合わせてデザインされている。男が着ているのはジャラビヤといわれる木綿の丈の長いゆったりした服で，女物はインド人のサリーに似て，薄い木綿の反物状のものをグルッと体に巻きつけたものである。いずれにしても非常に軽く，日光を反射するように白い素材で作られている。こういう服装ならば，風通しがよく，汗も乾きやすいのでとても涼しいのである。町を歩くときも，スーダン人は汗をかかないようにゆっくり歩き，日陰を見つければ反射的にその下を渡り歩こうとするようだ。

スーダンは1956年に独立したが，それ以来スーダン人の富裕階層の人びとの生活様式は随分変わってきた。スーダンも御多分にもれず，西側工業国にならって工業化をはかってきたが，これは同時に西欧式のものの考え方や行動様式を持ち込むことにもなった。例えば，ハルツームで事業に成功した人は，今では白いYシャツにネクタイを着け，ダークグレイのズボンにひも結びの靴を履いているといった具合である。フォーマルなところでは黒い上下揃いのスーツさえ着ることだろう。しかし本来このいでたちは，身体から体温の放熱を防がなければならないような気候環境に住む人のもので，砂漠性気候の環境には全く合わないものである。

世界中どこでも，今のビジネスマンは効率よく働く証拠のようにテキパキと動きまわっている。熱帯地域でそんなに忙しく立ち振舞えば，だれでもすぐ汗をかいてしまう。しかも，その事務所がガラスとコンクリートの建物の場合は，伝統的な建物にくらべて室内気温はずっと暑くなる。だから事務所では人工的に室内を冷やすことが必要になるのは当然である。こんなとき，時には扇風機で間に合うこともあるが，普通は完全冷房にしたがるものだ。そして一旦涼しい環境で働くことを覚えれば，自分の家も涼しくしたくなるのも不思議はない。できれば車だって冷房したくなるだろう。こんなわけで，ビジネスマンの家族までが冷房を欲しがるようになり，ますます冷房の需要が拡大する。

少数の特権階級にとっては，この空気冷房は快適この上もないが，一方熱交換されて熱せられた空気は外部の気温をさらに高めることになる。また，機械の運転そのものからも熱が出る。スーダンのように石炭も石油も出ない国では，空調機の使用は非常に高いものにつく。結局はスーダンが輸出で稼いだ金をこの燃料代に使うことになる。本来ならば，この金はもっと生産的なことに使うことができるはずだが，西欧風な服装をすることによって人々は冷房を欲しがるようになり，その結果空調機は生活の必需品になってしまうのである。

18 前のページにある写真をみてください。

 a この写真は社会の近代化につ

図1.21 ジャラビヤを着たスーダンの男

いて何を物語っていますか。それは，開発途上にある国が昔から培ってきた生活をどう変えたでしょうか。その結果失ったものは何だったでしょうか。

b 伝統的な生活を変えたものは一体なんだったでしょうか。

まとめ

この章では開発ということの意味を少し違った角度からみてきました。

開発とは，単に経済的な豊かさを意味するだけでなく，保健の問題や，教育・住宅，また雇用問題といった生活のあらゆる側面に関わっています。開発問題について統計資料を利用する時は，それが信頼のおけるものかどうか，十分注意して使わなければなりません。第三世界の国々は共通の問題を抱えているとはいえ，その取り組み方はそれぞれに違います。多くの人々は，主には農村の人達ですが，いまでも昔ながらの生活をしており，そこでは広い外界の世界との関わりは少ないのがふつうです。しかし西欧世界の影響は拡がっていて，一般の人たちの生活様式はますます大きく変わりつつあるといえるでしょう。

Box 1.6　開発と都市化

20世紀末の地球人口は60億人，その80%強が開発途上国の人口と見られています。開発途上国の人口の大半は農村人口ですが，人口の都市化（都市地域に住む人口が増えること）はことのほか早く，2020年ごろには途上国でも国民の半分が都市に住むことになるだろうと予想されています。日本では19世紀末の都市人口は35%程度だったものが，1980年代には70%以上が都市人口になっています。明治以降の産業の近代化に沿って都市部の工業化が大きく広がって，都市が農村人口を惹きつけ，そこで新たな世代が生まれ，定住していったからです。

人口の都市化という現象は，その社会に，また個人の生活に，様々な変化を引き起こします。たとえば労働形態が大きく変化します。農業には農繁期・農閑期があって，また一日の労働時間も季節によって変わります。四季や気候に左右されることが多いのです。しかし都市の労働形態は四季や気候に左右されることなく，また一日の労働時間も大体決まっています。毎月の収入も安定しています。主婦の生活も農作業から開放されて，育児，教育，教養などを高める時間を多くとることができます。

このような生活形態の違いの上に成り立つ地域社会の文化を農村文化，都市文化とよんで対比すると，開発途上国の都市化という変化は，農村文化の社会から都市文化の社会へと急速に変貌していくことだともいえるのです。そしてこの変化に合わせて，途上国政府は都市不良住宅地の改善，交通網の整備，環境汚染の防止，教育・文化施設の充実，各種の福利厚生施設の充実など，広範囲な行政サービスを実施する必要に迫られています。一方市民の側も，都市の生活環境に順応し，都市生活上のルールに慣れていかなければならないでしょう。

（訳者補足）

第 2 章　人口の問題

人口増加のパターン

　世界の人口は毎日 20 万人の割合で増え続けているといわれる。年間では 7000 万人以上の人口が増加していることになり、これはナイジェリアとかメキシコの総人口に相当する人口が毎年増えていることを意味する。ところで、西暦元年の人口が 2 倍になるのに 1600 年の年月がかかったとされるが、現在の人口が 2 倍になるには 40 年しかかからないだろうといわれる。人口の爆発という見方はこうした理由によるが、この先どうなるのか正確には誰にも分らないというのが実情である。

　1 国の総人口は、人間が生れたり死んだりするために、いつも変化している。これは人口を構成する 1 人 1 人が絶えず変わることを意味している。人の出生と死亡は、ある時点における生存者 1,000 人あたりの比率で表わされる。従って、出生・死亡率は年間総人口の中に記録された出生・死亡数で計算されている。例えば、総人口が 5,000 万人の国で 100 万人生れ、50 万人死んだとすれば、出生率は 1,000 人当たり 20、死亡率は 1,000 人当たり 10 ということになる。ただこれは出生可能年齢人口を考慮していないので、概算値である。

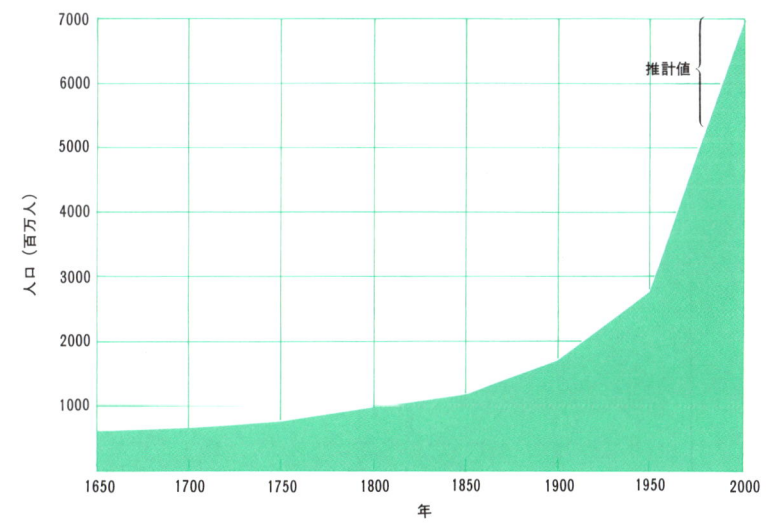

図 2.1　世界人口の増加、1650〜2000 年

表 2.1　世界主要地域の人口増加（単位百万人）

年	ヨーロッパとソ連	北アメリカ	オセアニア	アジア	中部・南アメリカ	アフリカ
1650	103	1	2	292	10	100
1750	144	1	2	456	10	98
1800	192	6	2	596	21	95
1850	274	26	2	698	33	98
1900	423	81	6	886	63	130
1950	576	167	13	1384	162	207
1980	733	239	22	2287	326	413

出生率と死亡率の差は人口の自然増加あるいは自然減少を意味している。ほとんどの国では出生のほうが死亡より多いが、その増加率は地域によって大きくちがうのがふつうである。人口増加率は同じく1年単位で計算され、総人口に対する割合で示される。先の例に従えば、年間50万人の自然増加がある場合、人口増加率は5,000万総人口の1パーセントということになる。このところ、世界総人口の増加率は年間約2パーセントとなっているが、国別に見ると4パーセントの国から、ほんの0.1パーセントという国まで様々である。イギリスのように、先進国の中には最近わずかながら人口が減少し始めた国さえみられる。

図2.1には、1650年以後世界人口がどのように増加してきたかが示されている。今の見通しでは西暦2000年には世界人口は70億人になると予想されてる。(巻末注3)

1 図2.1を見て下さい。
  a 世界人口が10億人になったのはいつでしょうか。
  b 2倍の20億人になるまで何年たっていますか。
  c さらにその倍の40億人になるまでどのくらいたっていますか。

2 a 図2.2をみて、ここに示されているパターンから何が読みとれるか説明して下さい。
  b 人口増加率がもっとも大きい地域、またもっとも小さい地域はどこですか。
  c 図中の4つの分類に当てはまる国をそれぞれ5カ国ずつあげて下さい。世界地図を参考にして下さい。

3 a 表2.1から、ここに示されている地域について、人口増加の折れ線グラフを描いてみましょう。
  b そのグラフは前の設問2.で考えた人口増加率の説明とどう対応しますか。

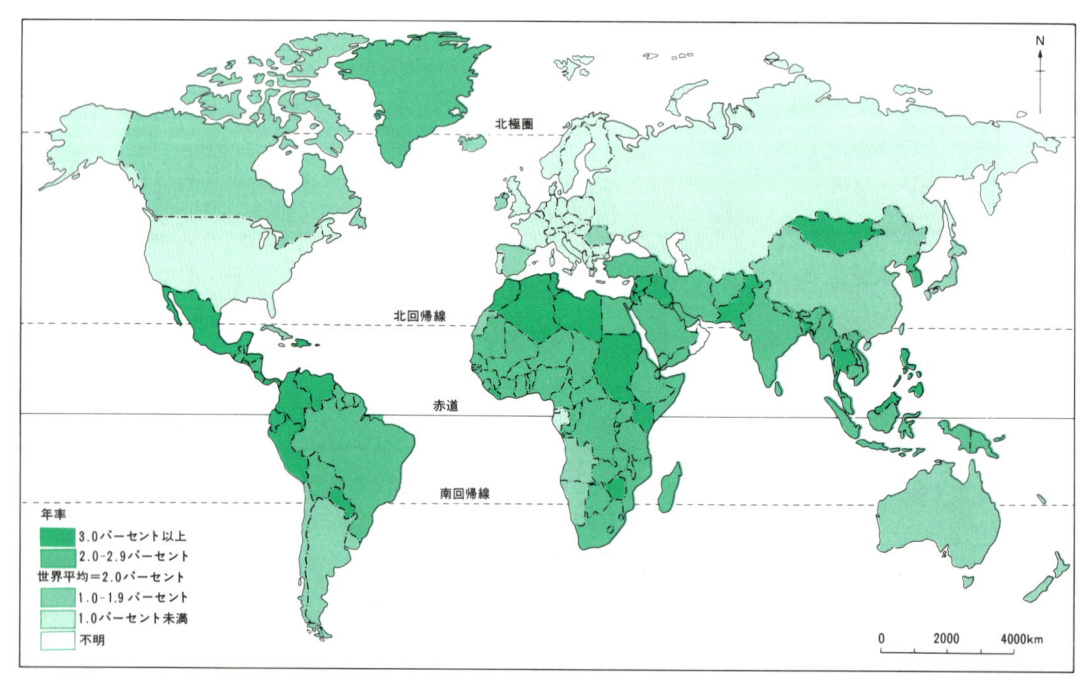

図2.2　人口の自然増加

人口の回帰変化

　出生率と死亡率を1つのグラフに合成すると、自然増加の最も大きい時期が一目でわかるが、それには少なくとも過去百年にわたる正確な出生・死亡記録が必要である。先進国はともかく、開発途上国ではこうした記録の入手が難しく、またあってもあてにならないことが少なくないのが実情である。

　図2.3には先進国と開発途上国における出生率と死亡率の違いが示されているが、先進国では1800年代初期以降医学と衛生学の発達によって、死亡率がだんだん低下してきた。また19世紀後半からは、避妊法が開発されたり小家族化の動きがでてきて、これが出生率の低下を招くことにもなった。生活が豊かになるにつれて子供の数は減る傾向にあり、その結果として生活水準の向上・維持がしやすくなった。ところが開発途上国では20世紀に入ってからも、かなりたたないと出生率・死亡率共に低下してこない。第二次世界大戦後は医療がかなり改善されて、急速に死亡率が低下したが、他方産児制限はそこそこの効果しか現われなかったので、人口が急増したのである。図中の2本の折れ線グラフの間隔が広いのはこのことを物語っている。

4　図2.5は時間がたつにつれて人口増加がどのように変わるかを示しています。この図をみて下記の文中のアンダーラインの部分に、その下にあげた単語をあてはめて文を完成させて下さい。

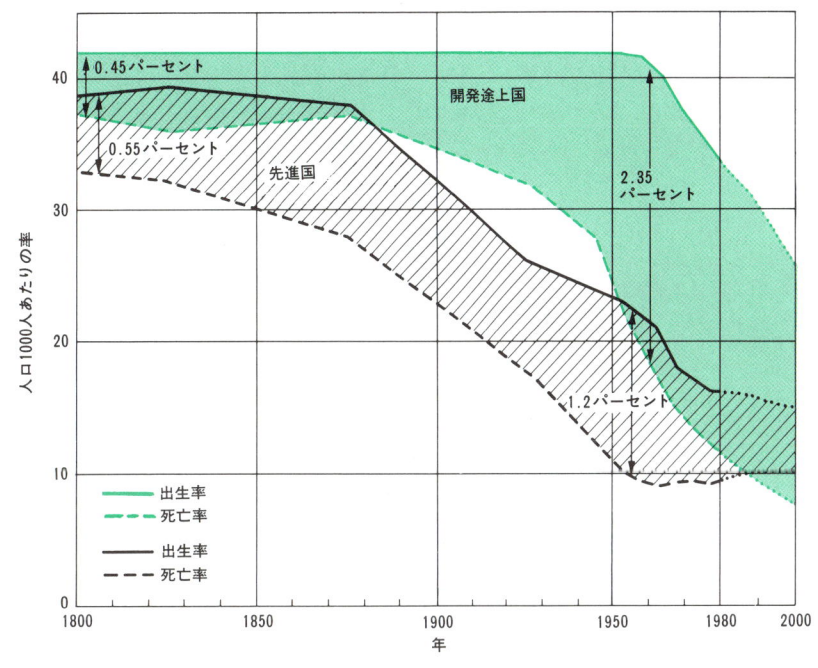

図2.3　出生率と死亡率の関係

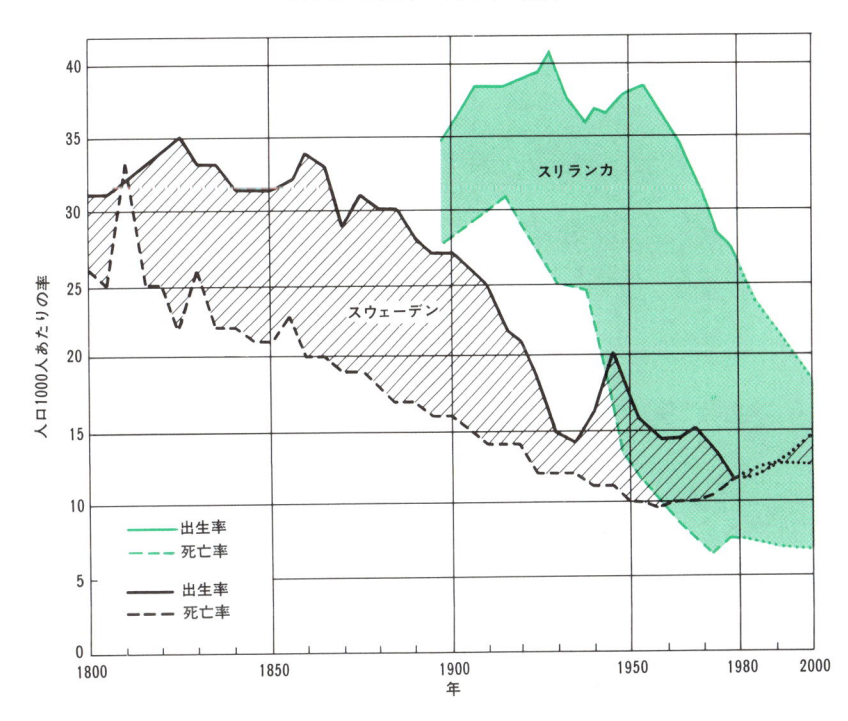

図2.4　スウェーデンとスリランカの出生率・死亡率の比較

第一段階では＿＿率は＿＿率に比べて大きく変化していますが、いずれも率が高いので人口はほぼ＿＿しています。第二段階になると、＿＿や＿＿が進んで死亡率は＿＿しますが、出生率は＿＿ままです。

これは総人口の急速な＿＿をもたらします。第三段階には死亡率が＿＿レベルで安定化し、出生率は＿＿の改善と＿＿の利用によって＿＿します。しかし総人口は＿＿段階に至るまで＿＿し続けます。最終段階では双方とも低下しますが、出生率は＿＿します。

双方ともほぼ＿＿ので、相殺されて人口は＿＿します。

挿入語：増加、出生、第四、衛生学、等しい、低下、生活水準、高い、変動、死亡、医学、上昇、一定、避妊法、低い、減少、安定。

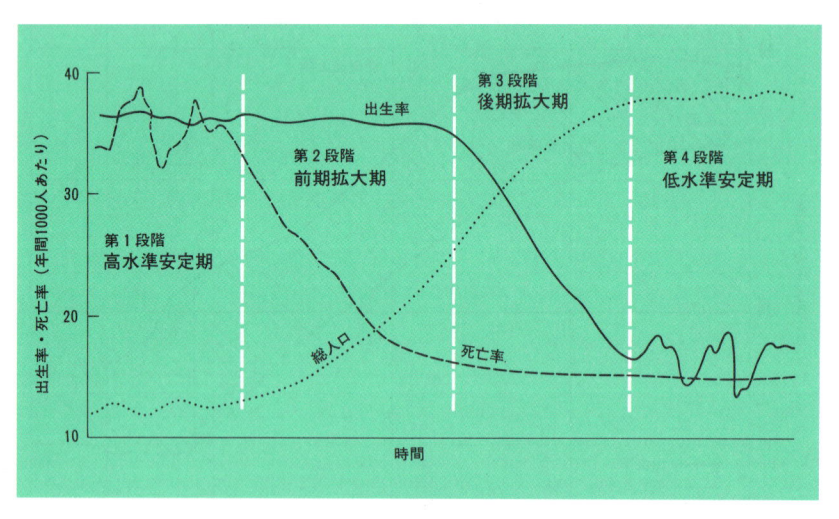

図2.5 人口増加のプロセス

図2.6 キャンペーン広告と現実

5 図2.4は先進国スウェーデンと開発途上国スリランカにおける出生・死亡のパターンを表わしています。

a この2カ国について10年ごとに出生率・死亡率の差を数値で読みとって下さい。
1000人あたりの自然増加率の変化の様子がわかります。次にこの2カ国の数値を図2.4にそれぞれ折れ線グラフで記入にして下さい。

b その図から成長段階の区分を読みとって下さい。どんなパターンになるでしょうか。

人口の分布

　地球上の人口分布は，地域的に非常に片寄っている。まず陸地自体が地表の30パーセントしかなく，その大半は北半球に分布している。陸地のかなりの面積は人の住めないところであり，わずかながらに人が住めるという地域がその外側に大きく広がっている。結局，人間の生活に向いている土地は20パーセント程度に過ぎない。人間が住むことのできる土地はいろいろな条件がそろっているところに限られてしまうからである。極端に気温が高いとか湿度の高いところには人間は住めないといってもいい。よしんば人工的に（空気冷房とか暖房など）環境を整えたとしても，極寒極熱の環境では経済的な意味で大きな人口は支えきれない。ほとんどの人は年間を通して自然のままでも何とか耐えられるところに住まわざるを得ないのである。

　もう1つの条件は，その土地が農業でどのくらいの人口を維持出来るかという問題である。これまで肥沃で気候条件のよい土地には，何千年もの間，人間が住みついてきた。現在地球上の陸地の10パーセントに当たる部分が耕作されており，6パーセントが牧畜に使われている草地，さらに10パーセントが不安定ながら何とか牧草地として使える土地である。このような利用可能地はもっと増やせるのではないかと考えられてきたが，今のところ技術的にも環境的にも問題が多々あって，まだ解決されていない。

　先進国では国民を養うために農業も工業も活発に行なわれている。イギリスのように食糧需要の半分しか自給できない国では，工業部門からの収入を輸入農産物の購入に当てているのである。しかし工業部門での原材料消費が増えると，新たな資源開発のために，条件の悪いところも開発してゆかなければならなくなる。そして資源需要がひっ迫してくれば，人間はどんなところへも住み

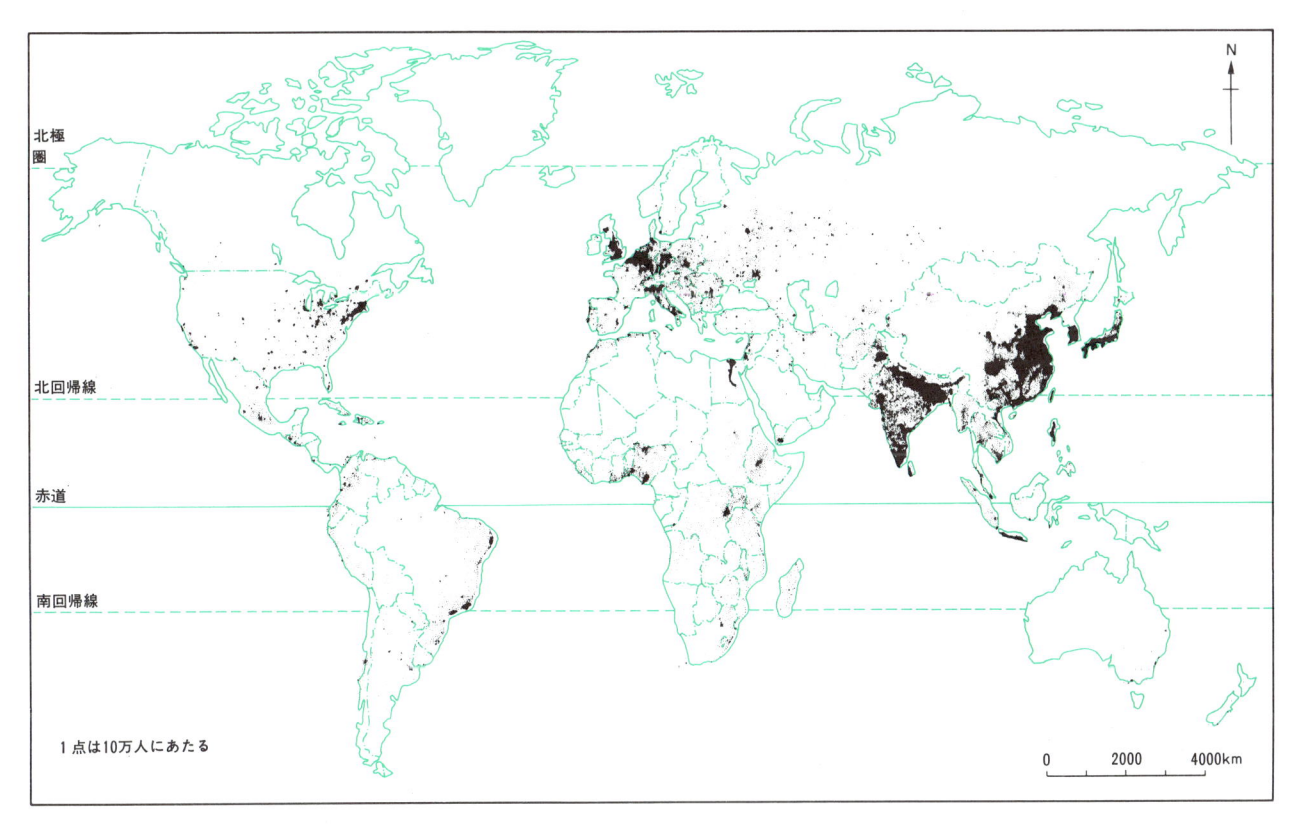

図2.7　世界の人口分布

図2.8 カナダの麦畑地帯	図2.9 北極
図2.10 ヒマラヤ峡谷	図2.11 イギリスの果樹園

着いていってそれを手に入れようとするだろう。

人間を寄せつけないような厳しい環境とはどんなものだろうか。高温の砂漠地帯は地球の陸地の20パーセントを占めているにもかかわらず、世界人口の4パーセントを養っているに過ぎない。表土は浅くやせており、灌漑農業もほとんど不可能である。サバナ地帯は砂漠の次に広いが、1km²当たり5人という人口密度しかない。そこでは降雨量はかなり多いのだが降る時期と降らない時期の差が激しく、雨量も不安定である。

地味に乏しく水はけが悪いために，土地はすぐに侵食を受けてしまう。一方熱帯雨林帯は陸地の10パーセントを占めていて，総人口の6パーセント―主にインドネシアとマレーシアの人口―を養っている。アマゾン流域のような地域では人口が1km²当たり，たった1人しかいない。

図2.12 サハラ砂漠

図2.13 ナイジェリアの熱帯林

熱帯雨林帯気候は気温・湿度ともに非常に高く，そのために様々な病虫害が発生しやすい環境である。またひとたび開拓のために木を伐採すれば，土壌がすぐ痛んでしまう。

一方，地球上には冬になると凍結温度をはるかに下まわる気温になる陸地が20パーセントもある。このツンドラ地帯では夏でも凍土が解けることはほとんどなく，表土の下は永久凍土として凍ったままである。残り20パーセントの陸地は農業に適さない傾斜地で，表土は浅く，簡単に流失してしまうような土地である。

世界人口が今後もさらに増加する限り，地球上の開発に適した地域ではますます開発圧力が高まることになるであろう。開発に関わる様々な圧力は，もちろん先進国と開発途上国では随分内容が違うが，いずれにしても人口が高い密度で集まっている地域に発生することは間違いなさそうである。

6 （30～31）ページの写真は人間にとって利用しやすい，あるいは利用しにくい環境の例を示しています。

  a　1つ1つの写真についてそれぞれの環境が示す特徴を4つの形容詞で表現してみて下さい。同じ形容詞を2回繰り返すことは避けて下さい。

  b　一番頻繁に使われた形容詞はどんなものだったでしょうか。

7 (53) ページの図3.5 を見て下さい。

　a この図を参考にしながら，ある程度まとまった規模の人口がそこに住むとした場合，"高すぎる"，"寒すぎる"，"熱すぎる"，"不毛すぎる" と思われる地域をマークして下さい。

　b 高い密度で人が住みそうだ，と思う地域を明るい色で塗ってみてください。またその地域を選んだ理由を説明して下さい。

　c それが終ったら，図2.7 にある地図との違いを見比べてみましょう。

8　a 図2.14 はいくつかの国について国土の形状と，面積測定の基準になるグリッド（マス目のこと）を示したものです。これをまずトレースして下さい。次に下にあげた表をみて，それぞれの国について，人口密度をグリットの数で図示して下さい。グリッドのマス目は1マスが10人／km²に当たるものとしてます。

	人口密度 人／km²		人口密度 人／km²
バングラデシュ	500	ナイジェリア	90
日　本	310	モロッコ	40
イギリス	230	アメリカ	20
インド	190	ブラジル	10
ウルグアイ	160	サウジアラビア	5
中　国	90		

　b これらの国を先進国と開発途上国とにわけたとき，開発途上国には先進国と比べて人口密度が高いという傾向があるといえるでしょうか。

　c 平均人口密度の数値は誤解を招きやすいのですが，それはなぜでしょうか。

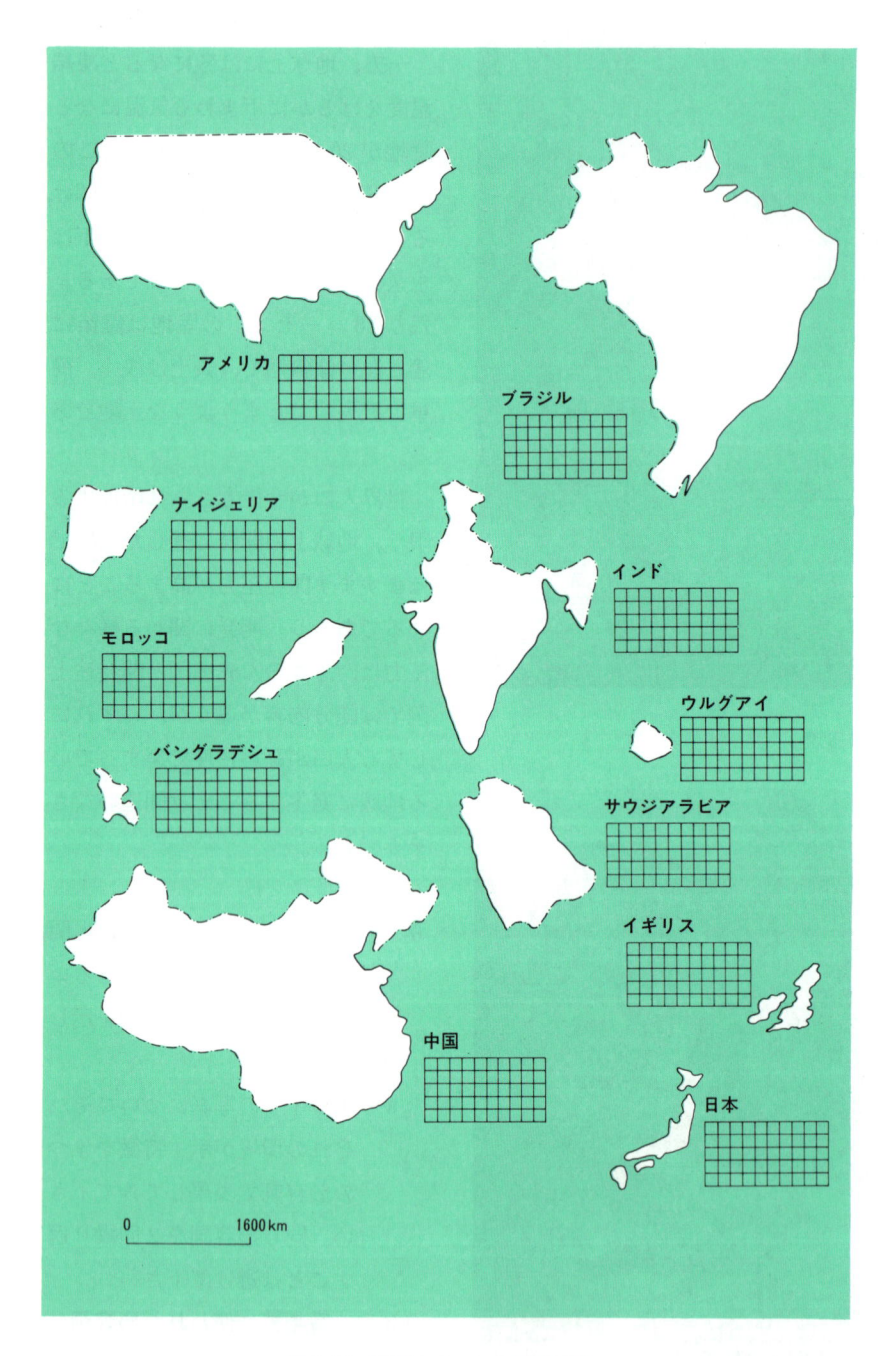

図2.14　設問8でつかう国別面積

人口の構造

どこの国でもいろいろな開発計画をたてるためには，政府として国民についての基礎的な情報を把握する事が必要とされる。第一に必要になるのが現在の人口に関するもので，その規模や構造的な特徴を知るために国勢調査が行なわれている。人口は常に変化しているので，国勢調査はおよそ10年ごとに定期的に行なわれることが多い。第二は人口の時間的変化に関するものである。つまり，人口の出生・死亡・転出入の動向などを把握することである。そのために出生登録を制度化しているのである。

開発途上国の中には統計資料があっても，それが不完全だったり信頼性の低いものであったりすることがまだ多い。そのため国連は1974年を世界人口年に定め，世界30カ国でセンサス（国勢調査のこと）の作成に協力したが，その内20カ国は初めてセンサスを行なう国であった。実際，センサスの実施には様々な困難が伴うものである。第一は大変に費用がかかるという事である。統計を整えることより，もっとひっ迫している問題に資金を使いたいという国もある。また識字率の低い国では調査員が現地をまわって直接面談して歩かなければならない。面談では調査員たちは何も知らない住民から疑いの目で見られたり，腹をたてられたり，しまいには敵意の目にさらされることも少なくない。

住民は自分の立場上，年令や職業，また所有物などについて，でっち上げの情報を出すこともあるので注意しなければならない。また言葉の問題も大きな障害となる。言葉が違っ

モザンビークの人口・住宅・家畜調査始まる

モザンビーク独立以来初めての国勢調査が開始され，昨日これを祝って国中の村がお祭り騒ぎに沸き立ち，街路は群衆でにぎわった。

現在モザンビークの正確な人口はわかっていないが，これは被植民地時代に国勢調査が住民税を徴収し強制労働を科すことに使われていたために，調査員が来ると森に逃げ込んで隠れた人が膨大な数に上ったといういきさつに由来している。ポルトガル政府は独立当時の人口を900万人と見積もっていたが，独立後数ヵ月を経た新政府は，ワクチン接種キャンペーンを通じて人口は1100万人と算定した。

この度の国際調査はモザンビーク政府始まって以来の大規模な政府事業であり，学校の教師や学生を主体に訓練した調査員約20,000人を国内各地に送り込み，そのため政府は調査員に食事や宿泊施設までも用意した。

しかし，1年以上もかけて準備したにもかかわらず，なおいくつかの行政上の問題が未解決のまま残されていた。その一つは学生たちが村に到着した時，食事も宿泊所もなんの用意もされていなかった村が続出した事である。またビランキュロスでは管理責任が不明確だったために，自転車が倉庫の中に眠ったままになっており，調査員は1週間も徒歩で調査に歩き回らなければならないはめになった。いま，いろいろな所で交通手段の不備という深刻な問題に悩まされている。輸送手段に乏しいのは開発途上国ではよくあることだが，ここでは特別な理由がある。政府が修理部品の輸入承認に手間取り，何千台もの車両が使用できないままになっているのである。

とはいえ，よく整った政治組織のある所，つまり独立後作られた共同体型の町村では地方政府職員が予想以上によく職務を果たした所が多かった。

昨日の祭り騒ぎも単なる祝事ではなく，実務的な目的が込められたものだった。ここはもともと出稼ぎ労働者が多い所で，また ほめられることではないが一夫多妻制がまだ残っているために，1つの町以外にも家を持つものがいる。そこで計算上の重複を避けるために，祭を催して木曜の夜いた場所を常住地として登録しようとしたのである。

今回の国勢調査では，女性を対象にして何人子供を産みそのうち何人死んだかを聞き，女性の出産能力と児童死亡率をはっきり捕らえようとしている。また日常語は何語か，ポルトガル語は話せるか，あるいは読めるかなども調べられることになっている。この調査には住居についてその材料，電気が来ているか，便所があるかといった内容に加えて，ラジオはあるか，所有する牛や羊は何頭いるかなどの調査も含まれることになっている。

国勢調査は国の開発計画をたてるために欠かせないし，とりわけ国民の保健や家畜の防疫サービス，そして教育についての重要な資料となることはいうまでもない。しかし一方国民の立場から見ると，国勢調査の最大の長所といえばこれを通じて国民が組織力の重要性に注目し，地方行政の不備な点をはっきりと見定める機会を作る，ということではないだろうか。

図 2.15　1980年8月ガーディアン紙に掲載されたニュース

たり，方言の違いが大きくてコミュニケーションがうまく出来ないことがよくある。遊牧生活を送る人達や，孤立したへき地に住む人達については統計から完全に除かれてしまうことさえある。

9 モザンビークで行なわれたセンサスについての新聞記事を読んでみましょう。(図2.15)
  a センサスがどういう体制の下に実施されたのか考えてみて下さい。
  b 実施中にどんな問題が起こったでしょうか。
  c センサスではどんな内容が調査されたでしょうか。モザンビーク政府はその調査結果をどう利用しようとしたでしょうか。

将来人口を予測するにはどうしても現在の人口構造を分析しておかなければならない。それにはまず人口の年齢別構成と性別構成を知る事が必要である。そのために人口ピラミッドが使われる。図2.16は国勢調査データから作ったイギリスの人口ピラミッドである。男女別に分けられ，それぞれについて5歳ごとに集計された人口の百分率が示される。百分率は水平に垂直軸からの距離で表わす。

10 表2.2を見て下さい。
  a 表にあるモロッコの人口構造を人口ピラミッドにしてグラフ用紙にかいて下さい。水平軸は男女とも，少なくとも16パーセントの値が記入できる幅がなければならない点に注意して下さい。
  b 図2.16にあるイギリスの人

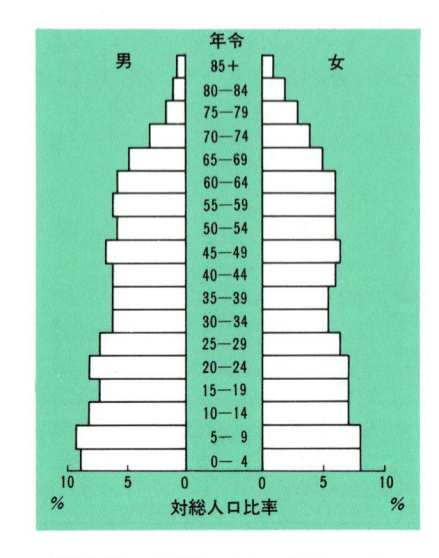

図2.16 イギリスの人口ピラミッド

表2.2 モロッコの人口構造

年令区分	男(パーセント)	女(パーセント)
85+	1	0.5
80—84	1	1
75—79	1	0.5
70—74	2	2
65—69	1	1
60—64	2	2
55—59	2	1
50—54	3	3
45—49	3	3
40—44	5	5
35—39	5	6
30—34	5	7
25—29	5	7
20—24	7	7
15—19	10	9
10—14	15	13
5—9	16	16
0—4	16	16

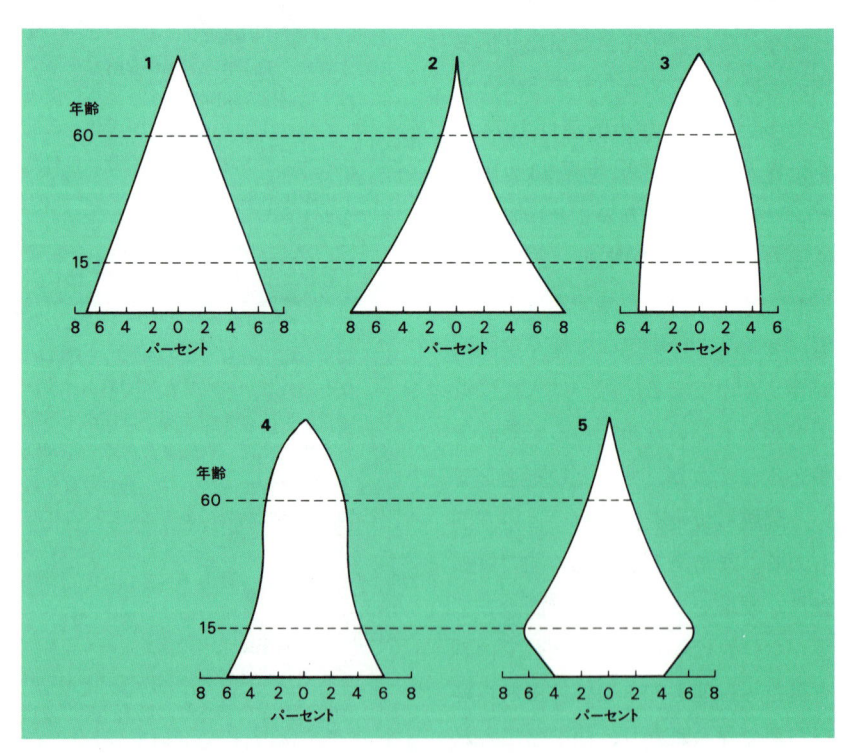

図2.17 人口ピラミッドの5つのパターン

口ピラミッドと比較して，どんな違いがあるでしょうか。違いが起こっている理由は何だと思いますか。

c このピラミッドの差は，2つの国における開発状況の違いをどのように反映しているでしょうか。

11 図2.17は人口構造について5つの異なったタイプを表わしています。それぞれのピラミッドの特徴をよくみると，人口がどのように変わっているかがわかるはずです。この図をコピーにとって，各々のピラミッドに適した注釈を下から選んで下さい。

a 出生率，死亡率ともに低い国。
b 出生率が著しくかつ急激に減少した国。
c 死亡率，特に0－4歳グループでの死亡率が下がり始め，しかし出生率は依然高い国。
d 出生率，死亡率ともに高い国。
e 長い間出生率も死亡率も低かったが最近出生率が上がってきた国。

この章ではこれまで開発問題に関する理論的な問題を取りあげてきたが，実際にこれらの理論が当てはまることを確かめるために，これ以降は3カ国の実例をあげてもっと詳しくみることにしよう。そのうち2つは世界で最も人口が多い中国とインドを取りあげる。この2つの国はともに人口増加を抑制してきたが，その成果にはかなりの違いがある。3つ目にエジプトを取りあげることにする。この国は人口は中国やインドよりずっと少ないが，資源的に見ると様々な制約があるために，同じく極めて問題の多い国である。

Box 2.1 世界人口の予測

世界の人口が将来いくらになるかということについてはいろいろな予測がなされています。本書では西暦2000年の世界人口は70億人と紹介されています。その後1983年に発表された国連の推定によれば60億人程度と修正されました。世界人口の推計は人口の自然増加の予想にもとづいていて，近年各国の人口統計が整ってきて，以前よりも精度が高くなってきたことや，開発途上国での家族計画が普及してきて，自然増のスピードが落ちてきたからです。それでも2010年頃には世界人口は70億人に達するだろうと予想されています。

1987年に世界人口は50億人になったと推定される中で，開発途上国の人口はすでにほぼ全体の4／5にあたる，およそ40億人です。しかも，先進国では出生率が下がる一方なので，今後増加する人口の大半は開発途上国の人口であることに間違いはありません。このままでいけば，西暦2000年になっても，現在貧しい国がさらに多くの人口を抱えるという矛盾を解決することは極めて困難であるといわざるをえません。(1991年「世界人口白書」に示されるように国連の推計では，この予想を大幅に上まわり，22世紀まで増加を続け，2150年ごろにようやく116億人で安定するとしています)

(訳者補足)

中国の人口問題

現在の中国には少なく見積もっても人類の5分の1が住んでいるといわれている。最近の推計では10億人以上とも言われるが、正確な値を知るのは難しい。政府による公式のセンサスが行なわれたのは近いところでは1953年で、その後の人口増加はモニターされていないようである。特に、文化大革命という社会的・政治的動乱のために、統計の収集が大混乱したためである。しかし、1960年代に入ってからは家族計画が広く行き渡り、出生率が急速に低下したことがはっきりしている。1981年には年間人口増加率は1パーセントが目標であった。(巻末注4)

中国は共産主義体制を敷いてからというものは、着実な開発実績を上げてきたが、まだまだ開発途上国の域を脱するまでには至っていない。中国はこれまで過去30年にわたってさまざまな人口出生抑制策をとってきたが、農業・工業において適度な成長を達成するためには、今でも人口抑制が死活問題なのである。

12 次に引用文が2つあります。これを読んで2人の考え方の背景にある違いは何か考えて下さい。

毛沢東主席（マオツォトン）(1949)：「中国が大人口を擁するのは好ましいことである。たとえ人口が今より何倍になっても、我が中国は必ずや解決への道を見つけることができる。要は生産性を高めることだ。」

邵力子第一回国家人民会議副議長（シャオリーツー）(1954)：「多くの人口を抱えるのは好ましいかもしれないが、幾多の困難が付きまとう環境においては、ある程度の限界を考えておくべきだと思われる。」

様々な問題をはらんでいた文化大革命の時代には家族計画が無視されることもあったが、1970年代後半になって再び強い支持を受けるように

図2.18 働く両親を持つ子供達と老人

なった。この時は、晩婚のすすめと子供の数を一家に2人ないし3人に制限することを奨励するキャンペーンが盛んに行なわれた。中国の「裸足の医者」(基礎的な訓練を受けた補助医師)たちは農村コミュニティを歩いて、避妊・断種そして堕胎を勧めてきた。

中国人の4分の3は農村人口だが、均等に分散しているわけではなく、むしろ人口は集約農業ができる地域に集中している。

13 図2.19を見て、ここに示された人口密度の分布パターンと中国の地形図を比較して下さい。

　a この2つのあいだにはどんな関係があるか説明して下さい。

　b 最も人口密度が高い地域、また低い地域の地域名を調べて下さい。

　c 百万人以上の都市名を調べて図に書き込んでみましょう。大都市が集まっているのは国のどの部分ですか。

中国の最も耕作が進んだ地域では人口密度が800人／km²にも達する地域がある。農耕に最適な豊かな河川堆積土の広州や上海のデルタ地帯がそれにあたる。一般的に中国東部地域は可住地が多く、特に沿岸低地部や、内陸高地を貫通する大河川流域は人が定着するのに最適である。中国西部は人口が希薄で、乾燥して不安定な気候条件のため農耕に

は向かず、集約的な開拓ができる望みはあまりない。

中国にとっては、増加する人口を養っていくには現在の農業地域の生産性を高めるしかないと言える。独特なコミューン(人民公社)の共産システムはなんとかこれまでの人口増加を支えてきた。1920年代そして

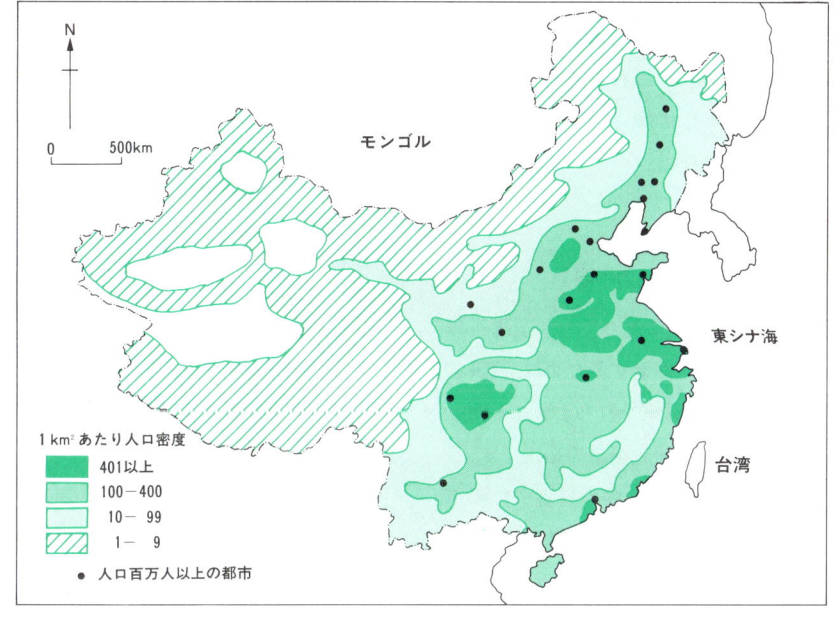

図2.19 中国の人口密度

図2.20 傾斜地を有効利用した階段状の田畑

1930年代に起こったあの悲惨な大飢饉は今のところまだ繰り返されていない。治水計画や丘陵地での農地造成、また化学肥料の導入などの技術が改善されて、食糧生産は飛躍的に向上した。にもかかわらず、農村の生活水準は、これからもずっと天候のよし悪しに頼らざるを得ないことに変りはない。

文化大革命の時、何十万という若い人達が土に働くために、都市から農村に下放（強制的に移住させること）されたことがあった。その人たちも今は多くが都市に戻ってきたが、なかには農村コミューンで過さなければならなかった時間を惜しんで悩む人がいまでも少なくないようである。しかし、都市でも仕事がなかなかないので、政府にとっては失業青年の不満をどう解決するかが大きな課題になっている。さらに、農村の貧農に比べれば、大都市の住民はまだましな生活を送れるという意味で、都市と農村の間の格差が問題になってきた。

Box 2.2　その後の中国

1980年代に入って、中国政府は経済発展を促進するために、経済の改革・開放政策を打ち出しました。その1つが開放都市の指定です。これは中国沿岸地域の特定の大都市で外国企業の投資や工場進出を認める政策です。これによって、ホンコンに隣接するシンセン市や大都市シャンハイ市などでは大いに経済が発展しました。

中国政府はこの改革・開放政策を農村政策に当てはめました。人民公社の解体、農業の生産請負制（自分で作った作物のうち、一定量を政府に納めれば残りは自由に販売してよいというもの）の導入などがそれです。そのおかげで、農民の生産意欲が刺激されて、沿岸地域の農家は大いに潤ったといわれます。その一方で、郷鎮企業と呼ばれる農村地域の中小工場の経営も盛んになり、そのうち村の中には、貧しい地方からの出稼ぎを雇って農業生産をし、自分たちは郷鎮企業で働くというやり方を取るようになったところも出てきました。そのほうが収入はずっと多いし、つらい農作業からも開放されたからです。

そうこうするうちに中国沿岸地域では、もとの戸籍登録地を離れて大都市や農村部に出稼ぎにくる人が急増しました。この地域の経済成長を維持するためにも、また貧しい内陸地方への仕送りを増やす意味でも、政府はこの出稼ぎを無視する事ができず、厳しく固定していた戸籍の管理を緩めて、出稼ぎ生活ができるようにしました。それと同時に農村部においては「一人っ子政策」を緩めたのです。

このような改革・開放政策のおかげで、90年代に入ると、年率10%にも達する経済成長をとげる一方で、人口抑制のスピードが鈍ってきました。その結果、1990年に11億4千万人だった人口は97年には1億人増えて、12億4千万人に達しました。都市人口も26%から30%に増えて、着実に都市化が進んだのです。

今でも中国政府は晩婚・少子をすすめて人口抑制に努めていますが、あまり極端な少子化は長い目で見て、人口の急激な高齢化現象を引き起こす恐れが出てきました。大人口を抱える中国の人口政策の難しさを浮き彫りにしているといえるでしょう。

（参考文献：「中国統計年鑑」、1998年版）

第 2 章 人口の問題 39

インドの人口問題

人口規模から見ればインドは中国に次いで世界第 2 位であるが，人口増加率では中国よりずっと高くなっている。1981 年の国勢調査によれば，インドの総人口は 6 億 8400 万人であった。1971 年に国勢調査をして以来，1 億人以上の人口が増えたことになる。もしもこのままの趨勢で人口が増えるとすれば，今世期末には総人口は 10 億人になるといわれている。このような急速かつ加速度的な人口増加が見込まれる理由は，死亡率が急激に低下してきたにもかかわらず，出生率が依然として高いまま続いているからである。その原因は，平均寿命が 1900 年頃にはおよそ 20 歳（標準的なケースの場合）だったものが，1970 年代後期には 50 歳にまで伸びた。その結果膨大な数の女性人口が増加した上，その出産可能期間が大きく延長されることになったからである。

インド政府は国民の健康障害を軽減することについては大きな成果を上げたが，家族規模の制限については国民の合意が十分得られなかったといえよう。過去 20 年の間には幼児死亡率が激減したために，15 歳以下の人口が急に膨れ上がるという現象を引き起こした。政府の保健衛生政策が効を奏して，マラリア・トラコーマ・ハンセン氏病・結核などの疾病が大きく減少したからである。しかも，飲料水供給システムの改良事業のおかげで，水に起因する疾病の拡散もおさまった。また過去に幾度となく飢饉を被った経験から学んで，今ではずっと効率的な食糧配給ができるようにり，さらに外国からの援助も得られるようになったのである。

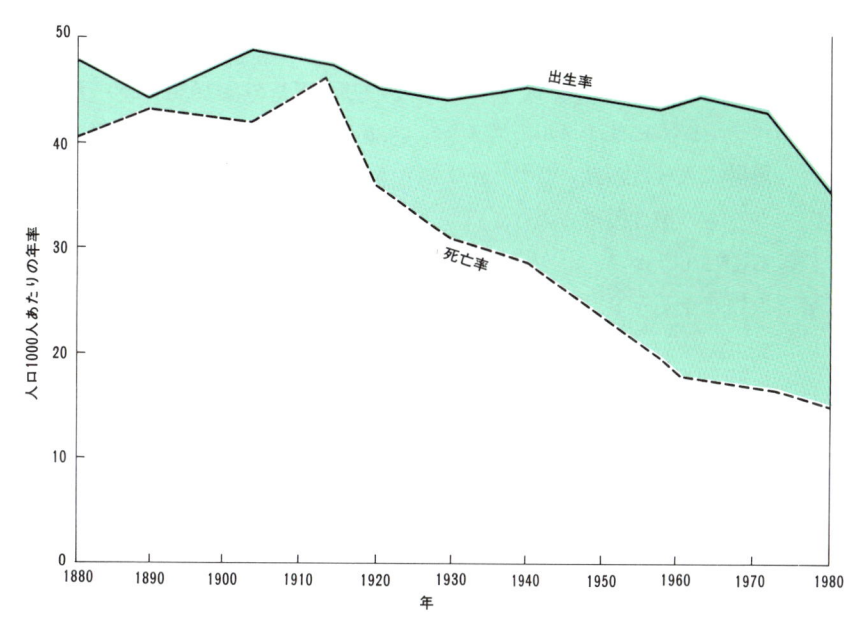

図 2.21 インドの人口サイクル

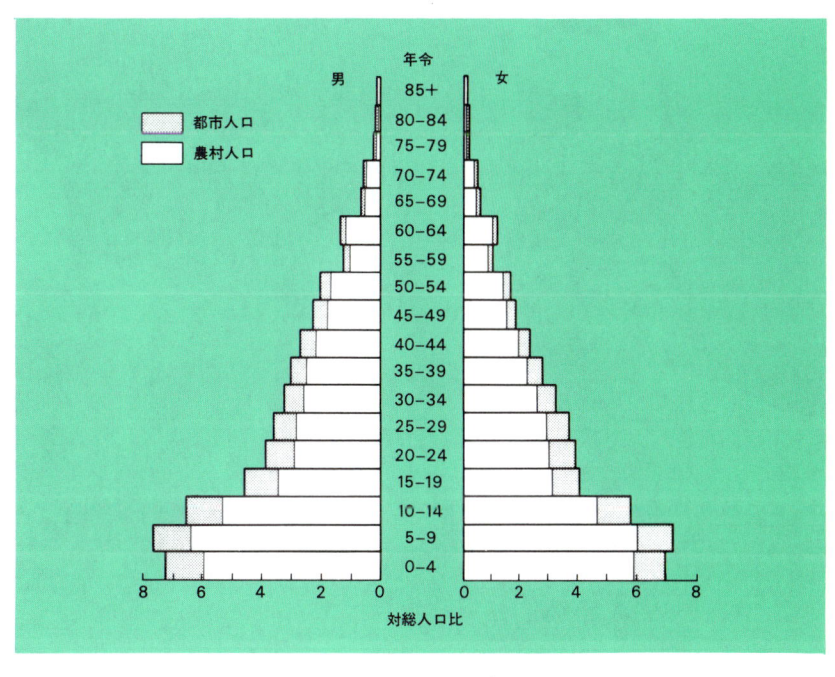

図 2.22 インドの人口ピラミッド

14 図2.21を見て下さい。
　a 1900年, 1940年, 1980年における出生率と死亡率はどう変わってきたでしょうか。
　b この3時点における自然増加率はいくらだったでしょうか。
　c インドが人口サイクルの第2段階に入ったのはいつでしたか。もう第3段階に入っているでしょうか。
　d 人口ピラミッド（図2.22）を見て, インドの人口増加パターンの特徴を考えて下さい。
　e インド総人口に占める15歳以下の人口の割合はいくらですか。
　f インドの人口ピラミッドと34ページにあるイギリス, モロッコの人口ピラミッドを比較すると, どんなことがわかりますか。

インド政府が家族計画を政策として取りあげたのは1930年だったが, 1960年代中頃になるまではそれほど熱心に奨励されていなかった。いろいろな政策がとられたが, 避妊という方法では効果がないとわかって, 政府は比較的簡単な手術でできる断種という方法を採用することに踏み切った。1970年代の初頭, 断種手術を受ける国民には報奨金とギフトを提供することにして, 集団手術が受けられる大きな簡易施設を方々に建設した。その結果, 1972年4月から1973年3月までの1年間に, 実に300万人が断種手術を受けたのである。しかし手術希望者に対する施術はすぐに一巡してしまい, それ以上の新たな希望者はあまりでなくなってしまった。

1975年6月, インド全土に非常事態宣言が発令された。政府はこの事態に乗じて断種徹底のキャンペーンを強化し, 中には強制的に手術を受けさせられた人もでたのである。以下はある夫婦の当時の経験談である。

シャンティ・デヴィはデリー郊外のあるしゃれた住宅地に隣り合ったスラムに住みついて, しがない皿洗いをしています。ここにいる限りは何

図2.23 ソシアルワーカーの説明を聞く若い夫婦

とか食いつなぐことができたのですが，そのうちに非常事態という事で武装した政府の役人がやって来て家をとり壊した上，彼女をデリーから何マイルも離れた土地に移住させてしまいました。政府はそこに土地を一区画用意してくれたのですが，思わぬ障害がありました。借地契約書を貰うにあたって，彼女自身あるいは夫の断種証明書が必要だったのです。しかし，彼女は9人生んだ子供が6人も死んでしまい，残った3人は皆女の子だったために，1人だけでも息子が欲しくて妊娠しようとしていたのです。そうこうしているうちに，夫が働いている市営公園事務所は断種証明を持っていないことを理由に，月給の支払いを止めてしまいました。それでも夫はその内には払ってくれるだろうと期待をつなぎ，およそ2カ月の間こつこつと働き続けました。実際のところ，ほかに働き口もなかったのです。これに追討ちをかけるように，妻は夫に対してどこか個人の庭園で働くような副業を探すように言いよったりしました。しかし，食うや食わずの夫にはそんなに長時間働く余力はなかったのです。妻との口論の末，これを最後に夫は家を出て行ってしまいました。残った妻は後の面倒を見なければなりません。ぎりぎりのところ，土地だけは手放さなくてもいいように，みずから断種手術を受けることにしたのです。……公的な記録には，この話が自発的に断種手術を受けた者のケースとして残されています。

(1977年5月，ニュー・サイエンティスト紙，アニル アグラワル記者の記事から抜粋)

15 ここまでの話を読んで，次の問題について考えて下さい：
 a この話に出てきた夫婦はどんな社会階層の人でしょうか。
 b この人達が政府の圧力を受けやすいのは何故でしょうか。
 c この夫婦はなぜ断種手術を嫌がったのでしょうか。
 d 最終的にこの女性を断種に踏み切らせたものは何だったでしょうか。

1976年から1977年にかけてこの"強権発動"がその極に達した時，1年間に断種手術を受けた人は830万人にものぼったといわれている。しかしこの強引な家族計画キャンペーンには国民の反発も極めて大きく，1977年の全国選挙では当時の政権政党は倒れてしまったのである。これを受けて新しい政党はこの強制的な断種運動を解除したのだが，この時の国民のショックは大きく，以後長期的な産児制限への取組みが難しくなってしまった。国民の多くは家族計画といえばそれだけで拒絶反応を示し，また政府にしても担当職員は自信をなくし指導が混乱したのだった。そして1977年から1978年にかけては，過去12年間最低の80万人しか断種を受けないという結果に終った。今になってみれば，こうした性急なキャンペーンは結局インドの出生率を下げることには何の役にも立たなかったのではないかとさえいわれる。

人口増加の比率にはかなり地域差が見られる。例えば北西地域に位置するパンジャブ州やラジャスタン州では，出生率が最も高く，死亡率は最低なので，その結果人口の自然増加が国内で最も高くなっている。逆に南部のアンドラプラデシュ，タミルナドゥ，ケララ，カルナタカの各州では出生率は最低，死亡率は比較的高いために，自然増加率は最低である。死亡率の最低はウッタールプラデシュ州とマディアプラデシュ州だが，出生率も高いために結果としては人口増加は国内標準レベルに留まる結果となっている。

もちろんこの地域別人口増加率は地域の人口規模によっても大きく変ってくる。人口圧力は成長率の最も高い地域が一番高いとは限らないのである。例えばウッタールプラデシュ州やビハール州のような人口の実数が多く，そのうえ資源がぎりぎり一杯に使われている場合には問題は深刻になりがちであり，またラジャスタン州のような人口の少ない州でも，あまり高くない人口扶養能力を超えて人口が増えれば，人口過剰に陥ってしまうのである。

16 a 図2.24はインド全土にグリッドをかけたものですが，これを使って，グリッド数からそれぞれの州の概算面積を計算してみましょう。境界線が

グリッドの半分以上を含むときは1マスに数え、半分未満のときはゼロとします。次に各州別に人口（図2.24に出ています）と、読みとった面積をグリッドの数で書き込んだ表を作って下さい。

b そこで各州の人口をグリッド数で割ってそれに100をかけます。これで人口密度（1 km² 当りの人数）が得られるので、それを同じ表に記入して下さい。

c 図2.24をコピーして、それに人口密度のランクを色分けして下さい。そのランクは、100人/km²未満、100－199、200－299、300－399、400人/km²以上、とします。

d できあがった地図とインドの地形図とを見比べてみましょう。最も人口密度が高いのはどんな地形のところでしょうか。

インドの人口分布は驚くほど長期にわたって一定を保っていたが、近年の人口圧力はこれに重大な変化を引き起こした。人々はかつて地域のコミュニティと強い関わりを持ちながら生きてきたのだが、様々な開発が進むにつれて、この古くからの人口分布パターンが壊れてきたのである。一番大きな変化は大都市、特にカルカッタ、ボンベイ、マドラスそしてデリーに人口が移動してきたことである。1901年から1971年までの間に、都市人口は4倍にも膨れあがり、今では総人口の20パーセントを占めるに至っている。パーセンテージでは小さく見えるかもしれないが、実数にすれば大変な人口数である。農村から大量の人口が殺到し

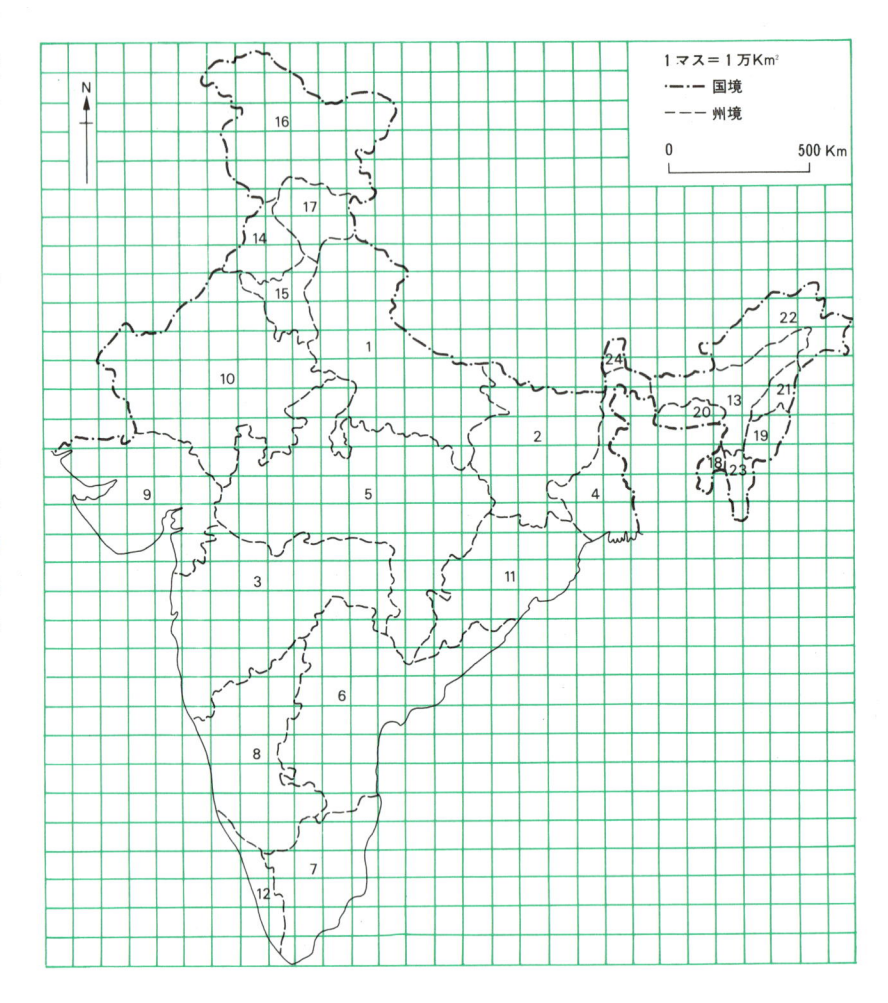

州名	人口（百万人）	州名	人口（百万人）
1 ウッタールプラデシュ	100	13 アッサム	19
2 ビハール	64	14 パンジャブ	16
3 マハラーシュトラ	60	15 ハリアナ	12
4 西ベンガル	53	16 ジャムーカシミール	5
5 マディアプラデシュ	50	17 ヒマチャルプラデシュ	4
6 アンドラプラデシュ	50	18 トリプラ	2
7 タミルナドゥ	47	19 マニプール	1
8 カルナタカ	34	20 メガラヤ	1
9 グジャラート	32	21 ナガランド	1
10 ラジャスタン	31	22 アルナチャルプラデシュ	不明
11 オリッサ	26	23 ミゾラム	不明
12 ケララ	25	24 シッキム	不明

図2.24 インド各州の人口

てきたために，都市は公共サービスの負担が急増し，また雇用機会もたりなくなるといったように，数々の深刻な問題を抱え込むことになった。

この都市への人口圧力を軽減するには，農村地域での経済開発が基本になるが，これは主に農業の再活性化ができるかどうかにかかっているといえる。昔はインドの農民は開墾農地を広げることで人口増加に対応してきた。新しく土地を開墾したり，今ある農地の収穫量を増やす工夫をしてきたのである。1950年から1966年にかけて，農地の総面積は132万 km² から155万 km² に増加した。その増加分のうち6万 km² には多毛作が導入なされ，17万 km² では新しい作物が栽培された。1960年代後半からは新しい品種に切り替えられたり，近代的な耕作技術が導入されるようにもなった。これが有名な"緑の革命"といわれるものである。

しばらくの間はこの緑の革命がうまくいき，人口問題にも辛うじて，歯止めがかけられたのだが，それ以降農業がさらに進むにつれてコストがかさみ，技術的にも問題が起こってきた。その結果，1960年代半ばにはビハール州でひどい飢饉が起こったが，このようなことはこれからもインドには起こる可能性が残されているといえよう。

図2.25　収穫のなかった畑でなげく農夫

図2.26　コンクリートパイプに住む家族（カルカッタ）

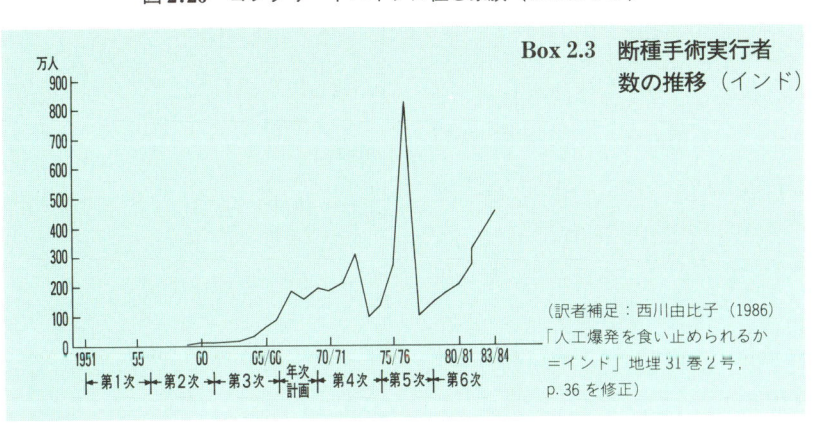

Box 2.3　断種手術実行者数の推移（インド）

(訳者補足：西川由比子 (1986)「人工爆発を食い止められるか＝インド」地理 31巻2号, p.36を修正)

エジプトの人口問題

エジプトはナイル川のおかげで成立しているといっても過言ではないだろう。この国の人口はナイル河のデルタ地域とナイルの渓谷地帯に集中して住んでいる。そこには灌漑用水があり，耕作に適した肥沃な土壌がある。もしナイルがなかったら，エジプトは近隣諸国と同じように，人口のまばらな砂漠の国だったはずである。今日のエジプトは4,000万の人口を擁しており，全アラブ世界の人口の3分の1が住む国である。

エジプトの人口は毎年2.5パーセントの割合で増えており，1980年代にはこれがさらに加速されるものと予想されている。この急速な人口増加は，1940年代後半になって死亡率が大きく低下したことから始まっている。これは他の開発途上国と同様，医学の知識や技術が発達したために罹病率が下がり，またしっかりした家族計画キャンペーンが長い間続けられてきたにもかかわらず，出生率が依然として高いままだったからである。その理由は，この国では宗教が避妊を禁じており，また早婚の伝統が強く残っているためで，これが政府の努力の足を引っ張った形になったのである。現在人口の約半分は15歳以下なので，この人口が間もなく出産可能年令になると，再び大きな人口増加に見舞われることは免れない。

このような理由から将来の人口増加はいかんともしがたく，今後食糧の輸入，そして住宅や病院，さらに学校などを建設するために，政府は膨大な出費を余儀なくされるだろうことは想像にかたくない。しかし，何といっても深刻なのは土地不足だといえる。現在ですら国土の4パーセントにも満たない土地に99パーセントの人口が住んでおり，その5分の3は自給自足型農業に頼ってい

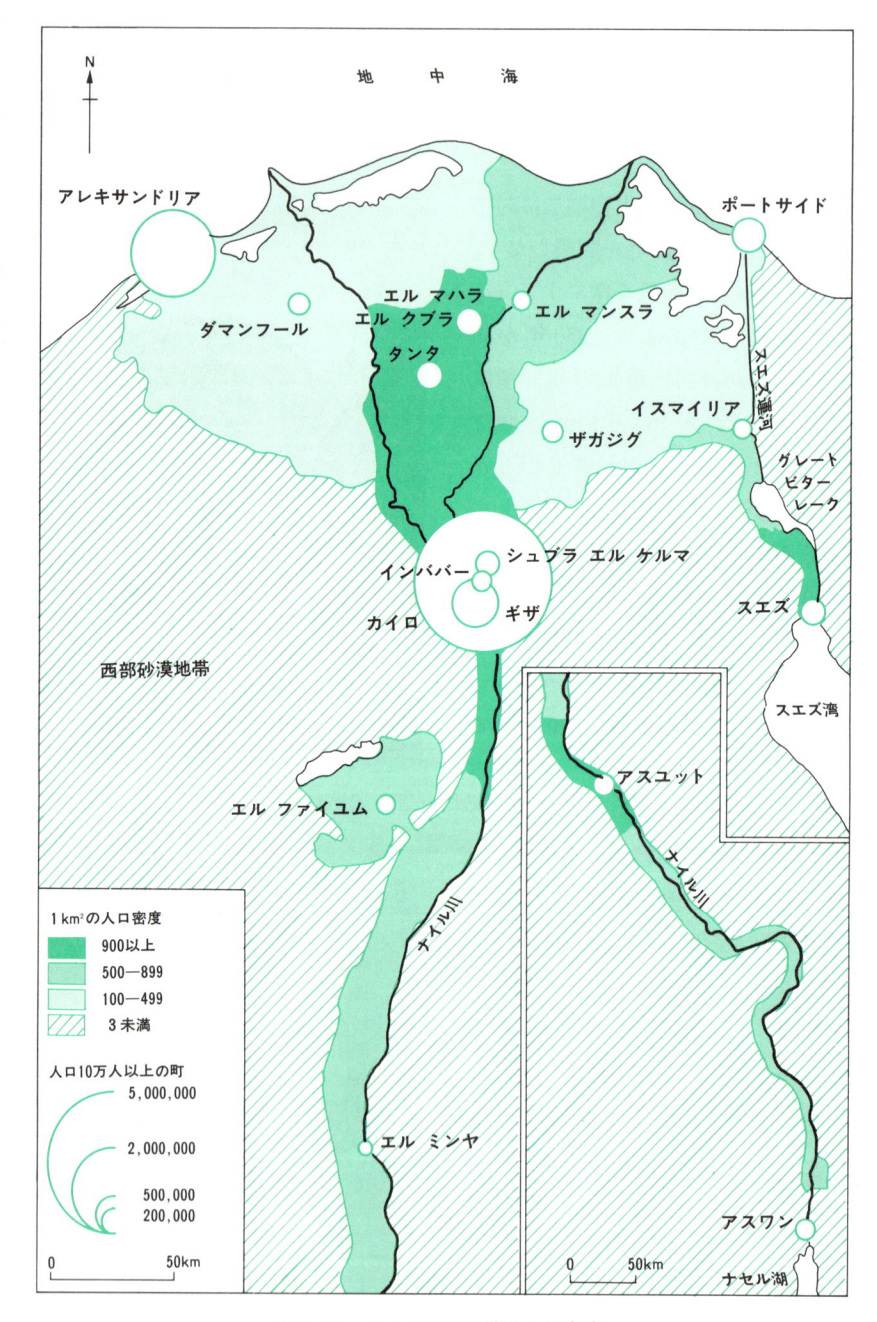

図2.27 ナイル峡谷地帯の人口密度

るのである。今のところ，今世期末までには1500万人から2000万人分の農地を新たに用意しなければならないだろうといわれている。現実に人口密度は既にかなり高く，土地の区画も相応な生活を支えるには小さすぎるものが増えており，また長い間，半失業状態に置かれた土地無しの労働者が大量に出てきている。農業は，新しい穀物品種の導入や輪作方式の改善，さらに多毛作化また肥料の集中使用などのおかげで，今のところ高い生産性を維持している。しかしエジプトの農地は事実上既にすべて灌漑済といえる状態で，既存の開拓地での収益を今以上に高められる見込みはほとんどないのである。

17 図2.27に該当する地域をエジプト全土の地形図のうえで見つけて下さい。残りの地域と比較しましょう。

   a エジプトの国土は100万km²以上ありますが，ナイル・デルタの面積はおよそどのくらいでしょうか。

   b アスワン・ダムから地中海まではどのくらいの距離ですか。

   c 図2・27に示されている人口密度のパターンにはどんな特徴がありますか。

   d エジプトの主要都市をあげ，その位置を確認して下さい。

18 図2.28を見て下さい。

   a この畑では何を作っているのでしょうか。

   b 畑を囲んで背の高い植物が植えられているのはなぜでしょうか。

   c 土地は灌漑に頼っていますがそのことは何でわかりますか。

図2.28 ナイル峡谷地帯の灌漑農地と農夫

d 写真後方に村があってその手前に土手がありますが、この土手は何のために作られているのでしょうか。

e 写真に写っている農民の生活はどんなものだと思いますか。

19 図2.29を見て下さい。一年中灌漑が可能な農地では多毛作が行なわれています。

a グラフにはどんな特徴が表われているでしょうか。

b 表2.3に示されている農村人口1人当たりのヘクタール数を同じ年次ごとにグラフに図示しましょう。

c エジプトの人口はどんな具合に増えていますか。

d この2つのグラフを比較した時、1960年から1980年の間にどう状況が悪化してきたでしょうか。

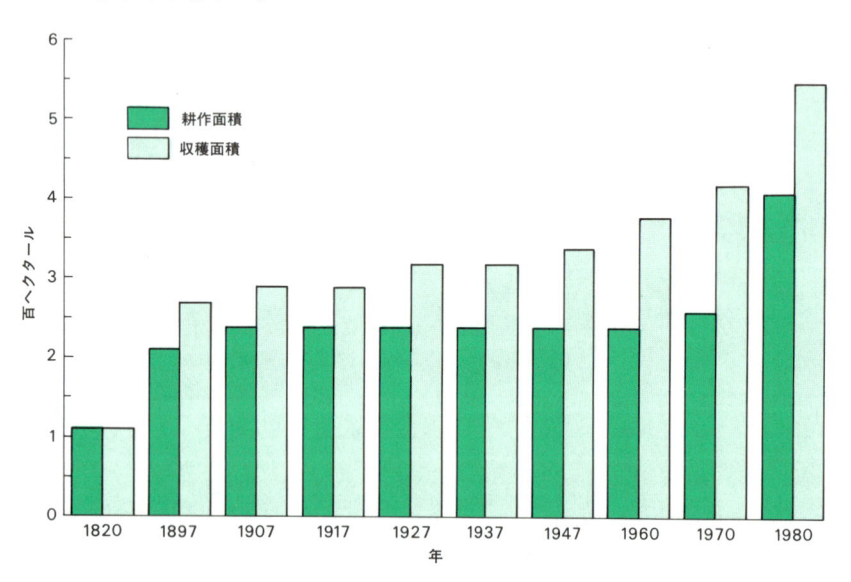

図2.29 エジプトの耕作面積と収穫面積の関係（1820～1980）

図2.30 砂漠地灌漑の新しいスプリンクラーシステム

エジプトでは耕地を拡大するにはもう大規模な土地の埋め立てしか方法がないといってよい。エジプトは1970年代、アスワンにあるハイ・ダムの後背地に貯められた水を利用する大規模な灌漑農地を14カ所に作った。当時260万ヘクタールあった耕地に、さらに60万ヘクタールを追加しようという計画であった。加えて西部砂漠地帯では、地下の自然

表2.3　エジプトの耕作面積と収穫面積
　　　　（農民1人あたりのha）

年	耕作面積	収穫面積
1820	0.57	0.57
1987	0.25	0.36
1907	0.25	0.34
1917	0.21	0.32
1927	0.19	0.32
1937	0.17	0.30
1947	0.19	0.30
1960	0.15	0.23
1970	0.15	0.21
1980	0.15	0.21

貯留水を利用して、新たに90万ヘクタールの埋立農地を造ろうとした。

図2.31 カイロの横断歩道橋の雑踏

図2.32 スエズの新しい住宅建設

しかし残念なことは、土地が砂地でナイル渓谷のような肥沃なシルト質でないために、ずっと地味が劣っていたのである。さらに悪いことに、これほど意欲的な開発計画を立てたにもかかわらず、なお農村人口の増加には追いつけなかったという事実である。

部分的ではあるが、都市に活路を見出す可能性が残されていないわけではない。というのは総人口の45パーセントは都市人口であり、その半分がカイロとアレキサンドリアの2大都市に集中している。そこはエジプトの工業発展の中心であり、農業地域からの大量の人口流入をこれまでも支えてきた。だから政府は雇用需要の増加に対応するために、工業開発を1つの手掛かりにしようともしている。そのための大規模開発事業の一環として、スエズ運河沿岸諸都市の開発が再開され、工業開発の期待が大いに寄せられている。エジプトが気がついてみると、人口の希薄な近隣アラブ諸国の方が石油輸出のおかげでずっと豊かになっていた、というのも皮肉なことである。人口圧力が引き起こす問題を成功裏に解決していくためには、エジプトは今後近隣アラブ諸国の援助を仰がざるを得なくなるだろうといわれている。

まとめ

世界の人口は急速に増加しています。しかし，先進国の増加は極めて低い一方，開発途上国の人口増加率が非常に高くなっています。世界の人口は非常に偏って分布しており，人間が住むための環境の適性条件を強く反映しています。適度な気候条件と肥沃な土地に恵まれた低地には最も人口が多く住みついています。貿易が盛んになったおかげで，たりない食糧や資源を輸入することができるようになり，自国の扶養能力を超過しても何とかやっていけるようになりました。人口の変化はセンサスと出生・死亡届によって記録されています。これを整えるには膨大な費用がかかり，開発途上国にとっては技術的問題もあって，完璧な資料づくりはほとんど不可能だというのが実態です。

国連推計によれば，1984年中ごろの中国の人口は10億5,200万人，とされている。また，1989年10月には中国政府は，1989年末の総人口が11億1100万人を越えると発表し，2000年までに12億を越すだろうとの見通しを明らかにした。(巻末注3)

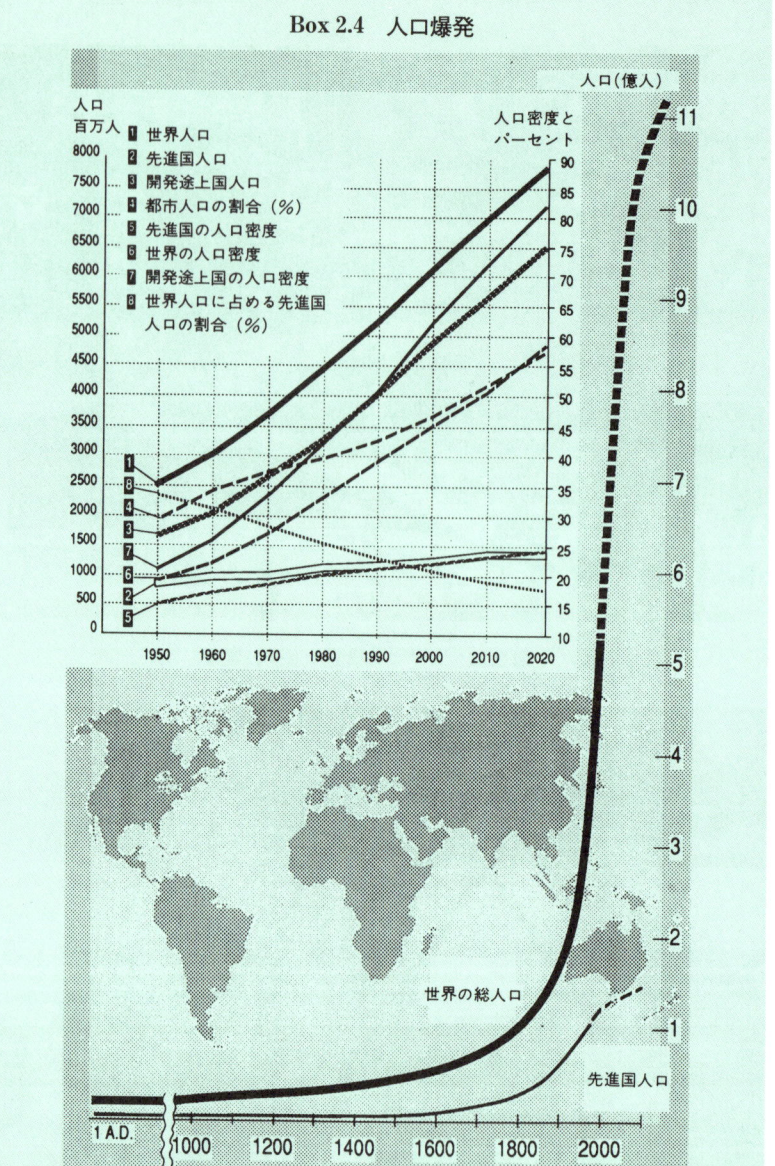

Box 2.4　人口爆発

人口 百万人	
1	世界人口
2	先進国人口
3	開発途上国人口
4	都市人口の割合 (%)
5	先進国の人口密度
6	世界の人口密度
7	開発途上国の人口密度
8	世界人口に占める先進国人口の割合 (%)

Sources: World Development Report (1984), World Bank; World Demographic Estimates and Projections, 1950-2025, united Nations Organization, 1988.

(訳者補足：日本ユネスコ協会連盟 (1992)「数字で読む南と北4．人口爆発　今世紀末に61億人」地理37巻7号, p.62)

第3章　自然環境の管理

生態系と人間

　人間は周囲の自然環境と無関係に生存することはできない。どんなに孤立していても、やはり人間は自然環境の中にいることに変わりはない。人間の活動は、いやおうもなく自然とかかわり合いながら、自然界に対して何らかの変化の原因を作り出しているといえる。同様に、環境に起こる変化も長期的・短期的変化にかかわらず、人間に対して何らかの影響を与えているのである。地球に及ぼす人間の影響については、最近やっと科学者がその全貌を解き明かしつつあるが、何事も複雑な仕組で関係し合っていることがはっきりしてきている。この自然界に存在する様々な要素が相互に関係し合っている仕組を生態系（エコシステム）と呼んでいる。

1　次に人間の活動の種類をいくつかあげましたが、これを表のかたちに書き写し、次にそれぞれについて、各々の活動が自然環境をどのように変えてゆくのか道筋を追って、そのプロセスをリストに書き加えて下さい。それができたら、各人のリストを見比べてみましょう。おのおのの活動は自然界に対して様々な影響を及ぼしていることがわかるはずです。

農業，漁業，鉱業，林業，工業，交通，都市建設，余暇活動，発電，取水，

　人間が地球に対して及ぼす影響を知るには、まず自然の働きについて知っておかなければならない。この地球上で生命が存在する領域を生物圏（バイオスフェア）と呼んでいる

図3.1　アスベスト鉱山：自然の地形を変えてしまう生産活動の一例

が，これは低空の大気(気体)，海洋(液体)そして地表（固体）を含めた全体を１つの領域としてみる見方である。この３要素はエネルギー，水そして化学物質の転移を通じて相互に連鎖関係を持っている。生物圏はまた，２つの相互に関係しあった領域に区別することができる。生物（バイオティック）界と非生物（アバイオティック）界である。どんな場所でもこの生物界と非生物界は一体となって１つの生態系—つまり自然界の活動単位—を形成していると見られる。エコシステムはこの地球上の大小様々な領域で存在している。例えばアフリカ大陸という領域もその１つだし，また身近かにある水溜り１つの中でもあるエコシステムが成立しているのである。

生物界を作りだしている有機体の生存には，すべからくエネルギーと水と化学物質が必要とされている。また植物・動物に限らず，どんな有機体も自分たちの自然共同体の中では固有の役割を担っている。そして有機体は食物連鎖や化学変化の循環が適切に働くように，その共同体の内部均衡が調和する関係に置かれている。その結果，エコシステムは様々な物質やエネルギーの放出あるいは導入によって絶えず変化する中で，有機体が誕生し，成長し，そして死んでいく。

エコシステムはすべて太陽エネルギーを受ける事によって活性化している。エネルギーそのものは様々な

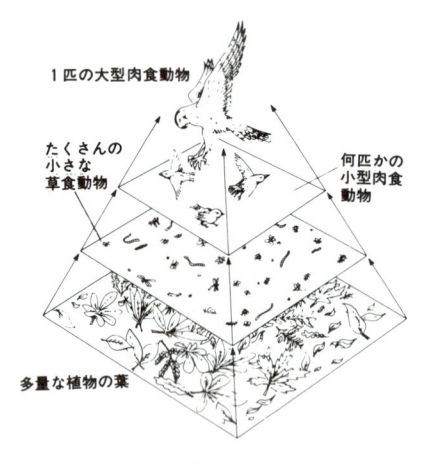

図3.2　食物循環の例

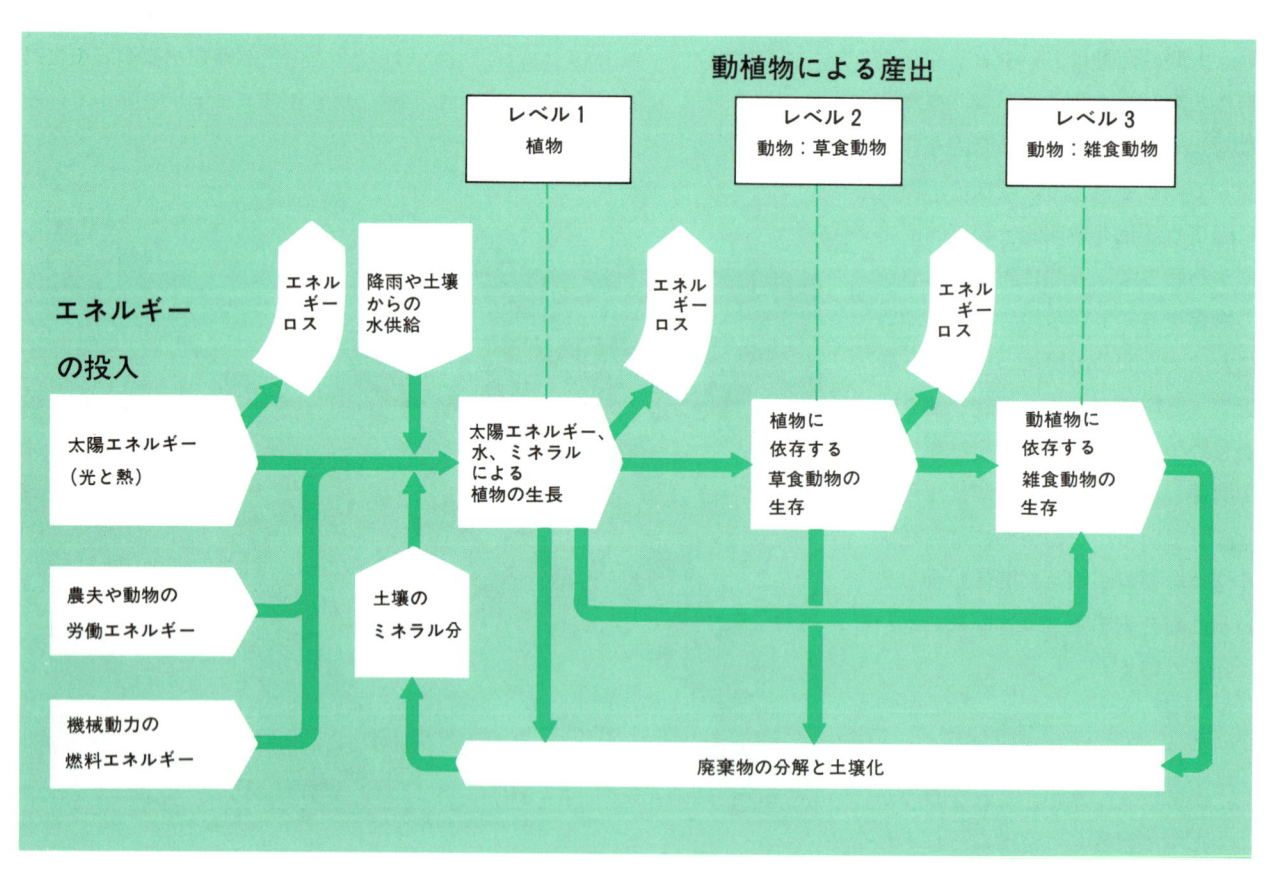

図3.3　エコシステムのしくみ

形で，つまり熱とか光とか，また植物のなかや動物の筋肉に蓄えられたりして存在する。太陽光は植物によって捕らえられ，植物はその太陽光のエネルギーを使って食物を生みだす。植物は光合成によって二酸化炭素と水，そして無機物から食物を作る。このとき光合成は同時に酸素を作りだし，これが大気中に放出される。植物は食物の生産者であり，動物はその消費者だともいえよう。動物をその食生活から分類すると，まず植物だけしか食べない草食動物（最も低位の消費者）がいる。その上にはほかの動物を食べる肉食動物や，動植物を食べる雑食動物がいる。エコシステムの中で最高位のものは，肉食・雑食に関わらず他の動物に食べられない動物である。その意味ではこの世界の最高位の雑食動物は人間ということになるだろう。ある動物は他の動物の犠牲になる，という関係をみると，植物から始まって草食動物や様々なレベルの肉食動物をつなぐ一連の食物連鎖をたぐって行くことができる（図3.2）。

耕作ということについていえば，それがどんなものであっても，要は植物や動物の"仕事"を通じて，太陽・耕作労働・燃料等から発生するエネルギーの投入を食物の産出に転換することだ，というふうに説明することができる。どんな地域でも，その地域のエコシステムを構成する太陽・植物・動物等の自然条件のもとで，こうしたシステムが絶え間なく働いているのである（図3.3参照）。

土地を耕作する場合を考えても，人力なり機械・動物の力を借りるにしても，太陽の光と熱は最大限に有効利用しなければならない。そしてこの太陽エネルギーはその土地の表土や雨量とあいまって，その地域に見合った植生群を育成する（図3.3に示された関係図のレベル1に当たる部分）。この土地に育つ植生が養える草食動物の数は当然限られてくる（レベル2）。次いでこの草食動物に依存する肉食動物や鳥の数はさらに限られる。人間が消費するために動物や植物を生産するという行為はさらにその後（レベル3）の行為である。

このようにエコシステムの中では1つ1つの段階，あるいはレベルで非常に多くのエネルギーが消耗されていることがわかるが，エネルギー消耗後に残った物質はバクテリアの働きによって再び利用される物質に転換され，最後には土に還元されていく。

> **Box 3.1　地球生命圏**
>
> ジム．E．ラブロックはイギリスの科学者ですが，1979年「Gaia : A new look at life on earth」（日本語タイトル：「ガイアの科学：地球生命圏」，スワミ・プレム・プラブッダ訳，1984年，工作舎出版）という本を書きました。彼はその前書きの中で，「…バイオスフェアは土壌や海洋や空中を自然生息地とする，ありとあらゆる生き物たちの単なる寄せ集めではなく，それ以上のものなのではないか…」，そして進歩する宇宙科学に基づけば，「地球の生物，大気，海洋，そして地表は単一の有機体とみなしていい複雑なシステムをなし，われわれの惑星を生命にふさわしい場所として保つ能力を備えている……」という仮説が議論されるようになったと述べています。
>
> つまり，地球環境のエコシステム全体を常に管理し，システムのバランスを維持するような能力を地球が持っているという考え方で，これまでの生物学，海洋学，地質学を超えて，これを包括的に管理する体系があるのではないかというわけです。これは明らかに，「地球はたった一艘で宇宙を航行する宇宙船のようなもの（宇宙船地球号）」と表現した建築家とか，「単独の宇宙遊泳のとき，地球を見て神の啓示を感じた」と語る宇宙飛行士の発見と，どこか共通した地球認識だといえます。本書ではバイオスフェアを生物圏と訳しましたが，ラブロックの本では生命圏と訳されています。事物の認識が変わることによって，訳語も変わっていきます。（訳者補足）

地球の環境帯

この地球には様々な気候があって，その条件下で多種多様な植物が生息している。これを大きくとらえれば，それぞれ環境上の特質にはある種の類似性が見られ，このことから地球をいくつかの異なった地域帯に区分することができる。表3.1は主な地域帯について植生・雨量・気温・人口，さらに人間がその地域のランドスケープ（地域の景観とその構造を意味する用語）をどれほど変えたか，等についてまとめたものである。世界中には人間が農業を営むことによって，もともとの自然植生が完全に変えられてしまった所が少なくないことはいうまでもない。

地球上のどの地域がどの環境帯に属しているかを示したものが図3.5である。実際には環境の変化は徐々に進むので，隣り合った環境帯との境目は地図にあるようなはっきりした線があるわけではない。また，山岳地帯が独特な気候条件を持つように，1つの環境帯の中でも局地的環境にはかなりの変化があるということに留意する必要がある。

2 図3.5には9種の環境帯が示されていますが，図3.4に挙げた8種の気候グラフを見て気候帯を当てはめてみましょう。表3.1の気候特性を参考にすると良いでしょう。

3 54ページにあげた9枚の写真はそれぞれ主な環境帯でみられる典型的な自然植生を示しています。表3.1に戻って，各々の写真はどの環境帯に属するものかあてはめてみましょう。

表3.1　世界の主な環境帯

環境帯	土地面積(%)	植生	植生への人間の影響	人口密度	降雨量	気温
熱帯樹林地帯	8	常緑広葉樹林，多種な樹種	極めてさまざまな影響うけやすい	低密から高密まで	多雨で年間通じて1000 mm以上	年間を通じて高温で季節変化は少ない
温帯樹林地帯	7	落葉広葉混合樹林	開墾と耕作による影響	中密から高密まで	中程度で年間通じて750〜1000 mm	寒暖があり，内陸ほど季節変化が大きい
寒帯樹林地帯	14	常緑針葉樹林；限られた樹種	開墾による影響	極く低密	少雨で主に夏期に280〜500 mm程度	短期間の寒い夏があり，年毎の変化が大きい
サバナ地帯	24	赤道に近づくに従って背高の草原から熱帯林に変る	焼却，牧蓄，開墾と耕作による影響	だいたい低密	場所によってちがうが，だいたい春・夏に250〜1000 mm	年間通じて高温で季節変化は少ない
地中海性地帯	1	常緑の耐乾燥の樹木とかん木材	開墾と耕作による影響	場所によっていろいろ	500〜750 mmで中・少程度盛夏時は乾燥する。	暑い夏と寒い冬があり，年毎の変化は比較的安定している
温帯草原地帯	9	降雨量が少なくなるに従って背高のプレーリーから背低のステップに変る	牧畜による影響	低密	300〜600 mmで中・少程度；年間通じて降雨があるが，特に春・夏期に多い	暑い夏・寒い冬があり，季節変化が大きい
熱帯砂漠地帯	21	耐乾燥性のかん木材が点在；砂漠と，れき砂漠がある。	ほとんど影響ない	極く低密	ほとんどふらない0〜250 mm	酷暑の夏期があり，季節変動が大きい
ツンドラ地帯	5	ハーブ，コケ，地衣などがはえる。	ほとんど影響ない	極く低密	少雨で夏から秋にかけて多くても100〜400 mm	非常に寒く，短かい寒い夏期がある．年毎の変化はかなり大きい
極地帯	11	氷でおおわれ，植物が育たない	影響ない	人口なし	少雨だがデータが不足している	極寒

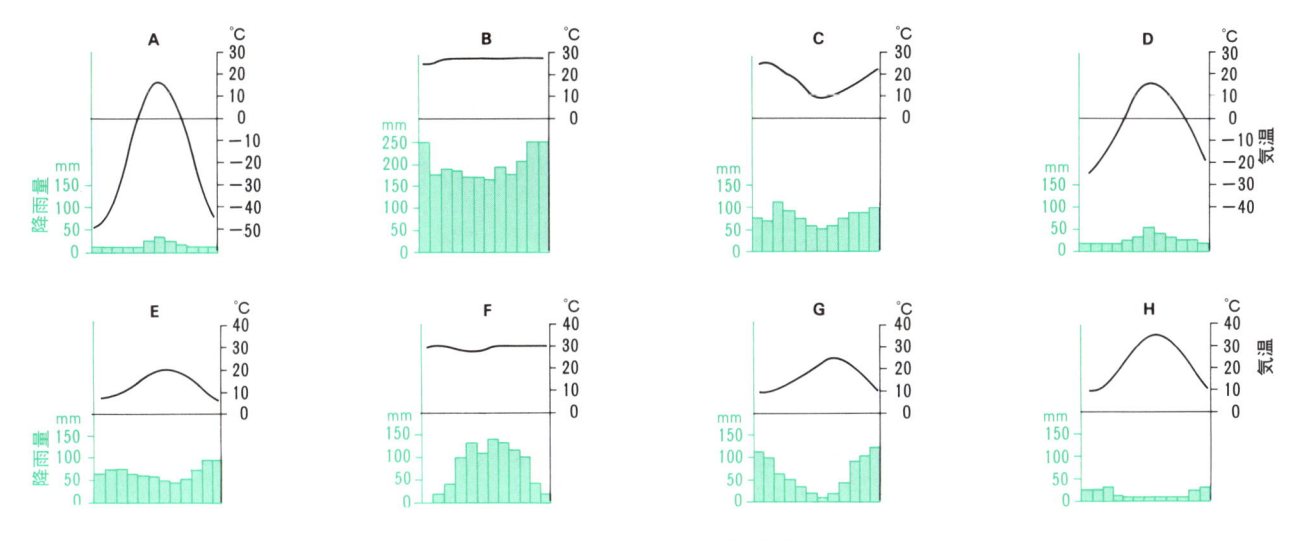

図 3.4　図 3.5 にあげた 8 地点の気候グラフ

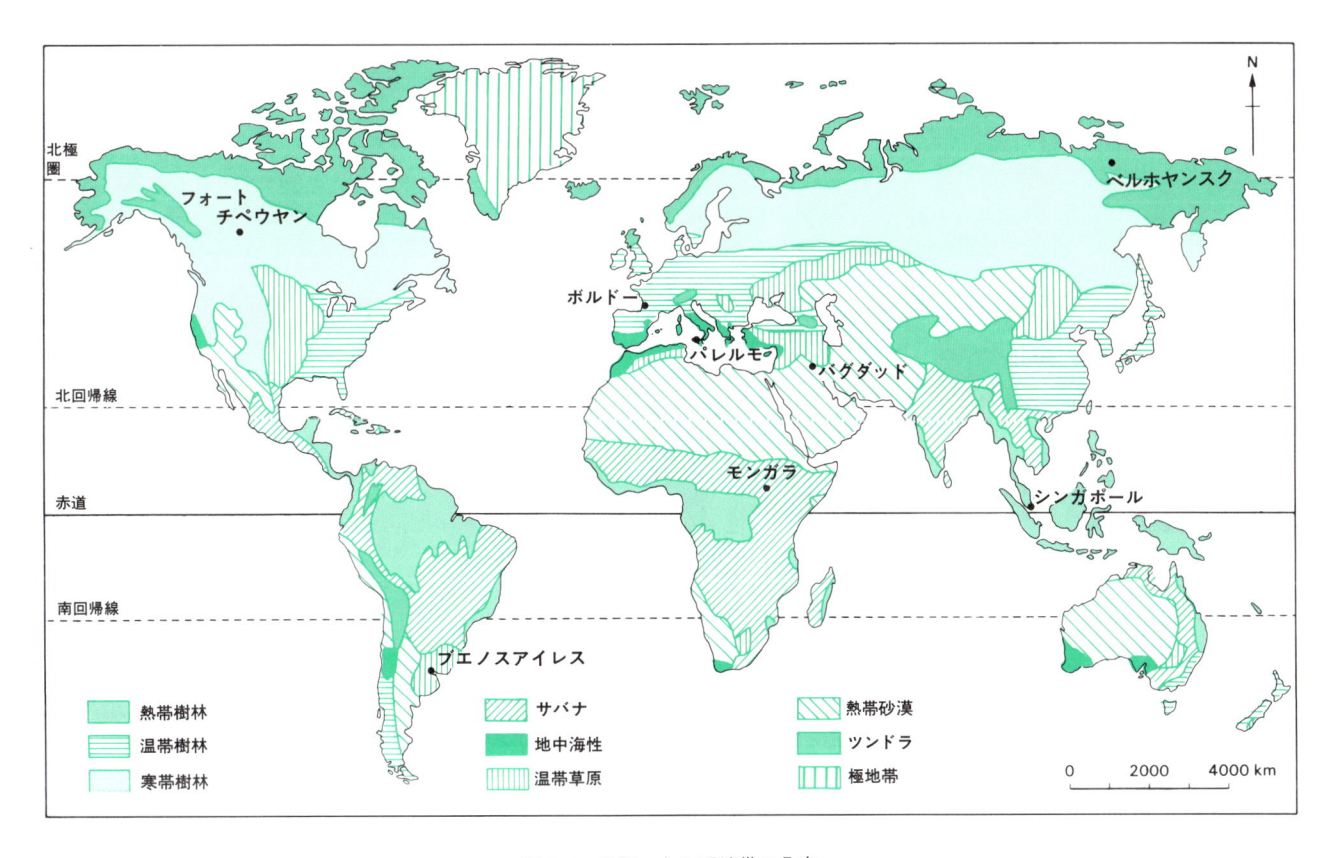

図 3.5　世界の主な環境帯の分布

54

熱帯樹林

熱帯雨林の生態（エコロジー）は地球上で最も豊かで，かつ繊細な均衡状態を保っているといわれる。1年間を通じて四季はなく，高温多湿気候が続く。雨量は年間およそ2,500ミリに達し，これがあり余る程豊かな植生を支えている。しかし，この森林があまりにもみずみずしいことに目を奪われて，その実態をまちがって理解していることも多い。脚下に広がる熱帯土壌は実は非常に薄く，また痩せているということがそれである。それにもかかわらずこの熱帯樹林が生き延びていられるのは，何百万年もかけて熱帯植物にあった環境条件が作り出されてきたお陰なのである。

高木の中には高さ50mに達するものがあって，その枝葉は屋根のように広がり，雨を穏やかに透過し，また強い太陽の光を和らげている。この冠りのような枝葉の下には，いわば森林の内部空間ともいうべき，薄暗く樹木の繁茂した世界が形成されている（図3.6参照）。樹木の幹にはツタやシダ類の寄生植物が巻きつき，どれもが競うかのように光りを求めて上空に伸びていく。地上には太い木の根を取り囲むようにして低い下生え（ト草）が育ち，木の葉の堆肥が薄い層になって地面を覆っている。樹木の成長は早く，驚くほど多くの種がはぐくまれている。

かつて人類はこの熱帯樹林の中に分散して住んでいたが，それ自体は樹林の自然を壊す原因になる程のことはなかった。人口も限られていたし，生活も放浪生活が中心だったからである。その頃の人間はこの樹林が複雑な仕組を持っていることをよく理解しており，狩猟にしても採取にしても，魚を捕るにしてもまた簡

図3.6 熱帯樹林の植生階層

図3.7 アマゾンの熱帯雨林で稼働中の樹木伐採機

単な農業にしてもその仕組みにあうように注意を払っていた。ところが1950年代以降，この熱帯樹林は人間の開発圧力に急速にさらされ始め，今日では世界中のどこかで毎分20ヘクタールというスピードで熱帯樹林が切り倒されているとみられる。もしこのままでいけば，世界の森林の半分以上を占める熱帯樹林が完全に無くなるまでに，50年はかからないだろうともいわれている。

この様な森林破壊の一番の原因は食糧生産のために土地を開拓していることにある。主にそれを行なっているのは焼畑耕作に頼っている人達である。この人達は樹林の一角を切り開き，切り倒した樹木を燃やして肥料にする。初めの1, 2年は耕作して収穫が見込めるが，その後は地味が消耗してしまい，また新しい土地に移動しなければならない。しかし一度開拓された土地は，次にまた樹林が育つまでには少なくとも10年はかかるといわれている。アジアとアフリカでは人口圧力のために，かなりの地域で既にこのシステムが働かなくなってしまっているところが多い。現在では少なく見積もっても2億人の人口がこの焼畑耕作に携わっていると見込まれている。食糧需要は増えこそすれ減ることはないから，次に耕す時にはますます広い土地を耕作しなければならなくなる。そのうちに農民はまだ肥沃さを取り戻していない土地に戻ってでも，耕作を続けざるをえない羽目に陥ってしまう。これを繰り返すうちに，結局その土地の土壌に備わった構造は破壊され，収穫も微々たる量に減ってしまう。こうしてたいした時もたたないうちに，この土地では農業が出来なくなり，土地を放棄するしかなくなるのである。

4 焼畑耕作を行なううえで必要な一連の手順を簡単なダイアグラムで表現して下さい。その次に人口が急増した時発生すると思われる条件を想定して，そのダイアグラムを書き直してみましょう。

熱帯樹林を脅かすもう1つの農業形態に営利的家畜飼育がある。大規模な多国籍企業の中には食用牛の飼育のためにアマゾン流域の広大な土地を切り開いて牧場を経営しているものがある。これらの企業の関心は，もっぱらいかに安く牛肉を生産するかにあって，その土地に備わっ

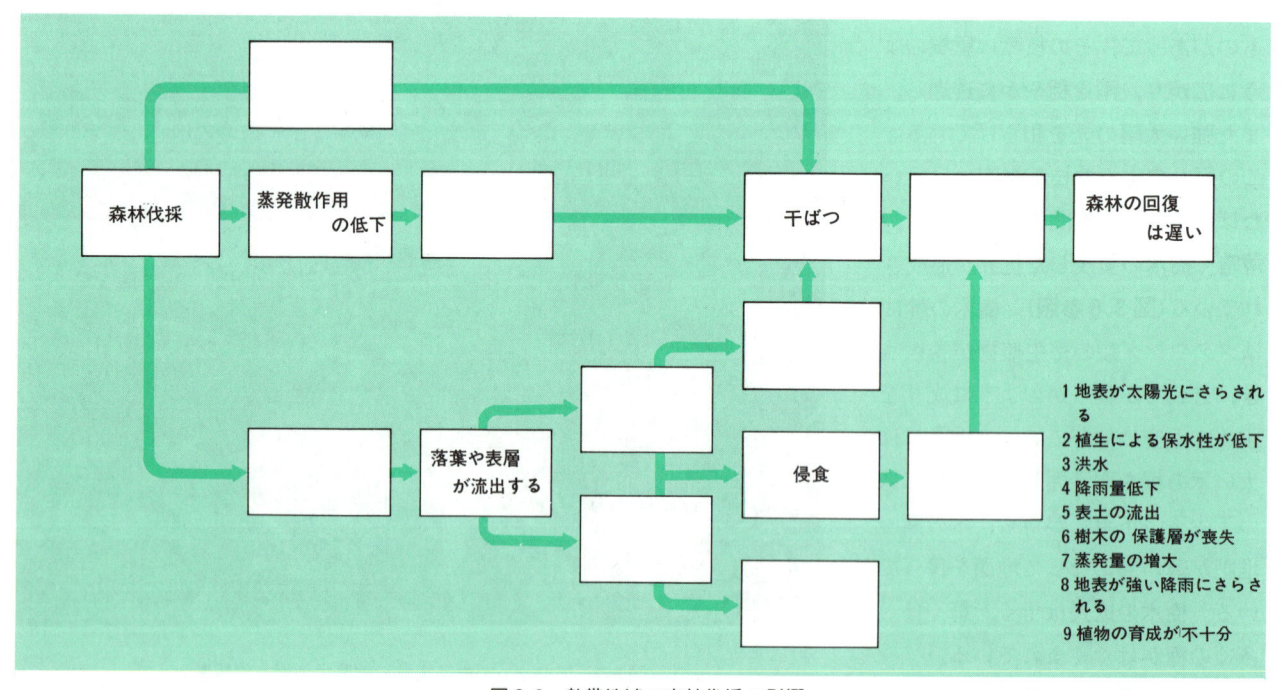

1 地表が太陽光にさらされる
2 植生による保水性が低下
3 洪水
4 降雨量低下
5 表土の流出
6 樹木の保護層が喪失
7 蒸発量の増大
8 地表が強い降雨にさらされる
9 植物の育成が不十分

図3.8 熱帯地域の森林伐採の影響

た資源を保全管理するということにはほとんど関心を払っていない。また国際的木材企業も，チーク材・マホガニー材・ローズウッド材など高価な広葉樹の伐採を精力的に行なっている。今のところ世界の木材貿易に占める熱帯木材の比率は15パーセントに過ぎないが，ブラジルやインドネシアなどの国では，さらに熱帯木材の輸出を増やして国家収入の増収を期待している。（巻末注5）

理由はともあれ，熱帯樹林の伐採は環境にとって困った問題を引き起こしている。樹木が切り倒されると，地面はもろに熱帯気候にさらしだされる。高木が伐採されて，高木が作っている樹林の覆いが取り除かれると，土壌を覆っている腐食土の薄い層が雨で洗い流されやすくなってしまう。つまり樹木が無くなるということは雨が降った時，地面や植生面に水分が少ししか溜らないことになり，さらにこれは蒸発散を通じて大気に戻るべき水分が減少して，降雨量そのものが減少する原因になることを意味している。長期的にはこれが干ばつをもたらす条件の1つにもなってくるといえる。土壌は太陽の強い熱のために固く焼き上げられ，ひび割れて非常に侵食されやすくなり，雨でも降れば固くなった地面を雨水が勢いよく流れて，植生に必要な貴重な表土が流失してしまう。一方河川下流域では，上流の地表を走り流れて増水した雨水が集まって，ひどい洪水を引き起こす原因にもなっている。洪水が起こると穀物は傷めつけられ，洪水が運んできた土砂のために灌漑用水池や水路も埋まってしまい，使えなくなってしまうこともある。ついには森林地域の土壌が傷んで，植物を十分に養うことができなくなり，どんな樹木も自生に任せることが非常に難しくなってしまう。

5 図3.8をコピーして，上の解説を参考にしながら，図のなかの項目を使って空欄を埋めて下さい。

熱帯樹林が破壊されるとき樹木が燃やされると，二酸化炭素が大量に大気中に放出されるために，地球規

図3.9 森林伐採後にひどく侵食を受けた傾斜地

表3.2 国・地域別にみた熱帯林破壊の進行度

深刻	確定的	進行中
タイ	サバ	西イリアン
フィリピン	サラワク	パプア ニューギニア
マレーシア	スマトラ	シエラレオネ
インド	カリマンタン	リベリア
オーストラリア（クイーンズランド地方）	ブラジル	コンゴ
ガーナ	ベネズエラ	ザイール
ナイジェリア	メキシコ	ガボン
パナマ	ホンジュラス	ペルー
グアテマラ		コロンビア
西インド諸島		エクアドル
象牙海岸		カメルーン

模での環境問題にも影響が出る可能性がある。樹木の焼却は二重の意味で危険なことだといえる。というのは森林は他方で大気にとっては巨大な肺の役目を果しているからである。森林は二酸化炭素を吸収してそれを光合成によって酸素に変えている。大気中の二酸化炭素の量は、厳密に測定したところによると、1958年から78年までの間に5パーセント増加している。専門家たちの間では、もし二酸化炭素のレベルが上昇し続けるなら、地球規模の気温上昇を引き起こすことになるといわれている。なぜなら、大気中の二酸化炭素は地球から宇宙への放熱を妨げる働きがあるからである。

熱帯樹林は生態種にとっては貴重な培養体である。世界中のあらゆる種の半分は熱帯樹林固有の生態系から発生していると考えられていて、そこに見られる種は医学研究上、また新しい農業種の開発にとっても重要な意味を持っている。従って、自然保護のためには森林の相当な面積を手つかずにして置くことが絶対に必要なのである。今のところ保護が確定している地域は全体のほんの1.5パーセントに過ぎない。

6　熱帯樹林の伐採程度は地域によってかなり違いがあります。**表3.2**は森林伐採によって起こる問題の程度に応じて国別にわけたものです。

深刻：これは低地の森林がほとんどなくなっていて、目下丘陵部の森林が徐々に減少している状態の地域です。自然のシステムが壊されつつあって、長くてあと10年の命でしょう。

確定：目下盛んに焼畑耕作や樹木の伐採が進んでいる地域で、平均あと15年から20年しか持たないとみられます。

進行中：樹林伐採はまだ行なわれていない、あるいは始まった所で、焼畑耕作はまだ問題にならない地域という意味です。

a　世界地図を見て、この表にある国の位置をみつけて下さい。概略の世界地図をかき、それぞれの国に番号と上の分類記号をつけて、それを書き込みましょう。それからその分類に合わせて色を塗って下さい。"深刻"には濃い色、"確定"には中間色、"進行中"には薄い色をぬって下さい。

b　自分で作った地図を見て、世界のどの地域が最も熱帯樹林の伐採に関して危険度が高いか、また今のところどこはまだダメージが少ないか分析して下さい。

Box 3.2　地球サミット

1990年代に入って冷戦時代が終わると、国際社会（世界各国がメンバーとなって、世界共通の問題に取り組む国連や国際機関の場）の関心は急速に地球環境問題に向けられていきました。地球の温暖化は海面水位を押し上げ、大規模な気候変動を引き起こすと考えられています。そのために地球温暖化の原因となる二酸化炭素の排出規制に各国が取り組んでいます。このような地球環境問題の深刻さを訴えた最初の大規模な国際会議が、1992年6月にブラジルのリオデジャネイロで開かれた「環境と開発に関する国連会議」です。これは別名「地球サミット」ともいわれ、世界170カ国、大統領や総理大臣など首脳級の参加者が100名を超えるというものでした。この会議の成果は「環境と開発に関するリオ宣言」にまとめられ、「気候変動枠組み条約」、「生物多様性条約」などの条約が署名開始されました。現在地球環境問題で議論されている主なテーマには、酸性雨問題、オゾン層の破壊問題、地球温暖化問題、野生生物減少の問題、砂漠化問題、環境難民発生の問題などがあります。

地球環境の保全なくして人類の持続的発展はありえず、また持続的発展なくしては地球社会から貧困を撲滅することはできない、という考えにたって地球環境の保全と開発の調和を探ることを目的とした地球サミットでしたが、その成果が実行されて本当に効果が現れるようになるのは、21世紀の中葉になってからのことになるでしょう。

(巻末増補解説1参照)
(参考資料：「人間居住キーワード事典」岩崎駿介他、中央法規出版、1995)

アマゾンの危機

森林伐採の進み方は1つの国の中でも場所によって違っている。ブラジルの例を見ると、開発が進み過ぎて広大な熱帯雨林の一部が既に事実上砂漠のようになってしまった所もあるし、その一方ではまだ全く手がつけられていない所も残っている。ここではこのアマゾン流域の様子を少し詳しくみることにする。この例を通じて、熱帯樹林が人間によってどのように侵食されてきたかを知ることができる。

南アメリカのアマゾン流域は世界で最も大きな熱帯雨林地帯として知られており、その面積は南アメリカ大陸の5分の2を占めるほどである。何世紀もの間、南米インディオがその未知の自然界のなかで分散して生活していた。西暦1500年に初めてポルトガル人がブラジルを植民地化した時、100万のインディオがいたといわれているが、その後人口は急激に減ってしまった。その原因は、主に西欧人との接触が増えた結果、いろいろな病気がインディオの間に広まったせいだと考えられている。というのはそれ以前のインディオの世界には感染症の病気がなく、ヨーロッパ人の持ち込んだ麻疹とか天然痘とか流行性感冒に対して、全く免疫を持っていなかったからである。

それでも植民地時代には、熱帯樹林はさとうきびのプランテーションや牧畜のために細々と開拓されていたにすぎず、インディオはそのための労働力としてかりだされていた。しかし19世紀の後半になると、アマゾンはゴム栽培の適地として経済的なブームを迎えることになった。ところがその繁栄も長くは続かず、1900年代に入るとマレーシアが新たにゴム・プランテーションの中心地となって以来、1960年代に至るまでアマゾンは世界の経済開発から取り残されてしまうことになったのである。

最近になって事情がまた変わってきた。ブラジルでは近年人口が急速に増えてきたために、政府が未開資源の開発に熱心に取り組み始めた。アマゾン流域は工業に必要な鉱物資源や農業のための土地資源の膨大な宝庫だと考えられたのである。多くの外国企業がその豊かな自然資源に魅せられて、大規模な採掘事業を展

図3.10 現代世界と交流を持たなかったインディオたち：新しく建設された国道に出てきて食べ物をもらっている

開し始めた。もちろんブラジル国籍の企業も熱帯雨林の土地を買いあげて，商業目的に転換した。その結果，1960年代にはアマゾンに多くの私企業が入り込んで，土地を手に入れるために何千人ものインディオが殺されるという事態も起こったのである。今ではアマゾンにいるインディオは 50,000 人程度になってしまったといわれている。

とはいえまだこの時期までは，アマゾン流域の圧倒的な広さとか交通の便の悪さといったことのために，大規模な開発はあまり行なわれていなかった。1970年ブラジル政府が急ごしらえのアマゾン流域横断長距離幹線道路建設計画を承認したとき，その転換期が訪れたといってよい。特にこの計画は，国の人口の4分の1を擁する北東ブラジル地方がひどい干ばつに見舞われたという事情を背景に急速に進展した。政府は

図 3.11　ブラジルの道路建設現場で休息をとっている作業員

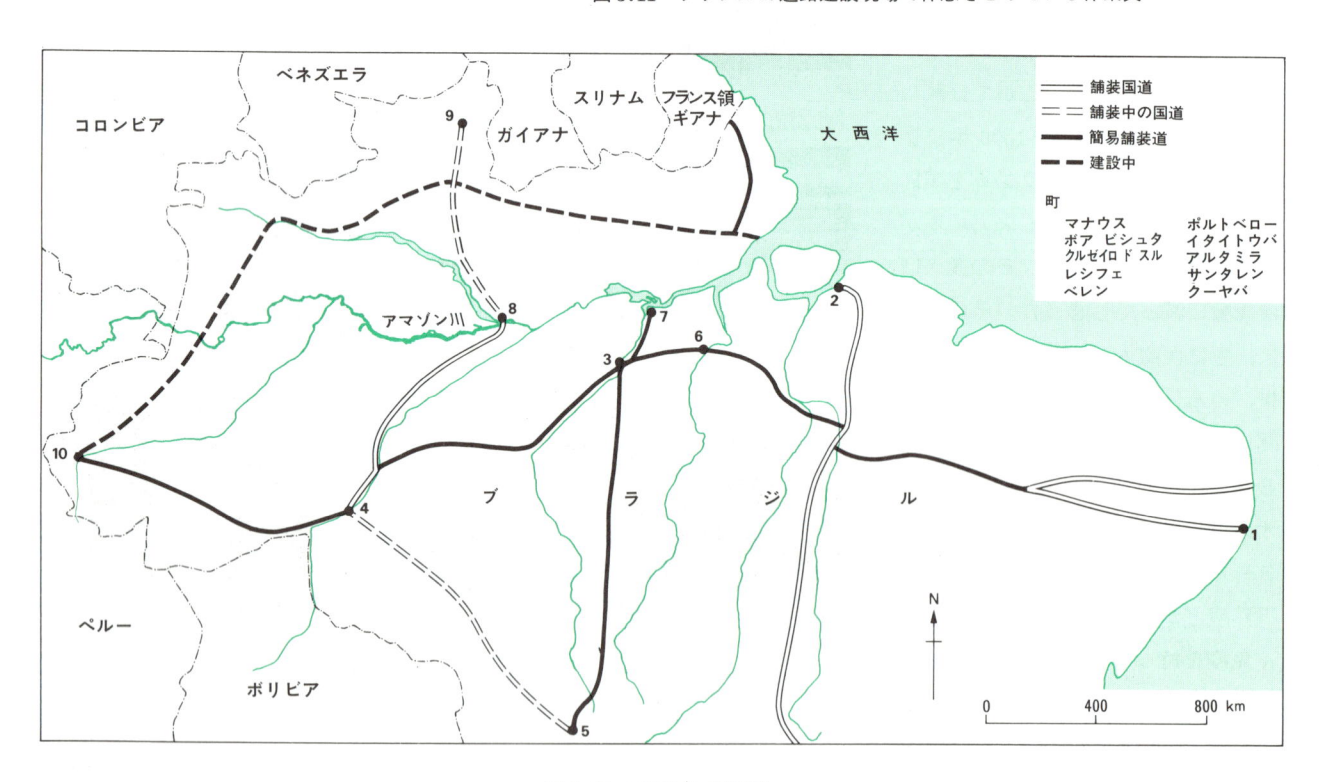

図 3.12　アマゾン国道網

干ばつ対策として熱帯樹林を開拓して、そこに新たな定住地を与えてその被害から救済しようとしたのである。

7 a 図3.12を写して、世界地図をみながら図中の1から10まで番号を付けた都市はどこか調べて下さい。都市名は図の中にあげてあります。

　b この地図が示している地域の面積はおよそ何平方キロメートルあるでしょうか。

　c 番号1の都市から番号10の都市までどのくらいの距離でしょうか。

　d この図に示されている道路の総延長はおよそどのぐらいでしょうか。

　幹線国道東西線は1970年9月に建設が始まった。建設が公表されたのはほんのその3カ月前のことであった。その後の10年間に道路網は段々延長されていき、それにつれて開発と入植が進んで熱帯樹林が広く開拓されていった。道路舗装は何カ所かの区間で完了したが、ほとんどは砂利を敷いた簡易舗装や固く焼いた粘土の舗装であった。国道の片側の幅100kmに及ぶ土地は農地開拓のために利用するように政府によって義務づけられた。一方、入植者は1軒当たり100haの土地を貰ったが、実際に開墾されたのは平均およそ1haに過ぎなかった。入植初期の実績は決して明るいものではなく、

入植者の中には農業経験がない者もいて、安定した収益は初めからあまり期待できなかったのである。土地

図3.13 ブラジル政府農業開発事業の入植者

もやせていたために収穫は急激に低下し、湿度が高いために、人間の入植以前には熱帯樹林に見られなかっ

図3.14 アマゾンに沿ったバルゼア地帯にできた集落

たマラリアのような病気がすぐ流行した。入植地の住環境にしても、飲料水は出たり出なかったり、また家は急ごしらえの木と泥と椰子の葉で葺いたものというように貧しい限りであった。

しかし、なかでも一番問題だったのは農地が広がったために環境破壊が進んだことである。ここでアマゾン流域のほんの一部で起こったことにすぎないのだが、森林伐採が進んだためにどんなことが起こったか、その目撃者の話を紹介しよう。

私たちはその果てしなく続くジャングルの約300m上空を飛んでいました。この高さから見ると、発光性の苔が光っているのがよく見えます。そこを横切る国道BR174号線は地平線まで支配するかのように赤い一筋の線を描いていました。眼下を走るその道路は明らかに侵食されたとわかる所のすぐそばを通り、その縁を切り落とし、そのためにできた湿地帯があちらこちらに見えます。その湿地帯は朽ち木が針のように突き刺さっていて、澱んだ水がギラギラと光を反射していました。あちこちにいぶし火のような火が青く見え、一目みただけでもその数は5,6か所は下りません。そして辺りは既に焼き払われ、僅かに残されたジャングルの部分でさえ、焼かれて炭化した部分が緑色のページのうえに殴り書きされた紋様のように描き出されていました。

その多くは金持ちの実業家が副業にプランテーションをやったり、都市に住む人達が園芸農地を作った作業だということです。ここでは既に土地が値上がりしてしまい、宇宙衛星写真にも映るような2万ヘクタールから3万ヘクタールに及ぶ広大な面積を必要とする専業の牧場経営者には手が出なくなっているのです。マナウスの近くではこちらに100ヘクタール、あちらに200ヘクタールといった小規模開発が問題になっていて、天気のよい日になるとアマゾン流域中でこういう小さい単位ごとの焼き払い作業がどこまで進むかが関心事だと聞いて、胸が痛む思いがしました。空から眺めてみて驚くほどはっきり見えたのは、専門家がいうところの"砂漠化"が予想していた以上に急速に進んでいる実態です。端切れのように森林が残り、植林や耕作のために灰が撒かれた所では、無味乾燥な黄土が一面に広がっていました。古くなり打ち捨てられた農地は侵食され尽くした所もあり、そこを中心にして周囲は押し寄せる波のように新たな砂漠が広がっていました。
(1979年4月、雑誌・オブザーバーに掲載されたノーマン・ルイス氏による"アマゾンの暴力"より抜粋)

8 上の抜粋記事をよく読んで次の問に答えて下さい。
 a 国道の建設がなぜ森林破壊につながるのでしょうか。
 b 樹木を打ち払う時、どんな方法を使っているでしょうか。
 c 誰がそれをしているのでしょうか。
 d そうして開いた土地は何に使うのでしょうか。
 e なぜ砂漠化が進むのでしょうか。
 f マナウス地方では必要以上に開拓意欲が高いのはなぜでしょうか。

このアマゾン流域に起こっている現象を見ると、環境保護主義者のいっていることに間違いはないようだが、それでは開発を進めるにはどうしたらよいのかという問題は依然として解決されない。一番簡単なのは開発しないことなのだが、現実には小さい面積だが、森林の母体にはあまり影響を与えず、はっきりと独立した生態系を持つ、開発に適した地域があることも事実である。アマゾニアの2パーセントほどは豊かなバルゼア地域で、アマゾン河畔に沿って季節的に氾濫の起こる所である。毎年のように起こる洪水が土地を肥沃にしてくれるので、そこの沖積土では自給的な農業が可能である。森林部分にしてもよく調査してみると、土地のやせた多雨林地帯の中に肥沃な土壌が島のようにまとまって分散していることがわかる。そういう場所も無制限ではないが農業に適している。その面積は恐らく全アマゾンの1パーセント程度に過ぎないが、それでもこれを実際の面積に換算すれば5万km²にも達するのである。

脆弱な森林地帯は，それがどんなものであるにしても，基本的に開発は極力制限すべきであろう。庇の機能を持つ樹木は完全なまま残し，栄養分が土から流失しないようにしておくことが肝心なのである。環境の中で発生する病虫害をコントロールするような自然界の自己防御機能も維持されなければならない。このように考えると，開発といっても原則的には森林が自然に生み出した物を収集するとか，ごく限られた樹種の伐採に限られるべきであろう。森林からの産物といえば，花類・木の実・果物・種子・樹皮，さらに樹脂・樹液そしてゴムの採取など様々な物が生産されうるのである。中でも最も価値のある，しかも長期にわたって商業価値を持つのは魚類の生産であろう。今のところはまだほとんど手がつけられていないが，将来は重要な成長産業となることに間違いないと思われる。

9 　図3.15を見て下さい。(a)図は今日見られる開発の進められ方を示しており，図(b)は図(a)の方式を熱帯樹林の保護を前提とした開発の進め方に修正したものです。

a 　図に示されている河川流域の面積はおよそどれ位でしょうか。

b 　現状の開発パターンではどんな問題が起こりそうでしょうか。

c 　もし(b)図にあるような変更を加えようとすれば，変更すべき点は何かリストアップして下さい。

d 　このプランに問題があるとすれば何か考えて下さい。

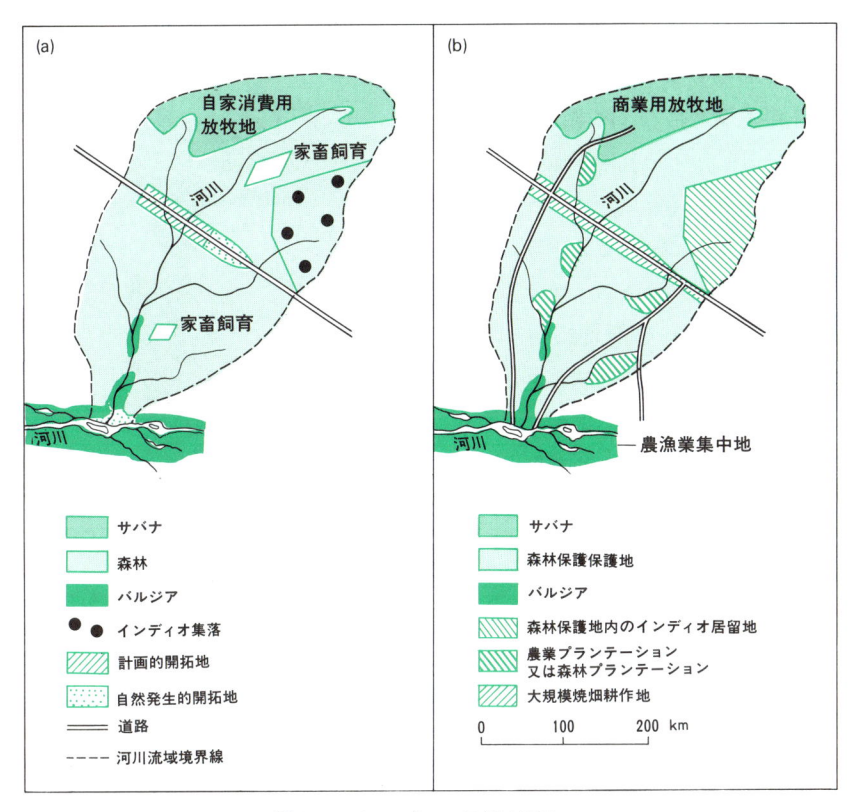

図3.15　アマゾンの仮想流域圏

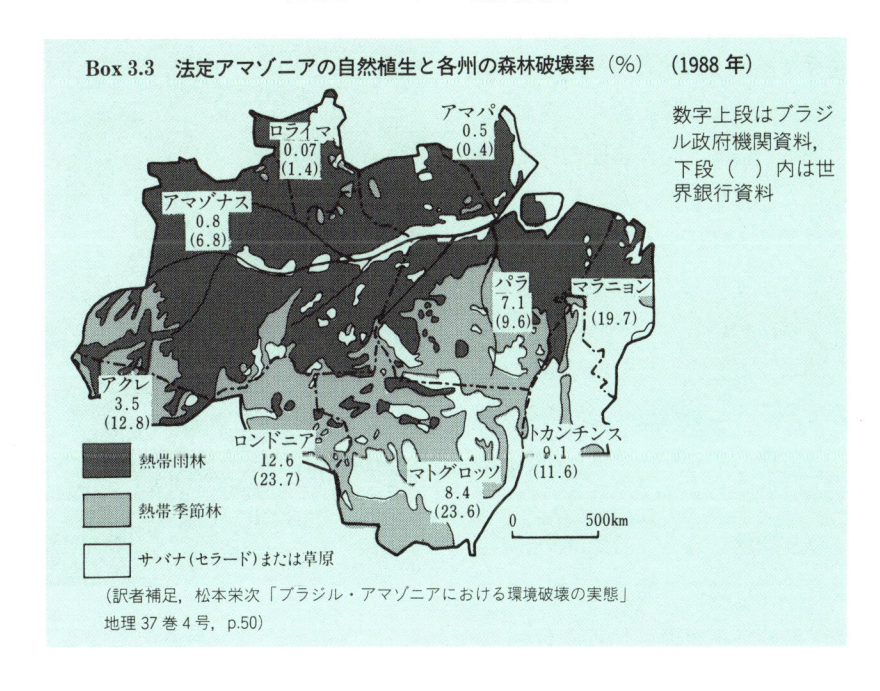

Box 3.3　法定アマゾニアの自然植生と各州の森林破壊率（%）（1988年）

数字上段はブラジル政府機関資料，下段（ ）内は世界銀行資料

（訳者補足，松本栄次「ブラジル・アマゾニアにおける環境破壊の実態」地理37巻4号，p.50）

砂漠化

　世界のどこでも砂漠の境界線は一定したものではない。砂漠の縁に当たる半乾燥地帯では降雨が非常に不安定で、しかもそれを予測することはほとんど不可能に近い。砂漠化する条件は乾季に進行し、雨期には後退するのだが、過去数千年の歴史をみると明らかに砂漠は広がっている。ゆっくり確実に地味が落ちていって、森林はサバナへ、サバナは不毛地つまり生産性の極めて低いヤブ地へと変質していく。このように土地がやせてゆく過程が砂漠化といわれるものである。それが気候の変化とどの程度関わっているかについてはまだ十分わかっていない。ただ人間が間違った土地利用をしてきたために砂漠化が進行しているということだけははっきりしている。

　放牧民は何世紀もの間、サバナの草原で家畜を放牧してきた。一方、農民は穀物の収穫のために森林を焼き開き、住んでいる周囲の森は薪を取るために切り払ったりしてきた。それでも人口圧力が高まって今日のように土地に対する需要が急増するまでは、全体としてみれば、これら人間による影響は比較的小さかったのである。しかし近年土地需要が増加してきたために、一度自然植生が破壊されるとたやすく侵食が起こるような辺地さえも、農民は開拓せざるをえないはめに陥っているといえよう。放牧民の場合も似たようなもので、家畜が増えて過放牧が行なわれ、牧草はそのために消耗してきている。また灌漑事業が進んで、水源地域の地下水位が下がり、他の土地を干からびさせるという現象も起こっている。灌漑によって作られた田

図3.16　たき木を集めて何キロも歩く女たち

図3.17　古代都市モヘンジョダロの遺跡

畑では，導水・排水を繰り返すために，塩分が地下からしみ上ってきて表土が塩で固まってしまい，結局荒地になってしまったところも少なくない。

長々と干ばつが続くと，人為的な悪影響がさらに助長される。1968年から1973年にかけて，西アフリカのサヘル地域は干ばつに見舞われたが，この時サハラ砂漠は実に1年間に10 kmの割合で南に向かって広がったのである。ある学者たちにいわせると，これによって長期的な気候状態が変わることになったという。砂漠状態を作り出す暖かい下降気流によって形成される亜熱帯気候帯が恒常的に南に移動したというのである。しかし他の学者の中には，気候パターンは基本的には不変であり，干ばつは気候パターンの上に現われた自然の一様態に過ぎないとみる人もいる。

現在の砂漠地帯の中には5,000年から15,000年前にはかつて湿潤気候が長く続いていた所がある。サハラも，かつては広大な面積がサバナの草原に覆われており，また山岳地域には樹木が繁茂して，そこに住むかなり大きな部族にとっても十分な規模の狩猟場となっていた。同じように，インダス渓谷も4,000年前はインド北西部の穀倉地帯をなし，モヘンジョ・ダロのような都市文明を支えていた。これら古代文化の衰退は気候変化によるものなのか，あるいは人間が土地を開発しすぎてみずから滅亡したのか，今のところはっきりしたことは誰にもわかっていない。

ただ人間の行為が干ばつ状態をさらに悪化させ，その影響を広げたということはできそうである。家畜を過剰に飼育して植生が失われた所では，地表からの太陽光線の反射がずっと増えて，これが雨を降らせる大気の還流を妨げてより乾燥した条件が作りだされる。そのうえ家畜の数を増やしたり，耕地面積を拡大したのでは，干ばつの時など事態をさらに悪くすることは避けられない。サヘルの干ばつが頂点に達した1973

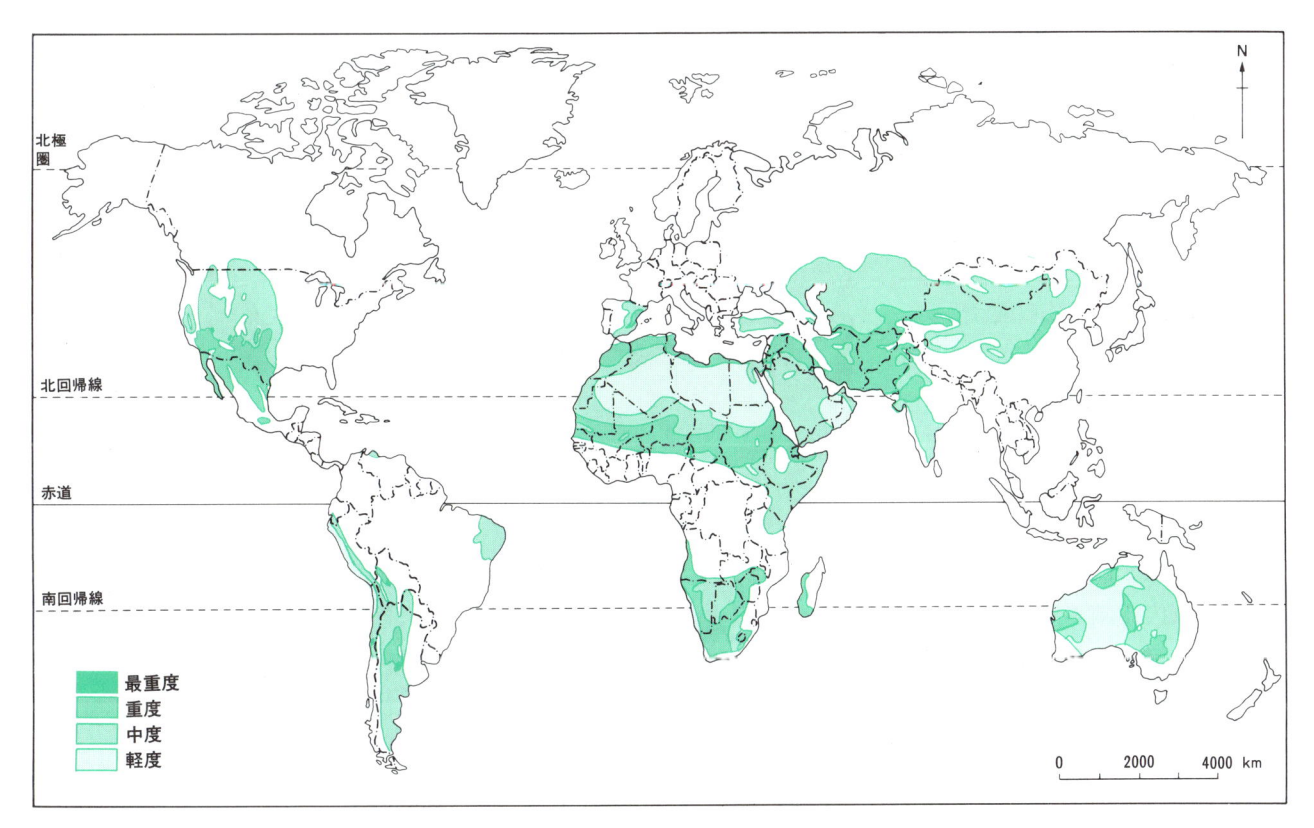

図3.18 世界の砂漠化進行図

年には，放牧された動物の数はこの地域が養いうる数の2倍にまで増加していた。

砂漠化は干ばつ時に最も急速に進行するのはもちろんだが，もっと穏やかな気候状態の時にも進行している。この砂漠化の程度は場所によって随分違うが，図3.18は砂漠化の影響を受けつつある地域について，問題の深刻さの程度を4段階にわけて示したものである。

軽度：この地域は人為的行為が植生や土壌をわずかに侵し始めたことを意味する。サハラやアタカマ砂漠はこの範疇に入る。というのは植生がもともと貧弱で，人為的にできることはほとんど何もないからである。つまり，既に砂漠化してしまっている所を砂漠化するというのは意味がない。

中度：この段階は植物被覆の質がかなり低下していることを意味する。風と水による侵食が進んで，水枯れした小渓谷や砂丘が形成される。土壌の塩化が進み，穀物収穫は恐らく4分の1ほど低下しているものと思われる。

重度：これは生産性の高い草地が，広い面積にわたって使い道のない草やかん木に取って代わられていることを意味する。表土は侵食が進んでほとんど植生が消え失せたか，ないしは穀物収穫が半分以下に低下してしまった地域である。場所によっては土壌の塩化がさらに進んで継続的な穀物収穫が得られなくなっている地域もある。

最重度：これは砂漠化が進んでもう回復不可能になってしまった場所が小さい単位で散在する地域のことである。砂漠化の進んだ土地では深い水無し渓谷が走り，塩化した表土がまくれ上がったり，砂丘が広く移動

表3.3　乾燥地の砂漠化

大陸名	砂漠化の程度	パーセント	大陸名	砂漠化の程度	パーセント
アフリカ	軽度	28	北アメリカ	軽度	2
	中度	35		中度	61
	重度	36		重度	36
	最重度	1		最重度	1
アジア	軽度	7	南アメリカ	軽度	4
	中度	66		中度	87
	重度	27		重度	8
オーストラリア	軽度	42		最重度	1
	中度	46	ヨーロッパ	中度	80
	重度	12	（スペイン地方）	重度	20

図3.19　サヘルの水場にたどりついた遊牧のひつじかい

して土地が全般的に痛み，ほんとうの砂漠になってしまった所もある。

10 図3.18から，世界地図を見ながらひどく砂漠化が進んだ国を20カ国選んでみましょう。そのうち開発途上国はいくつありますか。

11 表3.3にあげた数値を棒グラフに表わして，それぞれの大陸で進んでいる砂漠化の程度を示して下さい。

程度の差こそあれ，この地球上で砂漠化の影響にさらされている面積は5,000万km²に及ぶとみられており，これは膨大な面積の農業用地を失ってしまったことを意味している。技術的には埋め立てをすれば，その大半はもとの生産性の高い土地に戻すことが可能だが，御多分に漏れず問題はコストである。中程度のものであれば，砂漠化した土地もかなり安価にそして容易に問題を解決することができるが，重度に分類された土地は元のように回復するには時間も，また投資もはるかに多くかかってしまう。

国連は1977年にケニアのナイロビで，砂漠化について討議する国際会議を開いた。この会議では，砂漠化防止に関する具体的な方法について何らはっきりとした方針が打ち出せずに終ったことは残念である。問題が複雑すぎて，とても一朝一夕には解決策がたたなかったのである。

Box 3.4　地球の環境問題

地球の環境問題については，これまでも様々な角度から議論されてきました。本書でも取りあげられているような森林破壊，砂漠化などの問題に加えて，地球の表面を強い太陽の紫外線から守っているオゾン層を破壊する大気中のフロンガスの使用規制とか，地球からの放熱を妨げるために，地球の温暖化が進み，その結果海水の水位上昇が起こる原因になるとされる二酸化炭素の排出規制といった，大気汚染にかかわる問題が議論されるようになりました（58ページ，**Box 3.2**参照）。またマングローブ地帯の破壊とか，産業廃水による海水・淡水汚染の問題，さらに大都市における都市廃棄物処理の問題が専門家たちの関心を集めています。

こうした動きを反映して，1980年代に入ってからは各国政府，国連機関も積極的に環境問題に取り組み始めています。本書57ページに紹介されているインドネシアやブラジルでも，今日では熱帯樹林の伐採には規制を強めています。

いずれにしても，地球環境問題の視点は，基本的にはこれの保護を目標にするという点ではみな共通しています。ただ専門領域として大きく見ると，1つは地理学的ないし生態学的領域からの自然環境の保全と，もう1つは人体に直接悪影響を及ぼす化学物質による環境汚染の防止という2つの異なるアプローチがはっきりしてきたといえます。

いずれにしても，地球の自然にはある程度の復元力ないしは自浄作用があるにしても，破壊，汚染がその限度を越えたとき，ほんとうのところ何が起こるかはよく分かっていないというのが実情です。はっきりいえそうなのは，多くの宇宙飛行士の言葉を信じるとすれば，今のところ人間が住めそうな所はこの広い宇宙でもやはり地球だけらしいということ，また実際問題として，発生した汚染物質のほとんどは地球外に放出することもできず，しょせん地球上に溜る一方でしかないだろうということです。

(訳者補足)

水問題

水は私たちの日常生活に欠かせない最も基本的な要素の1つである。実際人間の肉体の65％は水分で，優れた健康と衛生的な生活環境を保つためには，清潔で新鮮な水の供給が必須条件でもある。農業や工業といった人間の経済活動にしても，適切な水の供給があって初めて成り立っている。従って水利用のよし悪しは自然環境にも決定的な影響を与えるのである。世界の人口が増えるにつれて水需要は増え，今日多くの国，特に工業国で水の無駄使いや無責任な水の使用が目だっている。

地球上の水の総量のうち，淡水は2.5％に過ぎず，さらに人間がいつでも使える水はその淡水のわずか1％に過ぎないといわれている。淡水は水文学上の循環の過程で作りだされる，つまり地表から蒸発した水が大気中で雨や雪になって地表に降ってくることで生み出される。その多くは植物や土壌に吸収され，また氷河や氷原になって地表に留まる。幾分かは地下に流れて岩石の細孔に溜るので，人間は井戸を掘ってそれを採取したりしている。残った水は湖や川をつくって海に戻っていくが，人間にとってはこれが主な水源になっているのである。

こうして見ると，理論的には水は十分あって，今の何倍もの人口を支えることができるはずだといえよう。ところが問題はその分布と水を貯めたり運んだりするためのコストなのである。降雨は地域によって，年によって，そして季節によって様々に変化する。大半の開発途上国は熱帯地域にあって，その気候は著しい雨季や乾季を持つことが多い。乾季といえば水不足のために人間の健康ばかりでなく，その人達がよって立つべき農業すらが脅かされる。開発途上国に住む何百万人もの人達にとっては，水を手に入れることは極めて骨が折れ，かつ時間のかかる仕事なのである。水はそこにあるからといって必ずしも清潔な水とは限

図 3.20　水問題改善の募金アピール

らない。今第三世界に住む人達のうち，15億人は清潔な水の供給を受けられないでいるといわれる（図3.20参照）。

12 a 毎日あなたの家庭ではどのくらい水を使うか考えてみましょう。図3.21にあげた資料と比較して下さい。水を無駄使いしていることはないでしょうか。
 b あなたの家庭では水の使用料をいくら払っているでしょうか。一日当たりいくらになりますか。
 c もし水不足になった場合，どのくらい水を節約できますか。

今，世界の水資源問題には大きく6つの課題があるといわれる。

(1) **保健問題** 世界保健機構(World Health Organization＝WHO)の調査によれば，世界中の疾病について原因を見ると，その80％は大かれ小なかれ水の汚染に関係しているという。その中にはコレラ，腸チフス，マラリア，ビルハルツ吸虫病，ハンセン氏病などが含まれている。全体としてはおよそ5億人の人口が水に起因する病気に罹っているといわれている。

これらの疾病は実は簡単な水処理を施すことによって，劇的に改善することができる。基本的には各地で使われている井戸水の管理方法が問題である。それが伝染病の代表的な原因になっていることははっきりしているので，まずは井戸を改善することである。具体的には井戸穴を石やコンクリートで固め，屋根をつけるだけで水の汚染はかなり防ぐことができるし，さらに井戸ふたをつけ

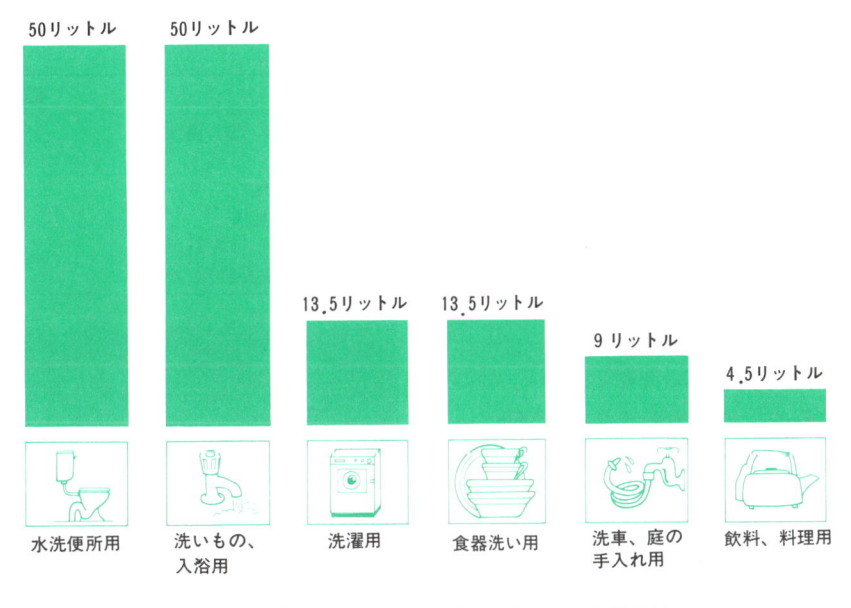

図3.21 イギリス人1人の1日当り目的別平均水使用量

図3.22 このスクオッター居住区では水は使い古しのドラム缶にためるしかない

てその周囲のたたきは外から汚水が流れ込まないように排水を良くしておけばよいのである。

(2) **農業問題** 人間が利用する水の総使用料の5分の4は農耕に当てられている。あの緑の革命が開発されて，新しい高収量穀物が導入されてからというものは，第三世界の農業は以前にもまして水の使用量が増えた。この新しい品種の栽培には高度な灌漑事業が必要なために，点滴灌漑法（ドリップイリゲーション）や省用水型品種の開発を進めて，少しでも安上がりな耕作技術を開発することが急務になっている。

(3) **環境問題** 水供給の問題にしても，実は環境の広い範囲に影響を及ぼすということがよく知られるようになってきた。干ばつが頻発する半乾燥地では，新たに水源を開発すると，かえってその地域の許容量を越えた家畜の過剰飼育に陥ることがある。その結果牧草地は裸地化し，砂漠化が始まるのである。また熱帯樹林の伐採は特にアジア地域で著しいが，環境を荒廃させる一方，壊滅的な洪水を引き起こす原因になっている。

(4) **技術問題** 過去には国家の威信をかけるような，非常に資金のかかる大規模な開発事業が相次いだ時期があった。その代表的なものに水力発電施設を組み込んだ大規模ダムや，野心的すぎるともいえる規模の灌漑水路網事業などである。これらの事業は先進国からの資金援助によるものが多く，第三世界の国々への援助の見返りとして，援助国との建設工事契約や商取引が伴うことがふつうであった。今はこれが見直されて，むしろ農村レベルの開発に焦点をあてるべきだという考えが強くなってきている。なぜならば，小規模

表 3.4 安全な水を利用できる人口の割合

	都市部	農村部	全 体
アフリカ(サハラ以南)地域	67	11	21
中南米地域	76	24	54
東地中海地域	86	18	33
北アフリカ地域	73	44	55
東南アジア(インドを含む)地域	53	9	17
西太平洋(中国を含む)地域	75	21	40

図 3.23 アッパーボルタで新しいポンプを使う農民

であっても，もっと日常的な必要性を満たすような事業，例えば便所の穴を掘るとか村に給水ポンプを備える，といった事業が必要だと考えられるようになってきたからである。しかしこれをうまく進めるにも機械設備はきちんと維持・管理する技術は持っていなければならない。

(5) **政治問題** 近年水問題がますます重要性を増してくるにつれて，水資源については国家レベルでの競合関係があることがわかってきた。国土開発のために1つの河川を共有しなければならない国々や，川が複数の国にまたがって流れるような場合にこの関係が如実に現われてくる。この場合，各々の国がその川の水をどれくらい取って利用するかについて，互いに合意することが主な焦点になっている。このような水紛争は，インダス川を取り巻くインドとパキスタン，ガンジス川を巡るインドとバングラデシュ，チグリス・ユーフラテス川を挟んだシリアとイラク，またナイル川に関わるスーダンとエジプトといった国の間で起こっている。さらに難しいのは，地下水の利用についての問題であろうと思われる。地下水は何千年もかかって地下の岩石層に蓄積されてできたものなので，限りある資源として取り扱われなければならないのである。従って，この地下水資源がいくつもの国にまたがっている場合は各国間でどの程度取水を認めるかについて，注意深い取り決めが必要なのである。

(6) **資金問題** 1976年に開かれた国連ハビタット会議の場では，1990年を目標に，人間の居住地はすべての地域において清潔な水が供給されているようにしなければならない，と決議された。**表3.4**は1970年時点での実情を表わしているが，現実はこの数値ほど楽観的ではない。もしこの国連の目標を達成するとすれば，開発途上国にいる老若男女1人当たり毎年およそ2ポンド（約700円）の費用を支出しなければならないことになる。この金額は，毎年世界の軍事予算額が開発途上国の人口1人当たりに換算して70ポンド（約2万3,500円）に達していることと，好対照をなしているといえよう。しかし現実にはこの2ポンドの費用さえ捻出される見込は，ほとんど無いといえそうである。

ここでメキシコを例にとって，どの様な水の使われ方がされているかみてみよう。**図3.24**と次に載せた抜粋記事を読めば，メキシコ・オアハカ渓谷における伝統的な農耕法が新しい開発の影響を受けて根本的に変わってしまったことがわかる。

	在来式	近代式
農業方式	小規模な自家消費型農業。主な作物：メイズ（トウモロコシ）と豆類。地場のマーケットで売る商品作物：小麦、果物、野菜、花類。自給自足の農村生活。外部との接触はほとんどない。	営利農業指向を強める。最新技術の導入。拡大する都市市場へ乳製品を出荷するために酪農を導入。主な乳牛用飼料のアルファルファ（訳注：紫うまごやし）の栽培に広大な土地を充てる。
灌漑方法	石と潅木を使ってダムを造り、堰き止められて溢れた小川の水を使う。用水は細い露天掘りの水路や簡単な水道で畑まで導水される。井戸は3—6mの深さで、水の汲み上げや散水は人力。	山麓地帯の流域にコンクリートダムと貯水池を作る。大量の水が蓄えられ乾燥地帯に給水される。井戸の深さは45mにもおよび、政府の技術指導で作られる。ディーゼルポンプで水を汲みあげる。
効果	潅漑作業は人手に頼るので、狭い土地でも無駄なく水が利用される。農民は水の供給量に応じて収穫量を調整する。地域社会の習慣を残す質素な暮し。物質的な富には関心が薄い。自然資源をやたらに使わないので環境が守られ、水供給も維持される。	労働力を節約して豊富な水を得る。蒸発量が多く、相当量の水が無駄に使われる。灌漑に頼って農民は収穫を増やそうとする：水需要が絶えず増加する。現代社会からの影響を受けて農村のしきたりが崩壊する。物質欲から農民の競争意識が高まる。近代技術を取り入れようという圧力がかかる。大量の取水のため地下水位が低下する。浅井戸が先ず涸れ、ポンプ井戸は更に深く堀らなければならなくなる。

図3.24 オアハカ峡谷地帯の潅漑方式とその影響

メキシコ南部の高原地帯にあるこのオアハカ渓谷は，目も眩むような強い日ざしに洗われていた。その強い日ざしの中でザポテク人の農夫が1人，猫の額ほどの胡椒畑にたたずみ，その中央にしつらえられた手掘の井戸の底をじっと覗き込んでいる。いままで，彼はバケツでその井戸から水を汲み揚げ，胡椒畑に運んで蒔く，という仕事を何時間も続けてきたのだが，その井戸水も今は汲み尽くされてしまい，もう一息というところなのにまた水が戻ってくる明日まで待つしかないのだ。それも，この暑い気候のもとで水が枯れずに戻ってきたら，という時の話である。その農夫は日除代りに手を目の上にかざして隣の畑を見た。そこでは深井戸が掘られていて，ディーゼル・エンジンの汲み上げた水がふんだんに作物を潤していた。動力型揚水ポンプは確かに手間を省いてくれたが，同時に地下水の水位をどんどん下げてしまい，廻りにある浅井戸が枯れてしまうのだった。オアハカ渓谷地域では人力による灌漑農業が3,000年も続いてきた。その伝統的な農耕法は，結果的には水の使用を制御しており，農家と水資源利用の関係において，一定の長期的なバランスを保ってきたのである。新しく導入された灌漑技術は，社会的にもまた法律的にも注意深く規制されるとしても，これまで築かれてきた社会の秩序を変えてしまうことは止められず，新たな対応を余儀なくさせているといえよう。

（雑誌エコノミストに掲載のスーザン・リースによる"水を巡るオアハカのきりもみ競争"より抜粋）

13 図3.24と上の抜粋記事から次の事柄について考えてください。

a 新しい灌漑技術が入ってきたためにオアハカ渓谷ではどんな変化が起こったか，その変化を漏らさずリストアップしてみましょう。

b オアハカ渓谷では伝統的な生活様式がどのように変わっていったでしょうか，その変わり方をフローチャートで表わして下さい。

c もしこの変化がそのまま続くとしたら，この先農民はどんな問題に直面することになるでしょうか。

まとめ

この章では世界の自然資源と，人間がそれに及ぼす影響についてみてきました。あらゆる生命が宿る生物界は，様々なスケールに現われる生態系という機能的なまとまりに分割して見ることができます。生態系は非常に複雑で，しかも相互に密接な関係を保っているので，人間の行為が広範囲に影響すると，予想もしない結果をもたらすことがあります。その例として，熱帯樹林の伐採が環境維持のシステムを壊し，どのようにして壊滅的な結果にいたるかをみてきました。まずい農耕の仕方が植生を痛め，結果として人間が世界の砂漠を広げたことも説明しました。そして水は生きた資源であり，細心の注意を払って管理してゆかなければならないこと，また今の灌漑技術は驚くほど水を浪費することなどを述べました。

Box 3.5 地球上の水

項目	水量 ($10^6 km^3$) 総量	うち淡水	構成比（％）	
地球上の水の総量	1 385.98461	35.02921	100.0	—
海 水	1 338		96.5	—
地 下 水	23.4	10.53	1.7	(30.1)
土 壌 中	0.0165	0.0165	0.001	(0.05)
氷 雪 極	24.0641	24.0641	1.74	(68.7)
南 極	21.6	21.6	1.56	(61.7)
グリーンランド	2.34	2.34	0.17	(6.68)
北 極	0.0835	0.0835	0.006	(0.24)
山 岳	0.0406	0.0406	0.003	(0.12)
地 下 水（凍土）	0.3	0.3	0.022	(0.86)
湖	0.1764	0.091	0.013	(0.26)
沼 沢	0.01147	0.01147	0.0008	(0.03)
河 川	0.00212	0.00212	0.0002	(0.006)
大 気 中	0.0129	0.0129	0.001	(0.04)
生 物 内	0.00112	0.00112	0.0001	(0.003)

（　）は淡水を100とした場合の構成比

（訳者補足：「最新地理統計1999年版」古今書院より）

第4章　農業の改善

農業の発展

　私たち人間は当然のことながら，他の動物たち同様，生きてゆくためには食糧を必要とする。ただ人間が他の動物と異なるのは，この食糧を自ら生産する能力を持っている点である。作物の耕作や家畜の飼育を組み合わせること，言い換えれば農業を営むことによって人間は生きているのである。

　もし農業を知らなかったら，人間は野生動物を捕ったり，山や野に自生する野草を取って生存を維持するしかなく，人口数も限られたものになっていたことであろう。こうした生活に頼る人々は狩猟民，あるいは採取の民といわれるが，人類の歴史ではこの狩猟・採取の時代が数十万年も続いた時期があった。その頃は，ただひたすら食糧と安全な寝ぐらを求めた生活をしていたはずである。

　今でもなおそうした暮しをしている人々がいないわけではない。例えばエスキモー，ピグミー，アボリジニー，そしてアマゾンに住むインディオたちである。彼等は自分たちが暮している地域については，様々な自然条件を実によく知っていて，決して豊かとはいえない環境の中でも，驚くほど多彩な食物を見出して暮している。オーストラリアの半砂漠地帯に住むアボリジニーの食べ物についてみても，その内容は実に変化に富んでいて，何と350種類にものぼる食べ物があるといわれている。この狩猟・採取民の人口は多くないが，今日では近代的な外部社会との接触が増えてきたために，彼等の原始的な生活様式にも変化が起こり始めている。

1　あなたの家庭では1週間に平均して何種類ぐらいの食べ物を口にしているでしょうか。普段食べているものをリストにして，

図4.1　伝統的方法による大麦の脱穀風景（エチオピア）

何人かで比較してみましょう。共通している食物の中から，多い順に20食品をあげてその内容をみてみましょう。

人間は食糧となる動物の行動を知っておくことによって，1年を通じて食糧を得ることができるようになった。そのうち1歩進んで，群れの行動をコントロールするようになって，これを次第に所有物化していった。このように自らの生活を支えるために動物を飼い，それらと共に移動する人々は遊牧民と呼ばれている。サハラ砂漠のベドウィン人やトゥアレグ人，西アフリカのフラニ人，そして中央アジアに住むキルギス人はこの遊牧民としてよく知られているものである。

遊牧民の中には豊かな牧草地を見つけて家畜と共に住み着き，そこで野草の種をまいて牧草地を広げる術をそなえるものが出てきた。これが農業の始まりである。さらに進んで大地を掘り起こし，そこに種をまいておけば新たな土地からも収穫があることを覚えた。これによって人間は自然の作物分布を自らの必要に応じて大きく変えることができるようになった。その結果，人類は初めて自らの生存に必要とするもの以上の食糧を手にし，食糧不足に備えてこれを蓄えるようになったのである。

それ以来，農耕を営む地域ではさらに多くの人口が養えるようになり，人口が増えすぎた時はある一定の人口がほかの地域に移り住んで，そこで新たな農耕を営むこともおぼえた。こうして人間はアフリカ・アジアそしてヨーロッパ各地に新たな土地を開拓し，そこに定住していった。

一方，食糧の余剰は農耕に直接携わらない人たちを養うことも可能にした。専業の手工芸職人を養い，彼等の作った耕作用具を使って，さらに農耕を発展させることができるようになっていった。そして，中近東のチグリス・ユーフラテス川流域の例のように，ふんだんに食糧が得られる地域に古代都市が形成されたのである。食糧とその他の生活用品の物々交換が古代都市とその周辺農業地域の間で，またその隣接する国々との間で盛んになり，これが交易を大きく発展させた。

Box 4.1　農業と都市形成

人類の歴史上，農業の発達が古代都市の発生を支えた事はよく知られています。そしてさらに古代ローマ帝国を経て中世以降になると，都市自体の独自の発展が一層はっきりとしてきました。つまり長い時間をかけて，交通手段が発達して農業物資がより広い範囲から調達できるようになり，また他の都市との交流もより頻繁になります。その結果，都市の中には周辺の農業に依存するだけでなく，さらに広範囲の地域の中心地として栄えるものが出てきました。そして中心都市とそれ以外の地方都市という都市の性格の違いがはっきりしてきます。さらに中心都市は周辺地域の農業への依存度を低下させ，多くの地方都市との交易の上に成り立つ「都」へと変質していきました。

この都では農業に依存しない収入源が数多く発生しており，これが多くの人口を吸収し，専門分化した各種の大きな市場をも形成するなどして，都として農業にはない多様な生産活動と豊かな消費に支えられた都市文化を発展させていったと見られています。その一方で，飢饉，災害，戦乱などが突発すると，その被害に遭った農民たちは難を逃れて都へ一度に流入したため，大きな混乱を招く事もありました。

都市は独自の発展をしてきましたが，今でも農業との関係を抜きにしては語れません。農業も都市とのつながりを無視しては成り立たなくなっています。その意味で，農業と都市の違いがはっきりしてくると同時にその相互依存関係は一層深く，かつ複雑になってきたと言えます。

（訳者補足）

農業のタイプ

農業のタイプを厳密に分類するのは難しいが，大まかに見ると10のタイプにわけることができる（図4・2参照）。

1つの区分の方法は，主にそこで栽培される農作物と飼育される家畜の違いによって分類するものである。穀物栽培は耕作農業と呼ばれ，通常平地の地味の豊かな場所で行なわれる。家畜飼育，あるいは牧畜は動物自身が環境への適応能力をもっているので，穀物栽培の場合ほど土地が肥沃でなくてもよい。もちろん穀物栽培と家畜の飼育を同時に行う地域もあって，これはもっぱら先進国で多くみられる形態である。

もう1つの分類は移動農業（あるいは焼畑農業）と定地農業の区別である。移動農業はその名の通り，ある場所から別の場所に移動しながら農業を営むもので，地味の低下の具合に応じて1年ないし2年で移動する。羊などを飼う遊牧民の場合は毎日のように移動しなければならない。移動農業に携わる人たちの場合，一定期間に利用出来る土地面積は限られるので，あまり大きな集団を養うことができない。したがって人口が増えてくると，定地農業，つまり一定の土地に住み着いて農業を営むことが必要になってくるのである。

そして定地農業をするものは農地の生産力を維持するために，いろいろな作物を植え替えたり，肥料を施したりまた種子の選別などをしていかなければならない。

さらにもう1つの重要な区別は，生産物を生産者自身の消費のために作るか，収入を得るための商品として作るかの違いである。前者の場合，生産者は自分の家族の生活を支えるのに必要なものしか作らない，つまりその日を暮すのに必要なものだけあればよいというわけで，収穫が悪ければたちまち飢えに直面するはめになる。もちろん，収穫に恵まれて余剰が出た場合は地場の市場で収入に変えられるが，それは思いがけず

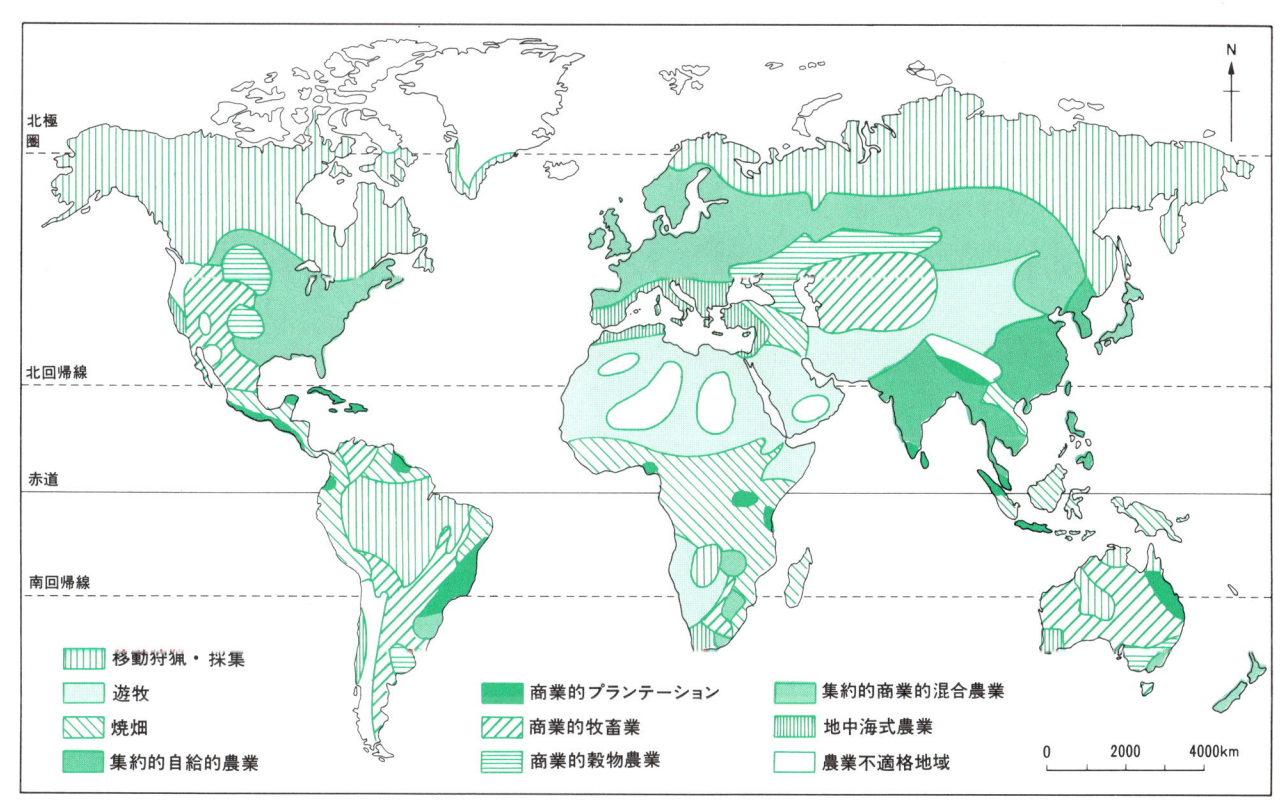

図4.2 世界の農耕タイプ分布図

手にしたボーナス程度にしか期待されていないものである。一方，商品作物の生産者の場合は生産した作物を定期的に販売して利益をあげることが目的である。そしてその収入は，生産量を維持するために必要な新たな投資にあてられることになる。

この商品作物生産のやり方には，単一作物栽培（モノカルチャー）と呼ばれるものがある。これは1種類の作物を大量に生産することで，生産コストを下げ，より効率的な運営を可能にしているが，反面病虫害や天候の変化に弱く，市場の価格変動から来る様々なダメージを受けやすいという欠点がある。今日開発途上国といわれる国に見られるこのモノカルチャーは，かつてヨーロッパ諸

図4.3　稲作

図4.4　小麦栽培

図4.5　家畜の放牧

図4.6　羊・山羊の移動放牧

国によって導入されたプランテーション農業に始まったものである。

そのほかに，集約的か粗放的か，によって農業を分類することもできる。集約農業は農地に対して大量の労働力と化学肥料を投入し，農機具を集中的に利用することによって単位面積当りの収穫を最大限にしようというものである。この集約農業は人口密度が高く，従って耕作地に限りのある地域で行なわれるのが普通である。作物の中にはこうした方法で栽培して初めて収益があがるというものもある。これに対して，粗放農業とは農耕に従事する農夫1人当たりの生産力を最大化しようというものである。荒れ地のように生産力の低い土地では，投入した労働力と

図4.7 羊の牧畜

図4.8 バナナ・プランテーション

図4.9 市場向け野菜栽培

図4.10 焼畑耕作

いう面から見れば粗放農業のほうが収益効率は高いこともある。

2　下記の8つの農業形態の事例について，それぞれが上に述べた4分類のどれに当たるかを考えて，表4.1のなかで該当するものにマークをつけて下さい。8つの農業形態は図4.1から図4.10にその例を示してあります。

1）　東南アジアの水稲栽培
2）　北アメリカの小麦栽培
3）　西アフリカの牛の放牧
4）　サハラ地域の羊・山羊の放牧
5）　オーストラリア・ニュージーランドの羊の飼育
6）　中央アメリカのバナナ・プランテーション
7）　北西ヨーロッパの商品野菜栽培
8）　インドネシアの焼畑耕作

3　表4.2は今日世界で栽培されている主な重要作物25種を選んだものです。これについて以下の問に答えて下さい。

a　まず，表右側にある作物原産地の名前を伏せておいて，左にあげてある作物の原産地をあててください。
b　答えを確かめたら，次に世界地図を見ながら各作物の原産地を地図に表わして下さい。
c　表4.2にあげてある数値を棒グラフになおし，この25の代表的な作物の生産高をグラフ化してみましょう。上位7種の作物をとりあげた時，それは全作物生産量の中でどのくらいの割合を占めているでしょうか。

次に第三世界で見られる農業形態の特徴についてみることにする。以下に紹介するのは特殊な事例かもしれないが，そこには開発途上国一般に共通した特徴が数多くみられる。

表4.1　8つの農業形態の特徴

	1	2	3	4	5	6	7	8
耕　　　作								
牧　　　畜								
定 住 耕 作								
移 動 耕 作								
商 品 作 物								
自 給 作 物								
集 約 栽 培								
粗 放 栽 培								

表4.2　主な農作物

作　　物	年間生産量(百万トン)	原　産　地
1　小麦	360	中近東
2　米	320	東南アジア，アフリカ
3　トウモロコシ	300	中央アメリカ
4　ジャガイモ	300	南アメリカ
5　大麦	170	中近東
6　甘芋	130	中南米
7　カッサバ	100	中南米
8　ぶどう	60	中近東，ヨーロッパ，中央アジア
9　大豆	60	中国
10　オート麦	50	ヨーロッパ
11　ソルガム	50	アフリカ
12　サトウキビ	50	南太平洋，東南アジア
13　キビ	45	中央アジア，アフリカ
14　バナナ	35	東南アジア
15　トマト	35	中央アメリカ
16　砂糖大根	30	ヨーロッパ
17　ライ麦	30	ヨーロッパ
18　オレンジ	30	東南アジア
19　ココナツ	30	南太平洋
20　綿実油	25	南アメリカ，アフリカ
21　リンゴ	20	中近東
22　ヤム芋	20	アフリカ
23　ピーナッツ	20	南アメリカ
24　スイカ	20	アフリカ
25　キャベツ	15	ヨーロッパ，中国

パパア・ニューギニアの焼畑農業

　焼畑農業は熱帯雨林帯や森林サバナ地帯に多く見られる伝統的な農業形態である。**図**4.2を見て、焼畑農業が行なわれている地域を地図の上で確かめてみよう。この焼畑農業は、技術面からみるとかん木地をすき返しただけのものや、樹木伐採後焼き払うものなど、いろいろあるが、それぞれに応じた農耕法が取り入れられている。

　パプア・ニューギニアにはマリン族と呼ばれる人々がいるが、彼等は湿潤な山岳の森林地帯に住んでいて原始的な自給自足生活を営んでいる。マリン族はふつう100人から1,000人程度の集団で生活しており、数平方キロの先祖伝来の土地を守って暮している。そこでは"菜園"と呼ばれる小さな耕作地が作られ、1～2年耕すとそこは放置し、次の新しい菜園を開く。たいてい夫婦単位で1年ごとに森林を開拓していくが、その規模は小さく、せいぜい0.5ヘクタール程度である。その方法はまず下生え（下草）を切り払い、その後に樹木を切り倒しその枝を落とす。こうしてできた丸太のうち、あるものは菜園を囲み込む柵に使われ、残りは焼いてしまう。これは、単に不用のものとして始末するというのではなく、残った灰を肥料として使う意味が込められているのである。熱帯雨林では森林の土地は栄養分に富む表土の厚さがせいぜい5センチメートル程しかないので、こうして養分を土に返してやることが作物栽培には不可欠なのである。この菜園ではバナナ・甘薯（さつまいも）・ヤムいも・豆類など様々な作物が栽培されている。植えつけのやり方は、一見するところではかなりいい加減に見えるが、実はどの作物に

図 4.11　山岳地帯の菜園風景

図 4.12　村の慶事のためにブタを運ぶ夫婦

ついても作柄に合わせて，最も収穫が高くなるように工夫されている。マリン族の人たちは長い経験からそのやり方を熟知しているのである。

高温多湿の気候は作物を急速に成長させるので，作つけ後の仕事といえば主に雑草とりぐらいである。マリン族は，自分たちの生活がひとえにこの森林がバランスよく回復されていくかどうかにかかっていることをよく知っているので，雑草とりにしても，樹木の新しい目を損なわないように細心の注意を払っている。このことは，彼等が森林のことを"菜園の母（マリン族語で「ンドゥク・ミート」いう）"と呼んでいることにもよく表われている。ところで，こういう気候の下では2年もたつとすぐ新しい樹木が生長してきて，もう耕作ができない状態になってしまうことがある。そんな場合，マリン族は数日間豚を放って取り残した作物を食べ尽くさせるようにする。豚は餌を求めて土を掘り返し，土の下に隠れている作物の芽まで食べ尽くしてしまうが，これは同時に土を柔らかくする役目も果たしてくれる。これは新しく森林を育てる準備でもあり，土地の高度にもよるが，およそ10年から40年間は放置され，その土地がその間に次の耕作に必要な養分を蓄えていくのを待つのである。

マリン族の場合，その食糧はほとんど全て菜園と豚に依存している。豚は菜園で採れた作物で養われるほか，自らも森林の中を歩きまわって餌を探さなければならない。菜園自体は生産力がかなり高く，0.1ヘクタール程度の面積で大人1人が1年間ゆうに食べていけるだけのものを生みだしている。しかし，この焼畑農業ではあまり多くの人口を養うことはできない。従って，人口が増えれば当然もっと広い土地が必要になる。農耕に適した土地が限られている場合には，先に述べたような森林の回復を待つ余裕がなくなり，十分養分を蓄える前に再び耕やさなけれ

i) 森では養分の多くが地上の木々の間に見出される。この図では緑色の点で養分のある場所を示している。

ii) 森を切り払い，焼くと，養分が地表に残る。

iii) もし，焼やした後の土をそのままにしておくと，雨によって養分はすぐに流されてしまう。

iv) ここで何か作物を植えると，それが養分のいくらかを吸収して，流出を防ぐことができる。

v) 次に収穫後の作物を土中にすき込むと，腐植土が養分を十分に保持し，引き続き作物を育てることができる。

vi) しかし，古い作物を焼いてしまうと，養分は雨によって流されてしまい，結局土地は生産力を失ってしまう。

図4.13 熱帯菜園の耕し方

ばならない羽目に陥ってしまう。

　長期的にはマリン族の農耕形態は環境に対して悪影響を及ぼしているようには見えない。それは彼等が自然環境に順応して行くための知識をそなえていて，森林の本来的な形成過程の中に菜園作りの仕組をうまく組み込んでいるからである。図4.13は熱帯農業を営む農家向けの教科書の一部を紹介したものだが，一連の森林形成過程とそれに順応するような菜園づくりに必要な適正技術が紹介されている。残念ながら，焼畑農業の全てがこのように十分環境に配慮したものばかりとは限らない。この自然環境の仕組みを知らない農民もいて，時に環境破壊を起こしている例もある。アマゾン流域での開発計画に関して様々な問題が指摘されるのも，この環境の仕組みを無視した結果，環境破壊が深刻化しているということなのである。

4　図4.13を見て，以下のことについて考えてみましょう。

　a　自然環境の仕組みに無知な農民が森林を開墾する場合，どんな失敗を犯しがちでしょうか。
　b　その結果は自然環境に対してどのような影響がおよぶでしょうか。
　c　自然環境の仕組みを配慮するなら，どのような方法で失敗を避けることができるでしょうか。
　d　農業指導にあたって，この問題を取り上げた教材はほとんどないのですが，それはなぜだと思いますか。
　e　図4.13に習って，ニューギニア・マリン族の農耕法について，それが自然環境との連鎖関係をどのように捕らえて行なわれているか，整理して一覧表にまとめてみましょう。

Box 4.2　東南アジアの農耕形態

　東南アジアでは稲作，焼畑，常畑，屋敷畑，商業的農業など，各種の農業が営まれています。稲作は利用する水源のタイプから，灌漑稲作と天水稲作に分けられます。灌漑稲作はおもに低地（沖積平原）や段丘高地に多く見られ，天水稲作は丘陵地や低湿地を含む低地に多いとされます。天水稲作の場合，土地の所有形態を見ると，自家所有が多いのですが，高地部では集落などの共同体所有も見られます。営農規模も全体にあまり大きくないようです。灌漑稲作の場合，土地は自家所有と借地の場合があり，営農は自家営農と共同営農の場合が見られます。規模も大規模のものから小規模なものまでいろいろです。

　焼畑農業は湿潤熱帯高地や傾斜地に多く見られ，降雨に頼る農業なので，営農規模は小規模です。未開な地域で営まれているので，土地の所有形態も共同体所有や政府所有地である事が多いとされます。営農単位は自家単位，種族単位，集落単位と様々です。

　常畑農業は平坦地，丘陵地，水田以外の耕地で営まれています。降雨，灌漑を水源とし，中・小規模の自家生産が多く見られます。屋敷畑農業は傾斜地でも平坦地でも見られ，降雨，時に補助給水を水源とし，自家所有地で営まれているものです。商業的農業には野菜栽培，年生プランテーション，永年生プランテーションの違いがあります。

（参考文献：廣瀬昇平，途上国農業の比較研究，「国際農業協力論」友松篤信・桂井宏一郎・岸本　修編，古今書院，p.p. 121-133）

アンデスの自給自足農業

ウチュクマルカ村はペルー北部山岳地帯の谷間にある人口1,000人にも満たない小さな村で，この辺りでは，"忘れられた村"と呼ばれている。この呼び名は決して誇張ではなく，実際この村に行こうとすれば，徒歩あるいは馬しか交通手段がない。しかも村から最寄りの街道に出るには8時間はかかるし，電気が通っている所にたどり着くにも，5時間はかかるほど外界から孤立しているのである。一番近くの市場町セレンディンに行くには徒歩でまる1日かかり，この町で購入する僅かな日用品も村人が自分で背負って運ぶ。ウチュクマルカの人が，生活に必要なものはできる限り自分たちで調達するという，いわゆる自給自足生活を余儀なくされているというのも，自然の成り行きだといえる。

この村の主な生産活動は農業で，それも海抜800mから4,300mにわたる山岳地形の中で細々とした耕作を展開しているにすぎない。これだけ高度差があると，気候条件も高さによって様々に変化する。村人は大きく6つの性格の違う気候帯があるといい，作物も耕地の属した気候帯に合わせて選択されている。

(1) **テンプル地帯**（海抜1,250～1,500 m）　高度が一番低く，気温が最も高い所。ここではさとうきび・甘薯・バナナなどの商品作物が灌漑集約農業で栽培されている。

(2) **キチュワ・フェルテ地帯**（海抜1,500～1,900 m）　急斜面地帯で，頻繁に干ばつに見舞われる。雨量さえ十分にあれば小麦やとうもろこしがとれるし，ここに生えている木や灌木は薪として利用されている。

(3) **キチュワ地帯**（海抜1,900～2,500 m）　この高度では比較的雨がよく降るので，特別な灌漑整備は不要である。テンプル，キチュワ・フェルテ地帯よりは耕作に適した土地が多く，小麦・大麦・とうもろこし・豆類に加えて，何種類かの果物も栽培されている。

(4) **テンプラード地帯**（海抜2,500～2,800 m）。気候は温暖で，地形もなだらかな傾斜地である。作柄は他の地帯で採れる物のほか，レンズ豆・えんどう豆などの収穫が特徴である。

(5) **ファルカ地帯**（海抜2,800～3,500 m）　この渓谷地帯での耕作可能地としては最も高度の高い地域である。これより高くなると霜の被害をこうむる危険が高くな

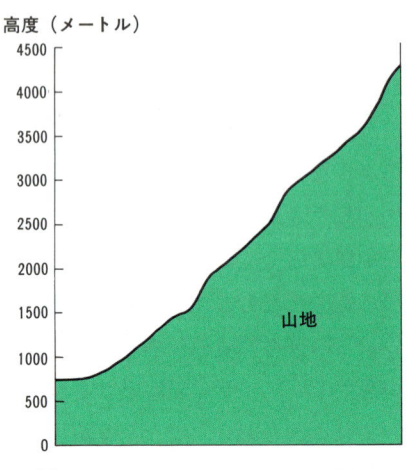

図4.15　ウチュクマルカ峡谷の断面図

図4.14　大麦の脱穀風景（ペルー・アンデス山中の村）

る。地形は比較的緩やかな斜面地なので作物はジャガイモが主で，ほかに同類のオカという根菜作物も栽培されている。

(6) ファルカ・フェルデ地帯（海抜3,500～4,300 m）　ここまでくると山肌が再び急傾斜となる。部落全体の共有の牧草地になっていて，例えば羊毛をとるための羊の放牧など，商品化のための牧畜が行なわれている。

5　図 4.15 を拡大コピーして，それに上記の6つの耕作地帯区分とその高度限界，およびその名称を記入して下さい。次にそれぞれの地帯の主な作物の名前をラベルに記入し，出来た図の上に張り込んでみましょう。

ウチュクマルカの村では，どの農家も上記の6地帯のうち少なくとも4ないし5地帯にまたがる農業を展開している。農地の所有形態は様々で，自己所有もあれば刈分け小作，あるいは小作人夫として雇われている場合もある。土地の所有権・耕作権はだいたい父親から息子に凹襲の形で受け継がれているが，結婚などによって権利が相互の家族間で交換される場合もある。ペルーではこれまでいろいろな土地改革が進められてきたが，それもこのウチュクマルカの村にまでは及んでおらず，今のところ公式的には零細自作農地域とされている。村の経営については村民間の選挙によって選ばれた委員が運営にあたっている。

ここでは耕作機械はいうに及ばず，化学肥料・除草剤・殺虫剤の類は全く使用されていない。農民たちは土地の情況や栽培される種々の作物の性質を熟知しており，これにあ

表 4.3　ウチュクマルカ峡谷における月別農作業

1月	5月	9月
ジャガイモ：収穫	ジャガイモ：荒起し	ジャガイモ：草取り
高地トウモロコシ：草取り		オカ：草取り
低地トウモロコシ：植付け	6月	
低地小麦：すき耕	ジャガイモ：すき耕	10月
エンドウ豆：すき耕	低地トウモロコシ：収穫	ジャガイモ：草取り
大麦：すき耕	低地小麦：収穫	高地トウモロコシ：すき耕
ソラ豆：草取り	オカ：すき耕	ソラ豆：すき耕
レンズ豆：植付け		
	7月	11月
2月	ジャガイモ：植付け	ジャガイモ：草取り
ジャガイモ：収穫	高地トウモロコシ：収穫	高地トウモロコシ：植付け
低地トウモロコシ：草取り	高地小麦：収穫	高地小麦：すき耕
低地小麦：植付け	エンドウ豆：収穫	エンドウ豆：すき耕
エンドウ豆：植付け	大豆：収穫	オカ：草取り
大麦：植付け	ソラ豆：収穫	大麦：すき耕
ソラ豆：植付け	レンズ豆：収穫	ソラ豆：植付け
3月	8月	12月
ジャガイモ：収穫	ジャガイモ：植付け	ジャガイモ：収穫
オカ：収穫	高地トウモロコシ：収穫	高地トウモロコシ：草取り
	高地小麦：収穫	低地トウモロコシ：すき耕
4月	エンドウ豆：収穫	高地小麦：植付け
ジャガイモ：土起し	オカ：収穫	エンドウ豆：すき耕
オカ：収穫	大麦：収穫	オカ：草取り
	ソラ豆：収穫	レンズ豆：すき耕

表 4.4　ウチュクマルカ峡谷での農作業カレンダー

作物	1月	2月	3月	4月	5月	6月	7月	8月	9月	10月	11月	12月
ジャガイモ												
高地トウモロコシ												
低地トウモロコシ												
高地小麦												
低地小麦												
エンドウ豆												
オカ（塊茎植物）												
大麦												
ソラ豆												
レンズ豆												
農作業		□		□		□		□		□		
		荒起し		すき耕		植付け		草取り		収穫		

わせて限られた農具をいろいろと工夫して様々な用途に使っている。初めの頃は農具の鉄の部分を外部から購入していたが，その後は何度も焼き直したりして，いろいろな目的にあわせて改造してきた。例えば，鍬は古い自動車の板型スプリングから作った刃を手製の木箱に組み込んだものだ。

ここでの農業はごく簡単な農具しか使えないために，その分だけ労働力を余分にかけなければならない。また，ここでの農作業のカレンダーを見るとわかるが，かなり多種にわたる作物が栽培されている。作物にはそれぞれ一定の作業手順があって，通常，耕作・植え付け・除草・収穫の順で農作業が進められる。ジャガイモの栽培を例にとると，耕作に入る前にまず固く根を張った芝草を刈り，土起しという作業をしなければならない。

6 表4.3にあげた農作業の内容を見て，これを表4.4のカレンダーのなかに記入して下さい。作物別に5つの作業内容を色分けし，各欄に色で記入して下さい。なお，小麦・大麦が低地と高地にわけられているのは，土地の高さによって農作業の時期が変わるからです。色塗りが終ったら，次の事柄について考えて下さい。

a 農家にとって，ⅰ）農繁期，ⅱ）農閑期は何月でしょうか。
b 作物中，ⅰ）最も手間のかかる物，ⅱ）手間のかからない物は何でしょうか。
c ⅰ）耕作，ⅱ）除草，ⅲ）刈り入れ，といった農作業についてみた時，作業別に一番手をかけなければならない作物はそれぞれ何でしょうか。

ウチュクマルカの農民は作物の世話以外にもいろいろな仕事があって，実際自分の畑に出て農作業する時間は全体の4分の1程度に過ぎない（図4.16参照）。まず農繁期には共同でしなければならない農作業があり，特に大麦やジャガイモ畑の除草期や穀物の収穫時期は村全体が助けあうのである。また各農家としては5分の1ほどの時間を自分の畑の

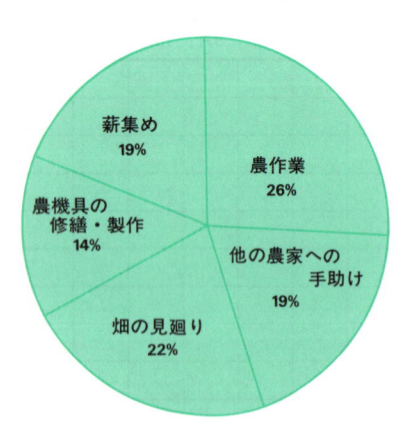

図4.16 ウチュクマルカに暮す零細農家の作業時間配分

- 薪集め 19%
- 農作業 26%
- 他の農家への手助け 19%
- 畑の見廻り 22%
- 農機具の修繕・製作 14%

図4.17 木くわと素手による土起こし作業

監視のために費やしている。畑は渓谷地帯のあちこちに散在しているので，野生動物や泥棒から畑を守るのにも柵だけでは不十分であり，一家総出で見廻らなければならないからである。中には収穫の時期が近づくと一家をあげて村を離れ，畑の近くに移り住むものもいる。

またウチュクマルカには専門の職工がいないので，修理仕事や土木作業も各農家が自分でやるしかなく，そのための暇も用意しておかなければならない。さらに，月のうち1日程度は村全体のための共益作業にあてている。残った時間の中で一番手間暇のかかるのが薪集めである。村の周辺の木はもう採り尽くされているので，10日分の燃料を集めようとすればその往復時間も含めて，ゆうに1日仕事である。

ウチュクマルカは近代的農業を導入するにも貧しすぎ，また孤立しすぎているといえるが，反面これまでの伝統的な自給自足農業でも，贅沢さえしなければ農民の生活を支えるには事欠かないようにみえる。

7　ウチュクマルカで生産されている作物について，作柄別に必要とされる労働時間を比率で示すと，ジャガイモ35％，とうもろこし25％，小麦21％，えんどう豆6％，大麦6％，オカ5％，そら豆2％，という割合です。

a　この値を円グラフに表わして下さい。各々の数値に3.6をかければ角度が計算できます。

b　この円グラフは前の設問6で作った農作業のカレンダーと内容の細かいところで一致しているでしょうか。

8　図4.14と図4.17の写真を見て次の点について考えて下さい。

a　この写真からアンデスの零細農家の自給自足生活とはどんなものか想像して下さい。

b　それぞれの写真からこの自然環境が農作業や農民の生活にどんな影響を与えているかについて簡単に説明して下さい。

Box 4.3　開発途上国の農村と貧困

日本を含めた先進各国は戦後長い間，開発途上国の農業と農村の貧困問題に取り組んできました。ドイツの援助機関GTZ (Deutsche Gesellschaft fur Technische Zusammenarbeit) もその1つです。この農村の貧困問題について，GTZが出版した「地域農村開発」(Regional Rural Development, RRD Update, 1993) という研究報告の前書きの要点を紹介します。農村の貧困問題が如何に深刻で，また困難な状況を抱えているかがわかります。

「…1980年代，農業の生産様式にはかなりの改善が見られたとは言うものの，いくつもの経済危機の影響をもろに受けて，農村では荒廃が一層進んでしまった。その原因はいろいろで，また荒廃の現れ方も国によって事情は異なっていたが，世界経済の変動に翻弄され，かつその国の政治的意思決定の過程に貧困農民が参加できなかったという点では共通していた。必要な公的サービス（教育や衛生，保健サービスなど）を十分に受けられず，またマーケットへのアクセスが確保されない事（穀物倉庫がなく市場への運搬手段も不備，適正な市場価格での取引ができないなど）によって，農業生産の改善成果が貧困農村の改善にまで及ばなかったのである。今日の農民は以前にも増して様々な外部条件への依存度を高めており，もはや伝統的な農村社会がこれまでに培ってきた問題解決能力を超えてしまった状況である。これこそが今途上国の貧困農村が開発協力を必要としている所以なのである。…」

(参考文献：Regional Rural Development, RRD Update, Schriftenreihe der GTZ, No. 239, Deutsche Gesellschaft fur Technische Zusammenarbeit (GTZ) GmbH, Eschborn 1993)

営利灌漑農業

灌漑の目的は湖・池・川などから水を引いてきて耕地に一定量の水を供給することである。従って、灌漑計画ではどれもできるだけコストを安くし、しかも効率的に水を供給するように考えられている。そのために様々な方法が考えられてきたが、中には数千年も前に考案されたものもある。図4.18はそうした伝統的な方法の1つで、サキア（牛引き水車）と呼ばれ、いまでも多くの開発途上国で用いられているものの1つである。

9 a 図4.18の写真を見て、サキアがどういう仕組で動いているか説明して下さい。
  b 灌漑用水の供給システムとして、この方法にはどんな利点・欠点があるでしょうか。

大規模灌漑方式には重力式灌漑と高架式灌漑がある。重力式灌漑とは、その名が示すように土地の自然勾配を利用して用水を配分するもので、比較的保水力の高い土壌の、勾配の緩やかな土地が最も効果的である。この方法はうまく傾斜を計算に入れて導水網を作り、さらにその起点には調整池を作らなければならず、工事に多額の費用がかかる。導水は水路の要所要所に設けられた水門を操作して調整される。土壌が透水性の高いものであれば、用水の浸透を防ぐためにコンクリートで水路を固めることも必要になる。しかし一旦作られてしまえば、重力式は運用コストが極めて安価であり、また操作も簡単である。

一方、高架式灌漑では作物に上から散水するやり方なので、配水管とスプリンクラーを組み合わせたシス

図4.18 サキアによる水のくみ上げ作業

図4.19 土地の高低を利用した灌漑方法

テムが必要である。さらにスプリンクラーで散水するためには配水管に強制的に送水しなければならない。この方式も施設費が高くつくが、重力式のような大規模な土木作業は必要とされない。しかし、動力ポンプを動かし続けるための燃料費とか、設備の維持・管理ができる専門技師が必要になることなどを考えると、全体の維持費はかなり高いものになるといえる。

　効果の面から言えば、高架式灌漑には重力式が及ばない利点が数々ある。まず、スプリンクラーは地表に対してはるかに均等に散水することができるし、作物の根だけでなく全体に散水が可能になる。また水は直接落下した所で吸収されるので、地表に水を流す場合に起こる土壌流失もあまり問題にならない。従って、吸水性の高い砂丘地では高架方式で灌漑するのが最良の方法となる。また重力式灌漑では用水が放流されると、耕地の土壌流失は避けられず、さらに調整池から遠い場所ほど水量が少なくなってしまうという欠点がある。

10　a　図4.20には5種類の重力灌漑方式が示されていますが、ⅰ)用水配分の効率性、ⅱ)建設費、に関して有利なものから順位をつけて下さい。
　　b　農家にとってはどの方式が一番使いやすいでしょうか。

11　図4.21に示した新しい灌漑方式を見て、次の問題を考えて下さい。
　a　この方式はどんな仕組になっているのでしょうか。
　b　用水の節約という面で他の方式より優れていますが、なぜでしょうか。
　c　この方式にはどんな欠点があるでしょうか。

　農地の灌漑には、用水の浸透と蒸発が繰り返される結果、土壌に塩分が溜ってくるという大きな欠点がある。次第にその塩分が地表に浮いてきて、薄く白い塩の層を形成するようになると、もうそこでは耕作ができなくなってしまう。1970年代の中葉に国連が行なった調査によれば、世界最大の灌漑面積を誇るパキスタンでは、インダス平原の20％が塩害を被ってしまったと推定されている。このような塩害については、中国・インド・シリア・アルゼンチ

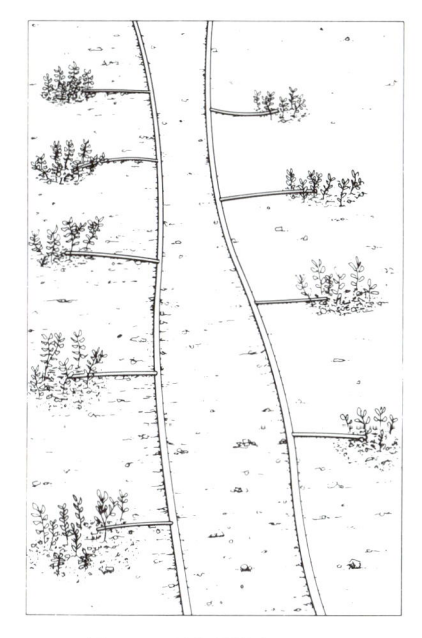

図4.21　近代的灌漑システム

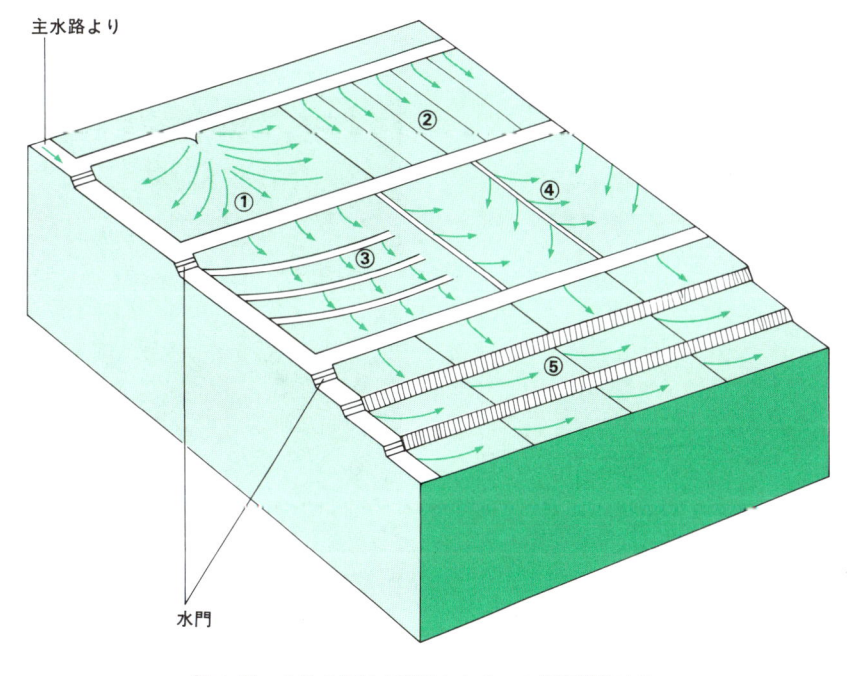

図4.20　土地の高低を利用した5つの地表灌漑方法

ン・ブラジルおよびメキシコでも報告されている。

灌漑の導入に基礎をおいた近代的農業開発計画の初期のモデルの1つに，スーダンのゲジラ開発計画がある（図4.25参照）。1904年に計画がたてられ完成したのは1925年だったが，それ以降何回かにわたって灌漑面積は拡張されてきた。ゲジラとは"島"という意味で，青ナイル川と白ナイル川に挟まれた地域を指している。スーダン政府はこの地域を主な輸出産物である綿花の生産地として指定した。もともとこの地域はサハラ砂漠の南端に位置しており，普通の農業には不向きな乾燥地であったため，広く灌漑用水網を建設しない限り，開発は進まなかったのである。

12 アフリカの地勢図を見て，ゲジラ計画がたてられた場所を探して下さい。

a エチオピア高原に端を発する青ナイル川はゲジラまでどのくらいの距離を流れてくるでしょうか。

b アジスアベバ，ワドメダニ，およびカイロの気候グラフを見て比較してみましょう（図4.22参照）。流域を下るにつれて気候はどう変わるでしょうか。

13 図4.24を見て下さい。

a ナイル川全体の流水量は年間でどう変わるでしょうか。

b 青ナイルと白ナイルでは流水量にどのような違いがみられるでしょうか。

c 水不足という問題からみて，白ナイルより青ナイルのほうがダムの必要が高いのはなぜでしょうか。

d 白ナイルの流水量変化が少ないのはどんな理由からでしょうか。

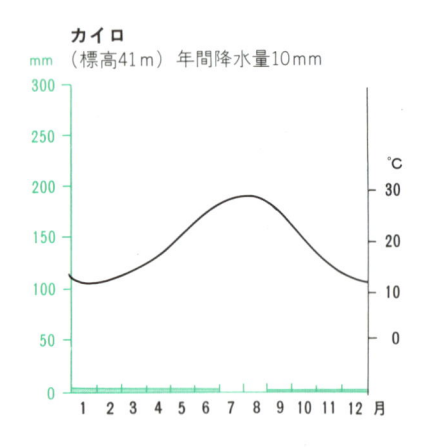

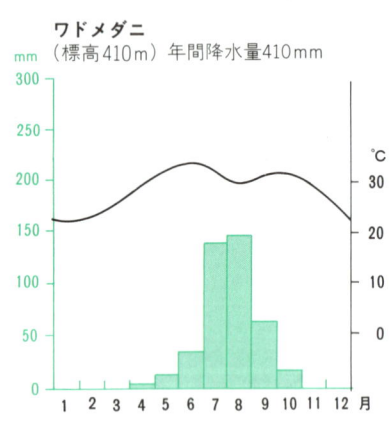

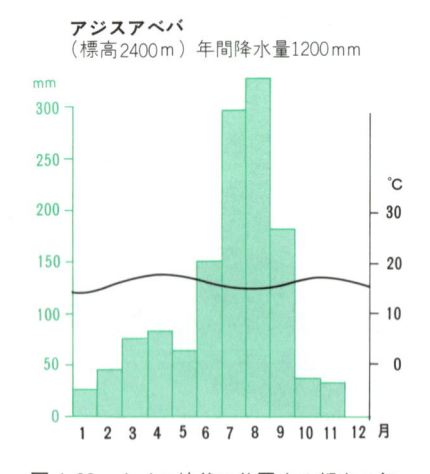

カイロ
（標高41m）年間降水量10mm

ワドメダニ
（標高410m）年間降水量410mm

アジスアベバ
（標高2400m）年間降水量1200mm

図4.22 ナイル峡谷に位置する都市の気温・降水量の比較表

図4.23 灌漑用地におけるサトウキビの栽培（スーダン）

1913年から1925年までかかって、青ナイルのセナルという所にダムが建設された。このダムの目的は、エチオピア高原に端を発し毎年のように下流を襲う洪水をせき止め、貯水しておくことにあった。ダムの貯水量が一定のレベルを越えると、水門が開かれて灌漑幹線用水路に放水が行なわれる。この幹線からは複雑に組立てられた支水路を通って、用水が各耕地に配水される仕組である。

こうした灌漑農業にはゲラジは理想的な土地柄である。地表はなだらかに傾斜が続き、水は重力で自然に広がっていくことができる。その傾斜は排水もよく、従って雨季に水が滞留する心配も全くない。土壌は主に水を透しにくい粘土質で、高い費用をかけてコンクリート製水路を作ることもない。そしてもちろん、青ナイルが季節変動はあっても年間でみれば安定した水を供給してくれるという利点があることはいうまでもない。

ゲジラ計画ではおよそ10万人の小作農民が対象になり、スーダン・ゲジラ委員会から耕地を借りる仕組みになっている。毎年耕地が農民に割り当てられ、指導員がいて作柄などについて指導する。その作柄は綿花のほか、商品用・自給用作物等様々である。指導員はゲジラをいくつかに分割した耕作地区単位別にその運営・管理にあたっている。その仕事は小作権の配分の調整、用水管理、種子・肥料・殺虫剤の配布、および綿花の集荷が主である。今日ではこのシステムも村民委員会や協同組合の設立によって変わりつつあり、耕地の管理・運営に関して農民の意見がかなり反映されるようになってきている。小作農民は綿花収入のうち50％を受取り、残りは政府・計画委員会の収入になる。

一般的に言えば、このゲジラの小作農民はスーダンにおいては恵まれている方で、他地域のスーダン農家

図4.24 ナイル川流水量の年間変化

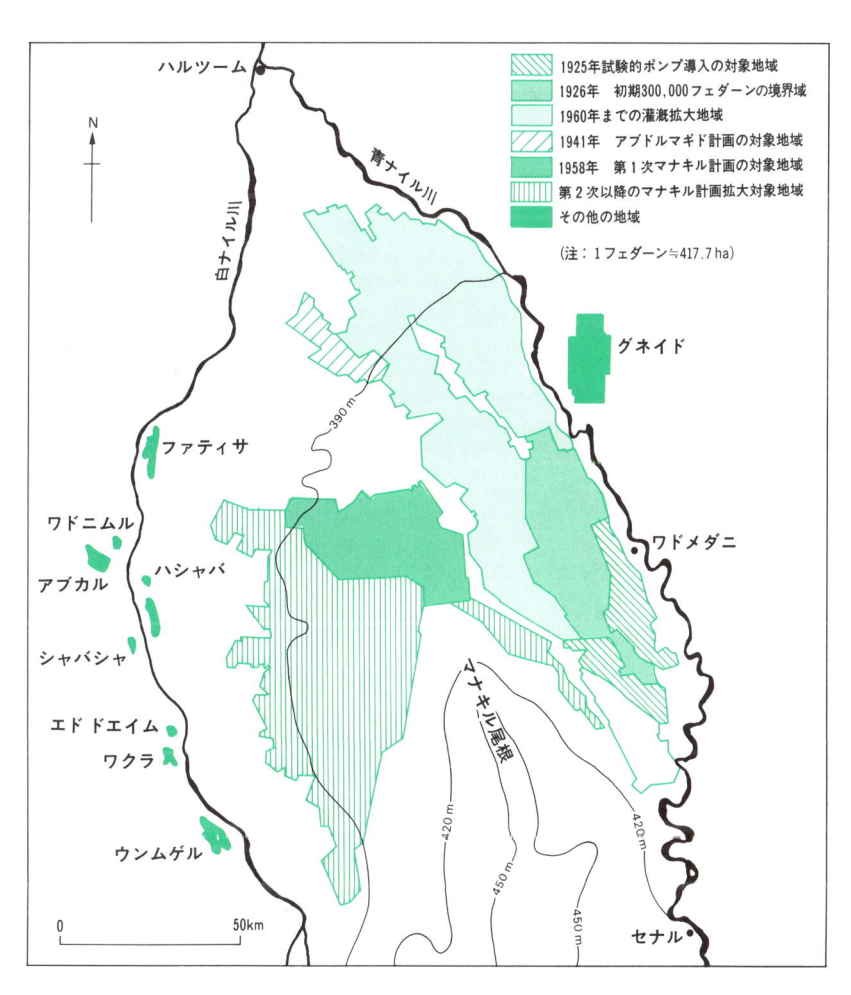

図4.25 ゲジラ計画：政府による灌漑施設整備地域

に比べても豊かだといえる。その一方で、ゲジラ農業は100万人ともいわれる土地無し労働者に農作業を依存しているのである。彼等の日当はおよそ35ペニー（約37円）、あるいは綿を摘んでキロ当り2ペニー（約2円）程度のものである。彼らのおよそ半数は1年中ゲジラに住んでいるが、他の人は遠くスーダンの西部地方からやってきて、綿花収穫時期の4カ月だけ働く。彼らは綿作農民と個人契約を交わし、賃金の他に毎日の食べ物と住居が支給される。その住居は急ごしらえの簡単な草葺小屋で、衛生施設もなく畑の真ん中に建てられている。従って、飲み水にしても洗濯用水にしても、ビルハルツ吸虫病を媒介するかたつむりが生息する、灌漑用水路の水が唯一の水源なのである（本書120ページ参照）。

このゲジラ計画はスーダンにおけるさらに大規模な灌漑開発計画のモデルになっているが、ナイル河からこれ以上取水する事については、環境への影響が心配される一方、当然ながらナイル渓谷下流のエジプトは流水量の減少を強く懸念している。ゲジラ計画の中核となる地域では、既に土壌の疲弊が始まっており、そこでは地力回復のために4年ごとに休耕を行なっているほどである。しかしながら、スーダンにとってゲジラ計画の重要性は否定できるはずもなく、スーダンの将来の発展はさらに灌漑事業を拡大・充実して行くことにかかっているといえよう。

14　図4.25を見て下さい。

a　ゲジラ計画の総灌漑面積はおよそどのぐらいでしょうか。

b　マナキル山系の尾根の張り出しは灌漑施設の配置計画にどう影響しているでしょうか。

c　ゲジラ開発は何段階に渡って進められたでしょうか。図に示されたような手順で発展した理由は何だと思いますか。

d　灌漑地域がさらに広げられていたとすれば、どの地域がその対象になったでしょうか。

Box 4.4　大規模開発事業の難しさ

第二次大戦後、かつて植民地だった地域が次々と独立を果たし、多くの新しい国家が誕生していきました。植民地時代の経済は主にプランテーション農業に支えられていたので、独立後の国家経営に必要な資金は引き続きプランテーション農業や地下資源の輸出に頼らざるを得ませんでした。そこで世界銀行や国連機関、また国別の援助機関は大規模な灌漑農業開発にむけた資金援助や技術協力を積極的に進めました。スーダンのゲジラ計画はこの代表的な事例の1つです。ゲジラ計画に倣った大規模灌漑農業開発事業に、スリランカのマハヴェリ農業総合開発事業があります。

これら大規模な灌漑施設の建設には10年、20年という年月が必要で、そこへ農民が定着していくにはさらに時間がかかります。マハヴェリ開発事業の場合、一部は1980年に入植が始まりましたが、1995年現在でもまだ完成を見ていません。このような長期的な開発事業では、時間経過と共に思わぬ社会問題が起こってきます。第二世代、第三世代が成長した時、この地域に彼らが自立するための農地はなく、工場など他の職場もありません。1世帯用に区画され、計画的に配置された農地はこれ以上広げられません。しかも、もともと農業目的の開発計画ですから、他の産業はほとんど計画されていないのです。結局1世帯用の面積しかない親の農地を親子2世帯で耕す（つまり世帯収入は半減する）か、都市へ出稼ぎに出るしかありません。第二世代、第三世代の失業問題が大規模農業開発地域における新たな社会問題になってきたのです。

（訳者補足）

緑の革命

　農業生産を向上させるには大きくいって2つの方法がある。その第1は耕作面積を広げることである。東南アジアのように既に人口密度の高くなってしまっている地域では、農業適地はもう大方耕作されている。アフリカや南アメリカにはまだ十分土地はあるのだが、これを利用するためには解決しなければならない問題が山積している。第2の方法は現在耕作している土地の収穫量をふやすことである。そのため、生産性の高い品種の開発や化学肥料・殺虫剤の使用が必要である。

　20世紀初頭において、温暖な気候下にあった先進国では飛躍的な生産性の向上が見られた。開発途上国が集中的な農業研究の成果の恩恵に浴することができるようになったのはつい最近のことである。熱帯・亜熱帯農業の改善の成功に端を発して、ついに"緑の革命（グリーン・レボリューション）"に至ったのである。しかしこれも後に続く諸変化を見ると、当初期待されたほど劇的な成果を収めたとは言い切れないのである。

　緑の革命の主眼は高収量品種の導入にあった。特に、米・小麦・大麦については、高収量品種の開発のために様々な研究開発が行なわれた。といってもこれは在来品種が劣っているとか、熱帯地域の農家が劣っていたということではない。そのことでいえばむしろ逆で、在来種はその地方の環境条件に完全に順応しており、農民もそれが必要とする条件をよく知っているのである。

　この在来種の収穫増収を妨げている要因は主に土壌の貧困さにある。在来種は競争に勝ちぬくために、周囲の雑草を凌ぐ勢いで太陽の光と土の養分を吸収し、急速にまた背高に成長する。そのために、苗を密に植えるとお互いに太陽の影を落としあってしまい、十分育たなくなってしまう。在来種の根の構造は強く、貧しい土壌から出来るだけ多く養分を吸収しようとするので、化学肥料などを施せば成長しすぎて倒れてしまい、かえって穂を痛めてしまうのである。

　これに対して、高収量品種は化学肥料と殺虫剤の効果を最大限に生かすように改良されたものである。つまり小型の在来種をベースに、短く固い茎と小さくまっすぐに伸びる葉を持つ品種になるように、かけあわせて作られた。これは茎が折れることなくできるだけたくさん穂を支えられるように、また近接して植えられても互いに太陽光を妨げないようにするためである。根の構造も化学肥料が必要な養分を供給してくれるので、在来種に比べて小さくなっている。

　こうした品種の開発に取り組む最初の本格的な研究が1943年メキシコで始まった。数人からなる小チームが熱帯気候に適した高収量品種の小麦を開発した。この品種は1970年になるまで、1940年代初期の収穫量の4倍もの収量を達成したのである。1960年にはこのメキシコ小麦改良計画に習って、国際稲作研究所（The International Rice Research Institute）がフィリピンに設立された。1966年には初期のものだが高収量品種が研究所から発表され、アジアの低地地帯で広く取り入れられたのである。IR8と名づけられたこの品種は様々な自然条件にも順応する高収量品種で非常に優れたものである。この品種はわずか120日間で成熟し（在来種では160日かかった）、そのおかげで農家は二期作が可能になったのである。

　緑の革命にとって高収量品種は重要な要素であるが、新しい農業として供給・サービスの面の環境整備も必要である。つまり、灌漑施設の整備・化学肥料・殺虫剤・穀物倉庫の用意なども進めなければ、高収量品種の開発だけではあまり効果がない。実際の事業ということになれば、新たな開発事業費を負担する農家に対して資金貸付の制度も用意しなければ事業が進まないことが多いのである。

　確かに、ところによってはこの緑の革命は目を見張るような進展があったのだが、必ずしもすべてがうまくいったわけではない。特にインドでは、政府貸付金が使えない限り、小作農民は大地主から独立出来ないような土地所有形態になっていたのである。

　また、新しい農耕法を農民に伝授

するといった具体的な事柄も相当な難問である。高収量品種の場合，化学肥料や殺虫剤の散布は特定の時期を注意深く見計らって行なわなければならず，これを間違えるとあまりうまく成長しない。さらに雑草が生えていないかどうかいつもチェックし，用水補給も注意して監視していなければならない。石油価格の上昇があればすぐ化学薬品価格の急上昇につながって，開発途上国ではその影響をもろに受けてしまうことになる。

　緑の革命はまた，トラクター，コンバイン，灌漑用ポンプなど複雑な農業機械を導入しなければならなかった。これらの機械はよく手入れをしておくと同時に，故障の時には熟練の技術者が必要になるが，知っての通り地方の農村にはそんな人材はなかなか見つからない。しかも輸入に頼る修理部品は燃料費同様コストが年々上昇し続け，ただでさえ貧しい国にとっては，とてもこれらの余分な費用を負担する余裕などないのである。

15　図 4.26 は在来種と高収量品種の 2 つのタイプを図化したものです。

a　どちらがどちらでしょうか。どうやって見わけますか。

b　この 2 つの植物を写して，その特長について互いに異なる点をラベルに書いて張りつけて下さい。それぞれの図の下にその植物の長所・短所を書いて下さい。

Box 4.5　生産の拡大と肥料・農薬問題

　一般に，世界の農業生産が拡大したのは灌漑施設の建設・整備，作物品種の改良，それと化学肥料や殺虫・除草剤など農薬の普及だといわれています。しかし化学肥料についてみれば，ただ使用量を増やせば増やすだけ収量が増える，というものではないようです。世界の穀物生産量と肥料使用量の相関を見ると，全肥料使用量が 1,500 万トン程度の時，肥料 1 トン当たりの収量は 45 トンでした。しかし，全肥料使用量が 11,500 万トン-14,500 万トンに増えた段階では，肥料 1 トン当たりの収量は 11-13 トン程度となり，逆に単位肥料当たりの収量が低下しています。

　また農薬の場合は，薬物に耐性を持つ新しい病害虫が発生したり，耐性菌の発生や除草剤に耐性を持つ雑草が出てきています。そればかりか，農薬多用の害はその他の生物や人間の健康被害にも及んで，今や地球全体の環境問題として理解され始めている事は周知の事実です。

　これに対して今日の最先端の科学技術は，農薬に強い，病虫害に強い，あるいは気候の悪条件に強いなど，新しい作物品種を作り出すために，遺伝子組換え技術の開発に取り組んでいます。すでにジャガイモやトマトなど遺伝子組換えによって作りだされた農作物が市場に出回り始めています。これからはこの遺伝子組換え技術の発達が農業の姿を大きく変える事になるかもしれません。

（参考文献：須藤和男，地球規模の問題，「国際農業協力論」友松篤信・桂井宏一郎・岸本修編，古今書院，1994, P.P. 116-117）

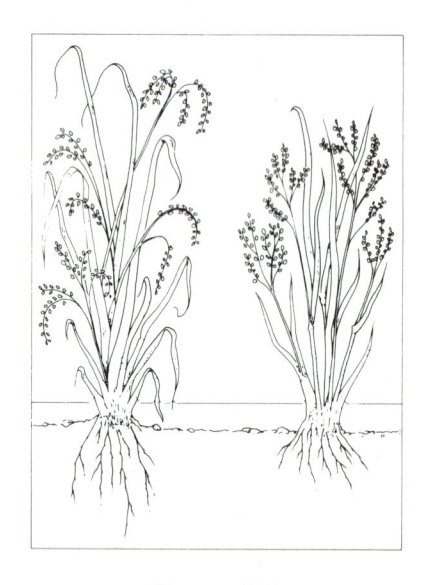

図 4.26　水稲

第4章 農業の改善 93

インドの稲作

　緑の革命が及ぼした影響と言えば、ここに紹介する2軒のインド人農家の例に、その置かれた状況が端的に現われている。一方は従来からのやり方を続けている自家米生産農家であり、他方はこの新しい開発に乗った農家である。図4.27はこの米作農家の年間行動表である。

　自家米生産農家は小作農であることが多い。小作農は土地の使用料に当るものとして、毎年収穫した米のおよそ半分を物納する。地主は小作農を何人か抱えているのが普通で、たいていみな裕福である。また農民にとって、地主は金を貸してくれる唯一の存在でもある。農民が地主から金を借りる時は利子も高く、借金の返済時には地主のいい値で収穫米を売ることになっているのである。

　そして、小作農は残った収穫米で一家を支えなければならないが、その作物が枯れたり、ねずみや病虫害の被害にあえば、自家用米も僅かしか残らないはめになる。小作農にとって、農業はどうみても決して割のよい仕事ではないのである。収穫は年に1回（田植え時期はカリフと呼ばれる雨季である）のみで、収量も決して多くはない。灌漑用水の汲み上げや耕作に使役される牛は十分な餌も与えられず、酷使されているのが普通である。その糞は、貴重な肥料として使われるよりは生活燃料になってしまう。収穫期には土地なしの労働者を短期間雇ってでも、急いで収穫しなければならない。この収穫時期が終れば、その年はもう仕事らしい仕事がなくなってしまうのである。

16 図4.29を見ながら、農家が抱える問題をできるだけたくさんリ

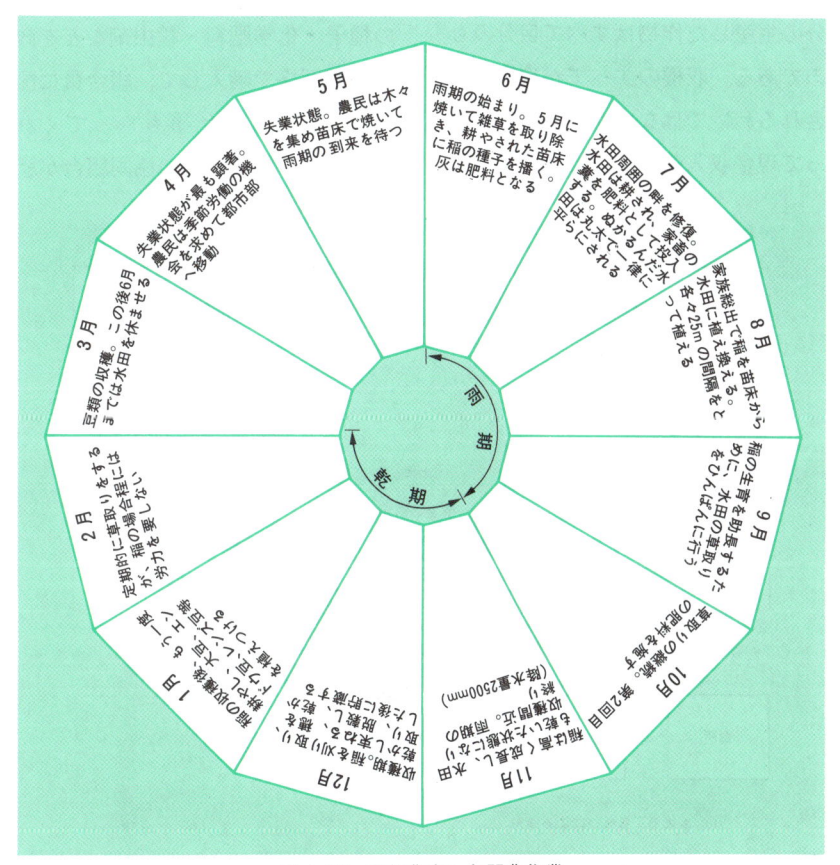

図4.27　米作農家の年間農作業

図4.28　牛による水田耕作

他方，政府貸付け資金を利用して自分の耕地を購入した農家の場合はそれと対照的である。当然ながら自分の生産した作物はすべて自分のものである。収穫のすべてが自家消費されるわけではないから，残りは売って現金収入化することができる。

作物の販売は地域農民の協同組合を通じて行なわれるので，個人農家として売るよりもよい値がつくよう交渉できるという利点もある。この協同組合は，このほかにも高収量品種の種子・化学肥料・殺虫剤などを政府特別価格で購入して，組合員に配付するといった仕事もやってくれる。さらに農家はこの協同組合が組織する金融機関から金を借りて，労働者を雇い入れたり土地改良を進めることもできるのである。

成育期間の短い高収量品種を導入すると，稲の二期作が可能になる。第一期目はカリフと呼ばれる雨季，第二期目はラビと呼ばれて雨季の後に来る涼しい乾季である。灌漑設備はこの二期目の米の収穫に用水を手当するために欠かせない。いずれにしても化学肥料をうまく使えば，在来種の米よりはるかに多くの収穫が得られる。その結果農作業も増えるから，土地無し労働者を年間を通じて雇っておくこともできるのである。

豊かになれば，家庭生活の中身も合理化されることは明らかだ。簡単な有機ガス発生装置を使えば，家畜の糞から調理用燃料をえると同時に，その液状残留物を肥料に利用す

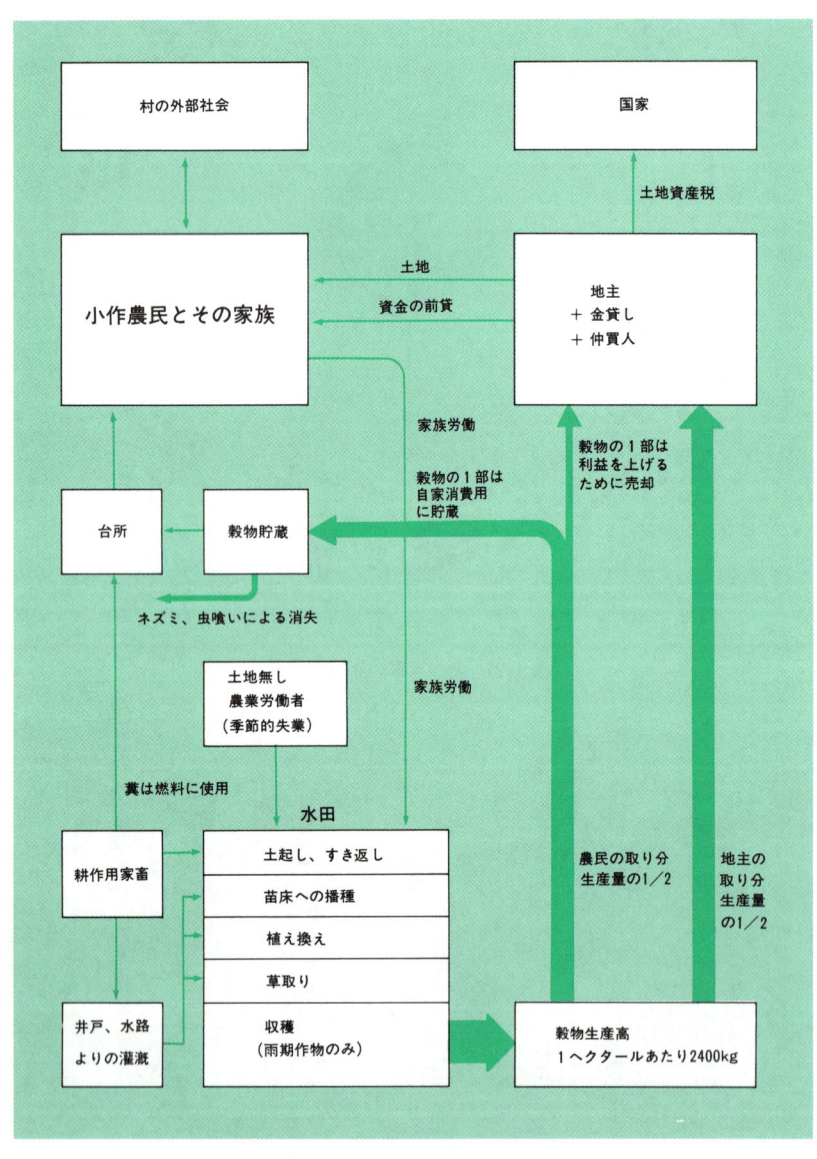

図4.29 稲作自給農家の経済のしくみ

図4.30 稲刈り風景

ることができる。またきちんとした穀物貯蔵庫を作って，収穫した穀物のロスをなくすようにもできる。この様に新しい農業技術への投資ができれば，農家はあらゆる面ではるかに豊かになるはずである。政府がしなければならないことといえば，農家への貸付金を用意することぐらいなのである。

17 a 図4.32（これは図4.29と同じ図柄です）を写し，図の下にあげた項目から適当なものを選んで空欄にあてはめてみましょう。

b 図中の矢印が意味している内容をラベルに書いて，矢印に張りつけて下さい。

c この新しいシステムの長所・短所を箇条書きし，それを表にまとめてみましょう。

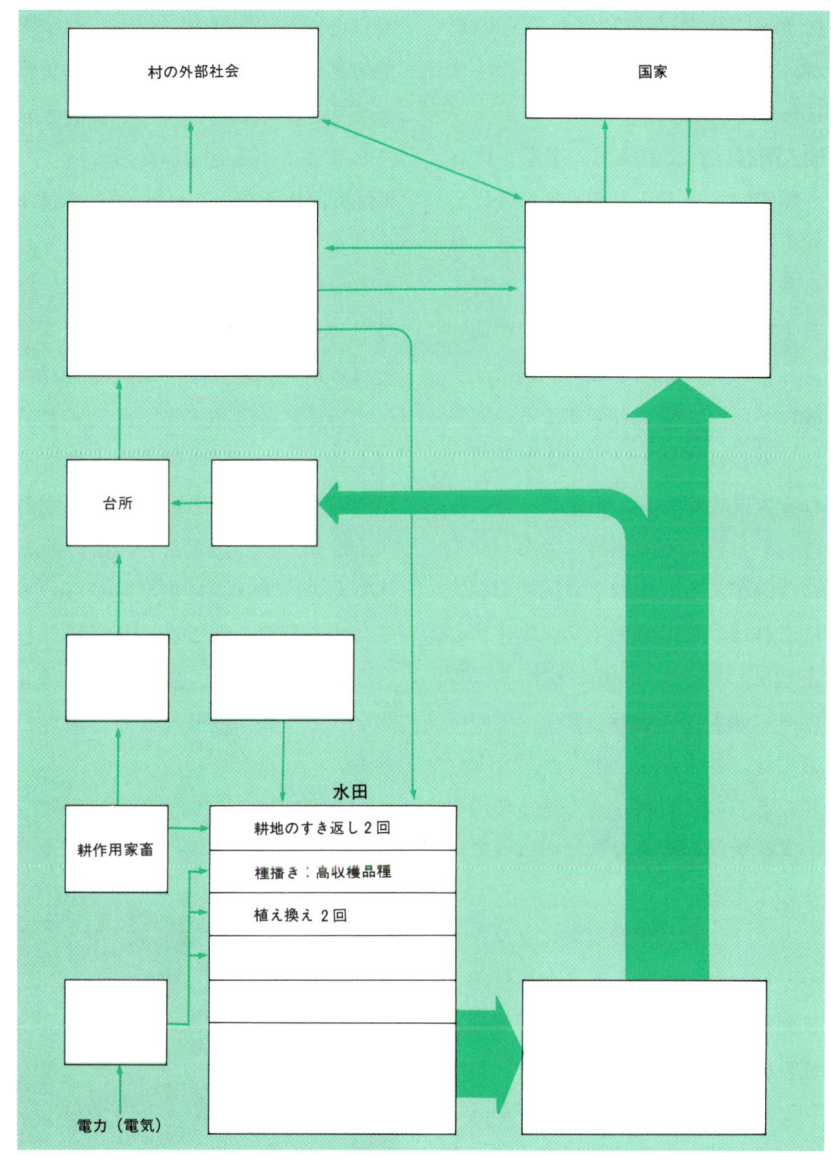

1 穀物貯蔵
2 防虫剤の噴霧
3 自作農家
4 井戸利用による改良灌漑
5 常雇用：季節労働への依存減
6 牛糞を利用したバイオ・ガス装置
7 穀物生産高向上：1ヘクタールあたり3800kg
8 肥料の投入
9 集団購入・販売のための農民協同組合
10 収穫：雨期および乾期作物

図4.31　稲苗の殺虫剤噴霧作業

図4.32　近代的稲作農家の経済生活

土地所有制度と土地改革

農業の生産効率は土地の所有形態によって大きく左右されるものだが、これは次のような3つのタイプにわけられる。

個人所有 個人生産用に農業を行なう農家はすべてこのタイプに含めて考えられるが、開発途上国でみられる基本的な問題は、一般的に所有する土地面積が小さすぎて収益が低いことである。これとは対照的に、少数ながら巨大農家も存在する。南アメリカにはラティフンディアと呼ばれる大農場があり、富豪が所有し管理人をおいてその運営に当たらせている例がある。南米7カ国での調査によれば、このラティフンディアの土地はわずかに1/6が耕作されているに過ぎないといわれる。その一方では、わずかな土地しか持たないか、あるいはそれさえも持っていない零細農民が膨大な数にのぼっているのである。

もう1つの大規模農業にプランテーション農業がある。これも管理人に運営を任すものだが、所有者は普通外国企業である。このプランテーション農業はかなり生産効率が高いが、その実これを抱えている開発途上国自体にとってはほとんど何の利益ももたらしていない。その結果、最近では国有化されたり廃止されたりするプランテーションが増えてきているといわれる。

借地利用 農家が地主から土地を借りて賃料を払うもので、賃料の払い方は現金・収穫物・労働力などいろいろである。開発途上国では賃料が非常に高いことが多いうえ、賃借権もほとんど保証されていないのが実態である。これが農家の農業改善意欲をそぎ、増収への関心を喪失させてしまっているともいえる。

地域共同体所有 これは地域共同体全体が土地からの利益を共有するというもので、各人が平等に働く。具体的には伝統的な部族社会によく見られるが、共産国家でも取り入れられている。共産主義集団農業あるいはコミューンは、不経済な小規模土地所有を集約したもので、生産性の向上が見られる。ただし、この共同体所有方式では逆に生産性が下がってしまう現象も起こる。共同所有ということになると、農民個人の向上心を殺してしまうこともあるからである。

こうしてみると、農民の間で土地をもっと公平に配分するために、土地所有権の再編成に向けた何らかの行動計画が必要なことがはっきりしている。開発途上国では、ほとんどの場合土地が富の源泉であり、予想される将来の人口増加によって、この土地の価値はさらに高まるのである。

土地改革の成功例はエジプト・ペルー・台湾・アルジェリア・チリ・日本などで見られる。例えば改革以前のエジプトでは、15万人の地主が全国農地の2/3を所有しており、残りの1/3を250万人の小農が分けあっていた。しかし1952年に社会主義政府が樹立されると、豪農の土地は召し上げられて、1haないし2haづつ小農に再配分されたのである。その他の改革案については力を持った地主の抵抗があったり、小農が新しい土地へ移動したがらなかっ

図4.33 農業協同組合所有の農地を耕すトラクター（アルジェリア）

第4章 農業の改善 97

たこともあってうまく進まなかった。

大規模な土地改革の好例が2つの国に見ることが出来る。ソ連と中国（100ページ参照）である。両国とも国家革命後，農地の支配権を農民一般に委譲した。この革命では国民の血が流され，惨事が引き起されたのは事実だが，その結果農民が大きな利益を獲得したのも事実である。

しかしながら，土地改革といってもそれ自体にそれほど意味があるわけではない。土地改革には新しい技術と設備を取り入れた農業開発が伴わなければならないのである。協同組合方式も，農産物の市場を開発し貸付金を手当する上で農家にとって必要なものであろう。土地改革の最大の利点というのは，農家が資本投下を行うことではなく，労働力依存型の農業を振興することによって，農村での雇用増大をはかることができる点にあるといえよう。

FAO：土地改革が行なわれる前はどんな生活でしたか。

クィスパさん： おやじもおふくろも早く死んじまったんで，わしは小さなころから畑に出て働きとった。わしら兄弟4人の面倒はばあ様が見てくれていたんだが，そこでの生活はただ黙ってたえしのぶだけだったな。朝早くから夕方遅くまで働きとおしても，給金はほんのすずめの涙だし，何年か働いている内に少しは日当も上がるには上がったが，そんな頃にはもう女房・子供もいたから，生活は少しも楽にならんかった。くいっぷちは多いのに貧乏のどん底だから着る物もままならず，息子たちは飢えと寒さで生きるか死ぬかという生活をしとった。そんなわけで，実際わしは生まれて間もない子供をひとりなくしてしまった。こんな生活だったから，わしらいつもこんな世の中は変らなけりゃあおかしいと思っていたし，地主連中を何とかやっつけられないものかと考えとった。

何年か前になるが，兄弟の一人が遠くのハシエンダで働くといって，出て行きよった。地主が何人かやって来て，いい給料を支払うからといって働き手をかり集めたんじゃ。ところが，たしかにもらう給金はここよりいいんだが，日常の買い物は値段が実際よりずっと高いのをがまんしてでも，ハシエンダの中にある地主が経営する店でするしかないようにできている。しかもさらに悪いことにあいつがもらう給金だけではくえなくなると，そこにつけこんで地主はこんどは貸し売りまで始めるときた。当然ツケはたまる一方で借金が返せなくなってしまった。そんなわけであいつは何年もハシエンダにしばりつけられたまま，嫁をもらうこともできずにいる。結局，あいつはハシエンダという鉄格子こそないが，ばかでかい牢獄に入れられたようなものじゃ。

FAO：あなたにとって，農地改革とはいったいなんだったでしょうか。

クィスパさん： わしにしてみれば，いやみんなも同じだろうが，やっと自分のものを取り返したようなものじゃ。とにかく，これまで暴利をむさぼってきたハシエンダの地主連中がいなくなったことが何よりうれしい。今じゃどんな百姓だって，せがれを学校にやるぐらいのことはできるようになった。このわしだって，せがれに教育を受けさせることこそ間に合わなかったが，そのかわりせがれの息子を学校にやるのを助けてやらにゃならんと思っている。今なら孫たちも腹一杯くえるし，着るものもある。できが良ければ大学にだっていけるんじゃ。これもみんな地主が生みだす恵みを地主のためではなく，自分たちのために使えるからだと思っている。

図4.34 マリアノ・クィスパとのインタビュー

表4.5 6段階別農地面積の割合

規模（ヘクタール）	ヨーロッパ	北アメリカ	中部アメリカ	南アメリカ	アジア	アフリカ	オセアニア
1未満	21	2	33	13	46	37	1
1—4.9	39	6	40	32	42	46	5
5—9.9	19	7	8	13	8	9	6
10—49	18	36	12	27	44	6	22
50—99	2	24	3	6	—	—	16
100以上	1	25	4	9	—	2	50

18 図4.34はマリアノ・クィスパという農民が国際連合食糧農業機構（United Nations Food and Agriculture Organization＝FAO）のインタビューに答えた記事を紹介したものです。彼はペルーの零細農民で，クスコに近いインカ渓谷で暮しています。この内容を読んで，大地主がどのようにして零細農民を搾取しているか見て下さい。

19 表4.5の資料を使って地域別の

棒グラフを作り，そのパターンを比較してみましょう。それぞれの違いを簡単にまとめて，その理由を説明して下さい。

土地の分散保有という問題を解決することも土地改革を行うメリットである。開発途上国では各戸の農家がいくつもの小さな土地をあちこちに分散して持っている例が多く見受けられる。これは農民が肥沃な土地とやせた土地をきちんと選別しているから起こっていることなのだが，一方移動時間がかかるために労働効率を著しく悪くしている。また耕地の境界や柵を作ることに面積が取られるために，その分だけ貴重な耕作面積が減る結果にもなっている。

図4.37はウガンダのキゲジ地域を例に，耕作地が集中した土地を示したものである。土地所有形態は典

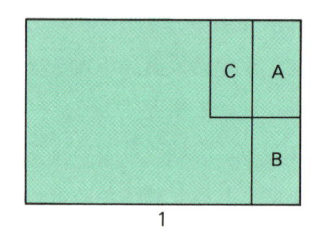

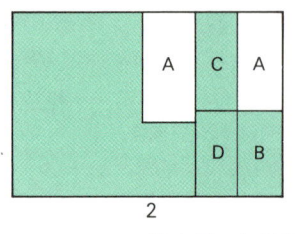

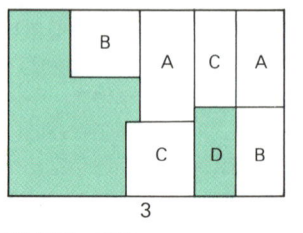

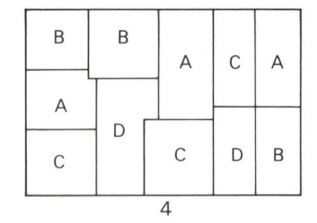

図4.35 キゲジの農地相続の形態

図4.36 キゲジの棚田

第4章 農業の改善 99

型的な高密度農村地域のそれで，不規則な形状の小規模耕地がたくさん集まっていることがわかる。地図の上で耕地がジグソー・パズルのように仕切られている理由は，土地が何世代にも渡って引き継がれてきたからである。図4.35はその引き継ぎのプロセスを図解したものである。この例では息子たちは4人いて（A, B, C, D），彼らはちゃんと自分で働けるようになるとすぐ父親から土地をわけてもらうことができる（図4.35-1のA, B, C）。ただその土地が自分のものになるのは結婚してからのことである（図4.35-2のA）。結婚すれば，新しい家族を養うために土地が追加して与えられる（図4.35-3のA, B, C）。そのうち父親が死ぬと，残った土地は息子たちの間で分割されることになっている（図4.35-4）。

20 図4.37を見ると，5人の農夫の土地が色分けされています。

 a この地図に描かれている面積はいくらでしょうか。
 b 図の中で最も大きい耕地，最も小さい耕地の面積はそれぞれいくらですか。
 c 農夫それぞれが皆1日で自分の畑全部を見まわるとして，各人が通る最短ルートを探し，敷地の中心から中心までの直線距離を計算して下さい。実際の移動距離はこれよりずっと長くなりますが，なぜだと思いますか。
 d 農地の位置関係からみて，各農夫にとって最も有利な居住地はどこでしょうか。各農夫別に色分けされた農地を写し取って，それに選んだ居住地を書き込んで下さい。次にその居住地からその農夫の持っている農地の中心点までの距離を測って，平均移動距離を計算して下さい。どの農家が一番便利な位置にいるでしょうか。

図4.37 キゲジの土地所有形態（ウガンダ）

中国人民公社の変化

ここで，中国では土地改革が農業の改善にどのような影響をおよぼしたかをみることにする。1949年中国に起こった共産革命は，中国の農民に対して根本的な変化をもたらした。その1つが土地改革である。それまではほんの一握りの富裕階層に所有されていた土地が，共産革命を契機に農村の貧農大衆の手に渡った。土地の配分にあたってはいろいろな方法が考えられたが，結局1958年になって政府は農村に人民公社（コミューン）を作り，この人民公社が土地を管理することにした。1970年代には，こうした地域共同体を中心とした営農組織の数が5万件を越えるまでになった。そしてこの人民公社は中国の農村地帯における政治的，社会的さらに経済的な基礎単位となった。この人民公社の規模をみると，人口数や地理的な広がりについては様々であったが，こと組織形態をみるかぎり，どこも同じであった。（巻末注5参照）

1976年に毛沢東総書記が死去すると，中国の政治思想にも変化が現れた。新しい政治的指導者達は農民みずから農業改善に取り組むことを奨励したが，さらに農家が余剰生産を生みだした場合には自家消費あるいは商売に使って良いことにして，農業生産性を高めようとしたものでもあった。この仕組みは「請負い責任制」と呼ばれるもので，1979年に導入されて以来，今では国中に広く一般化している。個々の農家は毎年の収穫量について政府と契約を交わす。これに対して農家は一定面積の土地を15年，ないしはそれ以上の期間借り受ける。そして各農家は政府に納める生産品を作る見返りとして固定給をうけとる。ただしこの政府に納める以上の生産を達成したときは，余剰分をその地域の「自由市場」—たいてい政府価格よりは高く売れる—に持ち寄って勝手に処分することが許される，という仕組みである。

今では農家全体の15％ほどが畜産飼育ないし果樹栽培農家など特定の農業に転換しており，これが中国における農業生産品の多様化をもたらしている。

とはいえ，農業の総合的な計画の作成という仕事は相変らず共産党職員の手にゆだねられていて，党職員は同時に大規模な農業開発事業も手がけているが，個別農家がどんな作柄を選ぶかは自由意志にまかされている。この請負い責任制はその一方で，良く働く農家や耕作条件の良い

図 4.38 脱穀作業

農家はそうでない農家よりも増収が維持できるという差を生みだした。

中国の政治家の中にはこれはまずいことと考えるものもいた。つまり，格差が拡がることは共産主義の思想に反するように見えたということなのだが，ともかく，この農業改革のおかげで収穫も収入も著しく増加したという成果については疑う余地がなかった。結果的に農業生産は1979年以降一貫して年率8％の増収を達成したのである。

主要作物は穀物，特に米と麦で，今では全世帯の消費量の2/3をまかなうまでになった。1979年には全耕地面積の80％は穀物生産にあてられていた。これは面積で8000万ha，さらに多毛作を考慮して計算すると実に1億2000万haに達した。しかしその後養鶏や養豚，卵用養鶏，養漁，果樹栽培，生鮮野菜の栽培農家が増えたので穀物作付面積は減少に転ずることとなった。

しかし，穀物生産高はその後も増えつづけ，1984年には4億トン以上の生産高を達成するにいたった。そして国内には膨大な消費市場をかかえているにもかかわらず，主要消費地である沿岸地域の都市部に供給する穀物の価格は北アメリカ大陸から輸入した方がずっと安あがりなために，近年，中国は穀物の実質的な輸出国へと転じたのである。

問題はこの先中国が自給自足できるかという点であって，2000年には少なく見つもっても12億人の人口をかかえることが予想され，4億8000万トンの年間収穫が保障されなければならないという点である。

中国はこの問題に対して，技術革新をすすめることで対応しようとしている。つまり化学肥料の投入を増やし，機械化を進め，高収穫品種の開発，家畜の品種改良をして開墾農地の創出といった手だてが考えられている。

その結果，人的労働力の需要は低下すると見られることから，農業労働力は現在の半分以下になると計画されている。政府はこの余剰労働力に対しては農村地域で新しい軽工業やサービス業を創出して対応するとしている。

これら工業産品の主な消費者はこの責任請負い制のおかげで収入を増した農民ということになる。

21 ここでは中国の人民公社のメンバーになったつもりで長期計画を立ててみましょう。計画期間は1960年から1990年の30年間とし，5カ年毎6期にわたる農業生産計画を立てるものとして下さい。図4.41はこの人民公社がある所の周辺状況図です。総面積は400 km²あって，そのうち200 km²は1960年時点で耕地となっています。ここには3つの町があるほか，小さい村がたくさんあります。

この設問では1960−65期から始めて，順に次の計画期に移るようにして，以下の手順を踏んで進めます。まず，表4.6を写し以下の要領で数字を記入して下さい。

図4.39 共同保有地での収穫風景

(1) 耕地面積はC欄に既に記入してあります。
(2) さいころで気候を占って下さい。数字の意味は次のように決めます。

1＝極めて不順
2＝不順
3＝平年並
4＝順調
5＝極めて順調

占った気候状態を表のD欄に記入します。なお，さいころの目

表4.6 計画演習用記録用紙

時期	A 人口 (千人)	B 労働人口 (千人)	C 耕地面積	D 気候	E 被扶養人口	F A, E間の差	G 耕地に対する必要労働人口	H 労働予備人口	J 新規開墾地
1960–65	50.0	27.5	200 km²						
1965–70	56.5	31.5							
1970–75	64.0	36.5							
1975–80	70.5	40.5							
1980–85	76.0	45.0							
1985–90	82.0	49.0							

1 極めて良い天侯。耕作地1平方キロメートル当り、20人の人口を余分に養うだけの生産が上ります。表4.7上の天侯の欄に各々20を加えて下さい。サイコロを振るのはこれきりです。

2 近隣の町から学生が労働力として動員されました。この時期に限り、A及びB欄に1,000人を加えて下さい。

3 貯蔵穀物の一部が失われました。2,000人分の食糧が減った事になります。E欄の数字を2,000人減らして下さい。

4 洪水による被害甚大。図4.41に示された洪水に見舞れ易い地域、10平方キロメートルはもはや耕作できません。そして復興し耕作可能な状態に戻すのには、10平方キロメートル当り500人の労働力投入が必要です。しかしそれが無理なら、C欄の数字を10平方キロメートル減らして下さい。

5 大規模な機械化の導入。以降、現存の耕作地での生産に必要な労働力は1平方キロメートル当り90人になります。従ってG欄の数字は、C欄の数字に100ではなく、90をかけたものを記入して下さい。

6 干ばつ。耕地1平方キロメートル当りの扶養人口は20人減ります。表4.7の極めて不順に該当する欄各々から20を引いて下さい。サイコロはもう振らないで下さい。

図4.40 チャンス カード

第4章 農業の改善 103

の6が出た時はチャンスカード（図4.40）に移って下さい。ここでさいころを振り直し，でた目の数字が書いてあるカードを選び，その条件に従って下さい。最後にもう1度さいころを振って，上の気候条件を決めます（今度は6が出たらやり直します）。

(3) 次に表4.7を見て下さい。これは，気候状態に応じてこの土地が養える人口が変わることを示したものです。これを使って人口数を想定して下さい。

その値に耕地の面積の大きさ（この場合は200 km²です）を

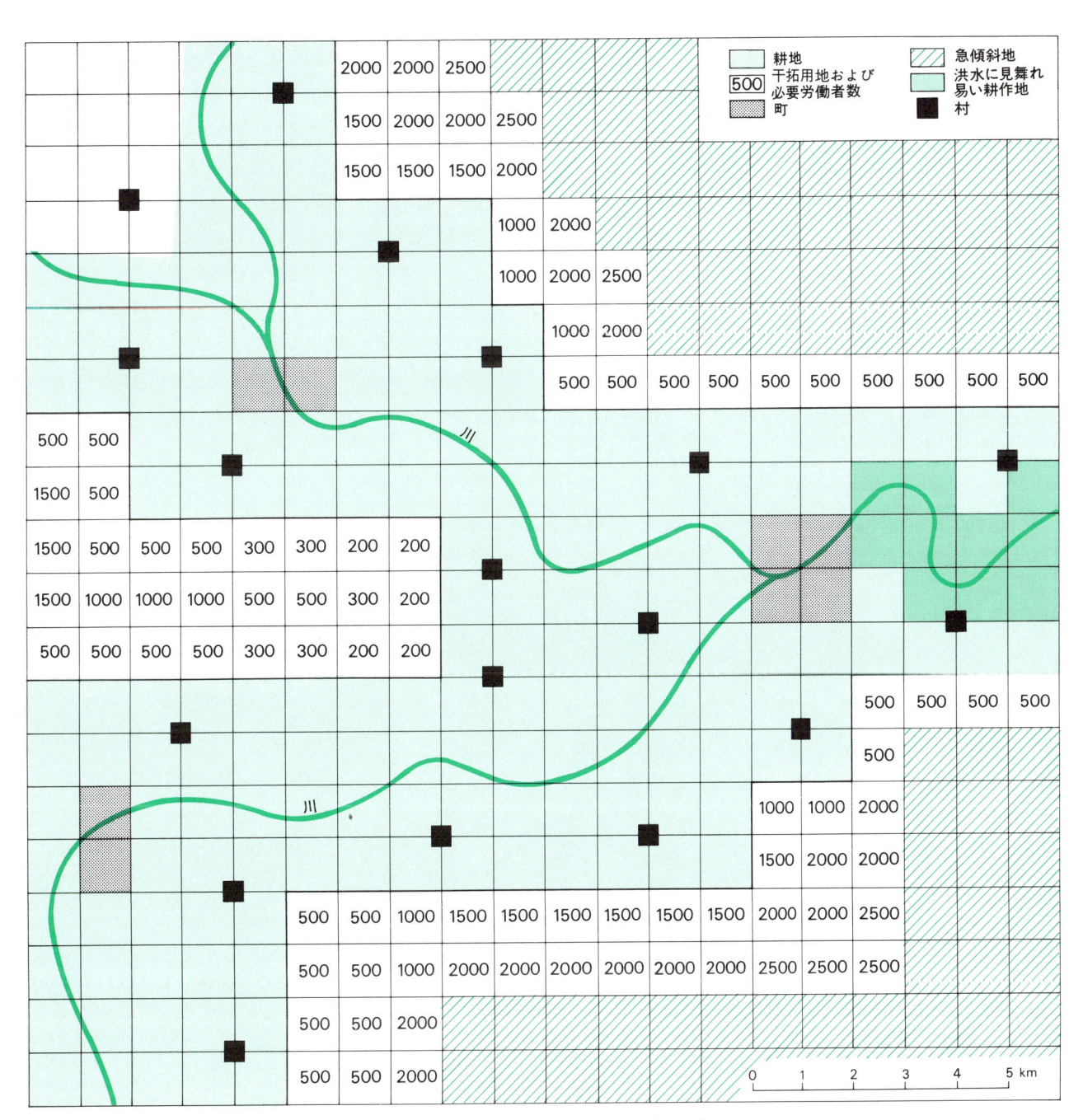

図4.41 人民公社の土地利用計画図（1960年）

かけます。そこで得た値をE欄に記入して下さい。それができたら，その値と公社の総人口（A欄に示されている）と比べて下さい。もしE欄の数値が総人口数より大きい場合，それは食糧生産に余剰が生じたことになりますし，E欄の値が小さかった場合はだれかが飢えてしまうことになります。そこでA欄とE欄の値の差をF欄に記入して下さい（EがAより小さい時は負の記号をつけます）。

(4) 人民公社の労働力数はB欄に示されていますが，ここでは，1 km²の農地で5年間営農を続けるには100人の人手がかかると考えて下さい。つまり，耕地が200 km²ある時点では20,000人いなければなりません（これがG欄に記入する数値です）。

(5) 残った労働力（H欄にあたる）は新たな干拓事業に携わるものとします。この作業にかかる労働力は場所によって変わるので，単位平方キロメートル当りの人数が図4.41のメッシュ上に与えられています。この余剰労働力をいかに活用するか考えて頂きたいわけです。図4.41の上に，干拓し得る面積分だけメッシュを塗りつぶして下さい。5年毎に色を変えるとよいでしょう。それが終ったら，J欄に該当する数値を記入して下さい。

(6) 新たに干拓された土地（J欄の値）と既存の耕地面積（C欄の値）を加算した総耕地面積を，C欄の次期五カ年期の既存耕地面積とします。

ここまで来ると，次は第二次五カ年，1965-70年次の計画に取りかかることができる。やり方は全く同じである。これを繰り返して1990年までの計画を作ってみよう。

6期すべてについて作業が終われば，この人民公社が開拓した耕地の全面積がはっきりする。1960年から1990年までの間には人口も増加するので，そのための居住地も決めなければならない。その大きさは町や集落の合計として，5 km²分の新たな土地が必要になると想定する。そのうちの2 km²は既存の町の拡大と考えてそれに隣接させるか，全く新しいニュータウンとして位置を決める。集落は新しい耕地の維持管理がしやすいように位置を決める。また，こうしてできた町や村を結ぶ道路システムも考えよう。

完成した人民公社の地図と数表を使って，次の問題をやってみよう。

  a 新しい耕地はいくら増えたでしょうか。

  b 市街地が増えることによって，耕地にはどんな影響が出るでしょうか。

  c それぞれの期間毎に，1平方キロ当りの養いうる人口数が増える理由は何だと思いますか。

  d この30年間の人口に表われた過不足はいくらですか（F欄のトータルでわかる）。これを何人かでやって比べてみましょう。

  e 気候の変化は人口の過不足にどう影響したでしょうか。

表4.7 耕地1平方キロメートルあたりの扶養人口

時 期	天候状態				
	極めて不順	不 順	標 準	良 好	極めて良好
1960-65	230	240	250	260	270
1965-70	240	250	260	270	280
1970-75	250	260	270	280	290
1975-80	260	270	280	290	300
1980-85	270	280	290	300	310
1985-90	280	290	300	310	320

f 食糧供給が間にあわない時は公社はどうしたと思いますか。

g この設問をやってみて、人口と資源との関係についてわかったことを説明して下さい。

h この設問をさらに実態に近いものとするには、どんな要素を考慮するとよいでしょうか。

まとめ

この章では、農業というものがいかに人間の文明発展の基礎になっているかをみてきました。今では世界の農業には様々なやり方があることがわかります。

第三世界の農業は、その多くが自分達が食べる分しか作れないような農民によって支えられています。食糧需要は人口が増えるにつれて増大します。にもかかわらず、開発途上国の農民は貧困・劣悪な健康状態・疫病・さらに不安定な気候といったことのために遅れたままの状態にいます。今の土地所有形態が改善努力を阻んでいたり、土地なし貧農を食い物にしているといったことも珍しくありません。ですから政府によっては土地改革を進めて、少数地主が所有する土地を小農に再配分した所もあります。新しい農業技術を導入しても、途上国にとっては中途半端な結果になっています。緑の革命と呼ばれるものも、高収量の作物を作りだした反面、肥料の大量消費と新たな機械の導入を必要としたのです。大型の灌漑事業のような大規模農業開発は、時には予期しなかった環境問題を引き起こすこともありました。

Box 4.6　中国ウィグル自治区トルファン郊外の乾燥地
川の水をたよって細々と樹木が茂る。そこにかつて人が居た歴史的遺構が残されている。
(訳者補足：保科秀明撮影)

Box 4.7　美しい田園地帯とそれを守る農村集落（トルコ・イスタンブール、ヨーロッパ・サイドの農村地帯）
トルコは開発途上国に分類されているが、歴史の長い国である。歴史は農業を育み、美しい田園風景を作り出す。農業の改善は一朝一夕にできるものではない。豊かな農業は長い歴史の中で、気候風土と作柄と農耕法、それにふさわしい農民の生活様式とがたどり着いた全体の調和点の成果としてもたらされる事を思い知らされる。途上国といっても歴史の豊かな国は少なくない。(訳者補足：保科秀明撮影)

Box 4.8　開発途上国における農村開発の動き

　1970年の中頃までは，開発途上国の農村問題は多くの場合農業開発の問題と考えられてきました。しかし，1970年代後半になって，「ベーシック・ヒューマン・ニーズ（Basic Human Needs）」という視点の重要性が唱えられてから，農村開発は灌漑施設の整備や品種改良といった農業改善だけではなく，広く保健衛生の改善，教育の普及，住宅・道路の整備・改善を含んで，さまざまな分野にわたる総合的な取り組みが必要であると考えられるようになりました。こうした変化に伴って，開発問題の専門家の間では，開発援助の望ましい姿として単に資金や技術的サービスだけではなく，住民の参加や自助努力を積極的に推進することが重要であるとする意見も強くなってきました。伝統的にこのような住民との親密な関わりの中で開発問題に取り組んできたグループにNGO（Non-Governmental Organization＝非政府組織）と呼ばれる民間開発団体があります。このNGOの活動によれば地域の実際的なニーズと具体的な状況に応じてきめ細かい対応がとられるために，住民組織の形成や住民意識の改善には政府機関よりも効果的な成果が得られるという意見もあります。今日，政治的困難を抱えた国では政府とNGOの関係は必ずしも良好ではありませんが，次第に開発事業の実施において協力関係を深める国が増えてきているといえます。

（この項大濱調べによる）

Box 4.9　中国人民公社の改組

　本書では中国の農業経営の特徴として，コミューン，つまり農村における人民公社の活動が詳しく紹介されています。しかし，その後の政治情勢の変化によって，1980年代に入ってからの中国には大きな政治変革が起きました。その中心になったのが経済開放政策の導入であり，農村においても人民公社が大きく改組されることになりました。これまでの人民公社は農村を総括的に組織化するもので，農村の行政・経済にかかわる組織活動を統括してきました。しかし，1958年に始まるこの人民公社の歴史も，その後の経済・社会情勢の変化をへて，1982年になって構造的な改組が行われるに至りました。その内容は，行政と経済を分離するというもので，新たにつくられた郷政府（村）・鎮政府（町）が行政をつかさどり，人民公社は経済活動の運営に当たるというものです。人民公社はその中が生産大隊に分かれ，その生産大隊はさらに生産隊にわけられて，具体的な生産活動や収益の配分等はこの生産隊ごとに行なわれることになっていますが，この時農家はこの生産隊から各戸別に生産を請負うことができるようになりました。この制度は生産連係請負制と呼ばれていますが，この結果農民の生産性は大幅に向上し，農業所得も著しく高まったといわれています。コミューンによる集団農業も，当初はよい成果をあげたのですが，1960年代に起こった文化大革命をへた結果，集団活動が形式化・形骸化してしまい，期待した農業の生産性の向上も思うにまかせなくなりました。そしてひいては個別農業の利潤追求をある程度認めた制度に変えざるを得なくなったのです。

（訳者補足）

第5章　保健と災害

保健と栄養

　先進国に住んでいると，保健や衛生状態がきちんと保たれているのが当然のように思えるかもしれないが，これを維持し発達させていくためにどれほど費用をかけているかについて見逃しがちなのではないだろうか。

　健康な生活を送るということは一見簡単なようだが，実はなかなか難しいことである。第一に，バランスのとれた食事をとることが何よりも重要で，子供たちにしても，これによって伝染病に対する抵抗力がつき健康に育つことができるのである。水を媒介にする病気であれば，清潔な水の供給が不可欠であり，気候条件が悪いのであれば，ちゃんとした家に住み，生活環境の衛生状態を保たなければならない。また，保健サービスは病気の治療だけではなく，消毒薬や予防薬の使い方を学ぶために必要であり，ゴミ処理や下水道システムは廃棄物や汚水を安全かつ効率的に処分するために不可欠なものである。今日先進国といわれる国ではこれらが整備された環境の中で生活できるわけだが，それもこれまで膨大な公共投資を進めてきた結果，初めてなしえた成果だといえよう。

　一方これとは対照的に，開発途上国では健康的な環境作りが始まった段階である。しかし，経済的に貧しいために，医療サービスさえも思うに任せないという状態であり，問題は山積している。表5.1をみれば，ヘルス・ケアの面で開発途上国が先進国と比べていかに劣っているかがよくわかる。問題は施設を増やしても，人口増加のスピードが早くて追

表5.1　ヘルスケアの水準

	サービス人口数(人)	
	医師1人当り	看護婦1人当り
低所得国	10300	9700
中所得国	4500	1900
工業先進国	630	210
社会主義国	400	240

図5.1　農村学級で栄養講座を聞くインド人の母親たち

いつかないことや，熱帯の気候が不安定で食糧生産が一定しないこと，気温が高いために病気にかかりやすいこと，さらには人里はなれて通信・連絡もままならない地域がまだたくさんあって，医療サービスや保健教育の普及がなかなか進まないことなどである。

いずれにしても人間が健康を保つためには，まずきちんとした食事が基本である。炭水化物・蛋白質・脂肪・ビタミン・ミネラル・塩分・水分などをバランスよく摂取することが肝要である。もしその内の1つでも2つでも欠ければ，栄養失調にかかってしまう。必要なエネルギーは炭水化物・蛋白質・脂肪などから摂取するが，この食糧から摂取されるエネルギー量は「カロリー」の単位で計られている。人間に必要なエネルギー量は年令・体格・活動内容などによって違うが，健康な人の平均必要摂取量は1日当たり2,500カロリー，育ち盛りの十代や肉体労働者の場合では4,000カロリー程度といわれる（図5.2参照）。

1 a 炭水化物・脂肪・蛋白質はどんな食べ物に多く含まれているでしょうか。
  b ビタミンは健康を維持する上で，どんな働きをしているのでしょうか。

いわゆる栄養不良（undernourishment）と栄養失調（malnutrition）は意味が違うことに注意しておく必要がある。栄養不良というのは食べ物の摂取量が少なくて，必要なエネ

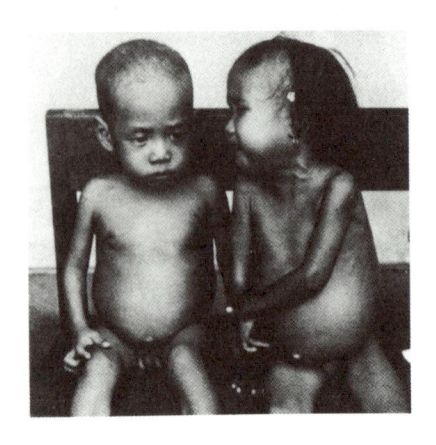

図5.3 小児栄養失調症（クワーシオーコー症）の子供

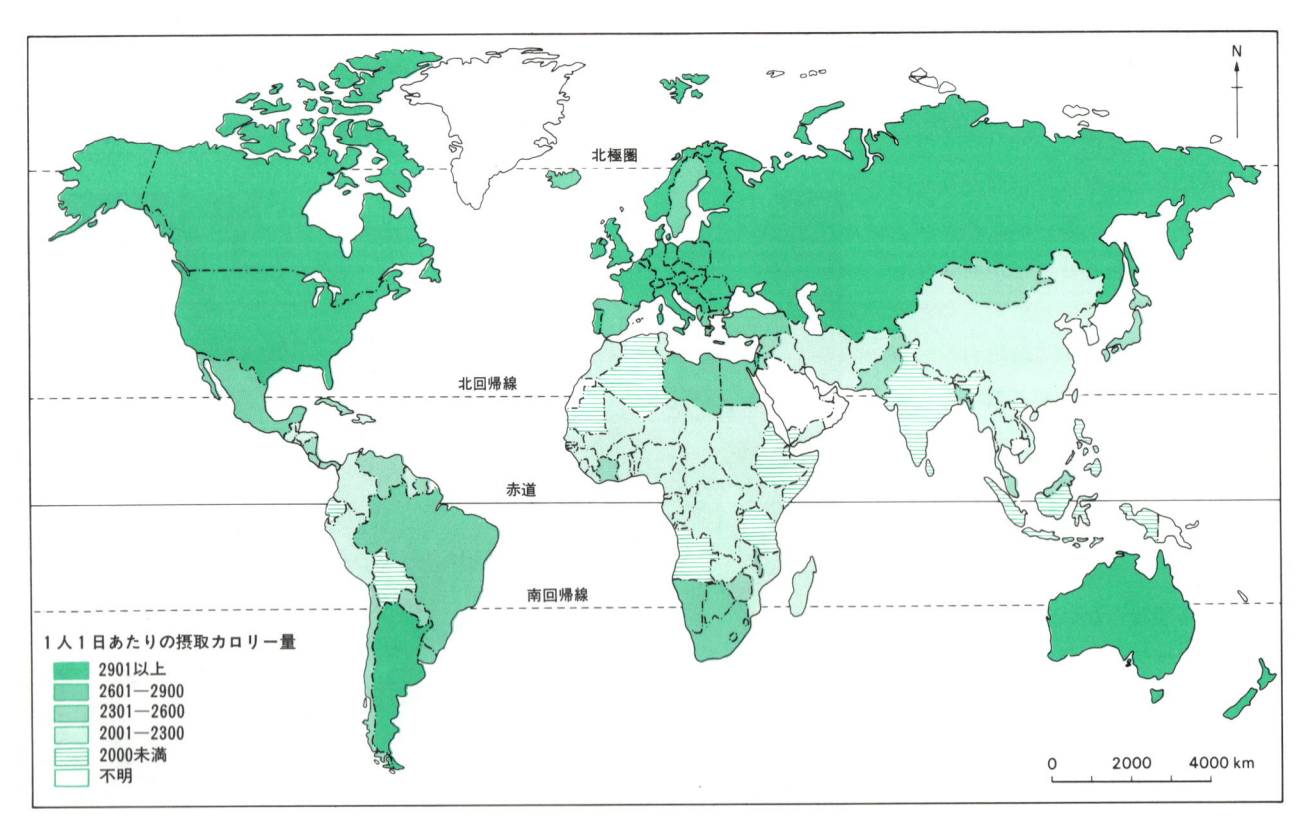

図5.2 世界の国別カロリー摂取量

1人1日あたりの摂取カロリー量
- 2901以上
- 2601—2900
- 2301—2600
- 2001—2300
- 2000未満
- 不明

ルギー量がとれていないことであり，栄養失調は食べ物の量は足りていても重要な蛋白質やビタミンが不足している状態のことをさしている。一般的には栄養不良より栄養失調のほうがかかりやすい。子供が栄養失調にかかると，クワーシオーコー症という恐ろしい症状がでる。特に幼児の場合，離乳時期には食べ物が蛋白質の多い母乳から，固い澱粉質を主体とした食べ物に変わるために，かかりやすい病気である。図5.3はクワーシオーコー症にかかった子供の写真だが，見てわかるように，栄養失調になった子供はおなかに分泌物がたまって膨れ上がり，手足がむくみ，傷になりやすく髪も薄くなってしまう。動作も弱々しくもの憂げになり，発育が遅れる。このまま高蛋白質の食物をとらずにいれば，いずれは死に至ることになる。

衰弱症，つまり栄養不良のために体力を消耗した結果かかる病気はいまでも第三世界に見られる。イギリスの場合を見ると，19世紀まで，特に産業革命の進んだ都市の子供達がよくかかった病気である。当時はこのほかにもクル病といって，カルシウムの不足によって背骨が曲がってしまう病気もよく見られた。

開発途上国では，麻疹や百日咳のような流行性疾患ばかりではなく，このような欠乏症による幼児の死亡率が相変らず高く，イギリスではほんの3％に過ぎない5歳以下の幼児の死亡率が，40％に達しているのである。潜在的ではあるが，幼児期の貧しい食事は精神面の発育にも影響

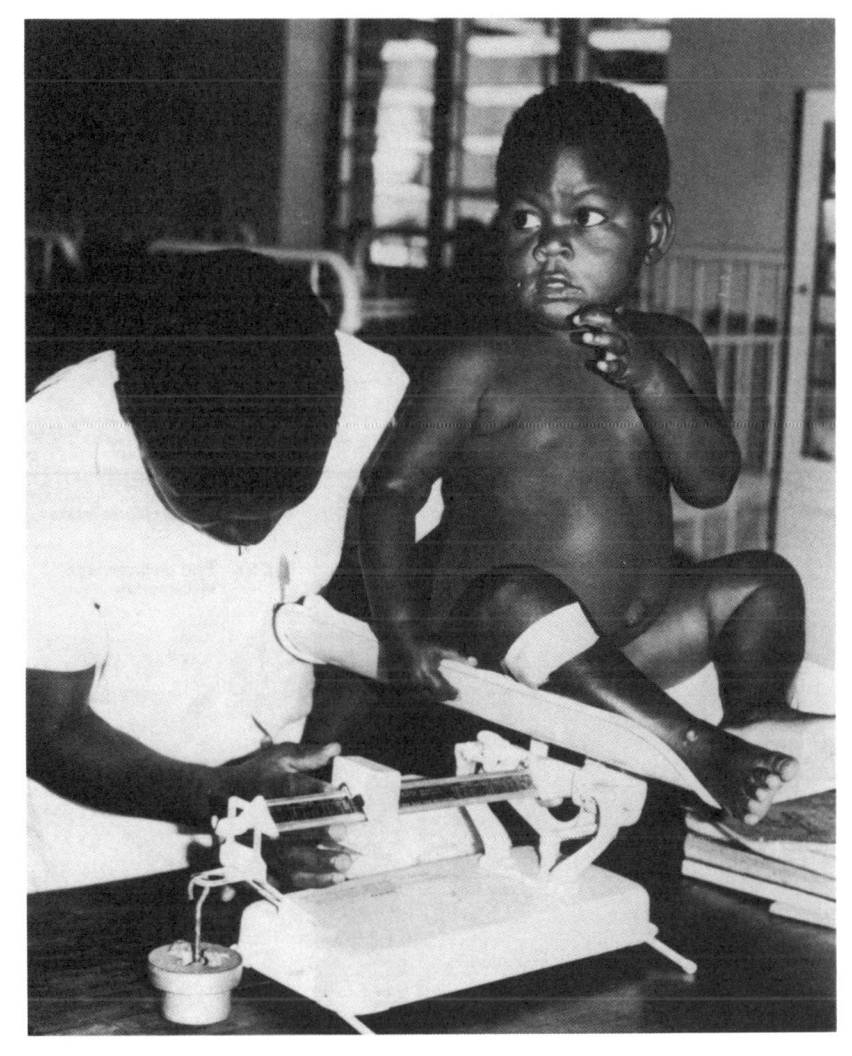

図5.4 タンザニアの診療所で行われている子供の体重チェック

表5.2 タンザニアの子供の成育記録（1歳～3歳）

月令(月数)	13	14	15	16	17	18	19	20	21	22	23	24	25	26	27	28	29	30	31	32	33	34	35	36
体重(kg)	8.6	8.6	9.1	9.5	8.6	8.2	8.6	9.1	9.5	10.0	10.5	10.5	10.5	10.9	11.4	11.8	10.9	10.5	10.5	10.9	11.4	11.8	12.3	12.3
最低体重*	8.0					8.9						10.0						10.9						11.6
平均体重⁺	10.2					11.1						12.3						13.2						14.1

主な出来事：17ヶ月目―はしかにかかる；23ヶ月目―妹の誕生；29ヶ月目―マラリアにかかる。

＊印の最低体重とは他の子供をふくめた測定記録の最低値．＋印の平均体重は健康で十分な食事をとっている子供の体重

を及ぼすとみられている。栄養不良になった人は健康な人より病気にかかりやすくなり，特に伝染病に対して弱くなる。それは健康的な食事をとっている場合に比べ，はるかに身体の抵抗力が落ちてしまうからである。

2 a 表5.2を見て，幼児の平均体重と最低体重の関係がどう変わるかを折れ線グラフに表わしてみましょう。横軸に幼児の月齢をとり，縦軸に体重をキログラムで表わして下さい。

b 主な出来事が起こった月に印をつけて，それが幼児の成長にどんな影響を与えているか分析してみましょう。

3 図5.5ではインドとイギリスにおける成人1人の1日当たりの平均的な食事量について比べたものです。実際にインドでは食事の量がこれよりずっと少ない人々がたくさんいます。

a イギリス人とインド人の品目別の平均食糧摂取量から，1日の総摂取量を計算してみましょう。

b それぞれの国における主なエネルギー源となっている食品は何ですか。

c 栄養のバランスはどちらが良いでしょうか。その理由を説明して下さい。

d 栄養のバランスをみた時，そ

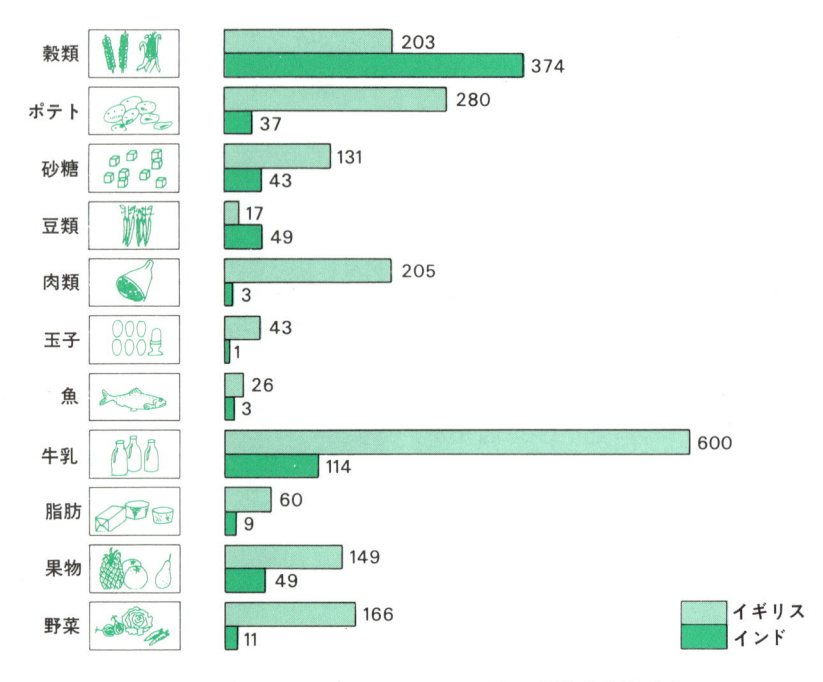

穀類 203 / 374
ポテト 280 / 37
砂糖 131 / 43
豆類 17 / 49
肉類 205 / 3
玉子 43 / 1
魚 26 / 3
牛乳 600 / 114
脂肪 60 / 9
果物 149 / 49
野菜 166 / 11

■ イギリス
■ インド

図5.5 イギリスとインドにおける1日あたり平均食事量（g）

図5.6 不衛生な旧市街地（アフリカ）

e この例にならって，読者の食生活についても分析して下さい。バランスのとれた食事をしているでしょうか。
f あなたの場合，1日の食事でどのくらいのカロリーをとっているでしょうか。何人かでそれぞれのカロリーを算定して比較してみましょう。

先進国に住む人の場合，衛生上の簡単なルールは当り前のように守っているようである。清潔な水は必要なだけ供給されているし，下水道もきちんと整備され，掃除道具にしても手軽に入手できるので大変に有難いが，実はこうした設備を整えるためには膨大な費用がかかっており，開発途上国では到底手の届かないものも少なくない。清潔でない水は一旦沸かしてからでないと飲めないが，水を沸騰させるための燃料や薪すら買えないような貧しい農家もある。開発途上国の農村問題にはいろいろ解決すべき問題があるが，この保健・衛生教育も重要な問題の1つである。

Box 5.1 栄養失調の克服：タイの成功

東南アジアのタイは1980年代のおよそ10年間に，子供たちのひどい栄養失調をほぼ克服したと見られています。この栄養失調克服の背景には次のような栄養改善計画・事業を着実に実施したからだといわれます。

1. 政府は国家経済社会開発計画のなかで，タンパク不足による栄養失調対策として，重度栄養失調を撲滅する事，中度栄養失調の50%を削減する事，軽度栄養失調の25%を削減する，という具体的な行動目標を定めた。
2. これに基づいて，地域毎に就学前児童全員について健康診断を3カ月ごとに実施する体制を作ってこれを実行した。
3. 母親を中心に栄養教育を実施し，さらに地域広報活動を通じて食品や栄養に関する科学的な理解を広めた。
4. 貧困地域の学校に給食制度を導入し，さらに家庭や地域コミュニティで自家菜園，果樹栽培，養鶏・養殖活動を促進した。

(参考文献：「貧困と人間開発」Human Development Report 1997, United Nations Development Programme, 日本語版：国際協力出版会発行，古今書院発売, 1997, P.37)

ミャンマー北東部・コーカン人の村で出会った若い母子

寒いので厚手のセーターを着ているが，小さい子供は裸足。貧しい僻地農村の生活がみえる。母親と子供の衛生と栄養を守るために何ができるだろうか。
(訳者補足：保科秀明撮影)

農村のヘルス・ケア

　開発途上国の保健行政に問題があったとすれば，それは保健サービスに大きな偏りが生じてしまったことであろう。1つは経験を積んだ医師が大都市に集中したがる問題である。これは医師が恵まれた労働条件と高い生活水準を求める結果であり，さらに新しい技術を習得した医師の中にはその技術が生かせる先進国に渡ってしまう者もいる。その結果，農村の保健・衛生を改善するといった地味で骨の折れる仕事に取り組む医師はほんのわずかになってしまっている。医療事業への公共投資もアンバランスだといわざるをえない。都市では高級な近代設備の病院建設のために巨額の公共投資が行なわれているにもかかわらず，農村部では基本的な保健・衛生事業にわずかな投資しか行なわれていないことが多い。

　近年，開発途上国の政府の中にはこの問題に目をむけて，医療補助員を組織し保健事業に着手した国ができてきた。医療補助員とは，その地域に在住する人で，簡単な病気の治療や保健衛生について集中的に教育訓練を受けた専門員のことである。彼らは訓練を受けると，顔なじみが多くて信頼も篤い自分の町村に戻って小さな診療所を開く。そこで診療や往診にあたるのである。医療補助員の養成には医師や看護婦の教育ほど費用がかからないにもかかわらず，産児制限・予防注射・家庭での衛生指導などの面で，大きな成果をあげている。

　医療補助員制度は中国で先駆的に取り入れられ，「裸足の医者」と呼ばれた。中国農村の医療制度が大きく変わったのは文化大革命の時だが，当時の中国で養成された裸足の医者の数は全国で130万人にも達し，今日図5.8にも示されているように総合支援制度がしかれ，コミュニティ・ケアの最前線で彼らは活躍している。また，選抜した医学生を対象に学術的知識よりも地域に密着した実務に重点をおいた教育も行なっている。その中には伝統的な中国医療である針治療や漢方といった治療法も保健サービスの一環として取り入れられている。

　同じような医療補助員制度を導入しているケニア・マラウイ・タンザニア・スーダンなどのアフリカ諸国でもこの医療補助員が行なう実践的なサービスは農村で大いに歓迎されている。しかし，国によっては既得権を守ろうとする医師が，医療補助員は専門的資格に欠けるという理由から，医療補助員制度の採用に強く

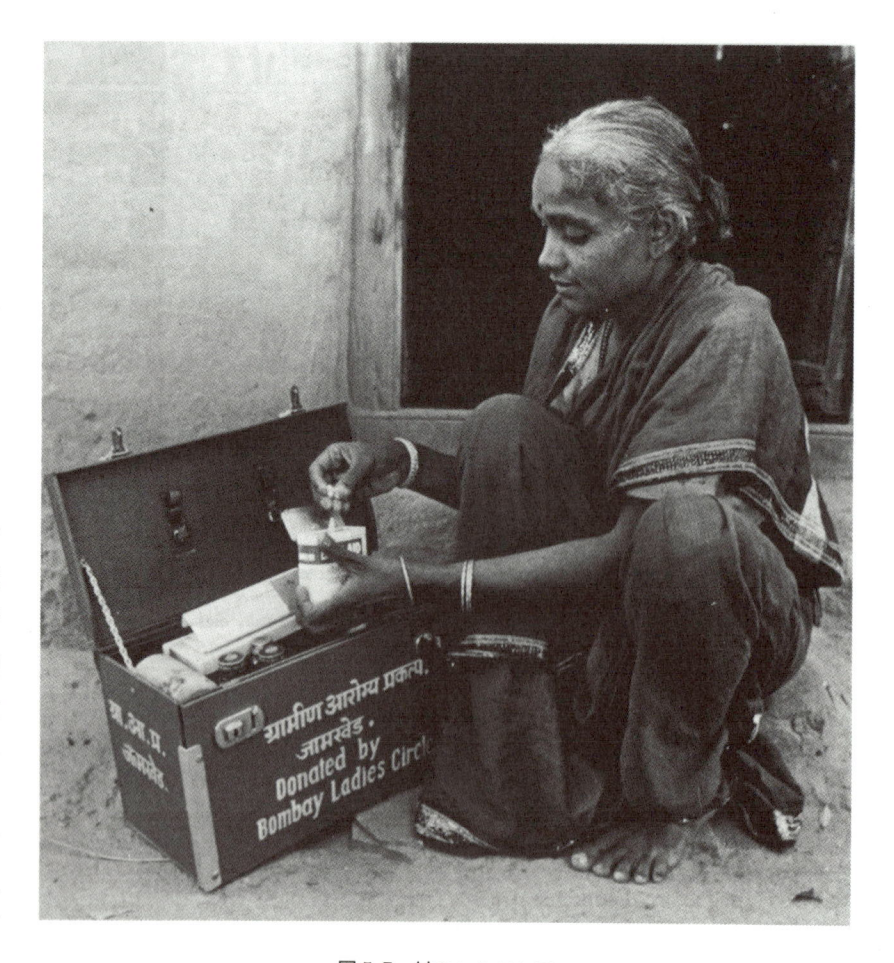

図5.7　村のヘルスケア

第5章　保健と災害　113

反対している所があるのは残念なことである。

4　図5.7を見て下さい。
a　この写真はどこの国のものでしょうか。
b　この女性は正規の医師でしょうか、あるいは看護婦でしょうか。そのどちらでもないとすれば、一体何をしているのでしょうか。
c　この女性は都市あるいは農村、どちらの人でしょうか。
d　金属箱の中にはどんな薬や道具が入っていると思いますか。
e　彼女はどんな病気を治療するのだと思いますか。
f　ボンベイ婦人会（箱に書かれている）とはどんな活動の会でしょうか。その会が薬箱を寄付するのはなぜだと思いますか。

タンザニアの人口は1,600万人で、その多くは貧しい農民である。農村部の非識字率は依然として高く、しかも国土は大きいが通信連絡網が未整備であったため、国民への政府広報にはラジオがよく使われた。

政府は1973年に国営ラジオを通じて保健・衛生教育を実施した。その目的は、ある細菌性の伝染病について情報を流し、その予防活動を積極的に推進することにあった。そのためにまず、「健康一番」という意味の「ムツ・ニ・アフヤ」というキャンペーン用語を作ってラジオに流した。するとこの言葉はキャンペーンが実施される予備段階から、早くも各家庭に広まって、家族中の合言葉にまでなったのである。新聞・ラジオ・ポスターはもとより、シャツや上着にもこの用語を印刷して配るといった大々的なキャンペーンが繰り

裸足の医者　人口1000人当り1診療所を運営し、軽度の病気を治療したり、地区の保健・衛生を推進する。

移動保健チーム　農閑期に担当地域の新しい裸足の医者を養成する。

街道区域または人民公社単位の病院　25,000人にサービスする。裸足の医者と正規の医師がいて、簡易な内科・外科の治療を行なう。

郡の病院　200,000人を対象とする。正規の医師団がいてほとんどの内科・外科の治療を行う。

教育・指導をかねた中央病院　地方の人口全体を対象とする。内科医や外科医を養成し、特殊な治療も行えるような広範な医療施設を備えています。

図5.8　中国の保健サービスのしくみ

1　きれいな水源から水を汲む
2　それをカメに移して混合物を沈でんさせる
3　飲用分は沸騰する
4　沸騰した水は清潔な器にフタをして貯える
5　残った水は食器洗いに使う

図5.9　タンザニアの保健教育

広げられた。さらに，地区職員の教育係を使って，ラジオ講座を聴講するグループの中から7万人にのぼるリーダーを養成することにした。この選ばれたリーダーは2日間の特訓のうえ，ラジオ講座の内容を詳しく説明した手引書が渡され，講座の内容の徹底が計られたのである。週に1回，計12の講義が放送されたこの保健講座は大変な人気を博し，視聴者は200万人にのぼったといわれる。グループ・リーダーは無給のボランティアで，経費もわずかだった。こうした努力の結果，このキャンペーンは成功裏に終った。

5　図5.9は「健康一番」のキャンペーン・マニュアルの一部からとったものです。タンザニアの農民が文章を読まなくてもわかるように，この絵をフラッシュ・カード（動作が連続して見えるように少しづつ動きを変えた絵を束ねたもの）の形に書きなおしてみましょう。

Box 5.2　保健医療サービスの格差

　開発途上国の都市部と農村部では，受けられる保健医療サービスの格差が非常に大きい事が知られています。1993年の調査では，開発途上国人口の64%が農村人口でした。保健医療サービスについてみると，都市部では人口の96%がサービスを受けたのに対して，農村部では76%程度に留まっています。同じように，安全な水の利用率は都市部の87%に対して農村部では60%でした。さらにトイレや下水設備などの衛生設備の利用率は都市部の72%に対して農村部では20%しかありませんでした。このような保健医療・公衆衛生のサービス格差を解消する事は容易でありません。農村では人口密度が都市部と比べて格段に低く，また集落が分散しているので，公共サービスを行き渡らせるには，割高にならざるを得ません。開発途上国ではこの負担が重くのしかかっています。農村の住民がてっとり早くより高い保健医療サービスを求めるならば，その機会は都市にしかないのです。

（参考文献：「経済成長と人間開発」Human Development Report 1996, United Nations Development Programme，日本語版：国際協力出版会発行，古今書院発売，1996）

マレーシア・都市近郊で見た計画不在の住居
何もないところに住み着いたため，上下水道が整備されないまま，間に合わせの対策がなされた様子がわかる。都市では計画的な開発が不可欠である。（訳者補足：保科秀明撮影）

伝染病：コレラ

次に第三世界地域で何億もの人がかかっている3種類の病気についてみていくことにする。この3つの病気は罹病するプロセスがそれぞれに違っているのが特徴である。まずコレラだが，これは極めて感染力の強い病気で，条件次第では急速に蔓延する。コレラ菌は水を通じて広がり，従って衛生的な給水施設の整っていない所で発生しやすい。この病気はコレラ菌保菌者の排泄物によって汚染された食べ物や水を通じて感染する。保菌者が手をつけた食物・便・吐捨物には，コンマのような形をした桿状菌が含まれていて，これが人間の腸に入ると下痢や激しいおう吐，さらに激痛を伴うけいれんを起こす。そして患者は塩分を含んだ分泌液を急激に排泄するために，脱水症状を起こしてしまう。その結果，適切な処置を怠れば患者の60％は2日〜6日のうちに死に至り，人によっては数時間しか持たないことも

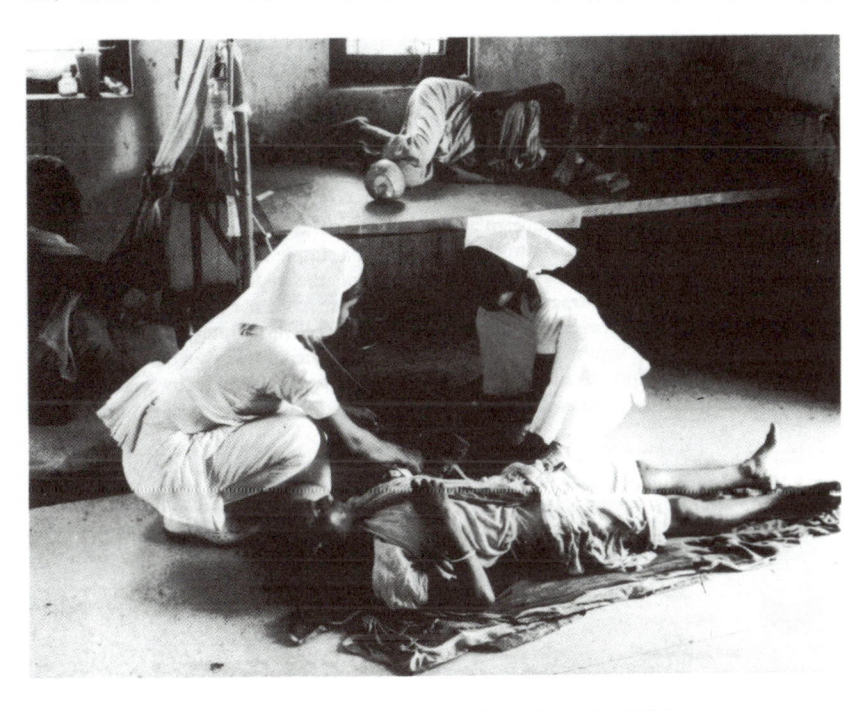

図5.10　コレラ患者の応急処置風景（インドの病院）

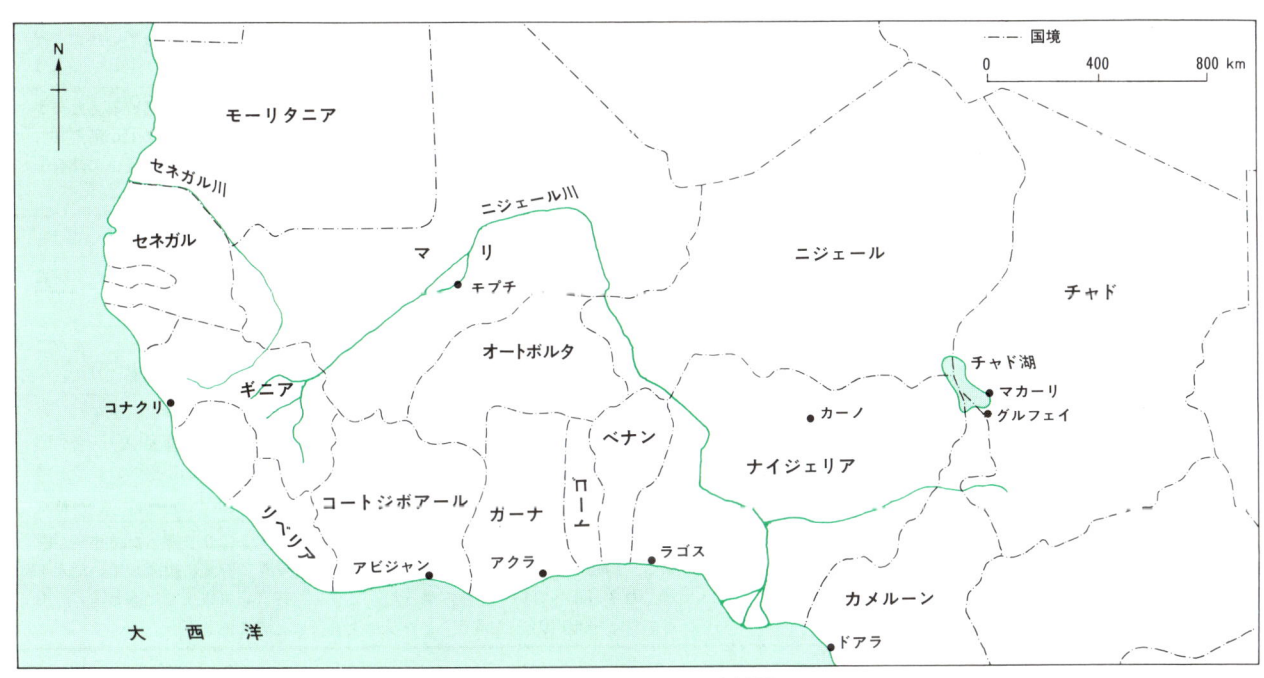

図5.11　西アフリカの白地図

ある。今は抗生物質を使いながら必要な水分を補給することで完治する病気である。

かつて19世紀の頃、最もコレラがはやる諸条件を備えていたのは大都市であった。もともとコレラはインド・バングラデシュ・ミャンマー・タイなど気温の高い低湿地帯にある国が発祥地であった。19世紀にはアジアのほとんどの国を巻き込むような大流行が6度も起こった。この大流行はヨーロッパやアメリカにも波及したが、このように伝染病が大陸規模で蔓延することを「パンデミック（世界的流行）」と呼んでいる。イギリスはこの6度のパンデミックのうち4回ほど影響を受け、その時は世界中で何百万という人が死亡したのである。

20世紀に入ると、コレラは徐々にインド地域に収束していき、1950年代にはコレラは自然消滅するだろうとさえいわれるようになった。ところが、1961年突然新たなパンデミックが起こった。これはまずスラウェシで発生し、またたく間に東南アジア全土に広がったのである。これは悪性亜種のコレラで、エルトール・コレラという名で知られている。その後1970年までに東南アジア・南アジア・中近東・東部および西部アフリカなどでも発生を見たのである。

6 a 図5.11をコピーして、その上に表5.3の資料に基づいて、西アフリカにおけるエルトール・コレラの感染経路を書いてみましょう。初めに患者の発生した場所から次の場所に順次移動経路を矢印で書き、誰がコレラ菌を運んだのかがわかるように番号をふって下さい。

b できた図を見ながら、コレラの大発生を食い止めるのが難しいのはなぜか考えてみましょう。

7 右に挙げた小さな新聞記事は、1979年9月にイギリスで発行された国内紙の片隅にとり上げられていたものです。コレラによる死亡がこの程度の関心しか引かなかったのはなぜでしょうか。

> **コレラ死亡者**
> キンシャサ発のニュースによると、今年ザイールではコレラ発生によって今のところ3,500人が死亡、36,000人が感染した。旧宗主国ベルギーはイギリス、西ドイツ、アメリカと協調して援助を開始した。
> （＊ 1979年）

表5.3 西アフリカにおけるコレラ感染の経緯

1970年8月	ギニアの学生の一行が留学先のモスクワから黒海で休暇を楽しんだ後、コナクリの郷里へ戻ってきた。その後、まもなくギニアで初めてエルトール型コレラ患者が見つかった。その時、既に黒海のリゾート地域ではコレラが流行していた。
1970年9月	コレラの感染者がコナクリからギアナのアッカへ飛行機で移動した。
1970年10月	ガーナからやって来たファンティ・トリーベの漁師がギニアを出航し、アビジャン、アクラへと東へ海岸沿いに航海した。彼らは回遊魚を追っていたようだが、実はギニア政府が彼らを追放したためとも伝えられている。
1970年11月	沼地や湖の多い海岸では、病原菌の繁殖するのに好条件が整っている。ガーナの漁師が東へ移るにつれ、アクラから、ナイジェリアのラゴスまでが汚染された。アビジャンから、海産物商人が、1600km北方のニジェール川沿いの商都モプチへ伝染病を運んだ。
1970年12月	病気の伝染は、海岸沿いに東方、カメルーンのドアラまで広がった。
1971年2月	身元不明の感染者が、コレラをラゴスからカーノへ運び、そこではピーク時に1日当り300人もの死者がでた。
1971年4月	コレラはカーノの町から、さらに北ナイジェリア全域の町で広がった。またこのコレラは密輸商人によってチャド湖畔の小さな町マカーリにも運ばれた。
1971年5月	グルフェイでこの地域の大きな祭りがあり、カメルーン・チャド・ナイジェリアから20000人もの人々が集まった。コレラは、グルフェイの住民や旅行者の間で、またたく間に広まった。感染した旅行者は、それぞれの郷里へコレラを持ち帰ったのである。
1971年8月	1970年11月にモプチがコレラで汚染されて以来、そこに立ち寄った遊牧民が感染し、周囲の地域へコレラを運んだ。さらに、マリで葬式に出席していた人々が、セネガルへコレラを持ち帰った。こうして1971年の末までにはセネガル川とニジェール川の全流域で、コレラが大流行したのである。

マラリア

マラリアは熱帯地域特有のもので，現在およそ2億人の患者がいるとみられる伝染病である（図5.12参照）。この病気の病原体は雌のハマダラカが運ぶ小さな寄生虫である。ハマダラカはマラリア患者を刺して血を吸うと，その時一緒に寄生虫を吸い込む。この寄生虫は暑い気候条件のもとで蚊の体内で成長する。そして，再びこの蚊が人を刺した時に人間の体内に戻っていき，人間の肝臓に宿って何千もの卵を産み落とす。やがて孵った卵は血液細胞の中に侵入しこれを破壊するに至る。こうなると，たいがいの人は高熱を発し体力が消耗していき，中には死に至る人もいるのである。

マラリアは19世紀中葉までは，ヨーロッパでもよく見られた病気だったが，その後公衆衛生が大きく改善され，蚊が繁殖しにくくなったために激減した。さらに1900年頃にはマラリア患者の治療薬としてキニーネが発明されてから，ヨーロッパではマラリアが消滅したのである。しかし，熱帯地方でマラリア対策が本格的に立てられたのは1940年代DDTという殺虫剤が発明されてからの事である。1950年に入って，世界保健機構（World Health Organization＝WHO）がマラリアに対する長期計画を立て，化学戦を挑んだ。WHOはこの計画に基づいて，まず広範囲に広がる蚊の繁殖地域に対して，DDTの空中散布を行なった。また家屋の壁面は蚊が人を刺した後休息する場になっているということから，そこにもDDTが吹き付けられた。さらに，蚊が産卵出来なくなるように，産卵場所になり易い澱んだ池や沼には水面に油を撒いたのである。しかし，1960年代になって，実はDDTは環境破壊を引き起こしていることがわかり，その使用が禁止されたのである。今日ヨーロッパや北アメリカではDDTの使用が全面

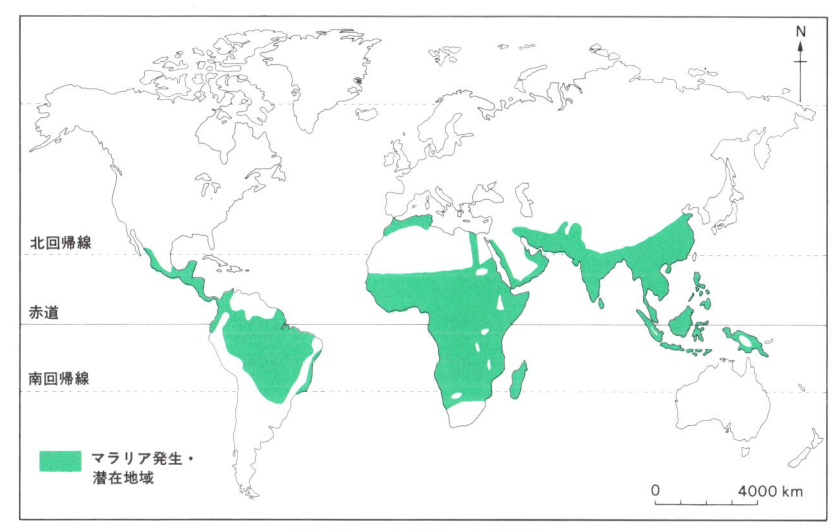

図5.12　マラリアの発生地域

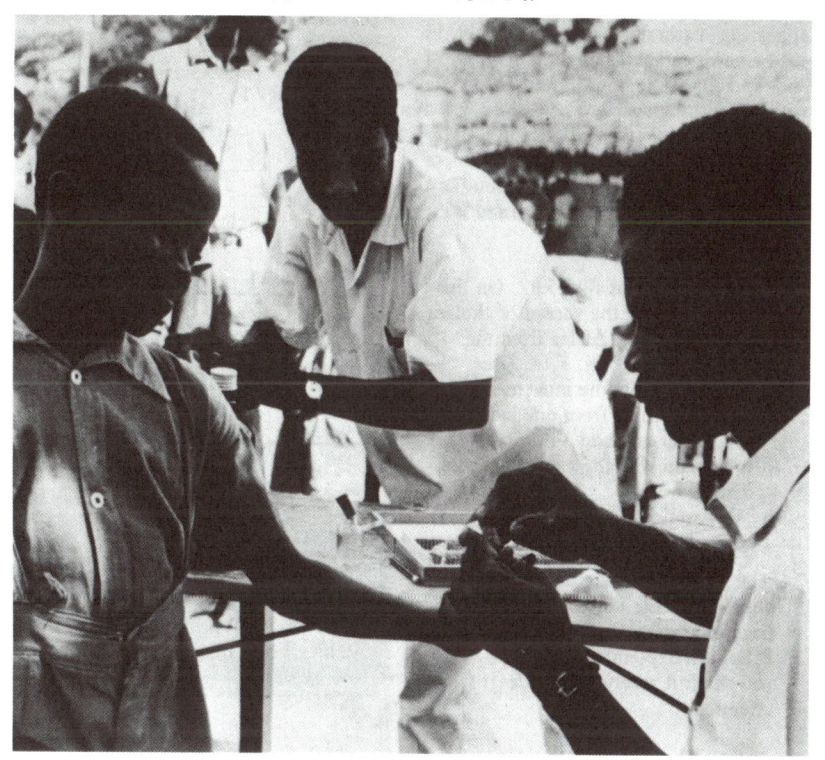

図5.13　マラリア対策のための血液検査（ガーナ）

的に禁止されている。

1960年代にはマラリアは世界のほとんどの地域で完全駆除できると思われたが，その後のでき事をみると残念ながら事は期待通りに運んでいないことがわかる。WHOもこれには敗北を認めざるをえなかったようである。インドやその近隣諸国を含む広範囲な地域での対策が効を奏して，一旦はマラリアを撲滅したかにみえたが，今日むしろ逆の兆が見え始めており，マラリアは南アジアや中央アメリカの全域に再び広がる様相を見せている。状況がいつも思わしくないアフリカでは，医療施設の絶対的不足のせいで，むしろ事態は悪化しているともいえよう。アフリカでは事実上ほとんどの子供が満1歳になるまでにマラリアにかかり，その子供のうち10％は幼時期に死亡しているのである。

8 図5.14を見て次の問題を考えて下さい。

a この図を見ながら，マラリア病原虫（プラズモディアム）が蚊と人間の両方に頼って生きていく方法について説明して下さい。

b 下にあげた記述はマラリアの感染経路を断つ攻撃方法について述べたものです。図5.14をコピーして，感染経路の各段階に適した攻撃方法を選んであてはめてみましょう。

1 蚊の幼虫（ボウフラ）が餌や酸素を求めて水中を泳いでいる時（あるいは卵から孵化した時），殺虫する。

2 殺虫剤を使って蚊の成虫を殺す。特に血を吸った後休んでいる雌の蚊を集中的にねらう。

3 不妊症化した雄の蚊を大量に放って正常な雄蚊を追いやり，産卵を抑制する。

4 既に広く普及している方法だが，予防薬を使って感染しやすい人の抵抗力を高める。

5 キニーネや更に新しい化学薬品を開発・普及して感染患者の治療効果を高める。

マラリア流行の再発にはいくつかの理由がある。第1の問題は，ある種の蚊が普通の殺虫剤に対して抵抗力をつけたことである。もう1つの問題は，これまで一般に普及してきた治療薬では効かないマラリアの変種を生み出す蚊が出現したことである。せめてもの幸いはこの2つの特性を合わせ持った蚊はまだいないことであろう。蚊の薬物に対する抵抗力が高まったのは農業に使用される

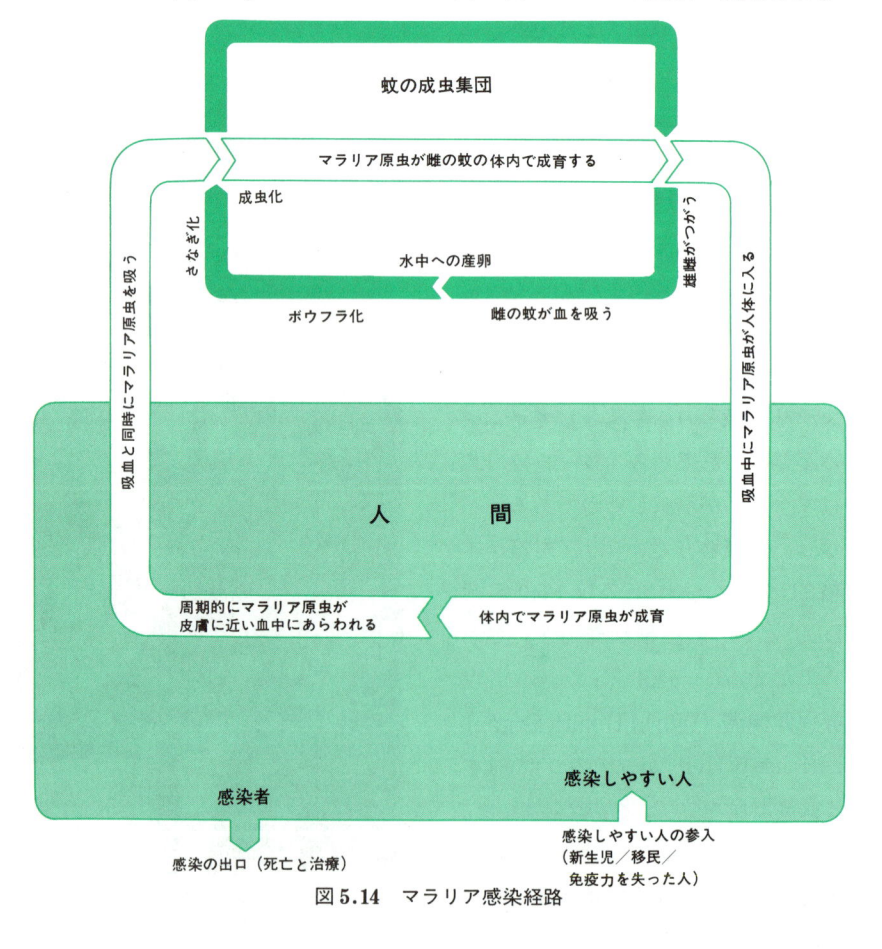

図5.14 マラリア感染経路

殺虫剤の影響であり，もし殺虫剤の使用を人間の衛生環境の改善のためだけに使用していれば，蚊が抵抗力をつけるスピードも，もっと遅くなっていたはずである。最近の新しい殺虫剤は人体への影響が大きいばかりでなく，高価でしかも特定な蚊にしか効果がない。さらに困ったことは，あるものは産卵行動が変化してしまい，その実態がよくわからなくなってしまったことである。

加えて，必要な薬品の価格が高騰して，マラリア撲滅事業も後退を余儀なくされたこともその理由の1つである。殺虫剤は石油から作られているため，1973年の石油ショック以来生産コストが急騰し，殺虫剤の使用量を大幅に減らさざるをえなくなったのである。しかも，国によっては政府予算の中でマラリア対策費を削り，それを他の事業に転嫁した所もでてきた。

現時点でできることといえば，蚊の産卵環境を制御することぐらいしかないように思われる。稲作が中心の東南アジア諸国ではこのことは特に重要である。水田のよどんだ水がマラリア蚊の大量発生源になっているからである。いずれにしても，マラリアの発生を抑制するには1人1人が用心して，各自が自らの健康を守るために注意深く予防手段を講じておくことが不可欠である。その点中国ではマラリアはお金をかけなくても努力次第で克服できる社会的伝染病であるというキャンペーンを農村コミューンを通じて展開している。

Box 5.3　エイズ問題の発生と拡大

開発途上国の保健・衛生問題は今日でもまだ完全に解決されていない問題が多く，引き続き問題解決の努力が必要です。本書に取り上げられているコレラ，マラリア，ビルハルツ吸虫病については，上下水設備が不備で殺菌消毒が十分でない農村地域で多く発生しており，農村に比べれば都市部の方が改善が進んでいると言えそうです。いずれにしても，これらの疾患は先進国では予防法や治療法も確立されていて，こうした病気にかかることはほとんどありません。しかし，1981年にアメリカで発見され，急速に世界中に拡散している感染病があります。エイズ（後天性免疫不全症候群〔AIDS：Acquired Immuno Deficiency Syndrome〕）です。このエイズはHIV（ヒト免疫不全ウイルス）と呼ばれるウイルスによって，人間が本来持っている感染病から身を守る免疫機能が働かなくなり，様々な感染病が複合的に起こり，感染者のほとんどが死に至るというものです。

現在このエイズに対しては完全な治療法が確立されていないために，またこのエイズの感染経路が性的接触ないし血液の混入（輸血や注射）という，特定的であってもどちらかといえば日常的な行為の中にみられるために，さらに感染・発症が当初ホモセクシュアルや麻薬常習者に多く現れ，それが売春や不特定多数の異性間性交を通じて男女の区別なく感染者が増加しているという社会的背景のために，世界的な問題となっています。そしてこのまま放置すれば，先進国はもとより，開発途上国におけるエイズの流行は深刻な事態に追い込まれると予想されています。

例えば，タイでは1987年には200人程度だったエイズ感染者は1988年には5,000人，1989年には10,000人を越え，さらに1991年には33,000人へと急増したと記されています（JICA NEWS 92-12-5による）。なお，日本政府はタイ政府の要請を受けて，研究，教育，施設建設などに関する援助を開始しています。このエイズ研究は日本でも最先端分野の研究で，国の内外を通じて十分な協力体制のもとに進められなければならないでしょう。

（訳者補足）

ビルハルツ吸虫病

ビルハルツ吸虫病は熱帯諸国に多い病気で，現在患者数は2億人以上もいて，その10％が毎年死亡しているとみられる。この病気は病原体が生息する水の中で働く農夫や漁師がかかりやすい。ビルハルツ吸虫病にかかると体力が衰えて，食糧生産能力が著しく低下してしまう。図5.15はこの病気がどのようにして感染するかを子供向けに説明するために，ブラジル政府が用意した教材の見本である。

ビルハルツ吸虫病の感染から身を守る方法としては2通りが考えられている。その1つは衛生教育を通じて，排泄物の処置を徹底することである。便所を整備したり，きちんと汚物を埋めることを奨励するのである。もう1つは病原体の幼虫の宿主となっているカタツムリを駆除することである。カタツムリの駆除には化学薬品を使うこともできるが，その効果は限られており，散布を繰り返さなければならないので費用負担が大きすぎる。中国ではこのカタツムリの生息している灌漑用水路の土壌を除去して投棄するように奨励しているが，なかなか効果的な対策である。将来的にはビルハルツ吸虫病の予防ワクチンが開発されるかもしれないが，当面の対応策としては衛生教育の徹底しかなさそうである。

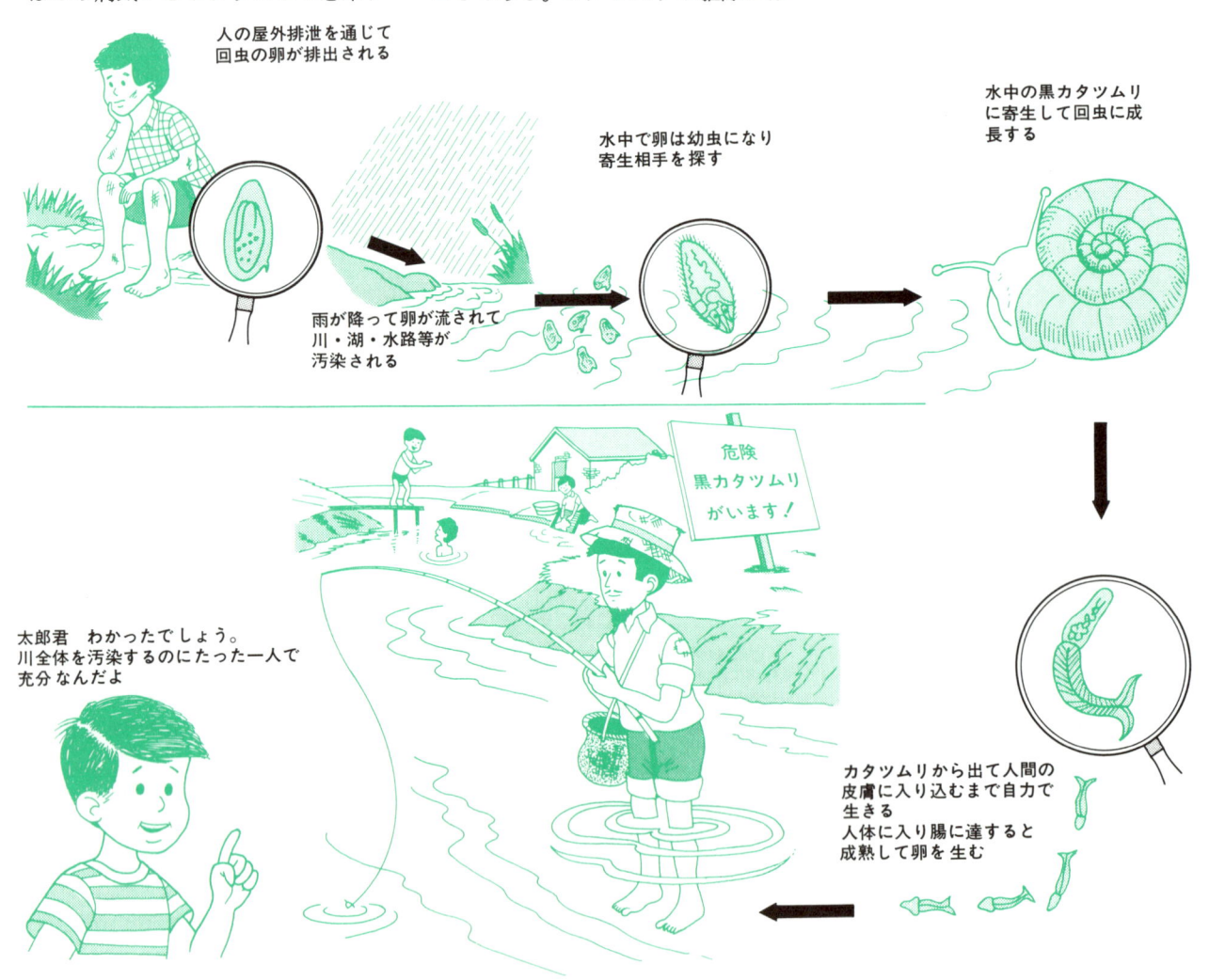

図5.15 ビルハルツ吸虫病の感染経路

自然災害

自然災害という用語は干ばつ・洪水・ハリケーン・地震・火山噴火・津波などの自然現象に起因する災害に対して使われている。災害の大きさは普通，死者・けが人の数，家屋の破損，影響の及んだ全体の人口数などで判断される。問題は，災害をもたらす自然現象そのものではなく，自然現象が人間に与えた影響の大きさなのである。しかし自然災害という用語は意味からいえば誤解されやすい。単純に自然災害といえば人間にとっては避けようもない神の仕業だと理解されがちで，実際突発的に起こる自然現象が災害になる場合が多いのも事実である。ところが，自然現象が災害にならないような状況を作ることは人間の責任だ，という見方もある。近年災害が頻発し破壊的な被害が増える傾向にある。被災者数が増加し，死者の割合も高くなってきているようである。1973年をみると，この年だけでも25の大きな災害が発生し，被災者総数はおよそ2億1,500万人，死者11万人，被害総額は5億ポンド（約1,700億円）にも達したとみられている。

自然災害の被害を一番受けやすいのは貧しい人達だという点は世界中共通しているが，これは偶然の出来事とはいえない。多少でもゆとりがあれば災害から身を守る手だても打てるが，それさえままならないほど貧しい人が多いからである。干ばつに襲われた時の蓄えもなく，ハリケーンや地震には耐えられないような貧弱な家屋にしか住めない人は，これらの災害にはひとたまりもない。

図5.16 サイクロンによる惨状（インド）

そのうえ，こうした人達は貧しいがゆえに日頃十分な食事もとれず，体力が落ちているので，災害後に発生しやすい伝染病に対しても抵抗力が

図5.17 地震被害（グアテマラ）

低下していることが多い。

土地を持たない農民や失業者が増えれば，その選択の幅はさらにせばまる。バングラデシュの例を見ると，今世紀に入ってから土地を求めて洪水の発生しやすい沿岸低地部にまで貧しい人々が大量に住み着いていったことがよくわかる。また所得の低い国では人口過剰も災害を大きくする理由の1つとして，よく引き合いにだされる。しかし皮肉なことに，家族人員を制限するということは安全でかつ安定した生活が保証されて初めてできることであって，本当に貧しい場合はたとえ人員損失の危険性が高まろうとも，家族の存続を考えれば，大家族をかかえていることが最も現実的な安全保障なのである。

Box 5.4 噴煙を上げるフィリピン，ルソン島のピナトゥボ火山
（1991年6月15日）
（訳者補足：共同通信社提供）

Box 5.5 ピナトゥボ火山の噴火で家を失い，マニラ北方の避難センターで水の配給を待つ避難民
（1991年6月17日）
（訳者補足：共同通信社提供）

インド・バングラデシュの洪水

1970年、1つのサイクロンがベンガル湾を北上し、当時まだ東パキスタンと呼ばれていたバングラデシュへ接近したことがある。そのサイクロンは最大風速67m／秒という最大級のもので、進路の行く手に巨大な津波を引き起こした。海岸線が狭まったベンガル湾の奥では、この津波は7mもの高さに達した。このあたりの沿岸部は海抜の低い小さな島が多く、またガンジス川の河口は沼地のような扇状地になっていたので、津波は島を飲み込み、扇状地を洗い流すようにして何百という村落を破壊し、何千もの農民をさらってしまった。生き残った者は、老若男女の人間や家畜の死体の間を縫いながら、何とか流木にしがみついていて助かったのである。後にこの日は「暗黒の木曜日」と呼ばれ、結局30万の人、35万頭の雄牛、15万頭の雌牛が失われるという大被害となった。

土地・家屋が膨大な被害を被ったことは言うに及ばず、9,000そうに及ぶ漁船と、農業に欠かせない鋤がほとんど流失してしまった。収穫した米の80％は水に浸かり、水田のほとんどが塩分を含んだ海水に浸かった。一度海水に浸かった水田は、長い時間をかけて雨が土中の塩分を洗い流してしまうまでは使い物にならない。水が引けば引くで新たな問題に直面した。生き残った者のために、食糧・収容施設・医薬品などが緊急に調達されなければならなかったことである。この救援活動にはパキスタン政府の軍隊が出動し、食糧その他の援助物資を空から投下したが、落下の衝撃で壊れたり散乱したりして、被災者の手に届く以前に無駄になってしまった物も多かった。結局救援活動の効果があらわれたのは、地上の道路が修復・再建されてからのことだった。

図5.18　サイクロンで溺死した動物

この災害復旧には国連の要請に応じて世界50カ国から、総額2,500万ポンド（約84億円）の援助金が集まったが、そのほとんどは緊急援助に費やされた。そこで被災地域の長期的な経済再建のためには、世界銀行が1,100万ポンド（約37億円）の融資を無利子で行なった。この融資は住宅や交通網の再建および水産・漁業の復興事業に当てられた。しかし実のところ、サイクロン発生から数年は全く再建どころではなかったのである。翌1971年には短期的なも

図5.19　テムズ川に建設中の防潮堤

のではあったが，バングラデシュの独立のきっかけとなった内戦が発生し，破壊的な事態が起こった。さらにその2年後には干ばつが起って，農業に大きな被害を与える一方，世界の穀物市場が高騰した。そして，1974年には再び大きな洪水が発生し，農村を襲ったのである。このような事情のために，バングラデシュは今日，世界の中でも最貧国の1つになってしまったのである。

9 ロンドンのテムズ川には，ウールウィッチ地区に防潮堤が建設されています。津波から首都を防衛するために建設されたものです。

a この防潮堤はどんな働きをするか，またその建設費はいくらぐらいかかるか考えてみて下さい。
b ロンドンが津波の被害を受ける危険があるのはなぜでしょうか。
c もし，この防潮堤がなければロンドンにどんなことが起こるでしょうか。

図5.21 西ベンガルの洪水発生時に汚染した水を飲む人達

インドの西ベンガルでの洪水の犠牲者は，少なくとも300人にのぼり，最終的な数字は，間違いなく増えると思われます。カルカッタのバス，市街電車，自家用車は，水につかったまま，5日間以上も立ち往生しています。商店は，シャッターを上げたままです。公共交通が全く機能していないので，ほとんどの事務所が閉っています。苦悩の州知事，ジョティ・バス氏は，「まさにこれが災害だ。」と語っています。

バス氏は，個人的にも救援・救出作業に追われていますが，パン製造業者に生産を速め，卸売業者に価格を上げないよう説得して戻ってきたところでした。彼は精力的に働いていますが，西ベンガルを襲った最悪の洪水に対処するには，まだまだ大変です。この5日間降り続けている雨で，堀っ立て小屋は押しつぶされ，家屋は壊され，ジュート工場などは，閉鎖となりました。飲料水もなく，電話も使えず，列車ものろのろ運転でハウロー駅に何日も遅れて着いています。裸の子供たちが，食べ物を求めて泣いている一方で，ずぶぬれの母親たちは，壊れた家の外に助けを求めて呆然と立ちつくしています。

カルカッタの街が平静さをとり戻すには，数日かかることでしょう。洪水の地区が復旧するには，数週間，国内で最も工業化の進んだこの州の経済が立ち直るのには数ヵ月はかかるでしょう。2つの製鉄所，多くの炭鉱，カルカッタとハルディアの2つの港は，活動不能となっています。ジュートの加工物や原材料のジュートを保管してある倉庫は，3メートルもの水につかり，ジュートや米の水田もほとんど水に流されてしまいました。多くの発電所の運転が止まり，使える道もほとんどないと担当者は語っています。

季節はずれの容赦のない雨が9月27日から降り始めたのが洪水のもとでした。一時は，24時間以内に750ミリも降り，落ち着いた今も降っています。ダモダル川や他の川の流域でも同様の大雨が降っている報告が寄せられ，やがて，突発的な洪水が，西ベンガルの24の地区に大被害をもたらしました。

100万ヘクタールの作物が，今年3回目の被害を受けたと州政府は，推定しています。40万ヘクタールのジュートの一部は，洪水の前に収穫されましたが，その半分は，被害にあったことでしょう。小麦，ジャガイモ，米，豆類の肥料と種子を供給する計画が進められていますが，いつ配布が始まるのか，また，農民がいつ働き始められるのか誰にもわかりません。灌漑用水路と河川の堤防を修理するのに1200万ポンドのお金が必要であると試算されています。

州知事は，中央政府に控え目な数字として1億8千万ポンドの支援を要請しました。この支援は，病気まん延の予防といった緊急を要する救援活動に使われる予定です。

図5.20 1978年10月のフィナンシャル タイムズ誌の記事

図5.20はバングラデシュの隣国・インドの西部ベンガル州に降った豪雨によって，洪水がもたらされた模様を伝えるイギリスの新聞記事の抜粋である。あらかじめ豪雨による洪水と津波による洪水の違いを調べた上で，この記事を読むとよいだろう。

10 この新聞記事を読んだら，地図帳からカルカッタの位置を探して下さい。

  a 豪雨のためにカルカッタ市内とその周辺地域が洪水の被害を被ったのはなぜでしょうか。

  b 雨が降り始めてから，初めの24時間に降った雨量はどのくらいだったでしょうか。この雨量と私たちの住んでいる地域での年間降水量とを比べてみましょう。またカルカッタ市の年間平均降水量1,570mmに対して，この1日の雨量はどのくらいの割合にあたるでしょうか。

  c カルカッタ市西部のダモダール川がどこにあるか探して下さい。そのうえで，この地域に降った豪雨がカルカッタ市の被害を大きくした理由について，考えてみましょう。

  d 洪水による被害内容を一覧表に整理してみましょう。都市と農村にわけて被害内容を比較して下さい。共通する被害の内容は何ですか。

  e 短期的な被害と長期的な被害を区別してその違いを比較して下さい。

  f 洪水被害の復旧のために海外援助をする時，その援助を最も有効に使うにはどうしたらよいでしょうか。

Box 5.6　自然災害問題

　日本は地震・洪水・台風・津波・崖崩れなど，様々な自然災害にしばしば見舞われることでよく知られています。日本以外にもこの地球上にはこうした自然災害をよく受ける地域は少なくありません。例えば，環太平洋火山帯にある国々では頻繁に地震が起こり，多大な被害を受けてきました。また毎年のように洪水の被害を受けるために，バングラデッシュは国家経済に深刻な打撃を受ける国として有名です。干ばつも砂漠化も一種の自然災害ですが，これらは他面では人災の様相も否定できないので複雑です。長い間こうした自然災害は開発途上国ばかりではなく，先進国でも発生するために開発問題とは切りはなして取りあげられてきました。しかし，近年この自然災害による被害の経済・社会的影響は開発途上国のほうがはるかに深刻であることがわかり，災害から地域を守るための防災問題が注目をあびるところとなりました。これを背景に国際連合は1990年代の十年を「国際防災旬年」に定め，特に開発途上国における防災対策強化のための世界的なキャンペーンを継続的に行なうことになりました。（訳者補足）

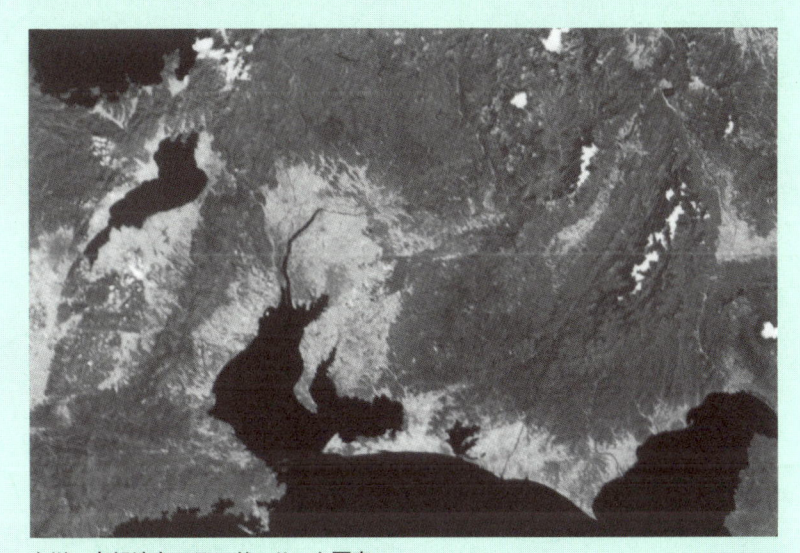

本州・中部地方のランド・サット写真
複雑な地形は日本が地震や台風の被害を受けやすい事を示している。自然災害は瞬時に，かつ人力を超える規模で起こる。日本では明治時代から「治山・治水」に取り組んできた。
（訳者補足：保科秀明撮影）

サヘルの干ばつ

干ばつは自然災害の中でも最も一般的なもので，気温が高く，乾燥した気候の国では珍しくない。イギリスでも1976年には深刻な干ばつに見舞われ，飲料水の不足が全国的に発生した。それでもイギリスは年間を通じて降雨があるのが普通で，雨の多い冬期になって間もなく，水不足は解消したのである。しかし，これが大部分の熱帯地域の国々になると，雨季と乾季の区別がはっきりしているため，年間雨量が不足すると干ばつの被害が発生することが少なくない。最も被害を受けやすいのは総降水量の少ない地域で，これが平均以下になり，かつ年間の降水変化がない場合は深刻な被害を起こすことになる。

西アフリカのサヘル地帯はそうした地域の1つである。サヘルという言葉はアラビア語で「縁」という意味で，湿潤な西アフリカ沿岸地帯とサハラ砂漠南部に挟まれたベルト地帯をさしている。このベルト地帯は大西洋沿岸から東に伸び，チャド湖に至るまでの間で幅300kmから500kmに広がる地域である。

11 a 図5.22に示される西アフリカの海岸線を写して下さい。その上に降水量の同じ地点を線で結んでみましょう。100mm・300mm・650mm・900mm・1,200mmの等雨量線が書けます。

b これを見て，西アフリカでの降水分布について説明して下さい。

12 表5.4にあげた地域特性をみて，次の事柄について作った地図に記入して下さい。

a ここにあげられている地域の名前を記入して下さい。

b 黄色は小麦・薄茶は落花生・濃い緑は根菜・薄緑は米・濃い茶色はココア・赤は椰子ということにして，それぞれの作物地帯を色分けしてみましょう。

c 300mmの等雨量線を「作物の北限」とみて，ニジェール川流域の耕作可能な氾濫地域に「北限線」を青で細く書いて下さい。

d 次に牛が穀物で飼育されている地域と遊牧民が放牧して歩

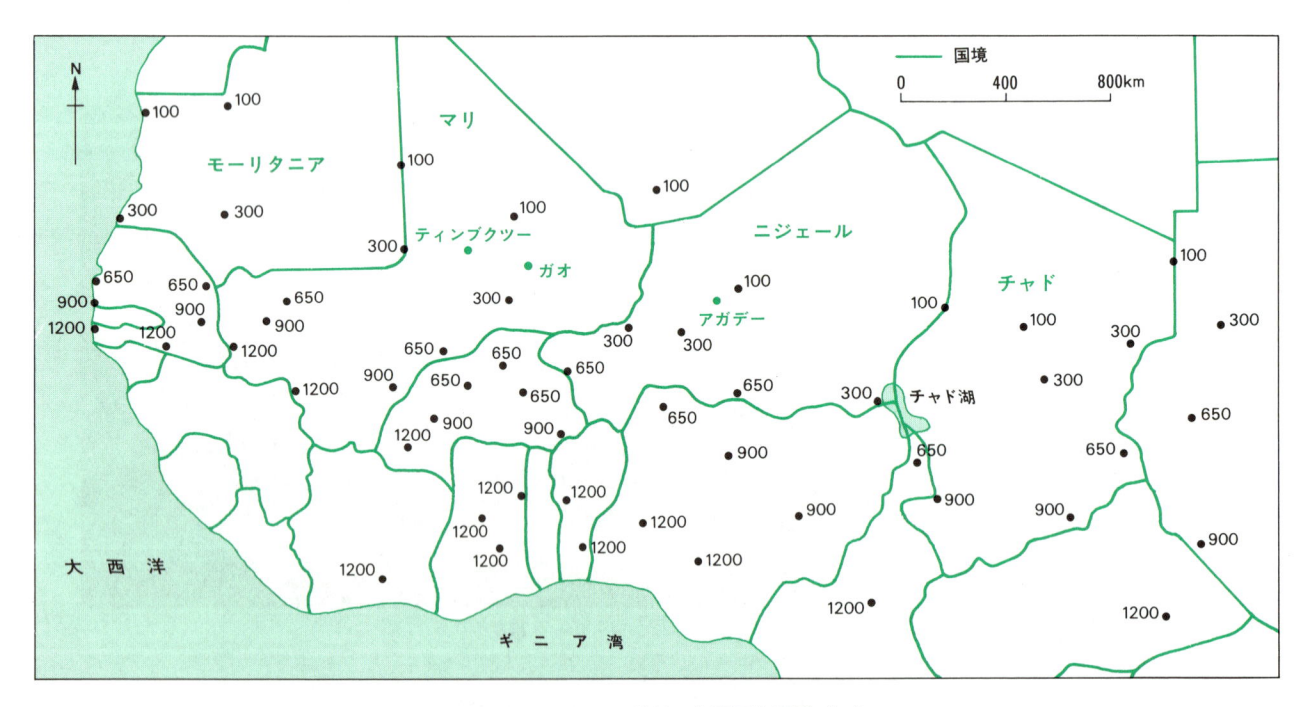

図5.22 西アフリカ地域の年間平均雨量 (mm)

く地域を区別し，その名を記入して下さい。
e 西アフリカにおける降水事情・植生・土地利用についての相関関係を簡単に説明して下さい。

サヘルでは夏が雨季にあたるが，大量に降雨があるのは7，8月および9月である。従って，ほとんどの作物はこの短い雨季のうちに成育させなければならない。普通，雨はギニア湾方面から移動してくる熱帯性低気圧がもたらすもので，スコールとして降ってくる。降水量は地域によって，また年によってもまちまちで不安定である。つまり，サヘルのような干ばつぎりぎりの地域では農民の生活は全く天候次第なのである。

実際，1968年から1973年までの間に，夏期の雨不足は5回も起こった。図5.23は各年の雨量が平均雨量に比較して6年周期で大幅に減少し，干ばつがしだいにひどくなってきた様子を示している。1973年，この干ばつのニュースが世界各地で大見出しで取り上げられ，被災国への援助が開始された。この干ばつで最も打撃を受けたのはツアレグ族やフラニ族などの遊牧民だった。干ばつのために，従来使っていた牧草地は干からびてしまい，水と豊かな牧草地を求めて遊牧民たちは何百キロも南に移動した。ところが，行き着いた先では先住の農民とのトラブルが起こり，わずかに残された自然資源をめぐって，緊張関係が一挙に発生

したのである。

当然ながら，干からびた牧草地で水も十分にない所では，新たな参入者の分まではまかないきれず，何千頭という家畜が死んだ。全家畜頭数に対する死んだ家畜の割合はおよそ35％に達し，遊牧民家族のあるものは家畜のすべてを失ってしまい，無

一文になってしまったものもでた。1914年から1918年にかけて起こった前回の干ばつの時は，遊牧民は借金とその返済というごく伝統的な方法で何とか危機を切り抜けることができたが，これは干ばつ被害にあった地域を離れて，新しい土地で家畜の飼育を再開することができたから

表5.4 西アフリカの天候および農業地域

地域名	年間降水量 (mm)	植生	商品作物	自給作物
海岸部	1200以上	熱帯林	ガーナと南西ナイジェリアのココア、南東ナイジェリアのヤシ	西海岸の米、南海岸の根菜（カッサバとヤムイモ）
内陸南部	900—1200	サバナ樹木地帯	なし	根菜類と穀類の混合
スーダン	650—900	サバナ木のある草原地帯	北ナイジェリアとセネガルの落花生、牧畜	穀類（ギニアコーンと栗）
サヘル	300—650	サバナ草原地帯	牧畜	ニジェール川の氾濫地帯における穀類
半砂漠	100—300	かん木地帯	なし	遊牧
砂漠	100以下	なし	なし	遊牧

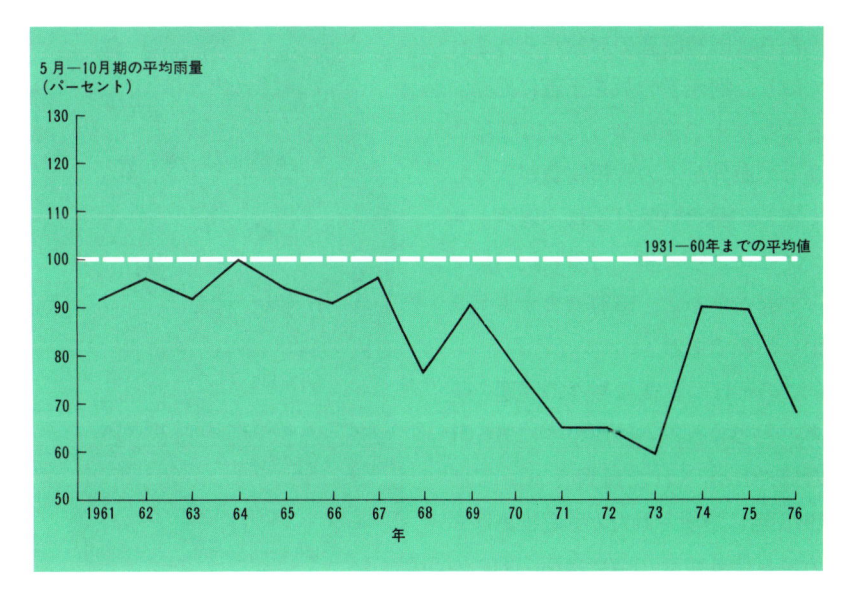

図5.23 平均雨量と比較したサヘルの雨量変化

である。しかし今回の場合は移動範囲が国境の内部に制限されてしまったために、昔からの方法で危機を乗り越えることができなくなってしまったのである。その結果、遊牧民はガオ、ティンブクツ、アガデスなどの町に作られた無料で食糧配給が受けられる難民キャンプに移動し、その多くがその地に住み着くことになった。しかし難民キャンプの作られた町は交通網が未整備で、救援物資もとどこおりがちになり、最も被害の大きかった地域にさえ物資が届かないという事態が頻繁に起こった。しかも配給された食糧の一部は、腐敗した地方役人によって闇で高価な値段で横流しされる、といった事態も起こったのである。

難民キャンプの住民の中には栄養失調にかかり、衰弱して麻疹や感冒などの流行性疾患にかかって死んだ人も少なくない。サヘルはいくつもの国境にまたがっていたため、遊牧民たちは国勢調査の対象から外されており、病死者の数を正確に把握することさえできなかった。1973年になって海外からの救援物資が入ってくると、配給が受けられる難民キャンプにはさらに多くの遊牧民が集まってきたために、事態はますます悪化したのである。

この干ばつは後に数々の問題を残すこととなった。砂漠の中にある町の郊外に作られた難民キャンプは1975年に閉鎖されたが、遊牧民はその後も住み着き、中には恒久的に住むつもりで持っていた家畜を全部売り払ってしまったものもいた。このような事態が発生するに及んで、政府はこれを期に一挙に「遊牧民問題」の解決を図ろうとしたのである。ある政府職員は次のような発言を残している：「遊牧民の定住化をはかるために、政府は職業訓練を与える用意がある。遊牧民に放牧の自由を保

図5.24 サヘル干ばつの犠牲

図5.25 ニジェールの救援キャンプで食糧配給を受けるツアレグ族の放牧民

障するには費用がかかりすぎるので，遊牧とそのための移動は規制していくことが望ましい。この天災は災いを転じて福と成す，またとない好機である。」

しかし，この干ばつとそれによって家畜を失ったことによって，牧畜肉を西アフリカ市場へ輸出することが主な収入源になっていたマリ，ニ

政府の見解

1. 遊牧民は，ただ目的もなく牧草地を求めてさまよっている。
2. 税金を課し，彼らの労働力を活用するため，この無用な移動を規制しなければならない。
3. 政府は，遊牧民が家畜を育てることを通じて利潤と便益を得るよう奨励し，その引きかえに土地に定着させることができるはずだ。

遊牧民の見解

1. 我々は，危険な環境をうまく活用するため，伝統的な方法を選んでいるのだ。
2. 我々は，天候の変化に応じて行き先を変更できるよう自由に動くことができなければならない。
3. 我々は家畜を売ることに関心を持っていない。家畜は我々にとって必要なもの以上に，資産の証明でもある。

[大きな干ばつの発生]

4. 人命と家畜を失ったことは，衝撃だ。干ばつの問題を解決しなければならない。
5. 政府は，水不足を解消するために，より先進的な技術を導入することができる。
6. 遊牧民の家畜は，健康状態が悪く，病気にかかりやすい。政府は，家畜の健康改善のための手をうつことができる。

4. 干ばつと飢餓は，いつも起きている。これらは我々が直面しなければならない危険負担であり，容認していることである。
5. 新しい水の供給方法は，頼りになるし便利だ。我々は，行き先を変えなければならない。
6. 新しい薬は，家畜によく効く。病気で死なないように，もっと薬に頼ってもよい。

[家畜に草を与えすぎることと天候の変化によって，砂漠化が進行]

7. 遊牧民の家畜の数は，牧草地面積に比べて多すぎる。もっと減らさなければならない。

7. 牧草地の状態は良くない。死ぬ家畜の数を見越して，できるだけ多くの家畜を養いたい。

[1968年から73年の大干ばつ]

8. 遊牧民は，砂漠化の進行の責任を負うべきだ。彼らは，定住生活を受け入れなければならない。
9. 遊牧民が絶望している今こそ，彼らが昔の生活に戻らないような手だてが打たれなければならない。

8. 伝統的な我々の土地は絶望的だ。どこか良い牧草地を見つけなければならない。
9. 我々の家畜はみんな死んでしまった。難民キャンプで食糧をもらうしかない。

[1975年に難民キャンプは，閉鎖されてしまったが，今なお，何千もの遊牧民が，町の周囲で生活している。]

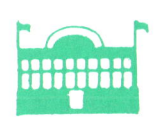

政府の行動

A. 大規模の予防接種事業を実施する。
B. 天然水の供給を改善する方法を調査する。
C. 危機が去った後，定住農民となるよう遊牧民を説得する。
D. 遊牧民の規制を試みる。
E. 初期の入植者が，遊牧民を無視する。
F. 深い井戸やため池を掘る。
G. 入植者が家畜市場を開設する。
H. 入植者が，領地の境界を築く。
I. 遊牧民に家畜を売るように高い価格で申し入れる。

遊牧民の行動

A. 干ばつをしのぐための伝統的方法に頼る。
B. 食糧援助を頼って，難民キャンプへ移動する。
C. 家畜の数が増えたため，牧草が消耗する。
D. 伝統的な生活様式に何ら変わりはない。
E. 売られる家畜の頭数は普段よりずっと少ない。
F. 家畜が牧草を食べつくしたので，新しい井戸を求めて家畜を集める。
G. 数百キロ南へ移動して，先住の定着農民を圧迫する。
H. わずかな家畜が売られることでさえ，好ましいことではない，通常は良いことではない。
I. 土地を追われるために，闘争的な行動をとる。

図5.26 サヘル遊牧民の生活改善のための考え方

ジェール，チャドなど，サヘル諸国が経済的な後退を余儀なくされたのは当然であった。中にはGNPが50％も落ち込み，政治的危機を引き起こした国もでたのである。ちなみにニジェールとオートボルタ（ブルキナファソ）では1974年に軍事クーデターが勃発した。このような干ばつが起こって以来，サヘルの各国政府は国連を通じて農業開発のための援助要請を強めた。当時，FAOはサヘルの自給自足農業を営利農業と牧畜振興へ転換する計画を持っていた。灌漑を導入して商品となる高収量作物の栽培を進め，また牧草地を管理するシステムも導入しようとした。しかしこれはもう一方で，遊牧民が遊牧生活を放棄することを意味したのである。

これに対して，環境保護を主張する人の間では，サヘル砂漠の実態に見合った利用方法として，これまでのように遊牧民による放牧が一番適している，と考える者が多い。定住型の農業では，どんな形のものであっても砂漠化を止めることはできず，結局植生のすべてを破壊する結果しか生まないというのである。しかし現実は繰り返される干ばつと，これに対応を余儀なくされた政府の施策とがあいまって，遊牧民の伝統的な暮し方は，目に見えない形で損なわれていったのである。

13 図5.26は遊牧民と政府という，異なる立場から遊牧民問題を考えてみたものです。それぞれの立場にたつ見解（表の左）とそれに対応した施策や行動（表の右側）が示されています。これはわざとランダムに並べてあるので，それぞれの見解にふさわしい行動を選んで下さい。

Box 5.7 最悪の乾燥年，1984年の西アフリカ・サヘルにおける"砂漠化前線"（年降水量150mm線）および"飢餓前線"（300mm線）の南下(a)と月別降水量(b)

1950年代〜1960年代前半の湿潤な時期には，これらの等値線は平年位置より200〜300キロ北上していた。

（注 クセリはンジャメナの対岸にある町）

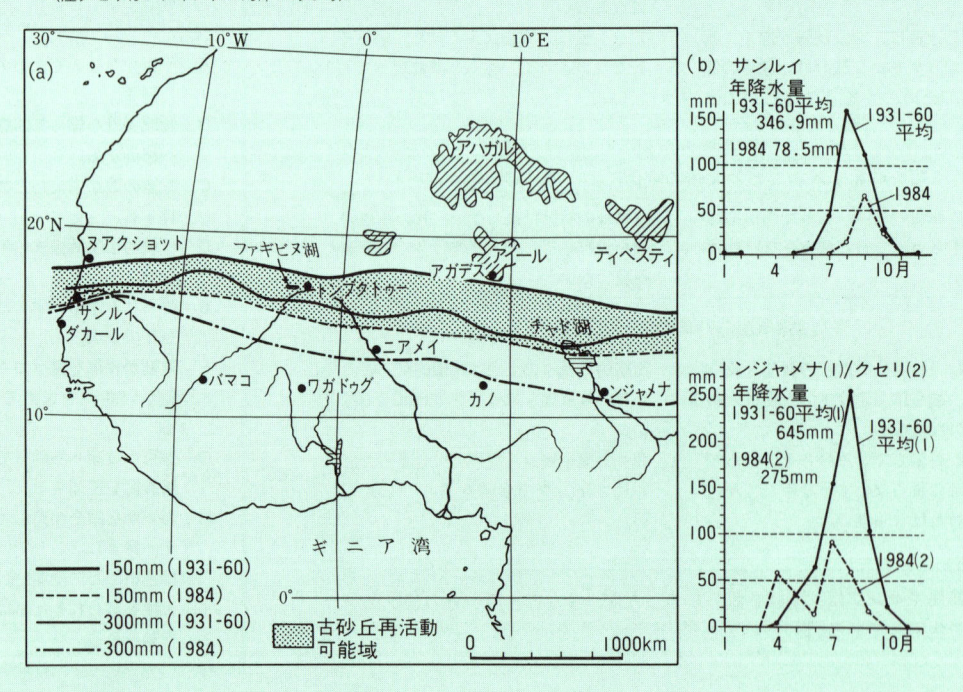

（訳者補足：門村浩（1990）「サハラ―その起源と変遷」地理35巻，7号，p.35）

ニカラグアの地震

　1972年11月，中央アメリカにあるニカラグア共和国の首都，マナグアに地震が発生し，大惨事となった。その地震は特に大規模だったわけではないが，震源地が都市の中心部だったために被害が大きくなったのである。マナグアが地震の被害を受けたのは過去百年の間に4回にも及んでいる。前回1931年の地震では，ほとんど町全体が壊滅状態になるほどの被害を受けたが，その後再建された姿は以前と変わらず，細い道路を挟むようにして建物が密集して建つというものであった。マナグアの中心部は，昔のスペインの植民都市によく見られるように，建物が房状になって中央広場を囲むように配置されていた。一般の家屋は羽目板を石やモルタルで固めて作ったもので，貧困層の家となるとせいぜい泥を塗り固めた程度のものであった。31年の地震以来40年余りの間に，マナグアの人口は50万人に膨れ上がり，全国総人口の25％を占めるに至ったが，都市構造は昔のままだったため，手がつけられないほど住居が過密化し道路も混雑していた。

　1972年の地震では激しい揺れが2時間も続いた後，深夜過ぎになって「ザ・キラー」と呼ばれた大惨事が発生した。市民が寝静まった頃突然建物が倒壊し始め，瓦礫が寝ていた市民を下敷きにし道路を埋め尽くした所に，火事が発生したのである。火は入り組んだ街区の間をなめるように広がり，昔ながらの木造家屋は文字どおりの火炎地獄となった。出動可能な消防車が数台残っていたとはいえ，道路は瓦礫で埋まってしまい，街路の奥まで侵入することができなかった。ついには水道の水まで止まってしまい，そうなると後はもう成り行きに任せるしかなくなったのである。結局，この震災では死者1万人以上，負傷者2万人以上，焼けだされた人は5万人に達する被害がでたのである。

　震災発生後間もなく被害状況が寄せられるにつれて，都市周辺部より中心部での被害が大きいことが判明した。しかしこれを見た政府は被災者の要請にもかかわらず，この中心部には救援物資の配給を差し止めた。市民を被害の大きい中心地から

図5.27　廃虚と化した町から立ちさるマナグア地震の被災者

移動させて、被災後の伝染病発生を最小限に食い止めようとしたためである。海外から送られてきた緊急食糧はまず空港に積み上げられ、配給が止められた。周囲を封鎖された都市中心部は極度な食糧不足に陥り、無政府状態となり暴行と略奪が横行する事態に至った。政府はこの事態を待って、初めて軍隊を出動させて治安回復にあたったのである。

14 マナグアの地震ではたくさんの人命が奪われましたが、建築上また都市計画上から見て、その原因になった問題は何だったでしょうか。都市再建にあたって、どうすれば災害危険性を小さくできるでしょうか。

しばらくしてこの地震による被害額が判明したが、これによると被害総額は実にニカラグアの国民総生産の40％にも達していることがわかった。都心の商業・業務地区にある店舗・事務所・官庁街はほぼ廃墟と化し、5万人分の職場が失われた。また市中の病院はすべて倒壊し、その他の公共施設（上水道の本管・下水処理場・電力供給施設など）もほとんどが破壊されたのである。

地震が収まるとすぐ、政府は再建事業に乗りだした。その再建案の中では首都の移転も検討されたが、結局経済的な理由で廃案となった。遷都したにしても、移転先はやはり地震危険地帯にあったので、地震から逃げられないだろうというのが結論だった。新たに設けられた国家緊急対策委員会は、この判断に基づいて救援活動の日程を調整すると共に、首都の再建計画を立案した。

マナグア再建計画の基本理念となったのは人口の分散と経済の集中排除であった。この方針に従って、都市の開発密度もこれまでよりも低くなるように設定し、はるかに高い災害安全基準を設けて再建にあたったのである。

15 図5.28を見て、この新しいマナグアの都市計画には、人口の分散と経済の集中排除という考えがどのように反映されているか読み取って下さい。

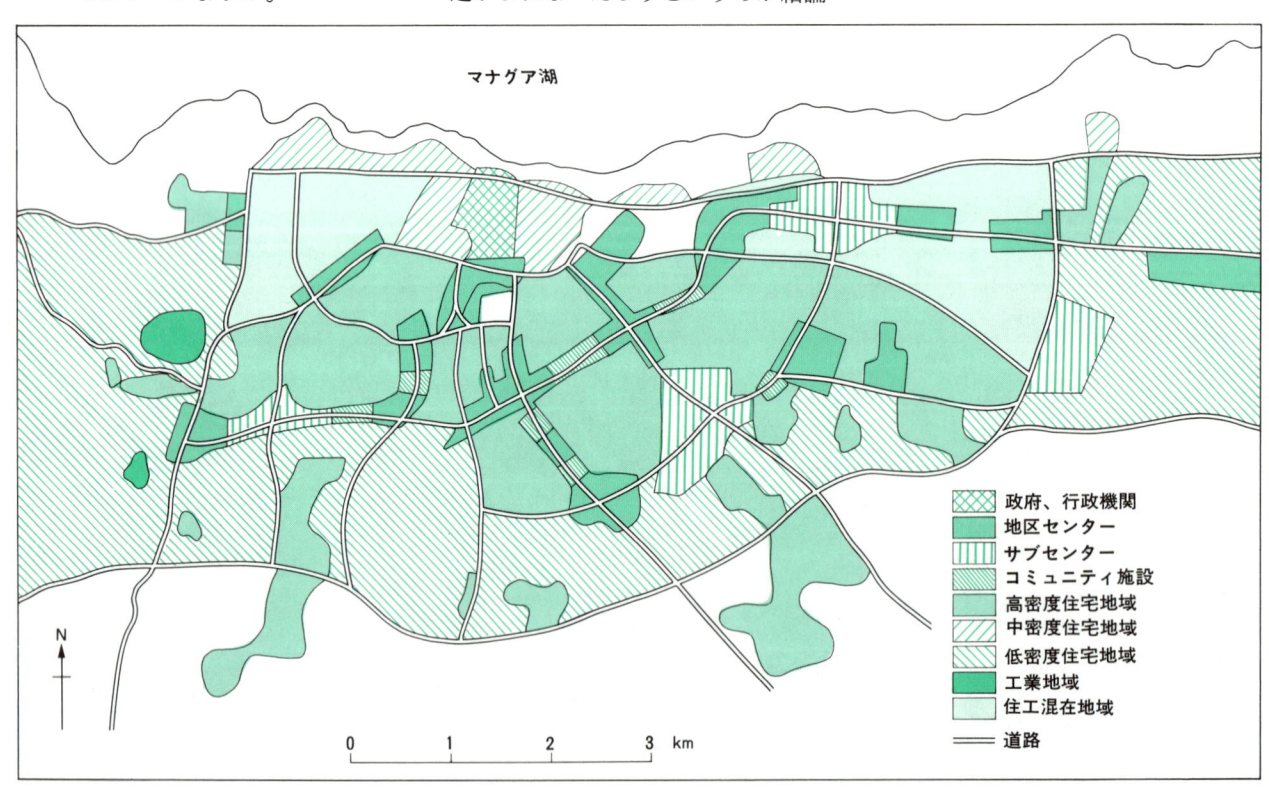

図5.28 マナグアの復興と開発計画図

16 マナグアの再建には少なくとも15年はかかるものと見られていますが，もしあなたが国家緊急対策委員会の委員の1人だとしたら，次にあげる施設について，どんな優先順位で再建にあたったらよいと思いますか。
事務所・商店・病院・上水道・低廉住宅・学校・電力供給施設・公共建築・工場・下水道施設・中級住宅・通信施設・公園・高級住宅。

a 優先度が高いと思う順にこの施設の名前を並び変えて下さい。
b なぜそういう優先順位が必要なのか説明して下さい。

まとめ

国民の健康状態が劣悪であるということは，国土の開発を推進するために大きな障害の1つになります。第三世界では栄養のかたよった食事のために，体力が低下し，疾病にかかりやすい状態の人がたくさんいます。これらの人々は十分な働きもできず，そのために自立能力が低下しています。保健施設もほとんどない農村では問題はさらに深刻です。熱帯気候のもとでは様々な疾病がまんえんしやすく，これを制御し，また撲滅するには長い時間と大変な費用がかかります。開発途上国ではその他，自然災害による被害も大きくなりがちです。ハリケーン・地震・洪水・干ばつなどの自然災害は他の地域以上に多発していますし，一旦その災害にあえば被害を直接被るのがその地域に住む貧しい人たちです。

Box 5.8 江戸の防災対策

日本は地震，台風，火災など様々な災害を蒙ってきた長い歴史を持っています。東京も江戸時代から多くの災害を受け，それを乗り越えてきました。江戸は徳川家康が1603年に江戸開府した事に始まり，1640年にはやっと江戸城が完成しています。ところがその10年後の1650年（慶安3年）には江戸に大地震が起こり，さらに7年後の1657年（明暦3年）には正月の乾燥した強風の中で大火が発生しました。明暦の大火と呼ばれるもので，やっと完成した江戸城までこのとき焼失してしまいました。その後も江戸市中では大火が頻繁に起こり，1682年の大火では市中の大半が焼失したといわれます。

これを契機に幕府は本格的な防災対策をたてます。江戸時代の防災対策は主に消防体制の整備や耐火建築化など，火災への備えが中心だったようです。現在ごく普通に見られる屋根瓦（さん瓦）は，火の粉が飛んで屋根から延焼していかないように，この時代に考案されたものです。屋根瓦のほか，本格的な耐火建築では外壁を土壁にして，しっくいで仕上げたものが作られました。

一方消火体制を見ると，武家地にあった火消し制度が町人地にもしかれ，町火消しが誕生しました。その火消しの数は1万人を超えたとされます。また自身番屋（今の消防団や消防署に当たる）が火の見と呼ばれる監視・警鐘塔（火の見櫓は特に高いものを指し，20m以上の高さがあった）とセットになって要所要所に設置されました。消火用の用水桶も町内に備える事が義務付けられました。このような防火体制が300年以上も前に整備されていた事に驚かされます。

(参考文献：「江戸の町（上下）」，内藤昌，草思社，1982)

Box 5.9　日本のおもな気象災害

①住家の全・半壊（焼）・一部破損（浸水は含まない）　②耕地の流出・埋没・冠水
③船舶：沈没・流出・破損の数（隻），被害：農林水産被害額（億円）

年（西暦），月．日	種　目	主な被害地域	死者・行方不明者	負傷者	建物の被害①（棟）	田畑の被害②（ha）	その他の被害③
昭和 9('34), 9.20	室戸台風	四国・九州	3 036	14 994	92 740	—	船舶27 594
20('45), 9.17〜18	枕崎台風	西日本（特に広島）	3 756	2 452	89 839	128 403	
22('47), 9.14〜15	カスリーン台風	東海以北（特に東京・埼玉）	1 930	1 547	9 298	12 927	
23('48), 9.15〜16	アイオン台風	四国〜東北（特に岩手）	838	1 956	18 017	113 427	船舶435
24('49), 6.20〜23	デラ台風	九州〜東北（特に愛媛）	468	5 398	5 398	80 300	船舶4 242
25('50), 9. 2〜 4	ジェーン台風	四国以北（特に大阪）	508	10 930	56 131	85 018	船舶2 752
26('51), 10.13〜15	ルース台風	全国（特に山口）	943	2 644	221 118	128 517	船舶9 596
28('53), 6.25〜29	大雨（前線）	九州〜中国（特に熊本）	1 013	2 720	34 655	269 813	船舶618
28('53), 7.16〜24	南紀豪雨	全国（特に和歌山）	1 124	5 819	10 889	98 046	
28('53), 9.24〜26	台風13号	全国（特に近畿）	478	2 559	86 398	318 657	船舶5 582
29('54), 9.25〜27	洞爺丸台風	全国（特に北海道・四国）	1 761	1 601	207 542	82 963	船舶5 581, 大火
32('57), 7.25〜28	諫早豪雨	九州（特に長崎）	992	3 860	6 811	43 566	船舶222
33('58), 9.26〜28	狩野川台風	近畿以北（特に静岡）	1 269	1 138	16 743	89 236	船舶260
34('59), 9.26〜27	伊勢湾台風	九州以外（特に愛知）	5 098	38 921	833 965	210 859	船舶7 576
36('61), 9.15〜17	第2室戸台風	全国（特に四国）	202	4 972	499 444	82 850	船舶2 540
38('63), 1月	38年1月豪雪	北陸, 山陰, 山形, 滋賀, 岐阜	231	356	6 005		
41('66), 9.24〜25	台風24・26号	全国（特に山梨）	318	976	73 166	34 159	船舶107
42('67), 7. 7〜10	42年7月豪雨	九州北部〜関東	371	618	3 756	44 444	船舶5
43('68), 8.15〜18	台風7号・前線	西日本	133	63	443	1 946	船舶88,飛騨川バス転落
47('72), 7. 3〜13	47年7月豪雨	全国	442	534	4 339	84 794	船舶2
51('76), 9. 8〜17	台風17号・前線	全国	169	435	11 193	80 304	船舶237, 被害2 080
55('80), 末〜56('81)2月	大雪	全国（北陸〜東北）	103	1 305	5 819	25	船舶1 269, 被害1 203
57('82), 7.10〜26	57年7月豪雨	関東以西	345	661	851	15 354	船舶30, 被害474
58('83), 7.20〜27	58年7月豪雨	九州〜東北（特に島根）	117	166	3 669	7 796	被害1 302
60('85), 7.26	地すべり	長野市（湯谷団地）	26	4	69	3	
平成 3('91), 9.24〜10.1	台風19号	全国	62	1 499	170 447	362	船舶930, 被害5 735
5('93), 6月〜10月	冷害	全国（沖縄を除く）	—	—	—	—	被害9 791
5('93), 7.31〜8.7	平成5年8月豪雨	西日本（特に九州南部）	79	154	824		被害746
6('94), 4月〜10月	干害, 酷暑害	全国	14	662	—		被害1 273
9('95), 7.3〜19	大雨・前線	全国（沖縄を除く）	26	16	89	1 089	被害847

（訳者補足：「最新地理統計1999年版」古今書院より）

理科年表'99

Box 5.10　河川敷の危険地帯にも人は住み着いていく（インドネシア・ジャカルタ）

貧しい大都市の住民は，空地を求めてあらゆる場所に住み着いていく。鉄道敷き，湿地帯，ゴミ焼却場，そして河川敷などだ。住居が貧しいうえに，こうした場所は非衛生であり，災害に対しても全く無防備である。その結果，住民の幼児死亡率や妊婦死亡率は高く，平均寿命も短い。医療サービスの普及や防災対策が必要だが，それ以前にまず居住環境の改善がなされなければならない。

（訳者補足：保科秀明撮影）

第6章 人と移住

マイグレーション

　人間の移動に関して，マイグレーションという言葉を使うとき，一般には居住地を恒久的に変える場合を意味する。しかし遊牧民の移動のような一時的な移住を指す場合にも使われることがある。このように，マイグレーションという言葉は，意味の異なる使われ方をすることがあるので，単純に定義しにくい用語の1つである。マイグレーションの意味は移動の理由，移動にかける時間，移動距離，移動の方向，そして移動する人数や民族の違いなどによって，その性格が異なっている。従って，マイグレーションの研究をもっと客観的に進めようとすれば，どうしても計量的なアプローチを考えなければならないであろう。そのためにはまず単なる移動とマイグレーションを区別するために，特に定義された境界線を設定することが必要になる。国境線というのはこうした意味を持つ境界線の中でも特に重要なものである。マイグレーションは国内的なものと国際的なものとに区別するのが一般的である。国内のマイグレーションはある国の領域中での人口移動であり，国際的なマイグレーションは異なる国の領域間に起こる人口移動である。だからひとつの国の人口増減は人間が入国（イミグレーション）したり，出国（エミグレーション）することによっても影響を受けることになる。

　マイグレーションを大まかにみた場合，もう1つの分類は自発的な移動と，周囲の状況変化による強制的な移動とを区別することである。この自発的なあるいは「自由な」と言ってもよい移動は，外的要因による強制的な移動に比べれば，はるかに一般的に行なわれている。われわれが生活水準の向上や個人の自由の拡大を求めて，自発的に移動するのは

図 6.1　曳航中のベトナム難民船

よくあることである。自発的に移住する人たちには、いわゆるプッシュ(押し出し)要因とプル(吸引)要因が働いているといわれる。プッシュ要因とは、それまでの生活においてその環境からその人に出てゆく決心を促す条件のことであり、またプル要因とはある特定の目的地が人をひきつける条件を意味する言葉である。

強制的移住は、自然条件や人為的な条件を含めた様々な理由から起こる。洪水や干ばつによって凶作や飢饉が発生すると、国際機関等からの援助があるにしても、必ずといってよいほど外に移住する人がでてくる。また、例えばカリブ海の島国のように土地が狭く貧しい国では、人口過剰に起因する諸問題が外国への移民の動機になっていることが少なくない。移住が経済の力学によって促進されることもある。その最悪の例が大西洋をはさんで行なわれた奴隷貿易である。これはアメリカのプランテーション(大規模農園)に安い労働力を供給するという経済原理から生れたものである。その他、政治的圧力も大規模な移住を引き起こす原因となるし、戦争や迫害が起これば必ずといっていいほど難民が発生する。この例としては1970年代のカンボジアのように、百万人単位の

表6.1 イギリスでの出入国者数(千人)

年	入国者数	出国者数
1964	223	281
1965	210	286
1966	232	326
1967	241	286
1968	227	296
1969	224	306
1970	227	266
1971	196	240
1972	225	230
1973	183	255
1974	194	261
1975	197	220
1976	181	209
1977	162	198
1978	194	187
1979	205	209

図6.2 イギリスに入国するウガンダを追放された東アフリカ系アジア人

難民がでた例も見られる。

1 a　もし世界中どこでも好きな所に住めるとしたら，あなたならどこに住みたいと思いますか。日本に住み続けることを選びますか。(原書ではイギリスとなっている。)
  b　住みたい国を考える時，読者にとってのプッシュ要因とプル要因は何かリストに整理してみましょう。
  c　世界地図に読者が住みたい国を書き入れて下さい。どの国が一番人気があるでしょうか。それぞれの国について，その国が持つプル要因は何か考えてみましょう。

1国の人口規模と人口構造は2つの要因，つまり自然増減（出生と死亡のバランス）と社会増減（出入国者数のバランス）に応じて変化する。恒久的な出国者数と入国者数の差をネットマイグレーションと呼び，その他の目的の入国者数と出国者数を含めた合計をグロスマイグレーションと呼んでいる。現在，先進国では入国者に永住許可を与える条件を厳しくしているが，移民を送りだす国からみれば，これは出国者の数を抑える働きをしている。

2 a　表6.1から，1964年から1979年までの間に見られたイギリスからの出国者とイギリスへの入国者の数を折れ線グラフに表わしてみましょう。出入国者はそれぞれ別の線で書いて下さい。
  b　2本の折れ線の間を塗りつぶして，ネットマイグレーションを表示して下さい。
  c　ネットマイグレーションが最大の年と最小の年はそれぞれいつでしょうか。
  d　グロスマイグレーションが最大の年と最小の年についてはどうでしょうか。

Box 6.1　就業移住

本書では就業移住の問題を，送り出す側にたって解説していますが，極めて重要なことです。私たちが日頃接する情報は受け入れる側の問題提起がほとんどだからです。にもかかわらず，1980年代になって日本でも外国人労働者，特に東南アジア・南アジアからの外国人労働者受け入れ問題は大きな社会問題の1つになってきました。ここで西ドイツで起こった外国人労働者受け入れ問題の経緯を簡単に紹介しましょう。

西ドイツでは，労働力不足を解消するために1955年のイタリアとの政府間協定を皮切りに，スペイン・ポルトガル・ギリシャ・トルコ・モロッコ・チュニジアなどから労働者を募集し，この目的で西ドイツ国内での就業を許可されて入国してきた人達を招待労働者と呼びました。しかし，1973年〜1974年に起こった石油危機をきっかけに，国内の失業者が増加したために，この「招待」も打ち切られることになりました。それ以来招待労働者という言葉も使われなくなりました。この打ち切り当時，外国人労働者の数は260万人に達していたものが，今では160万人程度に減っているといわれています。

（この項稲垣の調べによる）

マイグレーションの歴史

マイグレーションは人類の歴史上，かなり早い時期から発生していた。図6.3は様々な民族が発達して，各大陸に広がっていった過程を図式的に表わしている。初期の人類は人口も少なく，狩猟や採取に食物を頼っていたので，常に移動を続けなければならなかった。そのうち土地を効率的に利用することを覚え，より広い土地を必要とするようになると，都市文明が発生し，それにつれて新しい形態の移住が起こってきた。都市が形成されると，それは周辺地域から人々を引きつける磁石の役割を果すようになったのである。とはいえ，当時周辺から都市に流入した人口は，最近の500年間に起こった移住に比べれば微々たるものに過ぎなかった。

西暦1500年以降の移住は主にどこに起こったかをみると次のようである。

(1) ヨーロッパ各地からアメリカ東海岸とカナダへ。
(2) スペイン・ポルトガルから中南米とメキシコへ。
(3) イギリスから南アフリカとオーストラリアへ。
(4) アフリカ西海岸から奴隷がブラジル，カリブ海沿岸及びアメリカ南部へ。
(5) インドから南アフリカ，スリランカ及びインドネシアへ。
(6) 中国から蒙古，インドネシア及び太平洋地域へ。
(7) アメリカ東海岸からアメリカ太平洋岸へ。
(8) ロシア西部から東のシベリアや太平洋岸へ。

3　a 上に述べた移住の動きを世界地図の上に表現しましょう。それぞれについて色で塗りわけて下さい。

b これらの移住が発生したおよその年代を調べて，地図のインデックス（凡例）に加えて下さい。

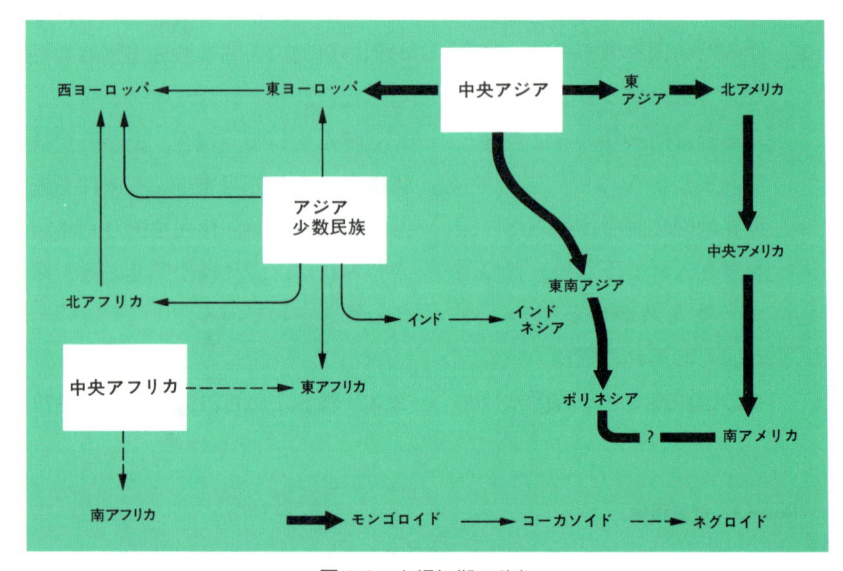

図6.3　人類初期の移住

図6.4　1920年代ニューヨークで入国審査を待つヨーロッパ系移民

植民地化

植民地化というのは，土地とそこに住む住民を外国の勢力が支配し，利用することを意味する言葉である。この言葉は，ヨーロッパ諸国が世界の大部分を統治した16世紀から20世紀半ばの時期と結びつけて使われることが多い。現在はかつて植民地だった国のほとんどが政治的独立を果たし，国家としての自治権を確立している。植民地化のプロセスは，ヨーロッパの航海者たちによる大陸の発見とともに始まった。探検の成果があがるにつれて，世界を巡る航路が確立され植民地が拡大し，技術が進んだヨーロッパ諸国は富と資源を蓄積していった。これが産業革命に結びつき，その後のヨーロッパを長期にわたって世界の先進地域として支えてきたのである。

当初，ヨーロッパ人は発見した土地から贅沢品や貴金属を獲得することにしか関心を持っていなかったので，植民地には交易所と要塞化した港を築く程度であった。しかし，次第にこれでは原住民の支配が難しいとわかると，次の段階として領土全体を要求するように変わっていっ

図6.5　17世紀にヨーロッパ人が西アフリカに築いた要塞、ケープ コースト城

図6.6　植民地ウガンダで蚊帳に入って昼食をとるヨーロッパ人

た。その頃，領土には3つのタイプがあり，それぞれに価値が違うとされていた。第1のタイプは，熱帯または亜熱帯の人口のまばらな地域で，海岸に近いアクセスの容易な土地である。ヨーロッパでは栽培出来ない農産物の生産がそこで行なわれた。例えば，北及び南アメリカの沿岸地域やカリブ海諸島では米・綿花・香辛料・砂糖・煙草・コーヒー・バナナなどが栽培された。アフリカからの大量の奴隷は，この地域のプランテーションに安い労働力を提供するために連れてこられたものである。奴隷制度が廃止されると，イギリス人とオランダ人はインド，中国，インドネシアから契約労働者を雇い，東南アジア各地で新しい土地を開発してプランテーション農業を展開したのである。第2のタイプはインド，中国，ジャワ，日本など人口密度の高い，おおむね熱帯性気候の土地である。これらの地域では既に十分発達した文明があったので，ヨーロッパ人による直接的な支配は簡単には進まなかった。何とか支配ができた場合でも，ヨーロッパ人は比較的人口の少ない土地に大規模な農園を営むか，あるいは現地の生産者と交易協定を結んで貿易を行なうことにしたのである。これらの地域では農園の支配人や役人以外には働き口があまりなかったので，ヨーロッパ人の移住者は少なかった。

ヨーロッパからの移住者にとっては，気候が温和で人口の少ない第3のタイプの土地が最も魅力的であった。そこは気候や風景がヨーロッパに似ていて，農業にも生活にも大きな可能性を秘めているように見えたのである。それでも19世紀以前まではこの地域への移住者もそれほど増えず，ヨーロッパ人の人口も少なかったが，1800年代に入って産業革命の発展に伴ってヨーロッパの人口が急増すると移民が増加し始めた。毎年のように新しい生活を求めるヨーロッパ人が北アメリカ，オーストラリア，南アフリカ特に南アフリカ南部へ移住していった。蒸気機関が発明され，1830年以降それが蒸気船に利用されるようになると，移民のペースは急速に早まり，1840年から1930年までの間に5,000万人以上の人が自らの意志でヨーロッパから新しい土地へ移住していったのである。

図6.7 アフリカ人共和国・ルワンダの独立記念祝賀祭

その結果，アフリカ全域はヨーロッパ列強によって植民地化された大陸となった。いわゆる「アフリカの争奪戦」によって，この広大な大陸も19世紀後半にはすべて人為的に分割されるに至った。一方この時期は，アメリカ大陸の大部分とオーストラリア，ニュージーランドは既に独立を果たしていた。しかし，アフリカ，中東，インド，東南アジアの植民地にとっては，独立は第二次大戦後の数年がたつまで待たなければならなかった。

4　地図を使って，表6.2に示されている国の位置を確かめて下さい。次に，図6.8から植民地時代にはヨーロッパ列強はどこの地域を支配したか調べてみましょう。表6.2の3列目に「植民地時代の宗主国」の欄を設け，それぞれの宗主国の名前をあてはめて下さい。表作りが終ったら，次の点について考えてみましょう。

a　アフリカのそれぞれの地域が独立したのはおよそ次のどの時期だったでしょうか：
　i) 1960年以前，ii) 1960年，
　iii) 1962年から1967年の間，

表6.2　1982年のアフリカ諸国

国名	独立年次
リベリア	1847
エジプト	1922
南アフリカ	1931
エチオピア	1941
リビア	1951
スーダン	1956
チュニジア	1956
ガーナ	1957
ギニア	1958
モロッコ	1958
中央アフリカ共和国	1960
チャド	1960
コンゴ	1960
ベニン	1960
ガボン	1960
象牙海岸	1960
マダガスカル	1960
マリ	1960
モーリタニア	1960
ニジェール	1960
ナイジェリア	1960
セネガル	1960
ソマリア	1960
トーゴ	1960
アッパーボルタ（ブルキナファソ）	1960
ザイール	1960
カメルーン	1961
シエラレオネ	1961
アルジェリア	1962
ブルンジ	1962
ルワンダ	1962
ウガンダ	1962
ケニア	1963
タンザニア	1963
マラウイ	1964
ザンビア	1964
ガンビア	1965
ボツワナ	1966
レソト	1966
スワジランド	1967
赤道ギニア	1968
ギニアビサウ	1974
アンゴラ	1975
モザンビーク	1975
ジンバブエ	1980
西サハラ	?
ナミビア	?

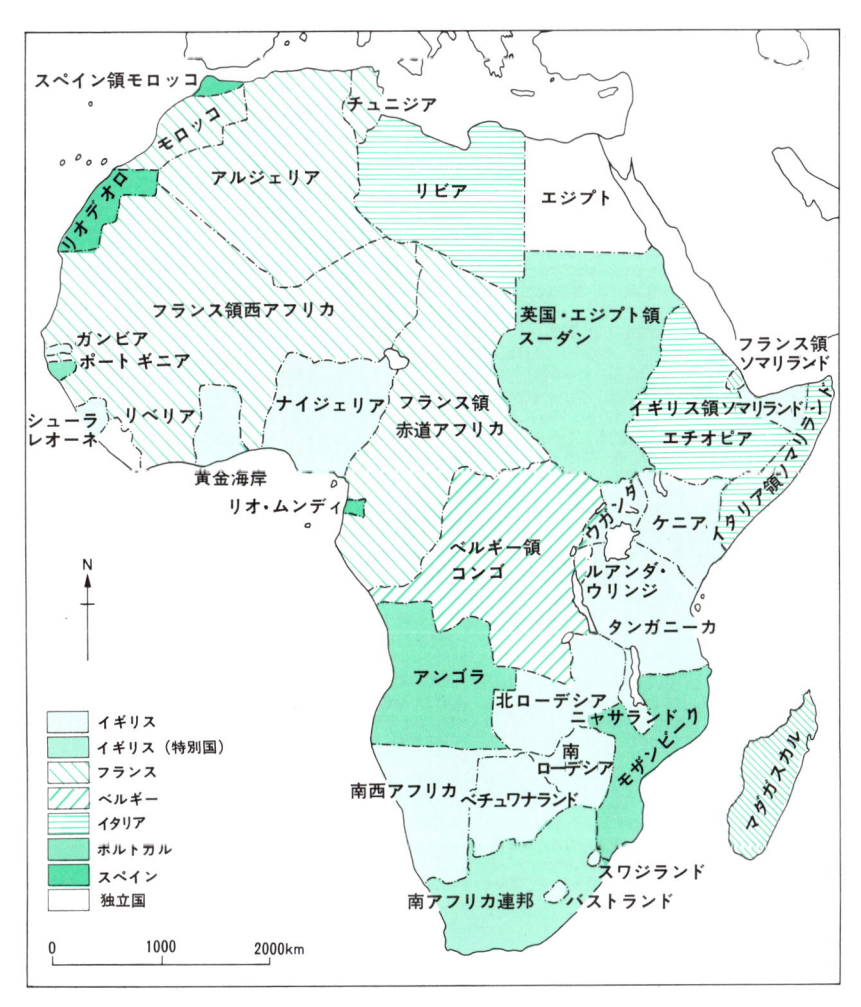

図6.8　1939年時点での植民地アフリカ

iv）1970年代。
b　1960年にたくさんの国が同時期に独立するに至ったのはなぜでしょうか。
c　ヨーロッパ諸国の中で最も植民地を長く保有していたのはどの国でしょうか。
d　リベリアがこんなに早く独立できた理由は何だったでしょうか。（リベリアという名前にヒントがあります。）
e　この本が書かれて以降独立した国はありますか。（1983年以降に独立した国について考えて下さい。）

Box 6.2　アフリカの独立国の言語・民族・宗教

国　名〈各州五十音順〉	主　要　言　語（●印は公用語）	主　要　民　族（数字は％）	主　要　宗　教（●印は国教）
アルジェリア	●アラビア，仏，ベルベル	アラブ80，ベルベル19	●回教（スンニ）99
アンゴラ	●ポルトガル，各部族語	オビンブンド40，キンブンド20，バコンゴ13	伝統宗教が大半，カトリック
ウガンダ	●英，スワヒリ，ルガンダ語	バンツー語系2/3（バガンダ族16）など	キリスト66，回教5
エジプト	●アラビア	アラブ人92	●回教スンニ派90，コプト7
エチオピア	●アムハラ，英	セム系アムハラ族が1/3，オロモ族4割	エチオピア正教40，回教45
エリトリア	アラビア，ティグレ	アファル族，ティグレ族など9部族	キリストコプト派，回教各50
ガーナ	●英，アシャンティなど8大部族語	アカン44，モレ・ダクバニ16，エウェ族13など	伝統宗教38，回教12，キリスト43
カーボベルデ	●ポルトガル	ポルトガル人との混血70，その他ギニア系	カトリック96
ガボン	●仏，ファン，バンツー諸語	バンツー系エシラ，アドマが2/3，ファン30	カトリック60，伝統宗教40
カメルーン	●仏，●英，各部族語	バンツー，ハム・セム族の混血	伝統宗教45，キリスト35，回20
ガンビア	●英，マンディンカ，ウォロフ	マンディンカ42，フラ18，ウォロフ族16など	回教85，キリスト10，伝統宗教
ギニア	●仏，マリンケ，スースー	マリンケ・ペウル30，他15部族	回教95，キリスト2，伝統宗教
ギニアビサウ	●ポルトガル	バランテス30，フラニ20，マンリンカ14，マンディンカ族13など	伝統宗教54，回教38，カトリック5
ケニア	●スワヒリ，●英	キクユ21，ルヒヤ14，ルオ族13など	キリスト70，回教6，伝統宗教
コートジボアール	●仏，ジウラ，バテ	セヌフォ，バウレ，マンデなど約60部族	回教39，キリスト26，伝統宗教
コモロ	●仏，アラビア，コモロ	アラブ人，マダガスカル人（マレー系），黒人などの混血	回教86，キリスト14
コンゴ	●仏，リンガラ，コンゴ	コンゴ45，テケ20，ブバンギ16，カボン15	キリスト50，回2，伝統宗教
コンゴ民主	●仏，スワヒリ，コンゴなど	バンツー系部族が1/3超，スーダン系他	旧教50，新教20，回教少数
サントメ・プリンシペ	●ポルトガル	アフリカ西海岸からの農園労働者の子孫	カトリックが圧倒的多数
ザンビア	●英，約70の部族語	ベンバ，トンガ，ロジなど73部族	キリスト20，伝統宗教70
シエラレオネ	●英，メンデ，テムネ，リンバ	メンデ，テムネ，リンバ各部族とクレオール	伝統宗教45，回30，キリスト25
ジブチ	●アラビア，●仏	ソマリア系50，エチオピア系40など	●回教92
ジンバブエ	●英，ショナ，ヌデベレ	ショナ71，ヌデベレ族16，他のアフリカ系黒人11	伝統宗教，キリスト
スーダン	●アラビア	北部を中心にアラブ系75，南部はニグロ系	回75，伝統宗教15，キリスト10
スワジランド	●スワジ，●英	バンツー系スワジ族95	キリスト60，伝統宗教
セイシェル	●クレオール，英，仏	クレオール（混血）が大多数	カトリック92
赤道ギニア	●スペイン，●仏，ファン，ブビ	ファン・コンベ族他，ナイジェリア移民多数	ほぼ全人口がカトリック
セネガル	●仏，ウォロフ，セレレ	ウォロフ36，フラニ17，セレレ族16など	回教92，キリスト2，伝統宗教6
ソマリア	●ソマリ，アラビア，英	ハム系ソマリ族が大部分，ダナキル族など	●回教スンニ派98
タンザニア	●スワヒリ，●英	バンツー系諸族98，インド，アラブ，白人	キリスト½，回教½，伝統宗教
チャド	●仏，●アラビア	アラブ系カネブ，ツブ，スーダン系サラ	回教45，キリスト30
中央アフリカ	●仏，サンゴ（国語）	バイア34，バンダ27，マンジャ族21など	伝統宗教24，キリスト50，回15
チュニジア	●アラビア，仏	アラブ98，ベルベル人1	●回教（スンニ派）
トーゴ	●仏，エウェ，カビエ	エウェ，カビエ，コトコリ，バッサリ族	伝統宗教が過半，キリスト25，回教10
ナイジェリア	●英，ハウサ，ヨルバ，イボ	ハウサ・フラニ27，イボ17，ヨルバ族16など250部族	回教47（北），キリスト教35（南）
ナミビア	●英，アフリカーンス	オバンボ・カバンコ族など86，白人7	キリスト教90，伝統宗教
ニジェール	●仏，ハウサ，トアレグ	ハウサ56，ジェルマ22，トゥアレグ族	回教80，伝統宗教，キリスト
ブルキナファソ	●仏，モシ，フルベ	モシ50，グルーウンシ，ボボ，ロビ族	伝統宗教65，回教30，キリスト10
ブルンジ	●仏，●ルンジ，スワヒリ	バンツー系フツ84，ナイル系ツチ15	カトリック65，プロテスタント10
ベナン	●仏，他に部族語	ファン，アジャ，バリバ，フラニ，ヨルバ族など	伝統宗教60，キリスト20強
ボツワナ	●英，ツワナ	バンツー系ツワナ族95，サン族，白人7	伝統宗教65，キリスト30，回
マダガスカル	●マダガスカル，●仏（準）	マレー系（メリナ）26，ほか19部族	キリスト37，回教5，伝統宗教58
マラウイ	●英，●チェワ	バンツー系アフリカ人99.7（チェワ，ヌゴミ，トゥムブカ）	伝統宗教，キリスト
マリ	●仏，アラビア，ベルベル	バンバラ主，他にフラニ，セヌフォ，トアレグ族	回教80，伝統宗教18，キリスト2
南アフリカ共和国	●英，他11公用語	黒人75.2，白人13.6，カラード8.6，インド系2.6	キリスト6割，ヒンズー，回
モザンビーク	●ポルトガル，多数の部族語	マクアロムウェ40，ソンガ25ほか	伝統宗教50，カトリック30，回20
モーリシャス	●英，仏，クレオール	インド系68，混血29，中国系3	ヒンズー50，キリスト31，回16，仏3
モーリタニア	●アラビア，●仏	ベルベル系モール70，黒人	●回教（ほぼ100）
モロッコ	●アラビア，ベルベル，仏	ベルベル30，ベルベル人64	回教99，キリスト，ユダヤ
リビア	●アラビア，ベルベル	アラブ人が大半，ベルベル人とで97	●回教（スンニ派）97
リベリア	●英，各部族語	黒人（16部族）94，アメリカ黒人の子孫5	キリスト，伝統宗教，回教
ルワンダ	●仏，キンヤルワンダ，英	バンツー系フツ90，ハム系ツチ9，トワ1	カトリック48，回教1，伝統宗教50
レソト	●英，ソト	バンツー系ソト（約99.7），欧米系，アジア系	キリスト80〜90

（訳者補足：「最新地理統計1999年版」古今書院より）　　　　　　　世界年鑑'98他

奴隷貿易

奴隷貿易の起源は古代都市文明の時代まで遡る。急速に発展した古代都市では膨大な労働力が必要とされ、都市周辺の人口だけではまかなえなくなった。そんな時、当時新たな労働力を刈り集める最も有効な方法は、戦争によって異民族を生け捕り、奴隷として使役する事であった。

一方、近代における奴隷制度はヨーロッパ人によるアメリカ大陸の植民地化と深い係わりがある。ヨーロッパ向けに生産する熱帯作物のためのプランテーションには、大規模な労働力の投入が必要であった。ヨーロッパ人は賃金が高い上、気温の高い土地で過酷な労働をするには向いていなかったし、原住民にしても人口が少なく、また仕事を任せるには頼りなかった。そこで、ヨーロッパ人の管理者は必要な労働力を確保するために、アフリカから強制的に黒人を連れてきて奴隷として働かせたのである。

大西洋の両岸を結んだ奴隷貿易は15世紀から既に始まっており、1700年から1810年にかけて最盛期を迎え、そして19世紀の半ばに終った。様々な見積りがなされているが、奴隷使用地域に奴隷として連行された人の数は、およそ1,000万人に達するとみられている。しかし、実際は

図6.9 西インド諸島のプランテーションでサトウキビを刈る奴隷

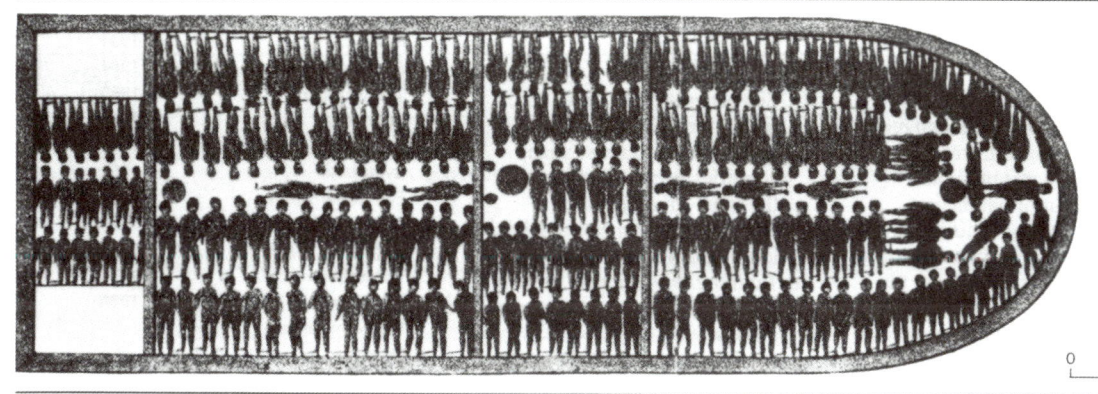

図6.10 奴隷船の下層甲板の平面図

これに加えて航海中やアフリカの積み出し港に連行される間に死亡した人がかなりいた（平均して15％から20％の人が死んだといわれる）ことを忘れてはならないのである。

イギリスにとってみれば，奴隷の輸送は極めて利益率が高かったので，図6.11に示されているように三角貿易には欠かせないものとなった。イギリスからはラム酒・織物・銃火器・金属製品が送り出され，西アフリカで奴隷と交換された。このアフリカからの奴隷は，主に西インド諸島やアメリカ本土に送られたのだが，1そうの船には何百人という奴隷が一度に積み込まれたので，そのうちの何人か死んでも利益が上がったのである。西インド諸島では奴隷を積み降ろした後に，プランテーション作物である砂糖・綿花・煙草を積み込み，再び大西洋を渡ってリバプールやブリストルに運んだ。これらの産物は港で売買され，イギリスの加工工業の原料になった。砂糖はラム酒，綿花は綿布に加工され，それがアフリカに運ばれて新たな奴隷と交換されるという循環を作っていた。

奴隷制度はイギリスでは1833年に廃止されたが，アメリカ合衆国では1860年代まで，つまり南北戦争が終って奴隷制度が廃止されるまで，非合法に続けられた。奴隷貿易がアフリカにもたらした被害は計り知れないほど大きいものであった。アフリカは，4世紀以上にもわたって何百人という働き盛りの男女が連れ去られたことの後遺症から，今なお立ち直れないでいるといえよう。一方これが新大陸に与えた影響もけっして小さいものではない。奴隷制度はアメリカ経済に大いに貢献し，また様々な人種と文化を持つ新しいアメリカ社会を造りだした。しかし，この繁栄は人類の悲劇を代償にして初めて実現されたものであり，その結果この社会は今なお政治的・人種的な摩擦という大きな矛盾を解決できないでいるのである。

5 a 図6.10の平面図を見て，この船の中には何人の奴隷が詰め込まれているか数えて下さい。
 b 縮尺から下層甲板の面積を計

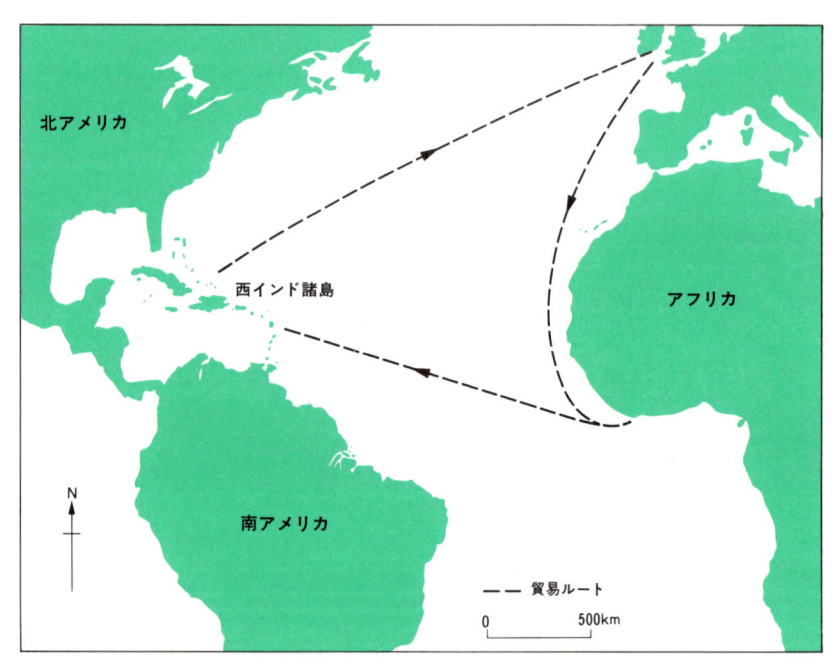

図6.11 大西洋の三角貿易

表6.3 大西洋の奴隷貿易（1700〜1810）

出発地	行　先	奴隷数（百万人）
アンゴラ	ブラジル（ポルトガル領）	2.5
ナイジェリア	フランス領カリブ諸島：タヒチ，グアデループ	2.0
黄金海岸（ガーナ）	イギリス領カリブ諸島：ジャマイカ，トリニダード，バルバドス，アンチグア	2.0
黄金海岸	ドイツ領ギアナ（スリナム）	1.0
カメルーン	スペイン領アメリカ：ニカラグア，コスタリカ，南メキシコ	1.0
黄金海岸	イギリス領北アメリカ：大西洋岸	0.5

算して下さい。奴隷の人数を面積で割って船倉の人口密度を計算してください。

c 当時アフリカからアメリカまではおよそ100日間の航海でした。奴隷にとって，航海中の生活がどのようなものだったか想像して下さい。

6 図6.11の地図から大陸の海岸線を写し，その上に表6.3にあげられている奴隷貿易の航行ルートを矢印で記入して下さい。運ばれた奴隷の人数に応じて線の太さを変えます。50万人につき1mmの幅で書いて下さい。カリブ海諸島の位置については地図で確かめて下さい。

Box 6.3 奴隷航海

奴隷貿易の主役となった奴隷船の航海は奴隷ばかりでなく，白人船員にとっても過酷なものだったようである。18世紀後半の記録を見ると，奴隷船上での死亡率は奴隷よりも白人船員のほうが高かった。その主な理由は，奴隷は三角貿易の一辺を輸送されたのであって，船上で過ごす時間は平均して船員の半分以下だったが，白人船員は長期航海のため壊血病になりがちだったうえ，奴隷が持ち込むアフリカの熱病に感染しやすかったこと，さらに船員は生きて帰れば一年分の給料を払わなければならないという理由で，船長から浮浪者のような扱いを受けることが少なくなかったからだといわれている。ここにあげた航海事例は平均的な航海よりましな例だといわれる。

(訳者補足，ダニエル・P・マニックス著，土田とも子訳（1976）「黒い積荷」p.p.185〜186 より抜粋・引用。平凡社)

船名		船員数	うち死亡者数	奴隷数	うち死亡者数
ローヤル・シャルロッテ号	一七六六年	三三	三	二六〇	一五
ローヤル・シャルロッテ号	一七六七年	一八	なし	三七	一〇
モーリー号	一七六九年	一七	なし	一〇五	五〇
フェレット号	一七七〇年	三三	四	一四五	五
サリー号	一七七一年	二五	二	二一四	八
スリー・フレンズ号	一七七三年	二二	二	二七〇	〇
ヴィーナス号	一七七五年	二二	二	二七二	一
ハリエット号	一七七八年	一八	四	三六八	四五
カムデン号	一七八〇年	二〇	二	二三六	二一
計		二〇三	一五	二一六一	一五〇（約）

Box 6.4 アメリカ合衆国の主要都市における人種構成

都市名	州名	総数(千人)	黒人(%)	アメリカインディアン, エスキモー, アレウト(%)	アジア・太平洋(%)	ヒスパニック(%)	都市名	州名	総数(千人)	黒人(%)	アメリカインディアン, エスキモー, アレウト(%)	アジア・太平洋(%)	ヒスパニック(%)
エルパソ	テキサス	515	3.4	0.4	1.2	69.0	ミルウォーキー	ウィスコンシン	628	30.5	0.9	1.9	6.3
サンアントニオ	〃	936	7.0	0.4	1.1	55.6	フィラデルフィア	ペンシルバニア	1 586	39.9	0.2	2.7	5.6
ロサンゼルス	カリフォルニア	3 485	14.0	0.5	9.8	39.9	ワシントン		607	65.8	0.2	1.8	5.4
ヒューストン	テキサス	1 631	28.1	0.3	4.1	27.6	クリーブランド	オハイオ	506	46.6	0.3	1.0	4.6
サンノゼ	カリフォルニア	782	4.7	0.7	19.5	26.6	シアトル	ワシントン	516	10.1	1.4	11.8	3.6
ニューヨーク	ニューヨーク	7 323	28.7	0.4	7.0	24.4	デトロイト	ミシガン	1 028	75.7	0.4	0.8	2.8
ダラス	テキサス	1 007	29.5	0.5	2.2	20.9	ジャクソンビル	フロリダ	635	25.2	0.3	1.9	2.6
サンディエゴ	カリフォルニア	1 111	9.4	0.6	11.8	20.7	インディアナポリス	インディアナ	731	22.6	0.2	0.9	1.1
フェニックス	アリゾナ	983	5.2	1.9	1.7	20.0	コロンバス	オハイオ	633	22.6	0.2	2.4	1.1
シカゴ	イリノイ	2 784	39.1	0.3	3.7	19.6	ボルチモア	メリーランド	736	59.2	0.3	1.1	1.0
サンフランシスコ	カリフォルニア	724	10.9	0.5	29.1	13.9	メンフィス	テネシー	610	54.8	0.2	0.8	0.7
ボストン	マサチューセッツ	574	25.6	0.3	5.3	10.8							

(訳者補足：「最新地理統計1999年版」古今書院より)　　Statistical Abstract of the United States 1995

就業移住

移住が起こる背景には，職を求めて移動することが大きな原因の1つとしてあげられる。19世紀にはインド・ジャワ・中国南部から，貧しい土地なし農民が海を渡ってイギリスやオランダの植民地へ移住して行った。彼等はクーリーと呼ばれ，マラヤ（今のマレーシア）・スマトラ・ビルマ（今のミャンマー）・セイロン（今のスリランカ）・フィージー等のプランテーションにおける貴重な労働力であった。クーリーたちはふつう3年から5年の契約で働き，帰国旅費つきという条件で雇われたが，中には契約を履行しない雇用主も少なくなく，契約を交わして出国したインド人1,700万人のうち，4分の1は帰国できなかったともいわれている。クーリーの移住が盛んに行なわれた期間はあまり長い期間ではなかったが，移住人口の数では奴隷貿易による移住人口をしのぐものだったとされている。

図6.12 スーダンの建設現場で働く中国人労働者

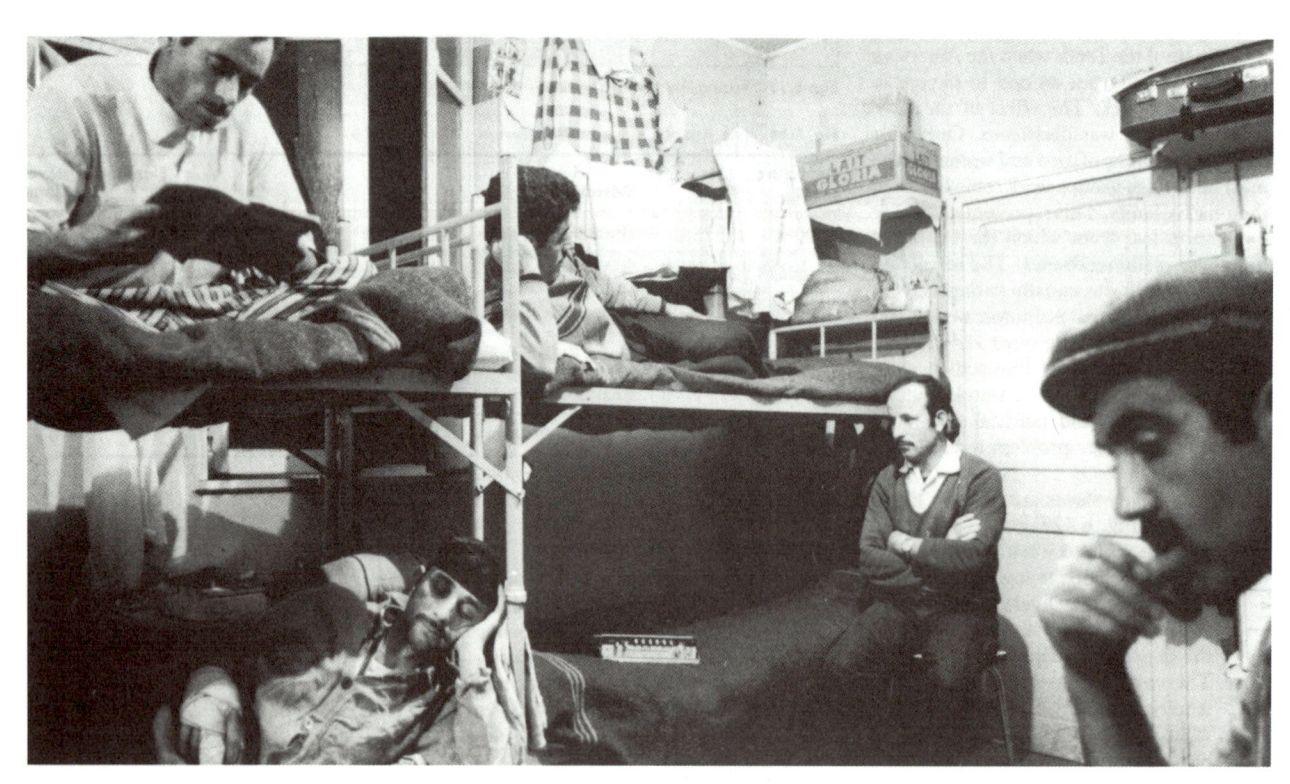

図6.13 トルコ人招へい労働者

今世紀になってからも、就職しやすい国へ移住して行った人は少なくない。1950年代に西インド諸島からイギリスへ移住していった移民はその好例であろう。今日ではほとんどの先進国は、自国で不足している特殊技能者の場合を除いて移住を受け入れていないことが多い。しかし産業活動が活発になると労働力が不足するので、結局開発途上国の安い労働力に頼る部分がでてくる。このような時は、一時的就労目的の入国を認めるという暫定措置を取り、それが長期滞在になってもビジターとしての地位しか与えないことが多い。特に西ドイツとフランスは、このような条件のもとで地中海沿岸諸国からきた労働力に大きく依存しているのである。

一方トルコの側からみると、西ヨーロッパ各国に工場労働者を送りだすには、それなりの危険負担が伴っている。1973年にトルコ人の国外移住労働者の数は1,200万人にのぼり、彼らは1人当たり年平均500ポンド（約168,000円）を母国に送金していたので、送金総額は国家の輸入総額の50％にも達する金額になっていたといわれる。ところが1973年に石油危機が発生した時は、ヨーロッパ各国の産業は大きな打撃を受け、軒並み職場が閉鎖され、求職の機会も激減した。そんな時はまず初めに外国人労働者の受け入れがストップされるのは当然のことである。その結果1976年には、トルコに送金される外貨は輸入額の17％にまで落ち込んだのである。しかも翌1977年には早くもトルコ人労働者の失業率は20％に上昇し、政府は大きな借金に悩まされる羽目になった。

一方、石油ブームに沸く中東産油国のサウジアラビア・リビア・クウェート等では、周辺の低所得国から大量の労働力を輸入した。労働者を送りだした国は、それによって確かに一時的な国家収入は増えたのだが、こうした労働力輸出が本当にその国の利益となるかどうかについては疑問の余地がある。熟練労働力が海外に流出することは、他方で国家的損失だと考えれば、それは一時的な収入の増加をはるかに上回る損失であるかもしれない。

7 図6.14とアフリカの地形図を見ながら次の問に答えて下さい。

a 移住労働者にとって魅力のある仕事とはどのようなものでしょうか。

b 外国人労働者が行きたがる国

図6.14　アフリカ大陸内の人口移動

とはどんな国でしょうか。
c 労働力輸出をするのはどんな国でしょうか。
d 経済的に発達した国が沿岸地域に多いのはなぜでしょうか。
f 移住者の出身国に共通した特色とは何でしょうか。

8 図6.13を見て,次の問に答えて下さい。
a 移住労働者の生活条件とはどのようなものか説明して下さい。
b このような日常生活ではどんな問題が起こるでしょうか。
c この写真に写っている男達は何を考えていると思いますか。

Box 6.5　ドイツにおける外国人労働者の就業状況

産業部門	1985年 就業者数 (1000人)	就業者数の割合 (%)	全就業者数に占める割合 (%)	1975年 就業者数 (1000人)	就業者数の割合 (%)	全就業者数に占める割合 (%)	西ドイツにおける産業別人口構成
農林漁業	15.4	1.0	6.7	21.4	1.0	10.5	1.1
エネルギー	33.0	2.1	7.0	35.0	1.7	7.4	2.3
製造業(加工)	855.6	54.0	10.7	1,250.8	60.4	14.4	39.2
建設業	145.6	9.2	10.0	223.6	10.8	13.4	7.2
小売業	107.9	6.8	3.9	115.0	5.6	4.2	13.5
交通	62.7	4.0	6.3	76.0	3.7	7.6	4.9
社会保険	12.4	0.8	1.5	12.4	0.6	1.7	3.9
サービス業	288.5	18.2	7.4	273.6	13.2	9.3	19.0
組織	16.2	1.0	3.8	11.9	0.6	3.8	2.1
その他	46.7	2.9	3.4	51.2	2.4	3.7	6.8
計	1,583.9	100.0	7.8	2,070.7	100.0	10.3	100.0

資料:Statlsches Jahrbuch より作成.
(訳者補足:「激動の統合ドイツ」小林浩二, 古今書院, 1992 より)

Box 6.6　西ヨーロッパ諸国における外国人労働者数　　(1000人)

受け入れ国 送り出し国	オーストリア 1974	1984	ベルギー 1974	1984	フランス 1974	1984	旧西ドイツ 1974	1984	オランダ 1974	1984	スウェーデン 1974	1984	スイス 1974	1984	イギリス 1974	1984
アルジェリア	—	—	3.0	3.4	420.0	297.3	2.0	—	0.1	0.2	0.2	—	—	1.0	0.5	0.0
フィンランド	—	—	—	—	—	—	—	—	0.1	—	102.0	87.1	—	0.8	—	—
ギリシア	—	—	8.0	10.7	5.0	—	225.0	119.2	2.0	1.6	8.0	5.9	6.0	4.8	2.5	3.0
イタリア	2.0	1.9	85.0	90.5	210.0	139.2	370.0	250.3	10.0	7.3	3.0	—	335.0	230.4	56.5	55.0
モロッコ	—	—	60.0	42.8	165.0	171.5	18.0	—	24.5	25.2	0.5	—	—	0.8	1.0	3.0
ポルトガル	—	—	3.0	7.3	430.0	463.8	85.0	39.9	4.5	3.1	1.0	—	4.0	16.6	4.0	5.0
スペイン	—	—	30.0	36.0	250.0	140.0	165.0	75.8	19.5	8.2	2.0	—	80.0	67.1	15.5	15.0
チュニジア	—	—	—	5.0	90.0	79.1	15.0	—	1.0	0.9	0.2	—	—	1.3	—	—
トルコ	30.0	27.7	10.0	31.3	35.0	38.9	590.0	590.3	34.0	35.4	3.0	—	16.0	25.2	1.5	6.0
旧ユーゴスラビア	166.0	83.1	3.0	3.0	60.0	43.8	470.0	329.0	9.5	5.0	23.0	20.7	26.0	43.3	3.5	2.0
その他	20.0	26.0	76.0	158.3	235.0	284.6	420.0	450.4	88.2	79.8	57.0	105.5	126.0	128.3	690.0	668.0
うちEC諸国	—	—	—	105.3	—	70.4	—	—	—	53.9	—	—	—	90.4	—	283.0
うち非EC諸国	—	—	—	53.0	—	214.2	—	—	—	25.9	—	—	—	37.9	—	385.0
計	218.0	138.7	278.0	388.3	1900.0	1658.2	2360.0	1854.9	193.4	166.7	199.9	219.2	593.0	539.3	775.0	757.0

(訳者補足:「国際労働力移動」森田桐郎, 東京大学出版会, 1997 より)

Box 6.7　ドイツにおける産業別国籍別外国人労働者の比率　(1992年9月末)

	外国人	イタリア人	%	ギリシア人	%	スペイン人	%	トルコ人	%	ユーゴスラビア人	%	ポルトガル人	%	6カ国以外の外国人の比率
農林水産業	24 303	1 287	0.8	267	0.3	476	0.9	5 933	0.9	5 079	1.3	1 166	2.6	41.5%
エネルギー経済	5 059	534	0.3	208	0.2	186	0.3	1 231	0.2	871	0.2	50	0.1	39.1
鉱業	24 339	461	0.3	150	0.1	234	0.4	18 889	2.8	2 139	0.5	46	0.1	9.9
製造業	980 176	85 849	50.6	65 769	62.2	30 042	55.0	385 009	57.9	164 317	42.0	23 421	52.3	23.0
建設業	193 288	17 988	10.6	3 558	3.4	2 715	5.0	46 266	7.0	65 282	16.7	3 689	8.2	27.8
商業	197 053	13 955	8.2	7 329	6.9	4 932	9.0	50 290	7.6	32 457	8.3	3 425	7.6	43.0
交通・通信業	95 988	6 885	4.1	3 865	3.7	3 739	6.8	26 810	4.0	13 392	3.4	2 467	5.5	40.5
金融・保険業	19 117	1 267	0.7	817	0.8	790	1.4	2 245	0.3	3 141	0.8	337	0.8	55.0
サービス業	484 744	36 510	21.5	21 215	20.1	9 374	17.2	111 445	16.8	93 767	24.0	8 421	18.8	42.1
非営利団体	26 755	1 243	0.7	745	0.7	789	1.4	5 585	0.8	4 330	1.1	576	1.3	50.4
公務	53 003	3 776	2.2	1 727	1.6	1 343	2.5	11 359	1.7	6 148	1.6	1 195	2.7	
不明	91	2	0.0	5	0.0	1	0.0	59	0.0	6	0.0	2	0.0	
総数	2 103 916	169 757	100.0	105 655	100.0	54 621	100.0	665 121	100.0	390 929	100.0	44 795	100.0	32.0

(訳者補足:「国際労働力移動の空間」山本健児, 古今書院, 1999 より)

第6章 人と移住　149

カラードのイギリス移民

1950年以降，年によって移民の数に増減はあるが，イギリスに住むカラード（有色人種の意味で，主に南アジア出身者を指す）の人口は急速に増加してきている。とはいえ，今のところ200万人というカラードの人口は総人口の3.5％を占めているに過ぎない。

9 a 表6.4にあげたデータから，イギリスに移住して来たカラードの人口を折れ線グラフに表わして下さい。横軸に年度，縦軸に人口をとって下さい。

b グラフに表わされたパターンを見て，移住の傾向に変化が起こった年をひろいあげておいて下さい。

c これからこの節を読み進むにつれて，移住の傾向に影響を与えたでき事があったら，それをラベルに書いてグラフに張り込んで下さい。

過去数世紀にわたって，イギリスにも少数のカラードが住んでいたことがある。例えば，1750年には2万人の黒人奴隷がロンドンにいて，主

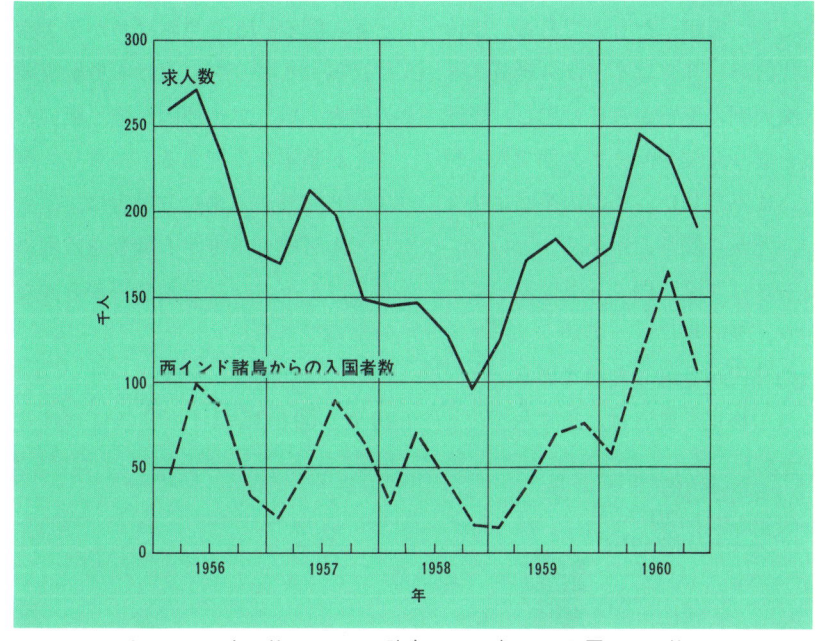

図6.15　四半期ごとの求人数と西インド諸島からイギリスへ入国した人数；1956～60年

表6.4　イギリスへのカラードの移民
(千人)

年	移民数	年	移民数
1951	2	1966	44
1952	3	1967	54
1953	3	1968	51
1954	11	1969	46
1955	43	1970	40
1956	47	1971	46
1957	42	1972	69
1958	30	1573	32
1959	22	1574	43
1960	58	1975	53
1961	136	1976	55
1962	107	1977	44
1963	56	1978	43
1964	53	1979	37
1965	52	1980	36

図6.16　アジア人移民にはこの新聞売店のように家族経営を営むものが多い

に家庭の召し使いとして働いていたといわれる。現在のカラードのコミュニティは、2つの世界大戦に挟まれた時期に、西インド諸島から工場労働者として移住して来た人達を中心にして広がったものである。1940年代の終わりにはイギリス経済は第二次大戦の影響から抜け出し、好景気となり産業やサービス面で人手が大いに不足した。この人手が足りない、だから働き口がある、というニュースはすぐに西インド諸島中に広がり、1950年に入ってからイギリスへの移民が急増したのである。

この移民の動きは、主に西インド諸島の生活水準の低さによっていると考えられていたが、よしんば人口圧力、貧困そして失業といった要因が移民を促した面はあるにしても、それらが直接の移民の動機ではなかった。図6・15を見ればわかるように、実はイギリスにおける労働需要の拡大というプル要因が強く働いたことが基本なのである。つまり、西インド諸島から来た労働者は、イギリス人労働者が嫌がる職業を穴埋めして、トータルな労働力需要を満たしたのである。

10 a 図6.15はイギリスにおける求人数と、西インド諸島からの移民人口の数の変化を示していますが、この2つの間にはどのような関係が見られるでしょうか。求人の増減とイギリスへの入国者の増減とは、時間のずれはどのような関係になっているでしょうか。

b 1956年から1958年まではイギリス経済は不況でした。この不況の影響はグラフにどう表われているでしょうか。

1959年から1962年にかけて、イギリスへの入国者が急増したことがある。その原因は近いうちにイギリス政府が移民受け入れを止めるという噂が流れたため、禁止令が出る前に駆け込み移民があったからである。この時の移民の大半はアジアからの移民であった。1947年にパキスタンがインドから独立して以降、アジアからの移民—といっても大半はパンジャブ地方のシーク教徒、グジャラート地方のヒンドゥ教徒、パキスタン高原のイスラム教徒など—が特に多かったわけではない。インド人やパキスタン人の移民が増加したのは、母国での出国制限があったにもかかわらず、1959年以降のことである。この時期の移民のほとんどは未婚の男性であった。イギリスは1962年になって連邦移民法を制定し、施行に移した。この法律によれば、移民希望者は次の3つのカテゴリーに該当する者のみが許可を受け

図6.17 連邦移民法が導入された当時のロンドン空港

られるとされた。

カテゴリーＡ：既にイギリス国内で職が決まっている者
カテゴリーＢ：イギリスで不足している特殊分野の技術を有する者
カテゴリーＣ：Ａ・Ｂ以外で特に認められた者

　許可証の保持者は，その扶養家族を含めてイギリスへの移民が認められたのだが，許可証の発行は当然の如く厳しく制限された。その後1964年にはカテゴリーＣは認可の対象から外されるなど，引き続く措置によって許可をえることがさらに困難になった。1960年代後半からは，カラードの移民の大半はアジア系の移民で，それも既にイギリスにいる世帯主の扶養家族である女性や子供がほとんどだった。西インド諸島からの移民が当初から家族ぐるみで移民することが多かったのと好対照であった。

　1965年以降は，イギリスへのアジア系移民の中でも特定なグループの移民が増えてきたのが特徴である。彼らは東アフリカにいたアジア人で，アフリカ諸国が独立するに及んでイギリスの市民権を選んだ人達だった。その多くは当時アフリカで成功し，豊かな生活を営んでいたので，当初はイギリスへ移住しようとする人はほとんどいなかった。ところが独立によって彼らは次第に政治的圧力を受け始め，これを逃れてイギリスに移住する者が増えたのである。これが特に激しかったのは1972年，イギリス国籍のアジア人がウガンダから追放された時で，この年だけで25,000人の避難民がイギリスに移住した。1970年代の終わりまでに東アフリカにいたイギリス国籍のアジア人20万人のほとんどは東アフリカから出国した。

Box 6.8　アメリカ合衆国への移民　　　　　　　　　　　　　　　　　　　　　　　　　　　　（千人）

	1971～80	1981～90	1991～92	1993		1971～80	1981～90	1991～92	1993
統　　計	4493.3	7338.1	2801.1	904.3	フィリピン	360.2	495.3	124.6	63.5
ヨーロッパ	801.3	705.6	280.6	158.3	シ リ ア	13.3	20.6	5.8	2.9
フランス	1738.0	23.1	5.7	2.9	タ　　イ	44.1	64.4	14.5	6.7
ド イ ツ	66.0	70.1	16.4	7.3	ト ル コ	18.6	20.9	5.0	2.2
ギリシア	93.7	29.1	3.9	1.9	ベトナム	179.7	401.4	133.0	59.6
アイルランド	14.1	32.8	17.0	13.6	北アメリカ	1645.0	3125.0	1595.0	301.4
イタリア	130.1	32.9	5.2	2.5	カ ナ ダ	114.8	119.2	28.7	17.2
ポーランド	43.6	97.4	44.7	27.8	メキシコ	637.2	1653.0	1160.0	126.6
ポルトガル	104.5	40.0	7.3	2.1	バルバドス	20.9	17.4	2.6	1.2
ルーマニア	17.5	38.9	14.6	5.6	キューバ	276.8	159.2	22.1	13.7
旧 ソ 連	43.2	84.0	100.6	58.6	ドミニカ共和国	148.0	251.8	83.4	45.4
スペイン	30.0	15.8	3.5	1.4	ハ イ チ	58.7	140.2	58.5	10.1
イギリス	123.5	142.1	33.9	18.8	ジャマイカ	142.0	213.8	42.7	17.2
ユーゴスラビア	42.1	19.2	5.3	2.8	トリニダードトバゴ	61.8	39.5	15.4	6.6
ア ジ ア	1633.8	2817.4	715.5	358.0	中部アメリカ	132.4	458.7	168.7	58.2
バングラデシュ	NA	15.2	14.4	3.3	南アメリカ	284.4	455.9	135.2	53.9
カンボジア	8.4	116.6	5.8	1.6	アルゼンチン	25.1	25.7	7.8	2.8
中　　国	202.3	388.8	71.9	65.6	ブラジル	13.7	23.7	12.9	4.6
台　　湾	NA	NA	29.6	14.3	チ　　リ	17.6	23.4	4.8	1.8
ホンコン	47.5	63.0	20.9	9.2	コロンビア	77.6	124.4	32.9	12.8
イ ン ド	176.8	261.9	81.8	40.1	エクアドル	50.2	56.0	17.2	7.3
イ ラ ン	46.2	154.8	32.8	14.8	ガイアナ	47.5	95.4	20.7	8.4
イ ラ ク	23.4	19.6	5.6	4.1	ペ ル ー	29.1	64.4	26.1	10.4
イスラエル	26.6	36.3	9.3	4.5	アフリカ	91.5	192.3	63.3	27.8
日　　本	47.9	43.2	16.1	6.9	エジプト	25.5	31.4	9.2	3.6
ヨルダン	29.6	32.6	8.3	4.7	エチオピア	NA	27.2	9.7	5.3
韓　　国	272.0	338.8	45.9	18.0	ガ ー ナ	NA	14.9	5.2	1.6
ラ オ ス	22.6	145.6	18.6	7.3	ナイジェリア	8.8	35.3	12.5	4.4
レバノン	33.8	41.6	11.8	5.5	その他のアフリカ	37.3	41.9	11.5	4.9
パキスタン	31.2	61.3	30.6	8.9					

中国には台湾を含む．　　　　　　　　　　　　　　　　　　　　　　Statistical Abstract of the United States 1995
（訳者補足：「最新地理統計1997年版」古今書院より）

農村人口の減少

設問7からもわかるように，開発途上国における国内の転出入パターンは主に地方から都市への移動という形をとっている。この地方からの人口移動の主な理由は，農村が非常に貧しいということである。このことは農村の自給自足型農業には様々な難問が潜在していることを物語っている。都市ではどんな単純労働であっても，仕事さえあれば農村の2倍から3倍の賃金が得られる。しかも，農業には季節性があり，長い農閑期にはだれもが失業状態になり，若い男女が都市でのより良い生活を求めて農村を離れることは驚くに当らないのである。農村から出てくると，彼らは都市の中やその周辺につくられているバラック住宅地（英語では shanty town, slum area, squatter area 等といわれる）にひとまず落ち着くことが多い。そこはいわば都市と農村の中間的な社会環境が形成されていて，親戚・知人・友人という助け合える人間関係ができているので，新参者でも比較的容易に住み着くことが可能になっている。うまくすれば新参者もたくさんある町中のサービス産業の職にありつくこともあるが，ふつうは都市に出てきてもなかなか職に就けず，そこに住みながら失業とフラストレーションが続くだけである。しかし，このようなとても満足するにはほど遠いような状況でも，農村の極端な貧困生活に比べればまだましだというのが実態なのである。

11　以下の文章は，ある地方から出てきたアフリカ人の若者にインタビューした時の話です。これを読んで次の問に答えて下さい。

「村から出てきてムラゴについた時，まず真っ先にこの町に誰か同じ部落の人間がいないか探したんだ。うまく友達がいたのでラッキーだったさ。でも何とか落ち着き先を見つけるまでには

図6.18　ペルー人移住者の行き着く先；リマの不良住宅地

3週間もかかったね。それまでの間は彼の所においてもらったんだ。国を出る時は多少の金を持って来たんだけど，ムラゴに着いて4日目にはもう金の半分ほどは盗まれちゃったね。その友達に頼んで彼の知り合い—といっても同じ部族の人間ばかりとは限らなかったけど—をいろいろ紹介してもらったんだ。おかげで何とか事務所の掃除夫の仕事にありついたよ。」

「今じゃ若い奴ら何人かと一緒に住んでるけど，同じ部族の人間は1人だけだ。残りの2人は同じ事務所でメッセンジャーをやってるよ。同じ部族の者で部落に帰る者がいれば，おれの女房に伝言を頼んだり，金がある時は少し包んで届けてもらったりするよ。もっと実入りのいい職を探そうと思ってさ，この間カンダ族の知り合いに会って来たよ。やつはおれが連中の言葉がわかるんで色好い返事をくれたけど，本当はおれは連中が余り好きじゃないんだ。カンダ族の連中はおれたちをばかにしてるからな。日曜の休みはどうするかって？ フットボールをやりに行くんだ。クラブに入っているんだけど，いろんな部族の連中が結構たくさん混ざっているさ。まあみんなうまくやってるよ。ここにいると時々食い物まで全部自分で買わなきゃならない生活に嫌気がさすこともあるね。そのうち仕事がどうしても嫌になったら国へ帰ろうと思うけど，まあ，また戻ってくるだろうな…」

a 農村からの移住者にとって，部族内の結びつきはどんな役割を果しているでしょうか。

b この人が故郷を離れ，妻子を残して都会に出てきた理由は何だったでしょうか。

c 国では彼は何をやっていたと思いますか。

d 移住者にとって都市で見つけやすい仕事といえば，どのようなものだと思いますか。

e この移住者は自分の置かれた状況をもっと良くすることができそうでしょうか。

f この種の移住が農村にとって困るのはなぜでしょうか。

g どうすればこういう移住を止めることができるか考えて下さい。

12 図6.18について次の問に答え

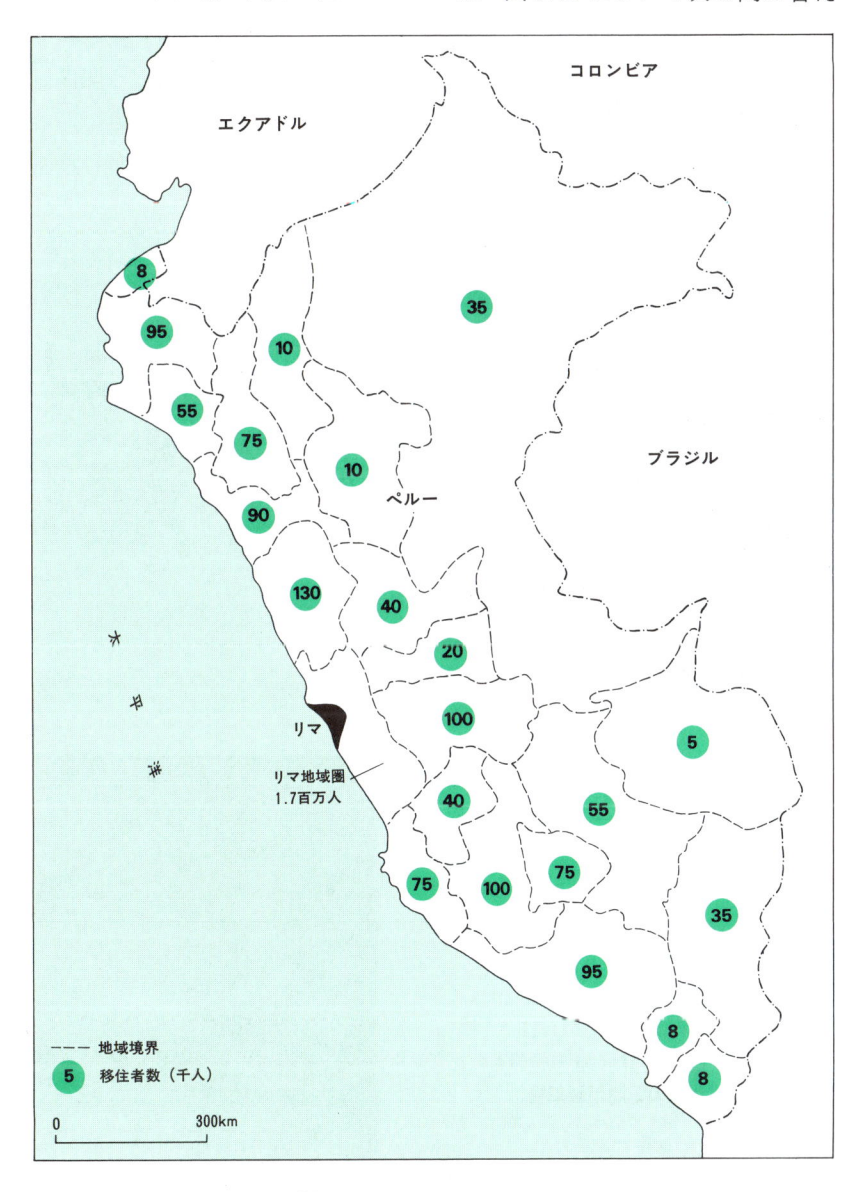

図6.19 リマ移住者の出身地

て下さい。

a ここが移住者のコミュニティだということはどこでわかりますか。
b これはいつごろ建てられたものだと思いますか。
c 何種類ぐらいの建築材料が使われているでしょうか。
d こうした材料はどこで手に入れると思いますか。
e この場面を簡単なスケッチに描いて，その特徴的な点を記入してみましょう。

13 図6.19の地図の輪郭と境界線を写して，地区毎に移住人口数に応じて色分けして下さい。
　0〜25,000　………薄い色
　26,000〜50,000　…少し濃い色
　51,000〜75,000　…濃い色
　75,000を越えるもの
　　　　　………最も濃い色

a ペルーの地形図と見比べながら，今作った地図に現われたパターンが地形とどう関係しているか説明して下さい。
b 首都・リマからの距離は移住人口の数に関係がありますか。
c 各地域の大きさは，リマに出る移住人口数と関係がありますか。
d 交通の利便性は移住者の数にどう関わっているでしょうか。
e この移住のパターンから，ペルーの人口分布の特徴を説明してください。

Box 6.9　リマの闘牛場に遠征してきたスペイン本場の闘牛

見物人はほとんどが上流階級の白人。うしろの山には貧しい階層の人々が密集して住む。（石川友紀撮影，1989年1月）
（訳者補足：石川友紀（1991）「ペルーの生活」地理36巻2号，口絵）

Box 6.10　日本の援助により建設されたリマ市北方の石油精製工場

下はニンニクの収穫，日系人の経営する農場。（石川友紀撮影，1989年1月）
（訳者補足：石川友紀（1991）「ペルーの生活」地理36巻2号，口絵）

インドネシアのトランスマイグレーション計画

　移住は時に，特定な目的を達成するために政府が建てた計画の1つのプロセスとして行なわれることがある。この節と次節では，これまでの移住とは違った目的で行なわれた移住の例を紹介する。インドネシアでは農村開発計画に従って，多くの人達が原始林を開拓してそこに移住していった。またタンザニアの例では，広く散在していた農家が新しい農村を造って，そこに集約されるというものもあった。

　インドネシアの国土は全体で13,000以上の島からなっていて，マレーシアとオーストラリアの間に挟まれ，弓なりに広がっている。実際に人のいる島はそのうちの4分の1に満たないが，それでも総人口は1億4,000万人に達している（図6.20参照）。この人口はさらに増加が見込まれており，2000年には新たに1億人が増えるともいわれている。

14 地図を見てインドネシアの主な島を探し，その概要について調べてみましょう。
　a 図6.20を参考にしてインドネシアの人口分布パターンについて説明して下さい。
　b この人口分布からすれば，島の間で人口移動が起こるとすればどのようなパターンをとるか考えて下さい。

　インドネシアの中心はジャワ島で，伝統的にほかの島からの移民を受け入れてきた。ジャワ島の面積は国土の7％に過ぎないが，人口では総人口の65％が集中しており，その結果，平均人口密度は1平方キロ当り660人という過密状態にある。一方これとは対照的に，外周部の島々では人口が非常に少なく，例えばスマトラ島の人口密度は1平方キロ当り38人程度である。人口密度がこんなに違うのは，島々の基本的な地理条件が大きく異なるからである。ジャワ島の土壌は，火山灰が下流の平地に流されてできた沖積層なので非常に肥沃である。降雨量もほかの島よりは少なく，開墾して灌漑型の水田を造るのが容易であった。一方，外周部の島々は熱帯雨林が広がっていて降雨量も非常に多い。森林を開墾すると，雨で肥沃な土壌がすぐ流されてしまうので，原住民は焼畑農業をしながら移動するのである。これに対しては，これまで様々な問題を抱えつつも，永続的な定着農業の開発も取り組まれてきた。それはジャワ島の人口膨張を吸収し，人口過疎の島々における自然資源を開発しようとしたからである。1949年にインドネシアが独立国家として統一されると，指導者のスカルノ将軍は外周部の島々への「トランスマイグ

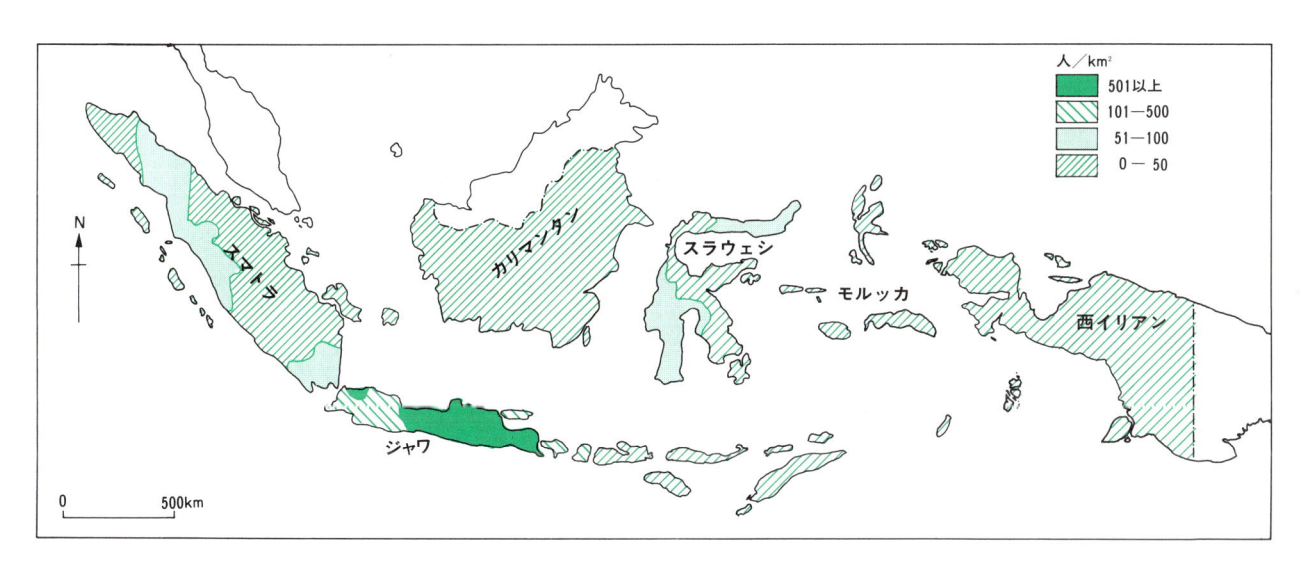

図6.20　インドネシアの人口密度

レーション計画」をたて，その後継者もこれを引き継いだ。

政府は当初，トランスマイグレーション計画の対象は農民だけに限定していたが，応募者が少なく，そのうち農民以外の人にも対象を広げた。現在では退役軍人，都市のホームレス（住む家がなく路上生活やバラックに住んでいる人達のこと）や失業者，さらに新たに職につこうとしている若者達が募集の対象に含まれた。入植者に対しては，出発前に家族共々農業に必要な技術についての研修が行われる一方，入植地域では森林の伐採が進められて，農地の整備が行なわれた。入植者は，それぞれ土地の条件や肥沃さの度合いに応じて，1世帯あたり2ヘクタールから6ヘクタールの土地が与えられ，村の大きさは200世帯ないし500世帯の単位で開発されたので，1ヵ所の開拓村毎に数千ヘクタールの熱帯雨林を伐採することになった。

入植初年度目は，地元の自治体が入植手当として，各世帯に現金，食糧，苗，必要な農機具などを支給する。仮設住宅や学校・医療施設等の公共施設を建設する基金も用意されている。入植当初の数年は，プロジェクト担当の役人が村の指導者に対していろいろな援助をするが，その後はこの指導者たちが委員会を作って，村の管理をする仕組である。入植後5年たって村の経営がうまくいくようになると，政府はこれを正式な自治組織として公認するのである。

このトランスマイグレーション計画については様々な問題が取り沙汰されている。計画の発足以来，開拓農村もかなりの数にのぼってきたが，農業の生産性は極めて低い水準に留まっている。入植者の多く，特にジャカルタからの入植者にとってはここでの新しい生活は厳しく，土地に順応して落ち着くまでには大変な苦労が強いられるようである。当

図 6.21　スマトラのトランス マイグレーション計画にみる農家

然ここの生活に見切りをつけジャワに逃げかえる者もでてきた。農民出身の入植者の場合は概して成功したようである。彼等は農作業には慣れているし，生活感情も楽観的な人が多いからである。最近政府はもっとコミュニティを安定したものにするために，入植者と現地住民との融和を積極的に推進しようとしている。いずれにしても，このプロジェクトの成否は，政府がこの開拓村に対して今後ともどのような支援をしていくかに関わっているといえよう。

15 ここまでの内容に沿って，熱帯雨林を開墾した農地の場合，農民が解決しなければならない問題は何か考えてください。

16 a 政府が開拓村の配置計画として，図6.22のような計画を採用したのはどうしてでしょうか。このプランの長所・短所を考えてみましょう。
   b このプランに対して，同じような条件を満たすプランを読者なりに提案して下さい。

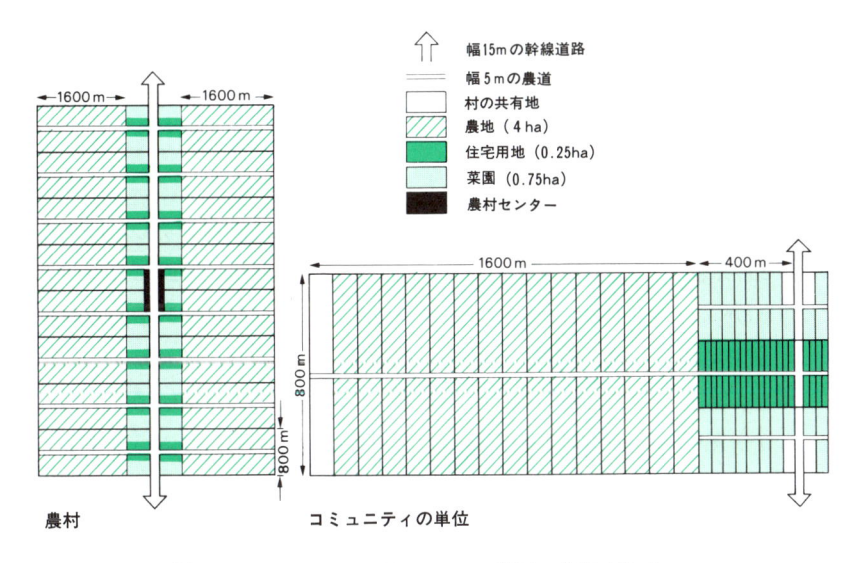

凡例：
- 幅15mの幹線道路
- 幅5mの農道
- 村の共有地
- 農地（4 ha）
- 住宅用地（0.25ha）
- 菜園（0.75ha）
- 農村センター

農村 ／ コミュニティの単位

図6.22　トランスマイグレーション計画の農村建設プラン

Box 6.11　屯田兵村とトランス・マイグレーション計画

インドネシアのトランス・マイグレーション事業は，政府が積極的に後押しした新しい農村開発だという意味では，日本の明治に推進された北海道における屯田兵村の開発と似ています。両方とも森林原野，泥炭地を開拓して農業用地を作っていきました。ただ屯田兵村建設の場合は，明治という時代もあって，トランス・マイグレーション事業ほどには綿密な開発計画が用意されていなかったようです。また，その目的にも違いがあります。屯田兵村の建設には，明治政府が当時ロシアとの政治関係の中で北海道の守りを固めるために，北海道の定住人口を大幅に増強する目的がありました。屯田兵という名前自体にその目的がはっきり現れています。しかしその一方では，明治以前の日本の農業を近代化するために，大規模な農地を造成して，ヨーロッパ型の新しい農業形態を日本に導入する事も意図されていたのです。

（訳者補足）

タンザニア：ウジャマーの部落

1961年独立当時，ほとんどのタンザニア人は自給自足農業と牧畜を営み，散在する集落に住んでいた。地方人口のうち，町や村に住む者は10％にも満たなかった。この町や村でさえ，ほとんどが昔ながらの自然発生的にできたものだった。

1967年，ニエレレ大統領はアルシャ宣言を出し，その中でタンザニアの生活を改善するために，自立・平等・協力の重要性を強調した。政府は「家庭」を意味する「ウジャマー」の理想にもとづいて農村を建設し，それを中心に生活することを目的とした緊急事業を実施した。ウジャマーの村は，労働と財産を皆で分配しあうという，昔からのアフリカの家族システムに基づいて運営されるように計画された。ニエレレ大統領はこれを「アフリカ社会主義」と呼び，貧しいながらに農業から得られるタンザニアの収入を公平に配分する最も適した方法だと考えていたのである。さて，この新しい村を造るには比較的短距離ではあったが，多数の農民を移動させなければならなかった。新しい定住地の大部分は地域間の境界の内側に造られたが，それでも人口分布が大きく変り，それまで開発が遅れて人口の少なかった地域でも，主要幹線道路に沿って急速な人口集中が起こった。

17 表6.5を見て，村の数が最も増加した時期はどの時期か説明して下さい。1973年以降には村の合併が進んだのですが，このことはどこでわかるでしょうか。

18 a 図6.23を3枚コピーして下さい。それを使って**表**6.5にあげられている年毎に，村の数をランク別に色分けしてみましょう。
200未満……薄い色
200～399 …中ぐらいの濃さ
400～599 …濃い色
600以上……特に濃い色

b できあがった地図とタンザニアの地形図とを比べてみましょう。新しい村が一番多いのはどの地域ですか。これらの村は海岸・高地・都市等とどのような位置関係にあるでしょうか。

c ここにあげた6年間について，どのような変化があったかできるだけ具体的に，地域を特定して説明して下さい。

この新農村計画は成功したのだろうか。これは幅広い分野にまたがる長期的な社会・経済・政治的改善計画なので，始まったばかりの今，性急な判断をするのは適切でないかもしれない。しかし，計画の実施方法については既にいくつかの問題がで

表6.5　タンザニアの村落数

	地　域　名	1970	1973	1976
1	アルーシャ	25	95	209
2	ダルエスサラーム	―	―	10
3	ドドマ	75	336	331
4	イリンガ	350	659	464
5	キゴマ	34	129	145
6	キリマンジャロ	9	24	284
7	リンディ	285	589	257
8	マラ	174	271	270
9	ムベヤ	91	715	501
10	モロゴロ	19	118	341
11	ムツワラ	465	1103	466
12	ムワンザ	28	284	535
13	プワニ	56	188	256
14	ルクワ*	―	―	155
15	ルブマ	120	242	269
16	シニャンガ	98	108	425
17	シンギダ	16	263	256
18	タボラ	52	174	283
19	タンガ	37	245	299
20	ジワ マグハリビ	22	85	491
	Total	1957	5628	6247

*かつてはムベヤとタボラ地域の一部だった

てきている。まず、農民からは再配置についての強い抵抗が起こり、実力行使の末、強制的に移住させられた人がたくさんいた。これに対して、農民が怒るのは当然で、そのために村のコミュニティ意識の基盤さえ危うくし兼ねない問題にまで発展したのである。一部の強制的に移住させられた農民のなかには自発的な勤労意欲を失い、政府のお仕着せの援助に頼りがちになった者もでた。さらに計画について事前に相談がなかったことを理由に、計画の実施に協力しないものもいた。なかには、政府が必要な資金の調達ができないとわかると、急に熱意を失う者もいた。いずれにしても、ウジャマーの村々がこれらの困難を乗り越え、ニエレレ大統領がねらった成果があげられるかどうかは、時間と共に明らかになることであろう。

19 次のリストにあげた項目について、村人を新しい村に移住させる際、有利に働くか不利に働くかを考えて下さい。

- **a** 医療施設の整備
- **b** 小学校義務教育化の導入
- **c** 伝染病の蔓延
- **d** 穀物や家畜の増産
- **e** 農家に対する農地の割り当て
- **f** 自然災害からの被害の危険性

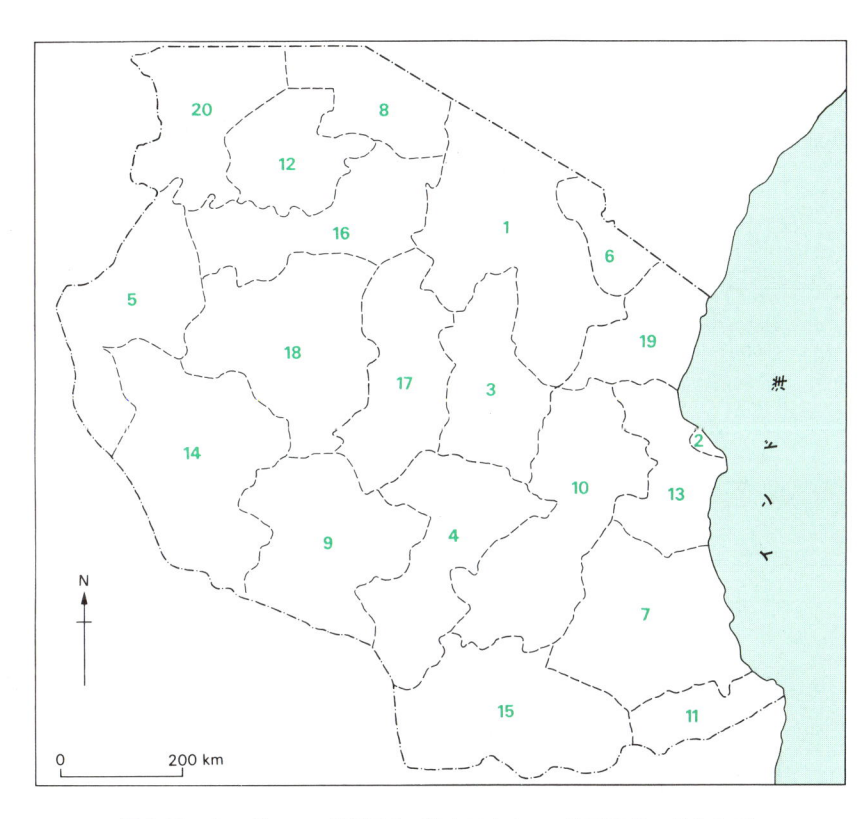

図 6.23 タンザニアの地域区分（数字は表 6.5 の地域番号に対応する）

Box 6.12　最近のタンザニア

1970年代に入ると、タンザニアも世界を駆け巡ったオイル・ショックの影響をもろに受けてしまいました。石油を産出しないため、輸入に頼らざるを得なかったからです。しかもこれに加えて気候の不順が襲い、主産物の農業生産が急激に落ち込んでしまいました。さらに追い討ちをかけるように、北の隣国ウガンダとの間で紛争が起こったのです。

こんな事のため、タンザニアの国家経済は急速に悪化し、1980年代になると政府の統治機構が麻痺状態に陥りました。このような状態では海外援助も十分な効果をあげる事ができず、一時は各国や国際機関からの援助がストップするほどでした。1990年代になって、政府は改革に乗り出しますが、一度悪化した経済の建て直しは容易でなく、貧困は農村ばかりでなく都市部でも拡大してしまったのです。国民は十分な社会サービスが受けられなくなり、特に保健医療事情が悪化しています。

特に注意が必要なのはエイズ問題です。1995年の推計では総人口約2,800万人のうち、110万以上がHIVに感染していると見られています。これは国家経済の担い手である成人が罹病して経済活動ができないこと、エイズ孤児が増加していること、さらにエイズ治療の医療費が増大するなど、国の発展を妨げる深刻な問題であると見られています。

（参考文献：「タンザニア国別援助研究会報告書」国際協力事業団, 1997）

まとめ

マイグレーションは様々な形で地方レベルから世界的なレベルにわたって起こっています。植民地時代にはヨーロッパ人は海外に進出し，熱帯地域の広大な土地を支配・利用し，時にはその土地に定住していきました。今日では航空機の利用によって，国をまたがる旅行も以前よりはずっとしやすくなりましたが，移民については多くの国が厳しい規制を敷いています。カラードはその多くが旧植民地からイギリスにやってきた人たちですが，それも今では法律で厳しく制限されています。第三世界での移住形態は，地方から都市に移ってくるのが一般的なものです。地方からやってくるのはほとんどが農村の男性で，職業とより高い収入を求めて都市にやってくるのです。このような都市への集中を緩和するために，人口の少ない地域を計画的に開発して人口圧力を地方へ誘導する政策をとっている国もあるのです。

図 6.24　ウジャマー村の家づくり

第7章　爆発する都市

都市化

　第三世界における都市人口は，1950年から2000年までの50年間に，実に4倍に膨れ上がるといわれる。この章ではこのような都市の膨張について，その原因と結果が何なのかを見ることにしよう。

　過去150年，世界の人口構造には都市に住む人口と農村に住む人口との比率がドラマチックに変わってきたという現象が見られる。都市人口の比率が着実に増加をたどり，今ではその増加率も加速度を増してきた。これが都市化といわれる現象である。19世紀の工業開発はヨーロッパ，そして後の北アメリカにおける都市化を引き起こすことになった。1900年にはイギリスの人口は既にその80％が都市人口であった。今都市化のまっただ中にあるのが第三世界の国々であり，先進国ではむしろ都市の成長速度は低下している。開発途上国の都市がなぜそんなに急速に成長しているのかについては2つの大きな理由がある。その第1は都市に住む人口の自然増加が多いため（これは農村部でも同じことがいえる），そして第2は地方から流入する人口を受け入れて増えているためである。

1 a　図7.1を参考にして，1960年と1980年の各都市の人口と，2000年の推定人口を表にして下さい。

　b　図7.1に示されているそれぞれの折れ線の角度を測って成

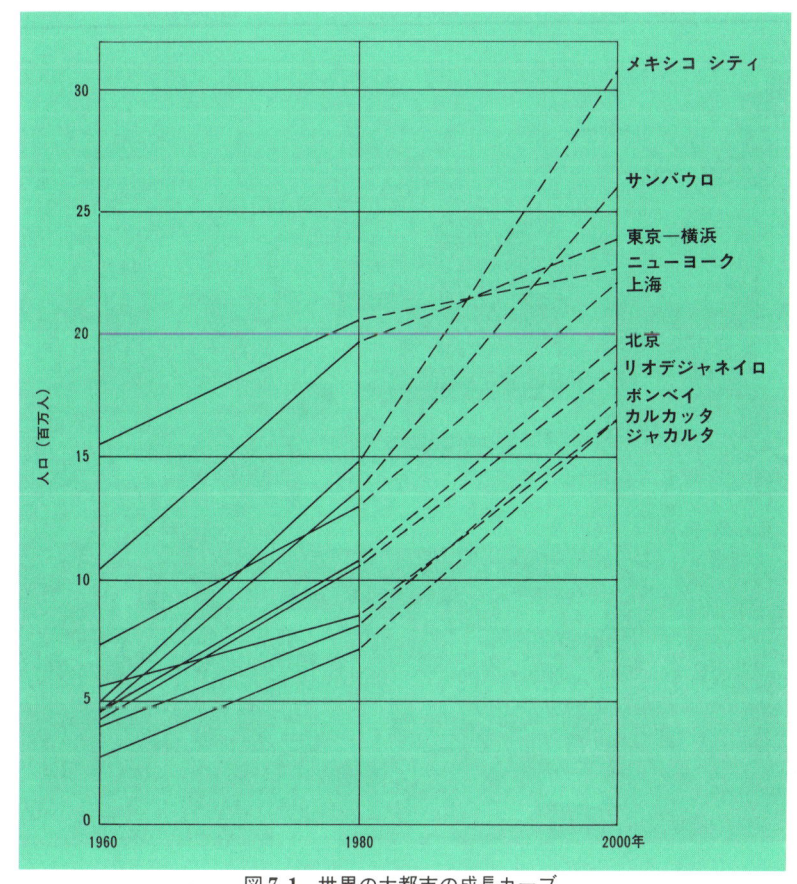

図7.1　世界の大都市の成長カーブ

長率のランクを調べてみましょう。

ⅰ）1960年から1980年までの間

ⅱ）1980年から2000年までの間

（ランク1をそれぞれの期間を通じて，もっとも成長の早い都市として下さい。）

c グラフ上で第三世界にはない都市を2つあげて下さい。

d この2つの都市の成長率を残り8都市と比べた時，どのようなことがわかりますか。

世界の都市の成長パターンは，百万都市つまり人口が百万人以上ある都市の数とその位置について分析することによって，どう変わってきたか調べることができる。

2 a 表7.1の内容は一部図7.3の棒グラフに示されていますが，これと同じ座標を使って1950年代初期と1970年代初期の百万都市の数と位置を示す棒グラフをそれぞれ作って下さい。

b 各時期について目立って都市の総数が増えてた緯度帯はどこか，また都市規模別に見た時，数の増え方の大きいランクが緯度帯の位置の変化でどう変わってきたか分析して下さい。必要なら地図帳を見て世界地図に示されている緯度帯の位置を確認するとよいでしょう。

c ほとんどの開発途上国が熱帯ないしは熱帯に近い所にあるのですが，今都市化の進み方をみた時，このグラフに表われたパターンからこのことが確認できるでしょうか。

第三世界の都市の開発が急速に進むことには様々な問題が伴っている。都市の居住者の中にはスクォッター（注：法律的に居住の権利が認知されていない土地に住み着いている人たち）が多くいて，市街地の拡大を計画的に進めることが難しくなっている。どの都市でも基本的な公

表7.1 百万都市の増加

緯度	1-3	3-5	5+	1-3	3-5	5+	1-3	3-5	5+	都市規模（百万人）
60°	8	2	1	9	3	1	19	2	2	
50°	9	2	1	15	5	1	34	3	4	
40°	8	2	1	19	3	2	36	3	6	
30°	3	-	-	8	3	-	13	3	2	
20°	2	-	-	6	2	-	9	1	2	
10°	-	-	-	2	1	-	9	1	-	
0°	1930年代初			1950年代初			1970年代初			

図7.2 ブラジルのサンパウロ；第三世界の急成長する都市の例

共サービス—上水道・下水・電気あるいはごみ収集といったサービス—のない地域が広く残されてしまっている。またヨーロッパやアメリカと違って，開発途上国の都市化は工業の発展の度合いと必ずしも一致していなかったために，都市だからといっても工場などの職場が十分あるわけではなく，手間賃仕事などでその日暮らしをしている人が少なくない。家政婦・靴磨き・私設の夜警そして修理工とか守衛をしている人が多いのはそのためである。人手があまっているために仕事の中身が細分化され，その1つ1つが雇用機会として成立しているともいえる。ともかく開発途上国での最大の問題は，富を握る少数の富裕階級と，ほとんど何も持たない大半の一般大衆との間の格差が一向に改善されないことにあるといっても過言ではない。

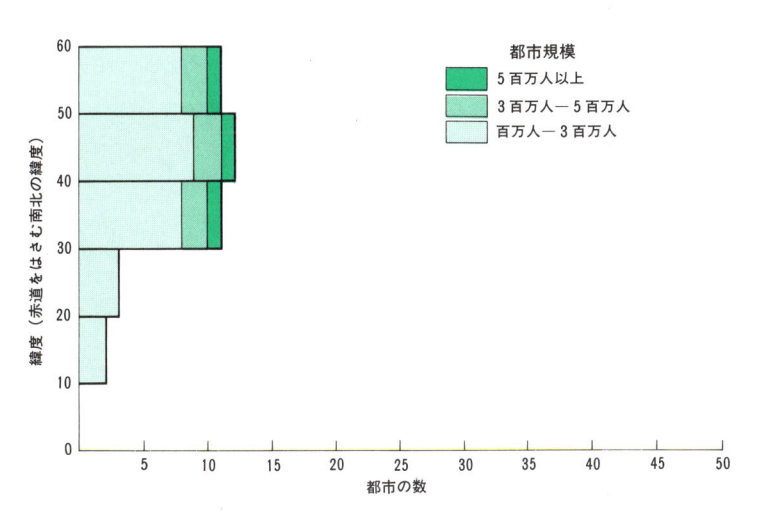

図7.3 世界の百万都市（1930年代初）

Box 7.1 首都の拡大と国際化

現在世界でみられる都市の膨張はいっこうに衰える様子がなく，むしろ加速される気配さえみられます。特に開発途上国では人口・経済・情報が首都地域へ一点集中する傾向が強く，この首都集中という問題は21世紀に課せられた大きな課題になりそうです。

これらの国では，地方自治体の自立性が弱いために，首都が国レベルばかりではなく地方レベルの政治的・行政的な意志決定の場ともなっていることが多いのです。大半の開発途上国が独立国として以前にもまして多様な国際関係を維持しなければならないとすれば，内外に向けた首都の役割はますます重要になると思われます。

外国企業の進出や企業資本の国際化が進むと，首都経済の海外依存度が高まり，首都は空間を越えて他の首都との結びつきを強め，お互いに国際都市化していくことになるでしょう。そしてこの様な首都は，このままでいけばどこも同じような都市の表情を持ち，同じ様な都市問題を抱え込んでいくことは想像に難くありません。一方それぞれの国には固有に発展してきた歴史的・文化的な都市空間があってそれらは今でも首都以外の地域のむしろ地方の歴史的中核都市で生き残っています。もしこの歴史的拠点性を経済的・社会的・かつ文化的にも補強することができれば，首都以外の地域の活性化をうながす手がかりとなるし，多様な地域形成を達成する可能性も期待されます。

（訳者補足）

中国首都・ペキンの夕暮れ
中国では改革開放政策が採られて20年。経済の国際化がペキンでも進み，都市の風景のなかに近代的な高層ビルが目立ってきた。それと同時に，ながい歴史を伝える昔の町並みが消えていく。（訳者補足：保科秀明撮影）

首位都市

開発途上国をみて一見不思議に思うことは，その国で最も人口の多い都市は第2の都市と比べてその何倍も規模が大きいということである。こういう場合，この最大あるいは第1の都市は普通首位都市と呼ばれている。その実態についてはラテン・アメリカ諸国の都市規模を見ると一目瞭然である。

3　表7.2を見てここにあげられた国ごとに図をつくって比較します。まず垂直軸に都市人口の規模を取り，都市の規模別ランクの順位を水平軸に取って下さい。次にその座標上に都市ごとに位置を求め，その点を直線で結びます。その結果描かれた線形を見て次の事柄について考えてみて下さい。

a　首位都市が特にはっきり現れている国を4つあげて下さい。

b　ブラジルについてのグラフが示す特徴は何でしょうか。

c　コロンビアのグラフを見た時，他の国とどこが違うか考えてみましょう。

首位都市が発達することについてはなぜそうなのか様々な意見がある。これは首位都市があるといっても国によってそれぞれ事情が違うのだ，という見方では片づかない問題をはらんでいる。はっきりしている

図7.4　アルゼンチンの首都・ブエノスアイレスの中心部にたつ超高層ビル群

表7.2　南米の主な国の10大都市人口（百万人）

都市規模の順位	メキシコ	アルゼンチン	ブラジル	チリ	ペルー	コロンビア	ベネズエラ	ボリビア	エクアドル
1	11.3	8.4	8.0	3.2	3.3	2.9	2.2	0.7	0.8
2	2.0	0.8	7.0	0.2	0.3	1.4	0.7	0.2	0.6
3	1.6	0.8	1.6	0.2	0.3	0.9	0.4	0.1	0.1
4	0.5	0.5	1.0	0.2	0.2	0.7	0.3	0.1	-
5	0.5	0.5	1.0	0.2	0.2	0.3	0.3	0.1	-
6	0.5	0.4	0.9	0.2	0.2	0.3	0.2	-	-
7	0.5	0.3	0.6	0.1	0.1	0.2	0.1	-	-
8	0.4	0.2	0.5	0.1	0.1	0.2	0.1	-	-
9	0.4	0.2	0.5	0.1	0.1	0.2	0.1	-	-
10	0.3	0.2	0.4	0.1	0.1	0.2	0.1	-	-

ことはその国の政治的あるいは経済的な活動の中心になっている都市は間違いなく拡大しているということである。特に国の輸出入に関わる活動を握る力がこの都市の成長を決める要素になっているともいえよう。地理学者の中には首位都市は工業やその他の様々な企業活動を効率的に行なうので、結果的には国家経済を活性化するのに役立つと考える人がいる。しかしその一方で首位都市が大きくなりすぎると、逆に都市機能が有効に働かなくなって、非効率になるとみる人もいるのである。開発途上国では交通渋滞・過密・水不足など大都市共通の悩みを解決する余裕がないのが現実である。首位都市の成長は国土のそれ以外の地域の成長を犠牲にした上に成り立っているという見方もある。地方都市や農村地域が開発資金の不足に悩んでいる反面、中心都市にはどんどん流れているというのも事実である。社会的にみれば、首位都市は一握りの富裕階層を優遇する仕組を助長しているかにみえるといってもいい。もちろん国によって事情は違うが、資本投資がもっと平均化して行なわれれば、膨大な数に上る貧しい人たちへの一助になることは間違いない。

4 a 図7.5に示す国名をそれぞれ地図に当てはめて下さい。この図をコピーしてそれに国別にあげた最大都市の人口の対総人口比を円グラフに書き込んで下さい。図中の数値を3.6倍すれば円グラフに書き込む角度がわかります。

b その円グラフに示されたパターンは前出の設問3で作ったグラフとどう対応しているでしょうか。作った図を見てそのパターンの特徴を説明して下さい。

5 1980年代の半ばになると、第三世界地域では500万から1,500万の都市は珍しくなくなるといわれます。最も大きい都市になると、ロンドンの2倍以上になるでしょう。これからの5年間にあなたが住んでいる町や都市の人口が倍になるとすれば、どういう事が起こるか考えてみて下さい。そのときどんな問題が起こるでしょうか。また人々の生活はどんなふうに変わるでしょうか。

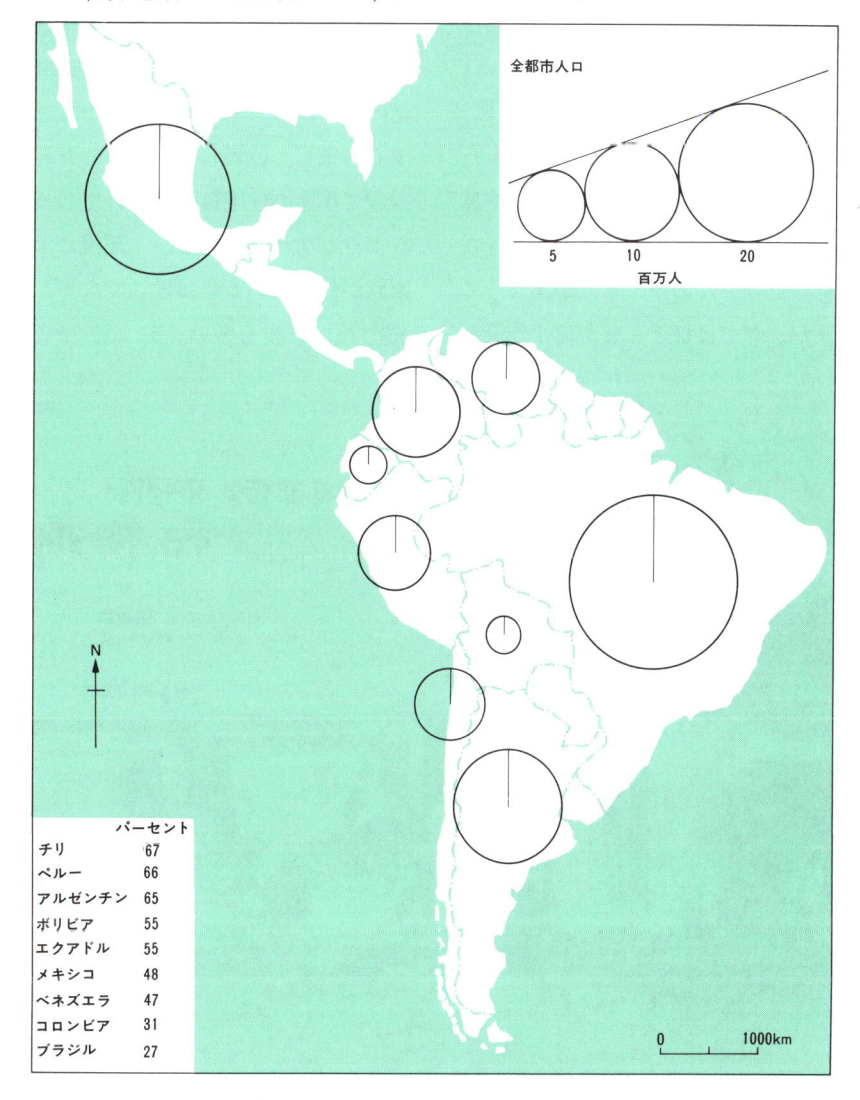

	パーセント
チリ	67
ペルー	66
アルゼンチン	65
ボリビア	55
エクアドル	55
メキシコ	48
ベネズエラ	47
コロンビア	31
ブラジル	27

図7.5 南米各国別にみた都市人口に占める最大都市の人口割合

カルカッタ

インド最大の都市カルカッタは，長い間人口過剰で爆発寸前の状態が続いてきたといってもいい。カルカッタは，ガンジス川河口のデルタ地帯では最大の運河の1つとして知られるフーグリー川に沿った，平坦な湿地帯のうえに作られた都市である（図7.7参照）。この辺りは気温が高く，夏のモンスーンには雨が極端に多く降る地域である。

カルカッタの都市形成は1690年，イギリスが交易の地として開拓したことに端を発している。その後交易は栄え，拡大する産業に引きつけられてたくさんのインド人が集まってきた。今ではほとんどが自小作農とはいえ，1億5,000万人以上の人口を抱える広大な東インド地域の中心地になっている。かつての伝統的な産業は既にすたれてしまったが，今なおインド経済の中心の1つであり，従って周辺地域からは職業や少しでもいい生活の場を求めて，人が集まってきている。

カルカッタは山積する都市問題を抱えているが，中でも特に深刻なのが住宅不足である。都市部に住む人口900万のうち，およそ3分の1はバスティといわれる，不良住宅地区に住んでいる。そこは雨期になるとすぐ浸水し，乾燥した泥で作った掘っ建て小屋の住宅はすぐ壊れてしまうようなスラムである。1部屋に大家族が住んでいるのは珍しくなく，家のない家族も多い。およそ25万人が露天生活をしているといわれ，そのうえさらに多くの人々が道路脇

図7.7 カルカッタの位置

図7.6 バスティの居住環境

に仮子屋を建てて路上生活をしているのである。

バスティには，下水設備が全く造られていない。カルカッタでは百年前に既に排水設備が作られていたが，今は排水があちらこちらで漏れるにまかされていて，これが飲料水を絶え間なく汚染しているのである。バスティでは，便所は地面に穴を掘って作った程度の粗末なもので，しかも50人に1カ所といった割合である。生活からでるごみは通りに積み上げられ，収集されないまま何週間も打ち捨てられていることも珍しくない。こんな状態ではこのバスティが，いろいろな疫病の巣になっているといっても何の不思議もないのである。住人はほとんどが寄生虫を持っていて，赤痢はごく当り前のように発生しコレラがいつ流行してもおかしくない状態といってもいいだろう。

1960年代になって，カルカッタのこのどうしようもない事態を改善するため，大変込み入った計画がたてられた。1970年代には大都市圏開発庁(the Metropolitan Development Authority)という名の機関が市役所の一部につくられ，この計画の実施に取りかかった。しかしまもなくこの計画を完遂するには資金も資源も全く足りないという問題に直面したのである。例えば住宅問題一つにしても，あまりにもその数が多かったために，とても手がまわり切らず，都市の住宅として，バスティを容認せざるをえないはめになった。できたことといえば，路地を舗装し豪雨時に備えた排水溝の整備や給水栓の増設，そしてコンクリート製の便所建設を進めるといった改善に留まった。それでも1970年代を

図7.8 カルカッタ中心部のバスティ

図7.9 路上につらなって野菜を売る人々（カルカッタ市内）

通じて，カルカッタのバスティ地区の半分以上の地域で，こうした改善事業が実行されたのである。この事業で評価されることは，バスティ地区に形成されていた緊密なコミュニティを壊すことなく，また地域の住人が働いている零細な工業や産業を追い出すこともなく，ある程度環境改善ができたことであろう。

もう1つ，カルカッタの都市計画担当者を悩ましている問題に交通問題があった。カルカッタのラッシュ時の交通渋滞といえば，それはぞっとするほどひどいもので，それというのも元を正せば道路面積が少なすぎることが原因であった。西欧の都市では道路面積は大体20パーセントを占めているが，それがカルカッタではほんの6パーセントしかないのである。バスや市電は絶望的に混雑していて，いつも15，6人があふれて車体にぶら下がっている。今のところフーグリー川には橋が1本しかない（図7.8参照）。にもかかわらず毎日50万もの人が通勤のためにこの橋を渡って対岸のハウラー地区に通っており，これがどうしようもない交通渋滞を引き起こす原因になっているのである。第2の橋が目下建設中で，さらに地下鉄も建設途上にあるが，いつになったら開通するのかめどがたっていない。

図7.10 路上生活者の掘っ建て小屋

図7.11 カルカッタの雨季に必ず発生する浸水

6 166～168ページに示した写真を見て，都市としてのカルカッタが直面している問題を想像して下さい。思いつくことを全部あげてみましょう。

7 a 表7.3を見て，カルカッタに流入する人口について人口ピラミッドを描いて下さい。描き方は34ページの10にあります。

 b その人口ピラミッドの特徴を

分析してみましょう。もしそのパターンが極めてアンバランスだとすれば、なぜだかその理由を考えて下さい。またその結果，ⅰ）カルカッタでの生活や職場，ⅱ）前に住んでいた農村での生活や職場，にはどんな影響が起こっているか考えてみましょう。

表7.3　カルカッタの人口流入

年令	女性(%)	男性(%)
60+	1.0	1.0
55-59	1.0	1.0
50-54	1.0	2.0
45-49	1.5	3.0
40-44	2.0	6.0
35-39	2.5	11.0
30-34	3.0	14.0
25-29	4.0	13.5
20-24	4.5	12.0
15-19	3.5	7.0
10-14	3.0	4.5
5-9	1.0	1.5
0-4	0.5	0.5

8　次にあげたカルカッタに関する新聞からの引用文を読んで下さい。

……今カルカッタ市民の間でもっとも期待を集めているのは地下鉄工事の掘削が進んでいることだろう。この工事現場の様子はピラミッドの建設現場を彷彿とさせるものだ。頭に布をまとった腰布1枚の労働者が何千人となく働いており，人力で土を掘っては麦藁の籠で運びだしている。1台の気圧式杭打ち機に代わって，15人の労働者が一群となって滑車のついた竹のやぐらを組みたて，それで巨石をロープで引き摺り揚げては杭打ちをしている。引き摺り揚げては落とす。また引き摺り揚げては落とす……。

a　大規模建設工事でこうした工事方法をとることの利点，欠点について考えてみましょう。

b　大都市圏開発庁はなぜこんな工法を取っているのだと思いますか。

Box 7.2　都市化の背景

都市人口が増加する背景を見ると，いくつかの特徴が見られます。1つは農村から都市へ移動してくるために増加する場合です。その動機は農村が貧しくて生活苦に陥ったこと，若い世代が職を求めて都市へ出てくること，大学など高等教育を求めて大都市へ集まること，さらに生活の変化や都会の魅力にあこがれて都市へ向かうなど，様々な理由があります。これらの理由を大きく分けて，都市化が進む背景にはプッシュ・ファクター（農村に住みつづけられないような条件）とプル・ファクター（都市が人口を惹きつける条件）が働いていると説明する学者もいます。（訳者補足）

Box 7.3　タイの首都バンコクへ転居する理由

	1960	1980	1995
流入人口総数(千人)	70.6	93.8	94.0
移動理由(%)	100.0	100.0	100.0
職を求めて(出稼ぎを含む)	38.2	63.2	58.2
教育のため	16.2	9.7	17.0
その他	45.6	27.1	24.8
就業者数(千人)	43.8	63.7	58.8
就業分野(%)	100.0	100.0	100.0
職工，建設・工場労働者	47.0	43.3	47.5
サービス	29.9	39.5	34.0
運輸	5.3	4.4	4.0
販売	10.3	6.8	7.7
その他	7.5	6.0	6.8

（訳者補足：National Statistical Office, Office of the Prime Minister, "Statistical yearbook : Thailand 2524-2525 (1981-84)", Bangkok より作成）

スクォッター居住地

スクォッティング（住む所がないために他人の所有地に無断で住み着くこと）は第三世界の都市では珍しくなく、それだけに深刻な問題である。スクォッターというのは地代を払わずに土地を占有している人たちのことである。しかし、そのほとんどはまともに家賃や土地代を払うほどの収入がないので、やむなくそうしているに過ぎない。いずれにしても住宅が絶対的に足りないのである。居住条件は1つの都市の中でも上から下まで、ピンからキリまである。ふつうスクォッターはドラム缶をつぶしたり、梱包用の木材を使ったりして廃物利用の材料で作った掘っ建て小屋に住んでいる。都市によってはスクォッターといえども政府の公共住宅に勝るとも劣らないような上等な住宅に住んでいることもあるが、それでも建設費は一般の公共住宅より相当安いのがふつうである。

カルカッタの大都市圏開発庁が、バスティの環境改善のためにどう取り組んできたかは既にみた通りである。今ではどこの政府もスクォッターを追い出すよりは、それはそれとして環境改善の道を探るほうが得策だと考えるようになってきている。実態は彼等に住宅を新たに建設するだけの経済的な余裕がないというのが本音であろう。一言でいって、問題があまりにも大きすぎるのである。

9　表7.4にあげた都市についてそれぞれの位置を地図のうえで確かめて下さい。次に世界の白地図のうえに表にある各市について総人口を円柱で示し、それぞれについてスラム居住者・スクォッターの占める人口の割合を円柱に書き込んで下さい。それ

名前：ビコス

年令：20歳

性：男性

出生地：シティソ

現住所：ブラジル北東部サルバドール市にあるスクォッター地区

家族：ビコスはベティーとシェイラという名の2人の叔母と住んでいる。ベティーは娘1人を連れて、亭主と別居している。シェイラはロマーノという名の男—レンガ積み職人—と結婚し、上は14歳から下は2歳まで子供が9人いる。ビコスは14歳の時、この2人の叔母に連れられてサルバドールに移り住むことになった。

職業：ビコスは町の小さなカフェーで雑用に雇われており、月に12ポンド（約4,000円）の収入がある。ベティーにしてもロマーノにしても、身体の具合が悪くて常用の仕事につけないために、この家族で定職についているのはこのビコス1人だけだ。

生活環境：この家族が住んでいる家は、バラカと呼ばれる掘っ建て小屋で、一家は2つのバラカに分かれて住んでいる。バラカにはそれぞれ部屋が2つしかなく、草葺の屋根が低いため、天井も低く室内はひどく薄暗い。窓がないので、唯一入口のドアが光り取りや換気孔代りになっている。床は土間のまま、テーブル1つと2,3脚の椅子が置かれているだけだ。ほかの家具といえば、大人がベッドにしている板の台ぐらいなものしかない。子供たちは土間に寝る。暗くなるとたった1つのケロシンランプを囲んで時を過ごす。

食物：食事はレンガで作った炉で料理する。主食はカッサバ芋と豆類で、稀にビコスがカフェーから持ち帰る肉や魚、それにチーズが食卓に載ることもある。パパイヤとかバナナといった果物は滅多に食べられない貴重品だ。多少の食器類はあるが、刃物類がないので食事は指を使って食べる。

飲料水：水はこのバラカのかなり遠くを流れる川から運んで来るか、これも遠くにしかない公共水道の蛇口に行かないと手に入らない。水を運ぶには石油缶を使っている。従って水は大変貴重で、料理や飲料用以外には使わないのが普通だ。体は川や海で洗う。海辺の砂丘は便所代りにもなる。小さい子供たちの遊び場は道路だ。

所持品：ビコスには白い木綿のシャツ3枚と、これも木綿のズボンが2本、それにチャックのついた木綿のジャンバーが1着ある。靴を履いているのはビコスとロマーノだけだ。ほかの男たちと同じように、2人ともトランジスターラジオを持っていて、ニュースやお気に入りのフットボール試合を聞く。

図7.12　あるスクォッターのプロフィール

ができたらその円柱のうち，スクォッターにあたる部分がはっきりわかるように色分けしてみましょう。

10 図7.12にあげたスクォッターの生活・家庭・生活環境等についての記述を読んでください。ここにでてくるビコスが日頃どのような日常生活を送っているか想像して下さい。

11 ここでやろうとしていることはスクオトポリーと呼ばれている一種のゲーム（日本の双六遊びと同じルール）で，南米を舞台にスクォッター居住がどのようにして拡大するかを想定して作られたものです。このゲームではスクォッターが働いたり，外部の援助を得たり，また幸運に恵まれたりして，いずれにしても何とかして居住環境を改善することをゲームの目標にしています。ゲームを進めていくうちに，スクォッターの生活に潜んでいるいろいろな落とし穴や不安定な生活基盤がどんなものかわかるようになっています。

① スクオトポリー・ゲームは4人でやるのが一番いい遊び方です。

まず各人はさいころと数取表，そしてスコアボード（図7.14にあるもの）をそれぞれ1つずつ持ちます。

② ゲームの始まりは全員，田舎から出てきたばかりのお上りさん，というところから始めます。この人は財産もほとんどなく，所持金も100ドルしかないという想定です。ゴールはスクォッターにとって購入可能な最もよい住宅を手に入れることです。

③ ここに住宅の建設用地として4種類の土地があり，それぞれはタイプの違う住宅しか建てられないものとします（図7.15にある通りです）。そして1つの土地から新しい土地に移ることができるのは移転先に家を建てるお金がある時だけです。他の土地に移るには順序があり，これを飛び越すことはできません（同じく，図7.15参照）。

④ a 各人振り出しから始めます（図7.13）が，さいころを振ってその数だけマスを進んで下さい。進み方は時計回りです。もし6が出た時は，その時だけ次の6マスの範囲内で好きなマス目を選べることにします。

b ゲームの開始にあたっては，全員まずとりあえずの仮小屋が必要なので，まだ誰も占拠していない谷間の土地を取らなくてはなりません。この時，1つのマス目には1人しか住めないことにします。

c 土地を持つには空いているマス目を見つけてその位置を押え，すぐ住宅建設費を払い込まなければなりません。

d "チャンス"あるいは"組合資金"というマス目に来たら，もう1度さいころを振り，173ページにあげた図7.16あるいは図7.17を見て，さいころ

表7.4 第三世界の主な都市におけるスラム居住者・スクォッターの人口（百万人）

都　市	総人口	スラム居住者・スクォッター人口
マニラ	4.4	1.5
ジャカルタ	4.6	1.2
ソウル	5.5	1.2
カラチ	3.4	0.8
ボンベイ	6.0	2.5
カルカッタ	9.0	5.3
リマ	2.9	1.2
カラカス	2.4	1.0
リオデジャネイロ	4.9	1.5
ボゴタ	2.3	1.4
キンシャサ	2.0	1.1
イバダン	0.8	0.6

図7.14 スクオトポリー ゲームの得点表

住宅の種類	出来事	ドルの所持金		
		収入	支出	残高
なし	都市に出る			100

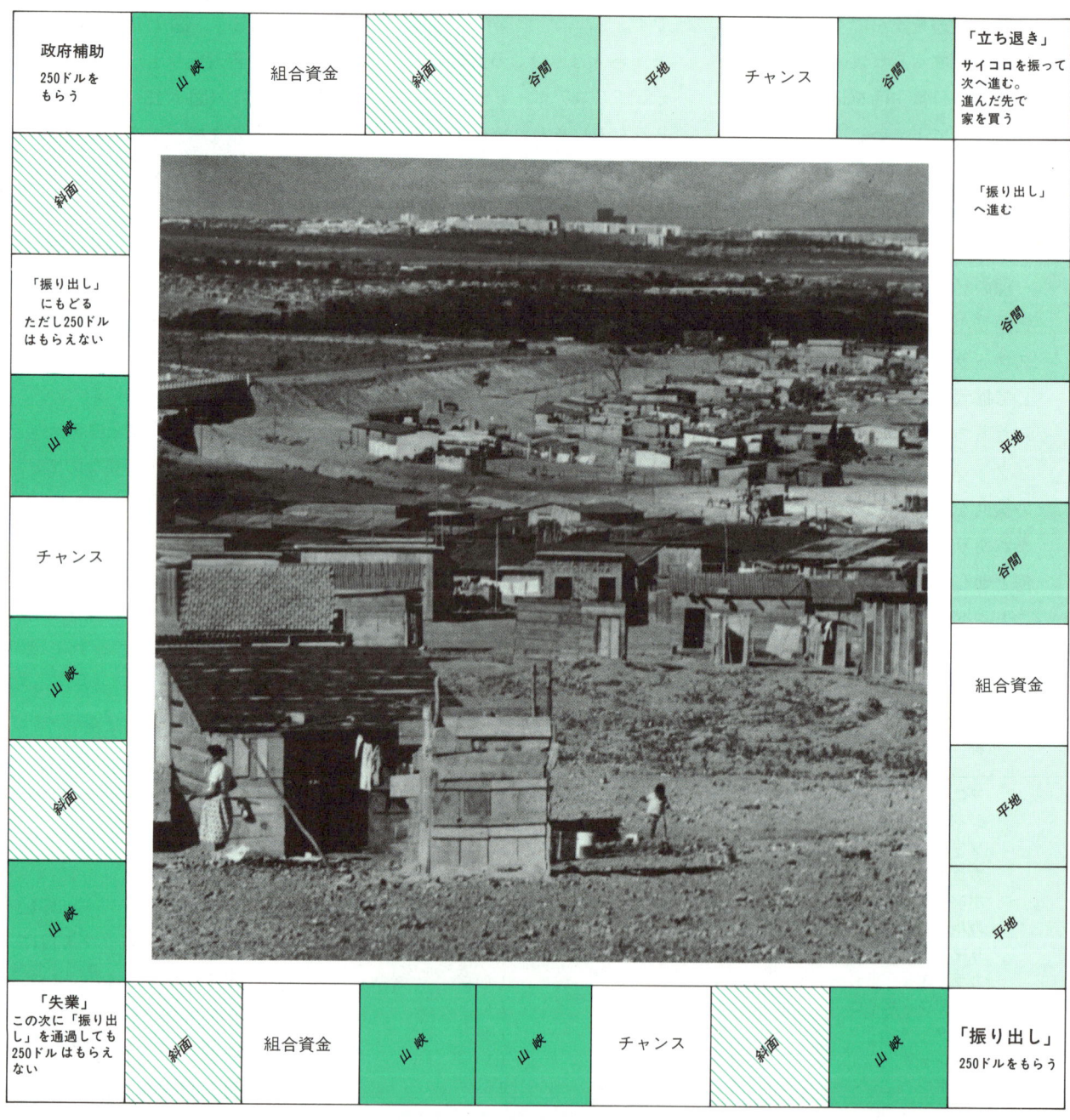

図7.13 スクオトポリーのゲーム板

第7章 爆発する都市　173

図7.15　土地と住宅の種類

地形	住宅の種類	住宅建設費(ドル)	家賃(ドル)
1 山峡	ボール紙の小屋	不明	10
2 斜面	廃材でつくった小屋	250	15
3 谷間	粘土レンガの家	300	20
4 平地	コンクリートブロックの家	500	25

1 両親と住み、養わなければならない。この先、振り出しを通過しても各回200ドルしかもらえない。

2 暴風雨が来た。山峡にいる人は新しく家を建てるまでぬける。それ以外のところにいる人は家の修復費として100ドルをはらう。

3 住宅用地の近くでレンガがただで手に入る。これを使って家を改良する。このますにいるあいだは賃貸料として10ドルもらえる。

4 娘が女中の働き口をみつけ、家計をたすける。この先振り出しを通過するたびに50ドルよけいにもらう。

5 政府が谷間と平地を通る国道を建設する。ここにいるものはサイコロを振って、奇数がでたら家がとりこわされる。立ち退いて新しい家を買わなければならない。

6 水不足にあう。飲料水はなんとかまかなえる。他の人から使用料をとることができる。全員から20ドルとる。

図7.16　スクオトポリーで使う「チャンスカード」

1 家に下水を引く。家の価値が高くなるので家を持っている場合は100ドルもらう。

2 政府改良事業に働くことで一時的な職につく。「失業」へ進む。ペナルティはない。

3 建築の材料費が高くなる。新しい家に移るとき、150ドル追加して支払う。

4 政府が今の家から立ち退きを要求しない。ここにいる人は「立ち退き」へ進む。ただしペナルティはない。

5 平地にいるなら、電気が引かれる。50ドルはらう。この先ここに来る人から30ドルもらう。

6 赤十字救援団ができて衣類と薬をくばる。5ます先に進む。

図7.17　「組合資金」にきたときのカード

の目が示す項目にある指示に従って下さい。

e 振り出しを通過する時は，年間所得を得るという意味で250ドルのお金を受け取ります。

f 誰か他の人が既に占拠しているマスにきた時は，図7.15にある基準に従って，借地料を払います。

g 持っているお金では払い切れない事態が起こった時は，今もっている家を購入時の値段で売って，借金返済後に残ったお金で買える土地—マス目のこと—に移動しなければなりません。

⑤ ゲームを進めている時は，毎回スコアボードに所持金残高を書き込んでいきます。同時にさいころを振るごとにどんな目にあったか—例えば，移転したとか，失業したとか，強制立ち退きさせられたとか—を書き込みます。

⑥ このゲームには上がりがありませんが，誰かコンクリートの家を持ち，500ドルの現金を獲得したらゲームの終わりにしてもいいでしょう。

Box 7.4　スクォッター地区の子供たち（フィリピン）
（訳者補足：保科秀明撮影）

シンガポール：ある都市国家

シンガポールはマレー半島の南端にあって，インドと中国の間を結ぶ航路を支配する重要な位置に立地している。イギリスは1819年にこの島を領有し，港湾を開発したうえで海軍基地を建設した。1963年にはマレーシア連邦が独立して，その一部になったが，その2年後には連邦から脱退せざるをえなくなり，それ以来独立国家として一人歩きすることになった。

植民地時代シンガポールはアジア各地からの入植が続き，特に中国からの入植者の多い移民の中心地だった。このことは今の人口構成にも如実に表われていて，総人口の76％は中国系，15％がマレー系，インド系は7パーセントといった具合である。とはいえ1965年以来，シンガポールの民主政府は220万国民に国家としての強い自覚を持つような政策を一貫して取ってきた。一見したところではシンガポールは自立できるほど強い立場にあるようにはみえないかもしれない。国土はほんの585 km²しかないため，土地に対する競合が激しく，人口密度も1 km²当たり3,750人という高さである。飲料水も自国ではまかなえず，大量の不足分はマレーシア本土から補っている始末である。こうした事情にもかかわらず，過去15年間にみられたこの都市国家の発展には，誰もが目を見張るものがある。

その原動力になったのは，精力的な民間企業と商業協同組合で，これが協力して大いに経済活動を拡大したからだといわれる。シンガポールは7つの大規模石油精製工場を持ち，ヒューストン，ロッテルダムに継ぐ世界第3位の石油精製基地である。大型タンカーの修理・サービスがジュロン地区・ケッペル地区そしてかつて軍港だったシンガポール港を基地にして行なわれてる（図7.18参照）。また，東南アジア海域で海底油田が発見されたために，製造業と海底掘削業にブームを引き起こした。たくさんの国際石油資本がこの地域で操業し始め，そのために各社はこぞってシンガポールにこの地域

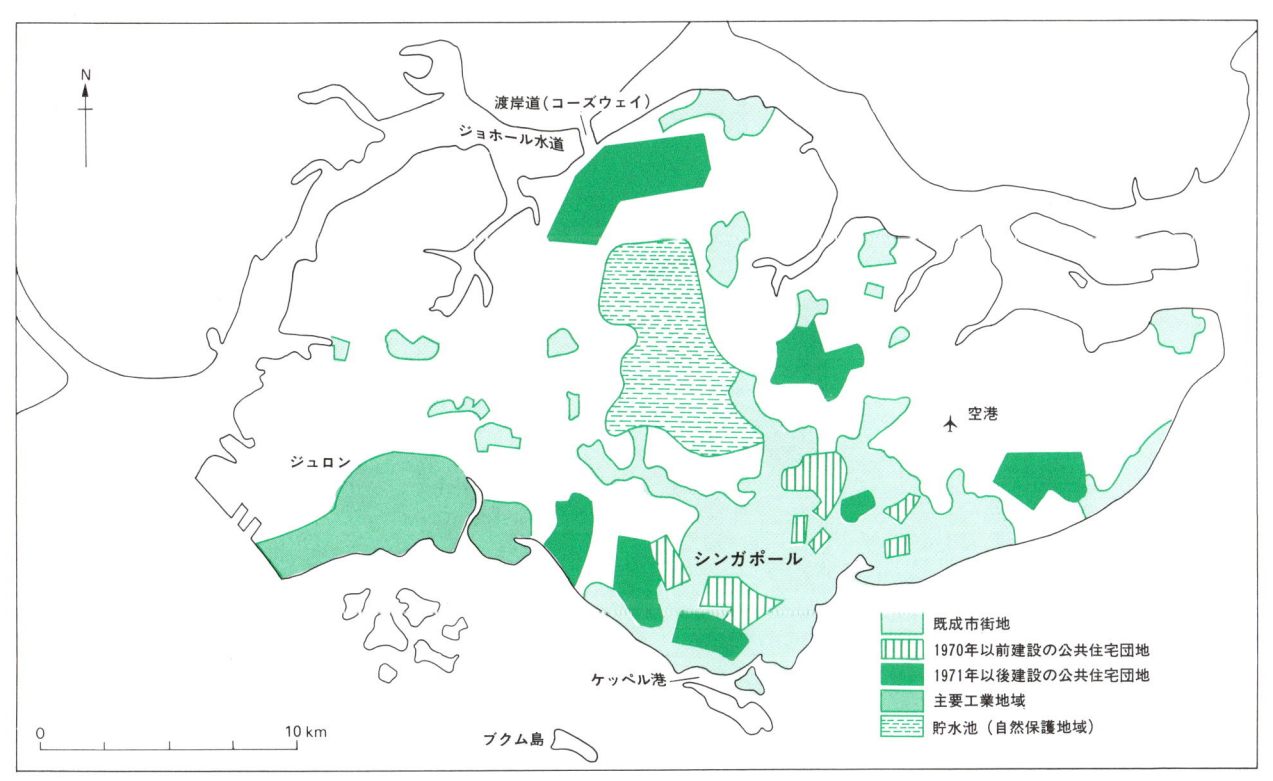

図7.18 シンガポール島の土地利用

凡例：
- 既成市街地
- 1970年以前建設の公共住宅団地
- 1971年以後建設の公共住宅団地
- 主要工業地域
- 貯水池（自然保護地域）

における本社機能を置いたのである。この国の主な産業はこの他にも電子工業や時計・カメラ・光学機械等の精密機械工業がある。シンガポールはこれらの工業が必要としている金融投資や技術力の高い労働力も確保している。また巨大な工業団地をジュロン地区に開発し，工場の拡張にも十分な土地を用意した。さらにシンガポールの拡大する商業活動や銀行業務のために，ヨーロッパスタイルの中心商業・業務地区の整備にも力を入れたのである。

今政府が抱えている最大の課題は，過密なシンガポールの人口に対して，いかに適切な住宅を供給するかということである。独立当初，都心周辺には掘っ建て小屋の町が広がり，スクォッターの数も10万人にのぼっていた。また昔からの都心部では，慢性的な住宅不足に悩まされており，高密度に建て込んだ店舗住宅には，人がまるで缶詰のいわしのように住んでいた。この店舗住宅というのは19世紀に建てられた3，4階建ての建物で，もともと1家族用で1階に店舗ないし仕事場を設けたものだった。今はこれが簡単な間仕切りで小さな個室に仕切られ迷路のようになっている（**図7.19**参照）。そしてこの個室に1家族全員が住んでいることも珍しくない。職業とか生活環境について少し詳しく紹介したものを**表7.5**にあげたので，参考になるだろう。

これに対して，政府は公共住宅の大量建設計画を建て，都市過密問題の解決に乗りだした。その結果1980年には人口の70％が公共住宅に入居出来るようになったが，そのほとんどは高層アパート住宅である。こうした改善が進むにつれて，今先進国が抱えているものと同じような問題も発生してきた。それは高層住宅そのものが持つ社会的な問題とか，

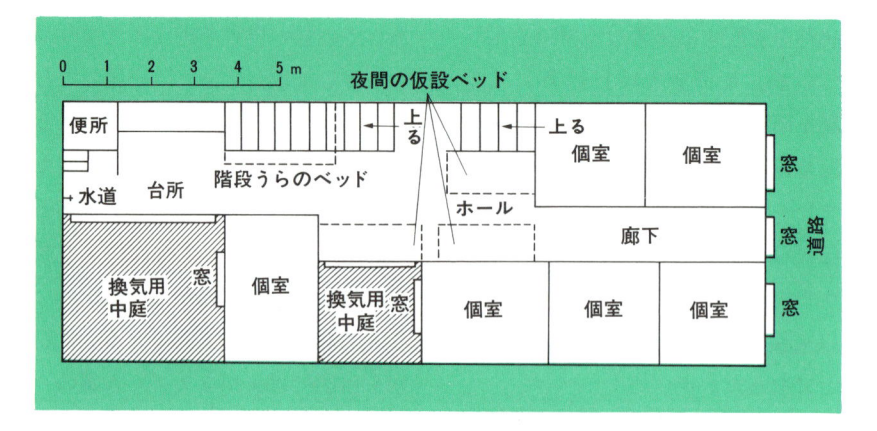

図7.19　ショップハウスの2階平面図

図7.20　シンガポール旧市街のショップハウス

第7章　爆発する都市　177

家族規模を制限せざるをえない事情が発生したとか，また産業用地やレクリェーション用地の不足といった問題である。それぞれ非常に複雑な問題なので，政府がどう解決するかは時を待たなければならないようだが，これまでの実績を見る限り，シンガポールはこれからも精力的かつ注意深く事にあたって行くことと思われる。

12 図7.18を見て次の事柄について考えて下さい。

　a 主な市街地は島の南部海岸に集まっていますが，なぜでしょうか。

　b 公共住宅について，ⅰ）1971年以前，ⅱ）1971年以降，とでは立地上どのような違いがあるか説明して下さい。

　c シンガポールの主要な水源地はどこにあればいいと思いますか。

　d ジュロン地区が工業団地の適地に選ばれた理由は何でしょうか。

　e シンガポールでは空港が極めて重要と考えられています。

図7.21　シンガポールの公共住宅団地にたつ高層住宅

表7.5　シンガポールの上南京路に住む人々

家族名	年令 夫　妻	子供の数（同居）	出生地 夫	妻	夫の職業	個室の大きさと場所	家具
ウォン家族	38　37	4才・5才の2人	インドネシア	シンガポール	臨事雇い	3.6×3.2m 屋根裏べや	ダブルベット サイドボード イス2脚
リー家族	31　26	2ヵ月～6才まで5人	広東，中国	シンガポール	工場雑用	2.1×3.0m 2階	ダブルベット （1.5×1.8m） サイドボード2
ラム家族	47　43	18ヵ月から16才まで7人	広東，中国	広東，中国	レンガ工	2.4×2.1m 3階	ダブルベット サイドボード
レオン家族	49　45	4才から14才まで3人	広東，中国	広東，中国	大工：病気失業中	2.7×2.4m 2階	ダブルベット サイドボード たな
ウォン・クォック・トン	66　－	24才・26才の2人	広東，中国	－	退職	2.7×2.1m 2階	ダブルベット サイドボード テーブル
イップ・サム・ムイ	－　62	32才の1人，他の6人の子供は小さい時死亡	－	広東，中国	息子が製錬工として工場で働く	個室なし，2階廊下の階段うらに住む	なし

が，なぜでしょうか。
　f　最大規模の石油精製工場がプラウ・ブクム（ブクム島）に建設されていますが，そこが理想的な場所とされた理由は何だと思いますか。

13　表7.5にあげたのは，上南京通りの住人に関するものです。
　a　中国の地図を見て，広東州を探して下さい。イギリスのもう1つの植民地になっている島はどの辺にあるでしょうか。この島があったために中国人のシンガポールへの移民が促進されましたが，それはなぜでしょうか。
　b　この上南京通りの例からもわかるように，中国人は同郷の者同士が集まって住む傾向があります。それはなぜだと思いますか。
　c　男たちはどんな職についているでしょうか。こういう職業の場合どんな問題がありますか。
　d　この表からどれか1家族について，居室面積を適当な縮尺で平面図に起して下さい。その上に1家の1人1人が寝る時どうするかスペースを取ってみましょう。大人1人の大きさは1.7×0.5m，子供は1×0.25mとして下さい。それができたら他の家族の場合と較べてみましょう。シンガポールの店舗住宅ではどれほど高密に人が住んでいたかよくわかるでしょう。

Box 7.5　都市のホームレス問題

　今，開発途上国では「21世紀は都市化の時代」といわれるほど，都市部での人口増加が進んでいます。その結果都市環境全体が悪化していて，特に住環境の悪化が深刻です。以前からスラム地区（古い市街地の住宅が放置されている地区）や，スクオッター地区（所有権のない土地に人が住みついている地区）が問題にされてきました。近年はこれに加えて，ホームレスの人々（行き場所がなく道路や橋の下に住む人たち）が目立ってきました。このホームレス問題は途上国ばかりではなく，先進国でも増加しています。東京でもホームレスが社会問題化したことは記憶に新しいことです。ヨーロッパの調査機関によれば，ホームレスを次のように定義しています。
　1）ルーフ・レス（路上でくるまって寝る人など）
　2）家なしの人（住宅ではない構築物や収容施設を短期に転々とする人）
　3）いつ追い出されるかわからない収容施設にいる人
　4）ひどく痛んだり，住宅としての使用に耐えない建物に住んでいる人など。

　この定義からすると，P.168の図7.10に見られる路上生活者は最も悲惨なルーフ・レスに当たります。

（参考文献：Global Report on Human Settlement 1996, United Nations Centre for Human Settlements (HABITAT), 1996）

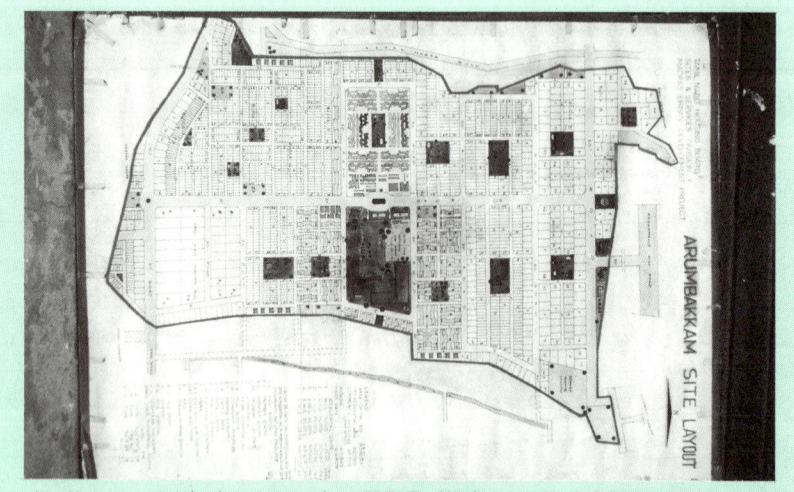

インド・ムンバイ市（旧マドラス）の開発局が提案する公共住宅開発計画
南アジア諸国では，都市のホーム・レス対策が特に深刻である。少ない予算で最大限の住宅を作るためには，住宅の配置は機械的にならざるを得ない。（訳者補足：保科秀明撮影）

キンシャサ：ある植民都市

キンシャサはザイールの首都で，かつてはベルギーの植民地であった。植民地時代，この都市はベルギーの国王の名に因んでレオポルドビルと呼ばれていた。コンゴ川の上流約400 kmの河畔にできたこの都市は1881年に探検家のヘンリー・スタンレィ卿によって建設されたが，元々は小さな水運のステーションに端を発している。1920年代まで発展はゆっくりとしたものだったが，この時期になって川を利用する水運が便利になると同時に，海と結ぶ効率的な鉄道が敷かれ，交易にブームが訪れた。また第二次世界大戦のおかげで工業開発にも弾みがつき，そのとき以来都市は急激に拡大を遂げたのである。1960年に独立を達成して以来，アメリカとの交易や投資が伸びて，今やキンシャサは200万の人口を抱える大都市に成長した。しかし人口の50％はスクォッターだといわれている。

14 次にあげた2つの文（①および②）は，1880年から1960年までの間に興ったレオポルドビルの発展がどう進んだかについて述べたものです。文中のカッコ内にある番号はこの都市を抽象化した地図（図7.23参照）に描かれた六角形に記入されている番号に対応しています。

a 図7.23をコピーしてそれぞれの六角形に鉛筆で番号を振って下さい。

b 凡例にある6種類の土地利用に対して色分け出来るようにそれぞれの色を決めて下さい。

c 次にあげた文章を注意深く読んで，図中の六角形の土地利用を凡例にそって色分けして下さい。

d 色塗が済んだら，それを見ながら1960年のレオポルドビルの土地利用パターンについて説明してみましょう。

①レオポルドビルにはマスタープラン（都市の全体計画のこと）はなかったが，この都市がどういう段階を踏んで発展してきたかおおよそ知ることができる。1つの重要な鍵は，当時ベルギー当局は常に細心の注意を払ってヨーロッパ人の居住地区とシテと云う名で知られるアフリカ人居住区とを分けてきたことだ。スタンレィ・ステーション地区に興った最初の開発は，商工業地区（1）とそれに隣接するヨーロッパ人居住地区（2），およびアフリカ人居住地区（3）であった。その後およそ8 kmほど東に行った所に新しい開発が興り，そこが港を中心としたキンシャサのアフリカ人街の発祥地となったのである。ここでも業務地区と工業地区（4〜7）はアフリカ人地区（8,9）と分離されていたことはいうまでもない。この新旧2つの市街地の間にはカリナといわれる広大な空地が第二次大戦前まで残されたままになっ

図7.22 コンゴ川を背景にしたキンシャサ都心部

ており，戦後はそこに大きな軍事基地が置かれた(10, 11)。これは同時に河畔にそって作られたヨーロッパ人地区(12〜14)と 南東に広がるアフリカ人地区とを切り離す中立地帯の役目もになっていたのである。

② 1950年以降になると，都市のパターンは急激に変わってきた。アフリカ人の移住者が街にあふれ，旧市街(15〜18)周辺に連担したシテを作って住み着き始めた。それは南東に向かってずっと広がって行った（19〜24）。その間にはヨーロッパ人も増え新しく来たヨーロッパ人達は逆に西の方角に向かってずっと離れた

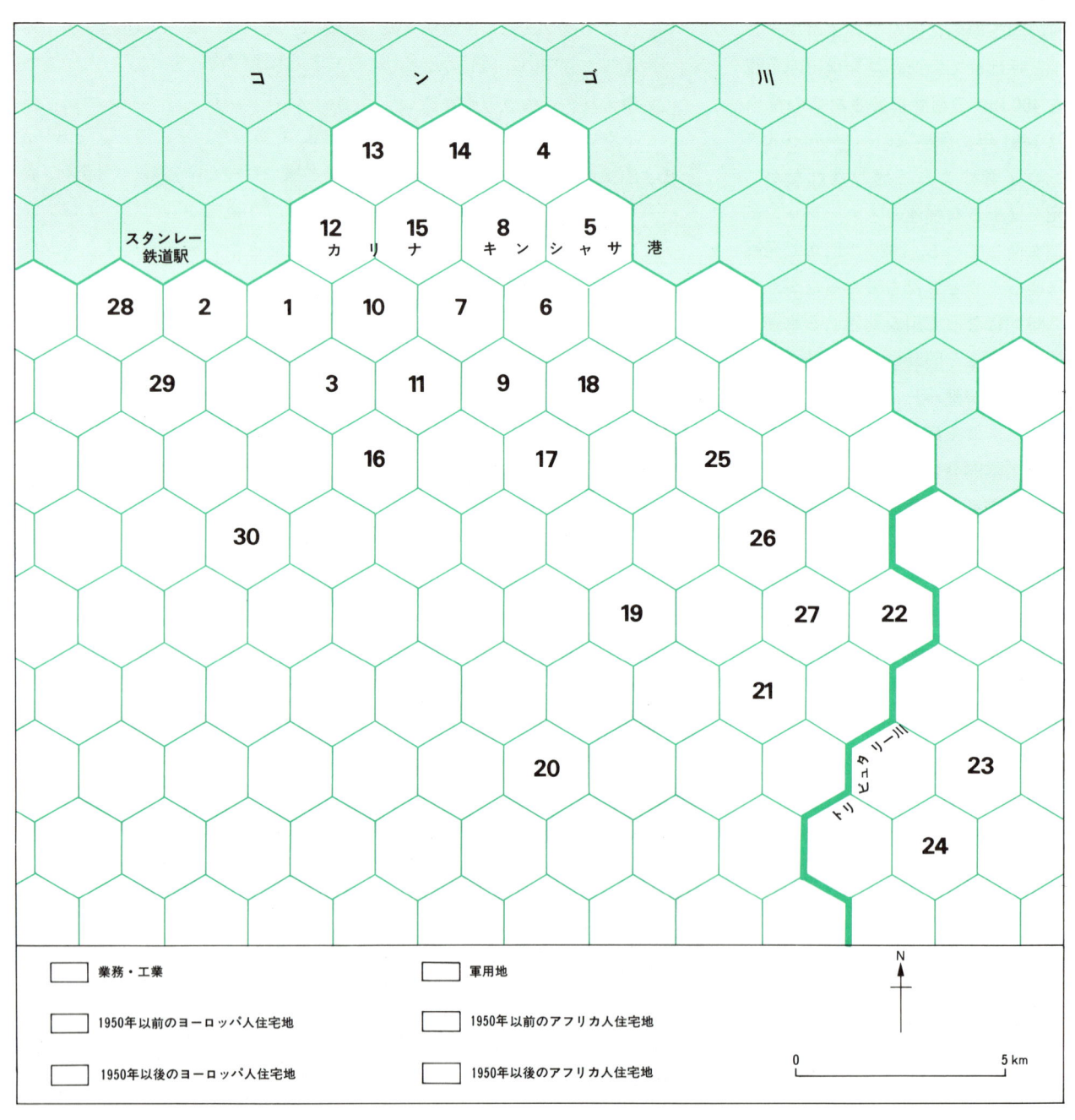

図7.23 レオポルドビルの簡略図（1960年）

所，つまりアフリカ人の居住地から十分離れた所に住み着いていったのである（28〜30）。

15 a　14で作った土地利用図を使って，次のような1960年以降のキンシャサの発展を示すために，六角形を20マス塗りつぶして下さい。

- スクォッターの居住地として10マス
- 商・工業用地として6マス
- アフリカ人用の公共住宅用地として2マス
- 主にヨーロッパ人用の高級郊外住宅地として2マス

どこにこれらの都市開発をするかは自分で決めて下さい。スクォッター居住地が新たに加わったので凡例も追加して下さい。

b　でき上がったら，あなたが新しい開発図を作るにあたって考えたことを説明して下さい。

Box 7.6　フィリピン第2の大都市・セブ市の眺め
セブ市はフィリピン南部の経済・文化・政治の中心地として長い歴史を持つ。今マニラに代わる経済拠点として急速に発展しつつある。（訳者補足：保科秀明撮影）

ルサカ：自力更生のスクォッター

ザンビアが1964年に独立してからというもの，首都ルサカの経済は大いに発展をとげたが，これがためにルサカは人口集中の拠点になった。ザンビア国中からこの首都に人口が流入してきた結果，都市人口は少なくとも50万を越え，その40％以上はスクォッターだとみられている。

スクォッター居住地は，通勤に楽なように職場が集中する地域のすぐそばにあって，かつてはとても住宅を建てるには向かないと考えられていたような土地に建設されている（図7.24参照）。ただこの都市の場合，スクォッター居住地が即，掘っ建て小屋でできた街というわけではない。というのはほとんどの住宅はスクォッターが自分で作ったものではあるが，まあまあのできばえで，材料も安いとはいえない日干しレンガが使われていて，しかもプラスターで仕上げてあり，ペンキさえ使われてるのである。増築は思いのままにできるため，住宅が狭小過密になることは滅多にない。ただこうした外見上のよさにもかかわらず，このスクォッター居住地が様々な問題を抱えていることもまた事実である。井戸水は便所用に掘った穴から簡単に汚染されてしまうし，道路も未舗装なため，乾季にはまだしも雨季になるとひどいぬかるみになってどうしようもなくなる。学校や病院も用意されていない。結局その居住地が法的な手続きを踏まない不法占拠であるがために，スクォッターは自分たちのことは自ら面倒をみなければならず，必要な共同施設は自分たちで計画し，かつ建設するという状況だったのである。

最近，市政府はこの住民の自助努力をてこにした環境改善ということに目をつけて，スクォッター居住地区のうち，主なものを4カ所選び，そこを対象に1つの大計画を発表した。この計画のいちばんの課題は，政府が資材を提供する一方で，スクォッターの自助的精神を損なうことなく，これを有効に生かして環境改善をすすめるにはどうすればいいかということであった。そのために，それがどんな改良事業であっても，実施するにあたって政府はまずスクォッターが今占拠している土地は事業後も居続けていい，ということを事前に認める必要があった。結局政府はスクォッターに対して今家が建っている土地および直接使用している土地について，今後30年間の所有権を認める認定証を発行することにしたのである。なおそれ以外の土地

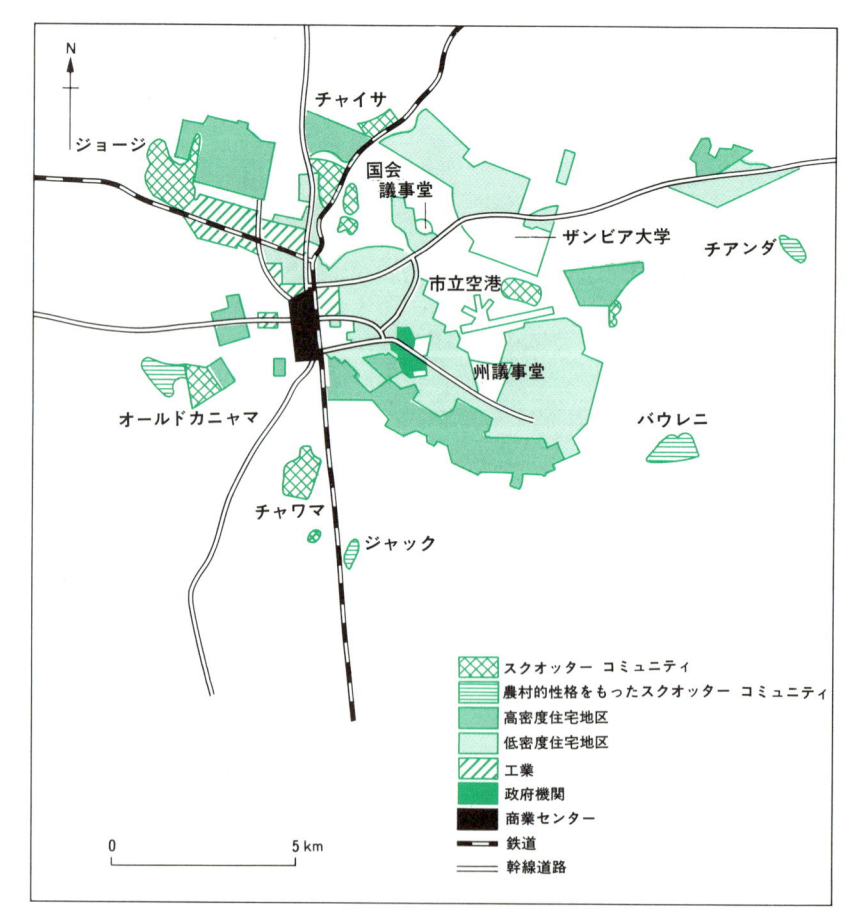

図7.24 ルサカの土地利用

はすべて共有地扱いにした。

そのうえで市政府はまず，清潔な飲料水を供給するために給水塔を建設することにした。住民は市が購入した給水管を埋める溝掘りなどの建設作業を分担したのである。各家庭は水の使用料を払うことになったが，その使用料は各給水塔ごとに各家庭の支払いをまとめる仕組みにした。もし1家族でも支払いが遅れたら，給水を止めるということにしたのである。その結果初めのうちはともかく，まもなく全家庭が間違いなく使用料を払うようになった。

こうしてなにがしかの改善が進んで行くうちに，スクォッターの中には新しく開発された地域に質のよい住宅を建てる者もでてきた。これらの居住区の計画も，市政府が特別に作った専門家チームの技術的な協力を得て，地域の住民がみんなで作ったものである。今のところ，このやり方は非常にうまくいっているといえよう。スクォッターの間にはやればできるという自信が生れてきたし，またその地域の1人1人が環境の改善に参加するようになったのである。

16 ルサカ市政府内に作られた住宅開発室が考えたスローガンは"私たちが手伝います。みんなで一緒にやりましょう"というものでした。これに習って住宅開発室の力を借りながらスクォッター自らが住宅改善に取り組みたくなるような宣伝用のポスターを作ってみて下さい。

17 図7.25および図7.26はルサカにあるスクォッター居住地区の例です。この2つの居住区を比べて違いを見つけて下さい。

18 図7.24を見て，以下の土地利用

図7.25 農家そっくりのスクォッター住居

図7.26 市政府の援助でできた新しい住宅

についてその大きさと位置について特徴を説明して下さい。

a 商業センター
b 工業地区
c スクォッター地区
d 農民スクォッター地区

この地図から，ルサカがザンビアの首都だということを示している特徴をあげて下さい。

まとめ

この20世紀に特徴的なことの1つは，第三世界の都市人口が急激に膨張したことです。これは都市における人口の自然増と社会増とが相まっておこったことです。そして流入人口の多くは都市の内外に掘っ建て小屋を建てて，スクォッターとして住み着きました。この不法占拠による居住区は，場所によって環境条件が違っていますが，ほとんどが生活環境として基本的な欠陥を抱えています。一方都市は商工業や政府機関の立地する中心地でもあるために，第三世界の中でも最も豊かな地域だといえます。そこには近代的な西欧型の中心業務地区があり，外国企業が事務所を構え，また特権的な少数の富裕階層の住む高級住宅地ができています。

Box 7.7　地球の都市環境問題

地球環境の破壊には大きく，自然的なものと人為的なものとがあります。自然的なものは言うまでもなく，地震や台風による地形破壊などです。一方人為的なものは，鉱山開発，過放牧による砂漠化等とともに，都市からの汚染物質の排出があります。現代の都市では大気や水を汚染する工場や自動車が集中していて，地球環境の汚染問題を引き起こしています。都市の発展と拡大が汚染を生み出し，地球環境の破壊を引き起こしているのは皮肉な事です。それはまるで生物が長寿化するにつれて，変質する細胞が増え，ガン化した細胞がその生物を死に至らしめるようなイメージと重なります。

いずれにしてもこれを防ぐには，汚染を出さない都市環境の仕組みを作る事が大事です。廃棄物を減らす事，発生した廃棄物は無公害化すること，廃棄物を再資源化することなど，都市活動（生産，消費，流通など）や都市環境を総合的に見なおして改善していかなければなりません。これを循環型都市と呼んでいますが，21世紀には世界中の都市がこの循環型都市を目指して様々な政策を実行しなければなりません。まさに人間の文明を総動員して取り組むべき課題です。

また途上国では，今後爆発的な都市化が進むと予想される以上，これから先10年，20年の間に，新たな都市人口を収容するための計画的な都市づくりが必要です。これは政府や自治体，そして住民が協力して国民的総意を作りながら取り組まなければならない問題です。そして様々な援助を通じて，この取り組みを支援することが国際社会の責任だと思います。

（訳者解説）

パキスタンの歴史都市・ラホールの工事現場
いまラホール市では古い町並みを残しつつ，環境衛生を整えるために上下水道工事が進んでいる。経済的には貧しい国でも歴史的遺産を大切にしている。（訳者補足：保科秀明撮影）

第8章　交通：空間の絆

交通手段

　先進国にいる私たちは，毎日の生活がどれほど交通に依存しているかということをあまり深く考えずにいるのではないだろうか。しかし，私たちが学校に行く場合を考えても，そのそばに住んでいるのでもない限り，何らかの交通手段に頼らざるをえない。事情によってそれはバスかもしれないし，または鉄道や自動車，あるいは自転車かもしれない。いずれにしても2つないしそれ以上の交通手段が選べる状況にあるのが普通である。たいていの家庭は自動車を持っているし，また車は実にいろいろな目的に使われている。地方道や幹線を含む道路網が，となりの町や近くの大都市にでかけるにも便利なようによく整備されている。一方鉄道は高速の長距離輸送が可能ということで，実際毎日何百万もの通勤客を職場に運んでいる。さらに海外に休暇や仕事で旅行する時には，ジェット機に乗れば時間単位の早さでほとんどの国へ行くことができる。港

表8.1　4大交通手段についての比較

	道 路	鉄 道	水 運	空 路
1　速　度				
2　直行性				
3　長距離経済性				
4　短距離経済性				
5　建設費				
6　重貨物・大貨物の輸送性				
7　旅客大量輸送性				
8　路線沿のアクセスの自由度				
9　信頼性				
10　安全性				
11　変化への適応性				
12　環境への影響				
計				

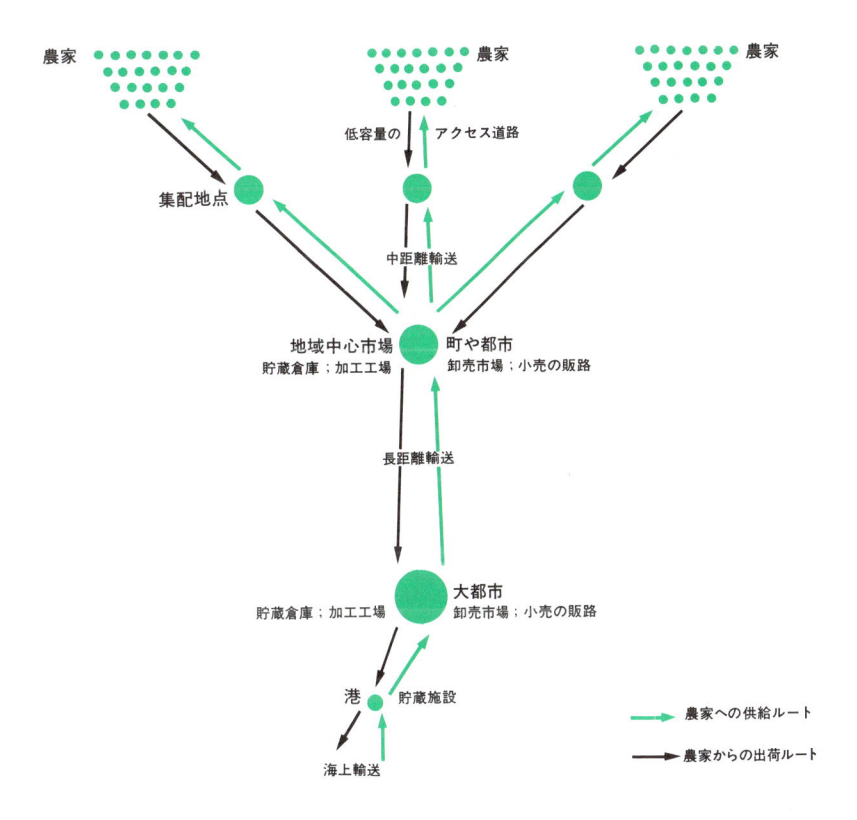

をみれば，イギリスが頼る海洋貿易を支えて日夜膨大な量の貨物を取り扱っているのである。

1 表8.1は4つの主要交通手段について，その利用効率や利用適性を判断するのに使われる要素を12項目あげたものです。
   a この表をうつして，それぞれの交通手段について各項目ごとに有利なものの順に得点をつけて下さい。特によいものは4，良いは3，普通は2，劣るは1，としてください。
   b それぞれの交通手段についてその得点を加算して下さい。その結果を比較してみましょう。どの交通手段が一番有利だと思いますか。ある交通手段が他のものより常に有利だということは単純には判断できないことがわかって頂けたでしょうか。

2 a 開発途上国が直面している交通問題は私たちのそれとどう違うでしょうか。
   b 表8.1にあげた項目のうち，特に開発途上国で重要なものはどれかあげて下さい。
   c ここにあげた以外に開発途上国でよく見られる交通手段にはどんなものがあるでしょうか。

開発途上国はどこも交通システム

図8.2 4大交通機関

が大変遅れている，といっても過言ではないだろう。大部分の国民にとっては長距離旅行などする余裕もないし，またその必要性もさしてないのが実情である。従ってこれらの国では長距離交通はもっぱら商品や原材料，あるいは農産物の運搬に使われている。開発途上国の多くは国家収入を第一次産品の輸出に頼っているため，不便で設備の悪い交通網が貿易業務の最大の障害になっている事が少なくない。これらの国のなかには，同時に工業製品や化学薬品，また石油等についてその輸入を富裕国に頼っているところも多い。そのような国では港湾施設が整備されていないために，これら基本資材の陸揚げが何ヵ月も遅れてしまうことが頻繁に起こっている。

3 a 図8.1を見て，この図が意味していることを簡単に説明して下さい。

b 輸送にもいろいろな段階があるわけですが，それぞれの段階ではどんな交通手段が使われていますか。ⅰ）先進国の場合，ⅱ）開発途上国の場合，にわけて考えて下さい。

c 交通システムに非効率が起こるとすればどこに問題があるのか考えて下さい。また物流が滞るとすれば，それはどこに起こるのでしょうか。

d 図8.1を参考にして，産業活動に必要な交通システムのあり方を考えてみましょう。

Box 8.1　途上国の鉄道・道路問題

どこの国でも，鉄道は大きく2種類に分けて整備されています。都市内の鉄道として路面電車，通勤電車や地下鉄，モノレールなどが作られ，国土全域を対象とした移動のためには都市間，地域間をつなぐ路線が建設されています。これは大陸地域では国際的な交通手段にもなります。東南アジアでは，タイ-マレーシア-シンガポールの3カ国を縦断する国際鉄道がよく知られています。

このように鉄道は重要な役目になっていますが，どこでもその経営難に苦しんでいます。特に開発途上国では鉄道利用が伸び悩んで，鉄道運営が難しくなっています。その理由は旅客・貨物ともに道路輸送に頼る量が増えているからです。もともと途上国の鉄道は旅客輸送よりも，農産物や地下資源の搬出のために敷設されたものが多く，大きな港湾とは接続していても，都市と都市，地域と地域を結ぶのに適した配置にはなっていないのです。

もう1つの問題は，新しく鉄道を開通させるためには，道路の建設に比べて大きな経済的負担が伴うことです。道路は用地を買って道路を建設すれば，基本的な用は果たします。鉄道は車両の購入・整備・修理，運行管理，各種の運行管理者の雇用・訓練など，経営に必要な経費は膨大になり，かつ経営管理も複雑です。こうしたことが理由で，独立後の政府は増える交通需要に対して，道路交通で対応する国がほとんどでした。その結果，道路が整備されれば自動車の利用がさらに便利になるし，タクシーやバス，トラック輸送など，小規模な経営でも営業が成り立つために輸送業者も増え，途上国の重要なビジネス・チャンスを作り出したのです。

（訳者補足）

輸送効率の判定

交通網には様々なタイプがあるので，それぞれを比較する方法を考えておく必要がある。もちろん，道路網と航空網というように，移動手段もルートも全く違う交通網について，これを直接比較することはできないが，1つの交通網が年のたつにつれてその配置がどう変わっていったかを比較することはできる（図8.3参照）。あるいは2つかそれ以上の地域を選んで，ある交通網についてそれぞれの地域での輸送効率を相互に比較するのも意味がある。

交通網の効率という問題には非常に多くの要素がからんでいて，延長距離，連絡している居住地区の数，移動速度，物資や旅客の輸送能力，さらに輸送業務の信頼性等の問題が考慮されなければならない。輸送ルートについて考えると，ルートは2つの要素にわけて考えられている。リンク（路線）とノード（結節点）という要素である。ノードとは人の住んでいる所であったり，2つないしそれ以上のリンクが交わる所を意味する。

交通網の効率を判定する時，このリンクとノードという要素に着目して判断する方法がある。この方法では，ルートの効率をコネクティビティ（路線の接続性）とアクセシビリティー（目的地への行きやすさ）という基準で評価する。コネクティビティというのは，ある交通網が持っているノードが互いにどのくらい緊密に連絡されているかを評価するもので，リンクの本数をノードの数で割った値を指標にする。図8.4は1968年におけるアンゴラの道路網についてリンクとノードの数を示したものである。結節点とリンクの両端部分はすべてノードとみなすことに注意しよう。この例ではリンクが21，ノードは22あるので計算式は21/22となり，コネクティビティの指数は0.95ということになる。この値が大きくなればなるほど，その交通網はよく連絡されているという評価になる。

4 a 図8.3を見て，1961年と1974年の交通網について図8.4のようなダイアグラムを描いて下さい。

b この2時点におけるコネクティビティ指数を計算しましょう。1961年から1974年までの間にコネクティビティがよくなったことを指数から読み取れるでしょうか。

アクセシビリティーというのは交通網上でノードからノードまでの間の移動のしやすさを測定する指標である。図8.4を見ると，図中にAからEまで符合がつけられた5つのノードが示されている。これとは別

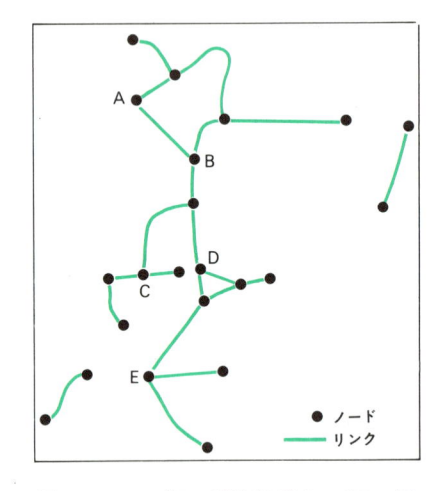

図8.4　アンゴラの道路網ダイアグラム図（1968年）

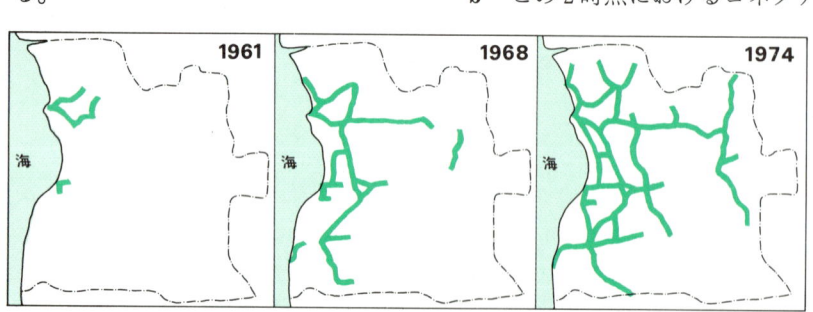

図8.3　アンゴラの道路網の発展過程

表8.2　1968年アンゴラの道路網5地点に関する最短経路マトリックスとアクセシビリティ インデックス

	A	B	C	D	E	インデックス
A	0	1	3	3	5	12
B	1	0	2	2	4	9
C	3	2	0	2	4	11
D	3	2	2	0	2	9
E	5	4	4	2	0	15

にリンクの本数を書き入れるマトリックスがあり(**図8.2参照**)、これはそれぞれのノードに到達するために通らなければならないリンクの数を記入してある。この時、リンクの数は離れた所にある2つのノードを連絡する経路のうち、最も少なくなる経路についてそのリンクの数を入れるので、この表は最短経路マトリックスと呼ばれる。この表で各行ごとに合計値を出せばそのノードが持つアクセシビリティ指数が求められる。値の小さいほうが行きやすいという評価である。逆に値の大きい所は到達しにくいという評価になる。

5 a 設問4で作った1974年の交通網ダイアグラムに、図8.4に指定してある5つのノードAからEまでを記入して下さい。

b これについて**表8.2**にあるような最短経路マトリックスを作って下さい。次に1974年のアクセシビリティー指数を計算してみましょう。

c 1968年から1974年の間にこの5つの地点ではアクセシビリティーのパターンはどう変わったでしょうか。

Box 8.2　地域の発展と交通

　地域の発展と交通は、きっても切れない関係にあります。交通手段の限られていた時代、古代文明が大きな河川の河口部に生まれた事はよく知られています。その後、鉄道や自動車の発達によって、都市化が飛躍的に進んだわけです。今ではさらに航空輸送の普及が目覚しく、これがまた地域の発展を大きく変えました。その典型的な例として、1970年代以降アジア諸国のあちこちに出現した自由貿易地域、あるいは輸出加工地域です。これはどちらも、外国から工場を誘致するために工場経営に関わる様々な税負担を大幅に軽減(不動産税の免除、原材料の輸入税の免除、製品の輸出関税の免除、水や電気の使用料の割引など)する優遇措置がとられていましたが、大体は輸出入に便利なように、大きな港湾に近接して作られたものです。さらになかには空港も近いという好条件のところもありました。

　その1つがフィリピン、セブ州のマクタン島にあるマクタン輸出加工区です。この輸出加工区へ工場進出したのは日本、台湾、韓国、香港など、さまざまな国の企業です。その多くが軽くて付加価値の高い電子産業関連部品を製造するもので、飛行機を使って輸出する事を狙ったものです。マクタン島には以前からローカル空港があったのですが、地域の発展のために輸出加工区を作ると同じに、空港を整備して国際空港に格上げしたものです。もしこのような条件が整わなければ、工場進出もなく、ひいてはセブ州地域の発展は頓挫していたかもしれません。

(訳者補足)

ミャンマー農村地域の幹線道路を荷物を満載したトラックが走る

さまざまな荷物が少量ずつ山積みにされて運搬される。積み荷は固く重いものを下にして、上にはにわとりカゴを積む。日常生活を丸ごと運ぶようにして細々とした交通が地域をつないでいる。(訳者補足：保科秀明撮影)

交通網の発達

開発途上国の交通網の発展をみると，それぞれ国によって事情は違うが，一般的にみて特徴ある段階がいくつかある。図8.5はその発展の様子を6つの段階にわけて単純化して表わしたものである。

ステップA：ここでは熱帯地域にあって，アクセシビリティーの高い海岸線を持った国のケースを想定した。初期の段階では，国の資源についても開発がほとんど行なわれていない。従って，海岸地域には昔ながらの漁村があるだけで，まれに外国から入る海産物などを買いつけする場が置かれているに過ぎない。その結果，海岸から内陸に向かうルートも短いものしか作られていない。

ステップB：少し発展が進むと，海岸地域と内陸の地区（I_1とI_2）が結ばれるようになる。これらの拠点は鉱山採掘の町だったり農産物集荷のための流通の町だったりすることが多い。それにつれて，この町にとって一番都合のよい港町（P_1とP_2）が拡大・発展してその地域の基幹ルートが開発される。

ステップC：次いでこの幹線に沿って小さな村や町ができ始め，そこからも周辺の地域に広がる支線ができ始める。またこの2つの港自体も周辺の小さな港を吸収しながら拡大発展していく。

ステップD：そのうち，恐らく植民地制度のもとで，国の経済がさらに発展して行く。そして，交易の増大によって交通網の整備がさらに必要になってくる。その結果，この2つの港町と内陸都市とはさらに強い交通幹線で結ばれるようになり，それにつれてその中間にある町（N_1とN_2）が新たに成長し始める。

ステップE：さらに発展が進んで，主要な町や都市の間の交通網が大幅に改善され，それらが直接結ばれるようになると，物流や人の移動がさらに増えてその路線沿線に新しい開発が起こってくる。

ステップF：この段階をむかえると，経済活動も最盛期となり，交通システムも完成の域に達する。この

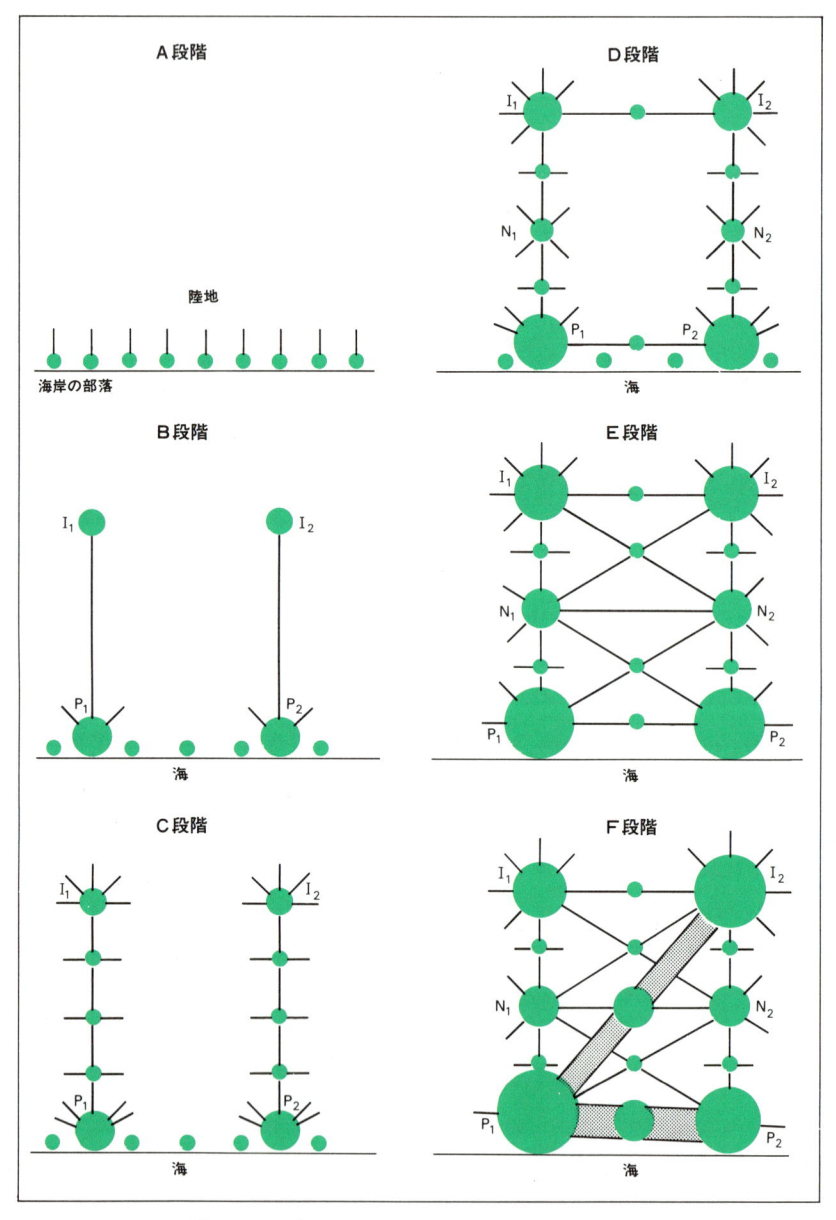

図8.5　発展途上国における交通網の発展パターン

2つの港湾都市と，特に重要な内陸都市，例えば首都といったものとが高規格の主要幹線で結ばれるようになる。

この説明の中で注意してほしいのは，各段階ではどういう交通手段が使われるかについてあえて触れなかった点である。それは交通手段というものは時代や国によって，様々に違うものが導入されるという理由にほかならない。

> **Box 8.3 大都市の交通**
>
> 人口500万人を越すような都市を巨大都市と呼ぶことがあります。これは都市を成立させている条件が，100万人クラスの大都市とは大きく異なるからです。経済活動は国際的な取引が成り立ち，様々な人種が集まり，通勤電車が走り，ラジオは毎日の交通渋滞情報を流しつづけます。特にこの交通問題は毎日の暮らしに大きな影響を与えるために，解決が急がれる都市問題の1つです。開発途上国では交通対策が遅れているため，様々な問題が深刻化してます。
>
> 都市内の道路面積が自動車の急激な増加に追いつかず，特に朝夕のラッシュ時の交通の集中が処理できない状態になっています。地下鉄などの通勤電車もないので交通難は深刻化するばかりです。
>
> 1990年代に入ると，アジアの諸都市では交通問題の緩和のために，軌道系の大量交通機関を導入し始めました。マニラは1980年代後半にライト・レールと呼ばれる小型電車を建設しました。クアラ・ルンプールでは，1998年にスカイ・トレインの試験運転を開始，バンコクでも都心へ電車を乗り入れるため，高架軌道電車と地下鉄の建設工事に取りかかっています。このように，アジアの主な首都では1990年代になって，やっと鉄道系の通勤電車を導入し始めましたが，今後21世紀になってからも引き続き建設を進めていかなければならないでしょう。（訳者補足）
>
> **タイ・バンコク中心部の交通渋滞**
> 大都市の道路交通は深刻化するばかりである。経済活動ばかりではなく，大気汚染など環境汚染も考えなければならない。アジアの大都市は例外なく交通問題を抱えている。（訳者補足：保科秀明撮影）

ガーナの港湾開発

開発途上国はどこも国際的な海運網に強く依存している。第一次産品を輸出したり，食糧や工業製品を輸入したりするうえで，海運はなくてはならないものである。海運交通網にとっては，港湾施設の大きさと設備の内容が問題なので，入江や湾に守られた水深の深い海岸線地帯に港を造るのが望ましい。

6 アフリカの地図を見て，次にあげる主要港湾の位置を探してみましょう。アフリカの海岸線を写してその図に下にあげた港湾都市を記入して下さい。

　　アクラ，アレキサンドリア，アルジェ，ケープ・タウン，カサブランカ，ダカール，ダルエスサラーム，ダーバン，ラゴス，ルアンダ，マプート，モンバサ。

a それぞれの港はどの国に属しているでしょうか。
b それぞれの地点でなぜ港が発達したか，その理由について考えてみましょう。

西アフリカ海岸全体についていえることだが，ガーナには自然にできた港湾部というものが全くない。滑らかで緩やかなカーブを描く海岸線のために，これといった入江がなく，また大きな河川の河口もごく水深が浅い。こうした欠陥を補う結果として，ガーナでは特殊な港湾システムが発展した。これは世界各地の良港が経験してきた港湾発展の段階理論からみると，特殊な例といえる。

第一段階：ヨーロッパ人が到来するまでは，この海岸地域には小さな漁村が散在するに過ぎなかった。15世紀後期になって，ヨーロッパ人が交易を支配するようになってから，輸出用の貨物を備蓄するために，海岸線地帯に砦が建設され始めた。その砦は同時に，やってくる船団のための食糧と水を備蓄するためにも必要だった。船は岸の沖合に停泊し，荷物は船に積んだ小舟を使うかアフリカ人のカヌーで岸まで運ばれた。ヨーロッパ人同士の勢力争いが相次ぎ，支配勢力が変わる度に前の砦が壊され，そのうえに新たなものが再建されるという相克が繰り返された。この時期の主な船荷は大西洋を渡ってアメリカに運ばれる奴隷だった。

第二段階：1800年以降は，イギリスとオランダが勢力を二分するようになり，進んで1872年にはイギリス

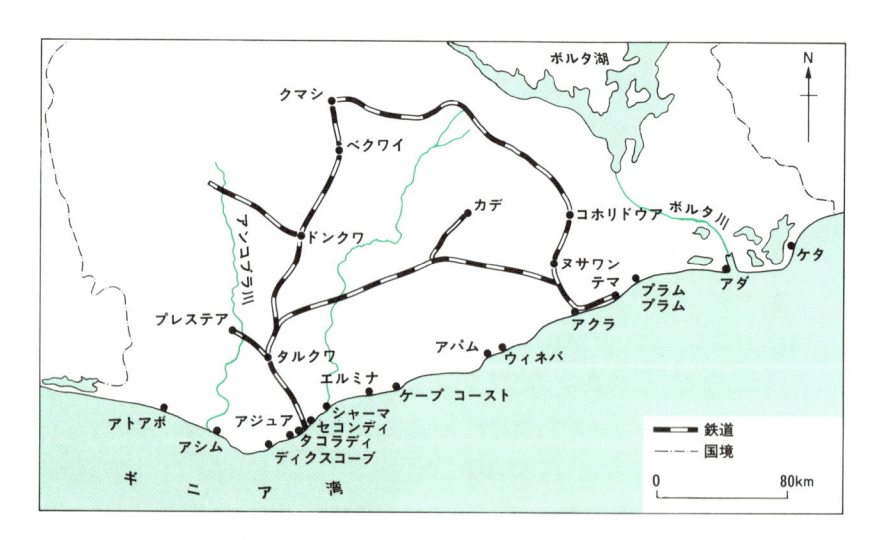

図8.6　ガーナ南部

図8.7　ケープコースト沖のサーフボート

がこの海岸地帯の支配権を獲得した。この国の植民地化を強化するために，内陸部への交通路が敷かれるようになったのはこれ以降のことである。海岸地帯からは内陸の大きな交易の中心であり，かつ北からの交通が集中するクマシに向かっていくつもの交通路が建設された。その後奴隷交易制度が廃止されてからは，貿易も内陸からの農産物と鉱物資源の輸出が中心になった。それらはクマシから最も便利なルートを通ってケープ・コースト，アシムそしてアクラに運ばれるようになった。その結果，この3つの港町は19世紀後期には新たな交易の中心地として発達していった。

第三段階：交易が拡大するにつれて，植民地へ入植した人達はもっと効率のいい交通を求めて，海岸地域からクマシまで鉄道を敷こうとした。しかし，この時代に特に重要視されていた港（即ちケープ・コースト，アシム，アクラなど）には規模拡大の余地がなく，かわって1898年，セコンディに埠頭を一本建設し，そことクマシをつなぐ鉄道を敷設したのである。一方，アクラはこの領地の首都だったので，クマシと海岸部を結ぶ第2の起点に選ばれ，1907年アクラにも埠頭が一本建設された。しかし，この港はすぐ泥砂が溜ってしまい，ここが港湾開発に向かないことを如実に示していた。一方，この時期には沖合停泊型の港であるアトアボ，ディクスコーブ，アジュア，シャーマ，エルミナ，アパム，プラム・プラム港がそれぞれ相次いで閉鎖された。それらの港には港湾施設も鉄道もなかったので，取扱量の大半はセコンディとアクラに集められ，太刀打ちできなくなったからである。

第四段階：1920年代にはいると，セコンディとアクラの間に海岸道路が開通し，また内陸のカデまで鉄道が敷かれるようになって，主要な交通ルートに沿った地域で町が急速に発展し始めた。ヌサワン，コホリドウア，タルクワ，ドンクワ，そしてベクワイといった町はその代表的なものである。そうこうしているうち

図8.8 タコラディ港に停泊中の貨物船

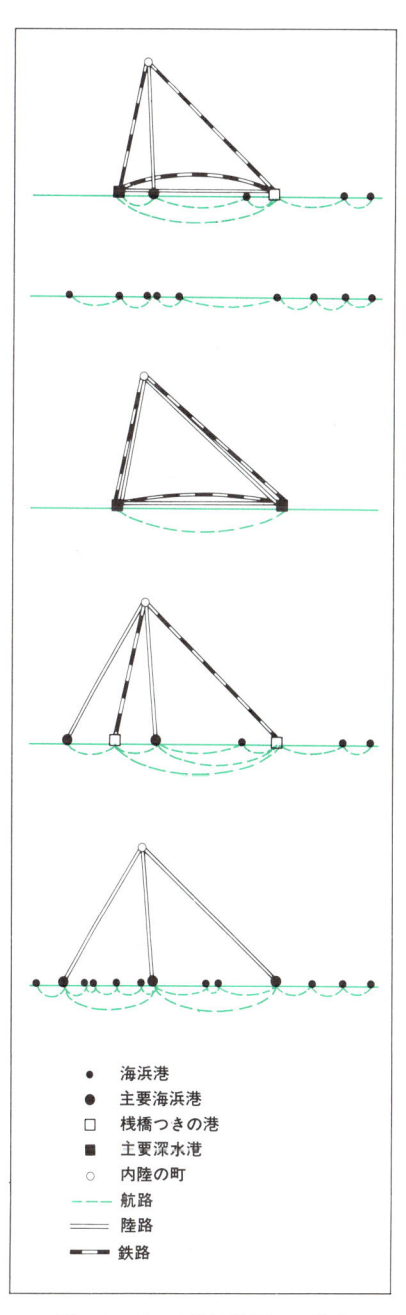

図8.9 ガーナ港湾発展の5階段

に，ガーナにも大量の荷役が可能な深水港湾がどうしても必要になってきた。しかし人工的に造るとしてもセコンディやアクラには適地がなかったので，セコンディに近いタコラディに新しい人工港湾が建設されることになった。これは港内での土砂の堆積防止を十分考慮した本格的なもので1928年に完成した。これができたおかげでゴム，木材，パーム・オイルなどの輸出産品や石炭，石油といった新たな輸入貨物の取扱はほとんどがこの港で行なわれるようになった。その結果ケープ・コースト，ウィネバ，アダ，そしてケタなど他の沿岸港の重要性は急速に薄れていった。

第五段階：1962年になると，設備が老朽化しいつも混雑していたアクラ港は，最新の深水港が開発されたテマ港に取ってかわられた。このテマ港の開港に合わせて，これまで残っていた沿岸型の港は皆閉鎖され，貿易は全てこの2つの深水港で取り扱われるようになったのである。先のタコラディ港では主に木材，マンガン，ボーキサイトの輸出取扱が多く，テマ港はココアやアルミニウム塊の輸出と同時に，雑貨品や原油の輸入にも欠かせない港となった。今日ガーナの人口や経済活動はアクラ・テマ地域，タコラディ・セコンディ地域，そしてクマシの三大拠点に集中し，これをつなぐ道路・鉄道・航空路が整備され，三角形の基幹交通体系が形成されて国土交通網の骨格になった。

7 a 図8.9に示してあるダイアグラムを見て，ここで説明した5段階それぞれにあう図を選んで下さい。そのあとこのダイアグラムをコピーして発展段階の順に並び変え，番号をつけて下さい。図8.6を照合しながら各段階で登場する主要港湾がどこか見つけてあなたが作った図に描き込んでみましょう。

b 1つの段階が次の段階に移る時，そこではどの様な変化が起こったかをもう一度整理して下さい。

c この一連の開発過程は190ページで説明したモデルとどのくらい整合するでしょうか。一覧表を作って，一致する点としない点を比較してみましょう。

Box 8.4　総合交通体系

　都市の交通体系は大変複雑です。一般には徒歩，自転車，自動車，バス，電車，水路交通，飛行機などが組み合わされて，全体としてネット・ワークが作られています。そしてこのネット・ワークが利用者に便利に利用されるためには，違ったモード（交通手段のこと）の接続点が無駄なく，便利に使えるようになっていなければなりません。乗り換えや荷物の積み替えのことです。そのためには，ただ歩く距離が短いと言うだけでなく，高齢者や幼児，障害者など（かつて，交通弱者＝Transport Poorと呼んでいたことがあります）にも使いやすいものでなければなりません。さらにいえば，交通の結節点には沢山の人が集まりますから，ショッピング，休憩施設，救急施設，あるいは文化的な街頭活動ができるような広場があればいいかもしれません。都市の新しい形がそこにあります。都市の総合交通体系はこうした様々な要素を注意深く計画することによって，完成します。

（訳者補足）

ボルタ湖の内陸水運

ガーナではごく最近まで，水運についてあまり関心が払われていなかった。この国最大の河川はボルタ川と呼ばれているが，この川は長距離の水運には極めて不向きな川だった。河口付近には砂州が形成されていて，大型船の航行を妨げている上，早瀬があって航行も容易ではなく，さらに乾季には航行が危ぶまれるほど川の水位が下がってしまうからだった。

1966年このボルタ川アコソンボ地点にダムが完成した。このダムは主にアクラ市への電力供給と，テマに新しくできたアルミニウム精練工場への電力供給を目的としたものだった。ところがこのダム建設の結果，背後部には8,500 km²という広大な面積を持つ湖が谷間をつなぐようにして生み出されることになった。この湖の長さはガーナ国土の中心部を貫いて全長400 kmにも及び，内陸部への貴重なアクセスを新たに提供してくれることになったのである。これに着目して，1969年ガーナ政府とイギリスの船会社は共同でボルタ湖運輸会社を設立し，輸送業務が翌年から開始された。しかし，1975年には会社の所有権は完全にガーナ政府に移された。現在旅客・物資輸送とも，全延長にわたって定期航路が設けられ，安定した運行が確保されている。客船としては50人収容の船室と，旅客用デッキを備えたものが1そう運行されている。

8 図8.12をみて以下の事柄について考えて下さい。
  a もっとも運行が頻繁に行なわれているのは湖のどの区間でしょうか。
  b どこへ向かう交通がもっとも多いでしょうか。
  c 年間でもっとも交通が多いのは何月ですか。
  d 年間総旅客数は1973年から1975年の間にどう変わったでしょうか。

運行開始当初の数年間は国の経済

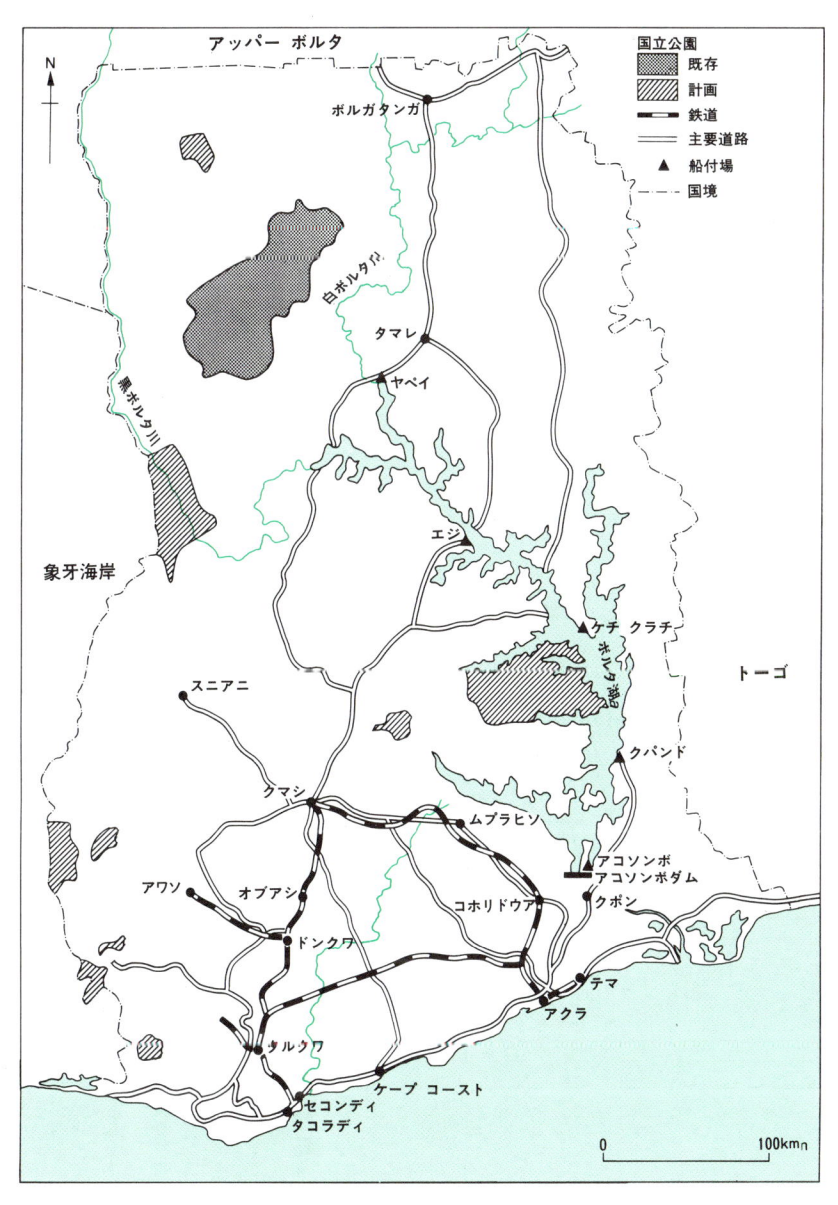

図8.10 ガーナの交通網

事情が悪かったために，旅客数は減少傾向をたどった。運賃の安いカヌーに頼った旅客が少なくなかったのである。一方，観光用に船を使うことも旅客輸送業にとっては副収入源を確保する上で重要である。特に湖のそばに新しく制定された国立公園を回遊するコースは観光に適している。またこの会社は2そうの貨物船も運行していて，北回り航路は主に農業用物資と機材を，また南回り航路は農産物，特に米と綿を輸送している。

もちろんボルタ湖の水運についても解決すべき問題がないわけではない。まず，船体に取りつけた機械設備に問題があって，故障が多く運休することも少なくないこと。また波止場についても，埠頭や取りつき道路の傾斜といった構造について，早急に改善しなければならないことなどである。さらに，南北に走る道路交通と較べて，湖上の水運のほうが時間がかかるのも問題である。ただ陸上交通を使っても，エジ地点ではフェリーを使わなければならないので，フェリーそのものの遅れに相殺されて，この時間差はそれほど大きなものではない。一方，水上交通の大きな利点は重量の大きい物資を安価に運送できる点である。ガーナの

図8.11　ボルタ湖のエジでみられるフェリー船

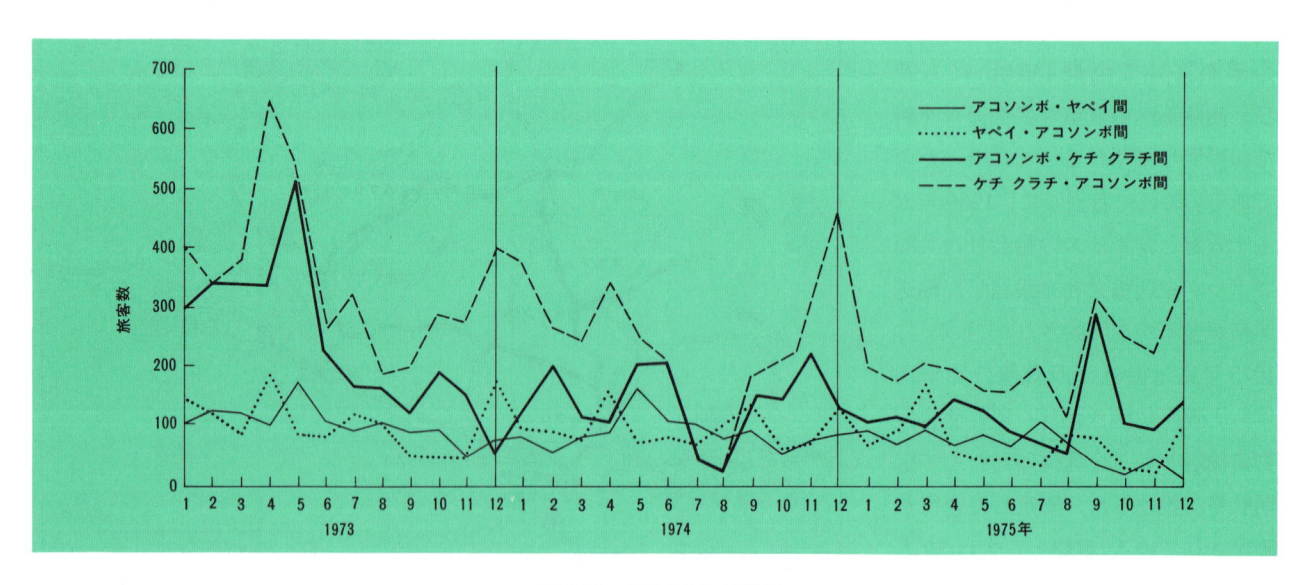

図8.12　ボルタ湖の旅客数

ように石油をすべて輸入に頼っている国では，長期的に見れば，水運利用によって大変貴重な輸送コストの節約になっているのである。

9　もしガーナで主要道路網を500km延長できるとすれば，読者ならどこに新しい道路を建設しますか。図8.10をコピーしてそのうえに読者のプランをかいてみましょう。またその理由についても説明して下さい。

Box 8.5　日本の海運

島国の日本では伝統的に海運の役割が重要でした。特に貨物輸送では海運の割合が大きかったのですが，自動車の増加によってトラックによる輸送量が大幅に増えました。この30年間をみると，海運の役割は40％強のままで，あまり変わっていませんが，自動車は30％程度から50％強に増え，その分鉄道輸送が減ったのです。海運輸送の利点は天候に左右されるとはいえ，道路のような渋滞もありません。

また貿易立国と言われる日本は貨物の輸出入のために，海運はなくてはならないものです。原料や素材のように，重くてかさばる割に輸送単価が安い貨物の輸送に適しているからです。しかし日本の海運業は近年外国との競争が激しくなり，また船員などの人件費が外国人船員と比べてはるかに高い，などの理由で必ずしも楽ではありません。費用を安くするために外国籍の船を借り上げ，外国人船員によって輸送することもありますが，この方法では輸送中に攻撃を受けたり事故に巻き込まれたりしたとき，日本の外交権が及ばないという外交上の安全確保ができないことが問題だとされています。

（参考資料：日本国勢図会97/98，国勢社，1997）

中国・江南地方で運河に生活する家族
揚子江地域では，交通手段として水運が発達してきた。今でも何百万人もの人々が水運を生業として，一家ともども水上で生活している。船に生まれ，船で生活し，船で死んでいく。生活と運河が一体になっている。（訳者補足：保科秀明撮影）

航空輸送

開発途上国世界には，互いに遠隔地にあって陸上輸送には頼れない地域が少なくない。人口集積地から隔離された土地であったり，周囲をとりかこむ環境が危険をはらんでいるような場合，空路によるアクセスは最も適した交通手段である。アンデスやヒマラヤのような山岳地帯，広大な砂漠あるいは密林地帯，インドネシアのような長く連なる島嶼地域を抱えた国などがこれにあてはまる。アマゾン流域にみられるように経済開発のためにこうした地域が開拓されるときは，その過程において航空機は極めて重要な役目をになっている。内陸部に閉じ込められたような国では貨物輸送を航空機に依存していることが多く，アフリカのチャドの場合では冷凍肉を沿岸諸国に輸出するにも飛行機を利用している。

国際的な航空旅客交通も，開発途上国にとっては重要な意味を持っている。それは企業関係者や観光客を大量に運ぶことを通じて，先進諸国

図8.13　西ボリビアの森林地帯にある鉱山キャンプに補給する交通

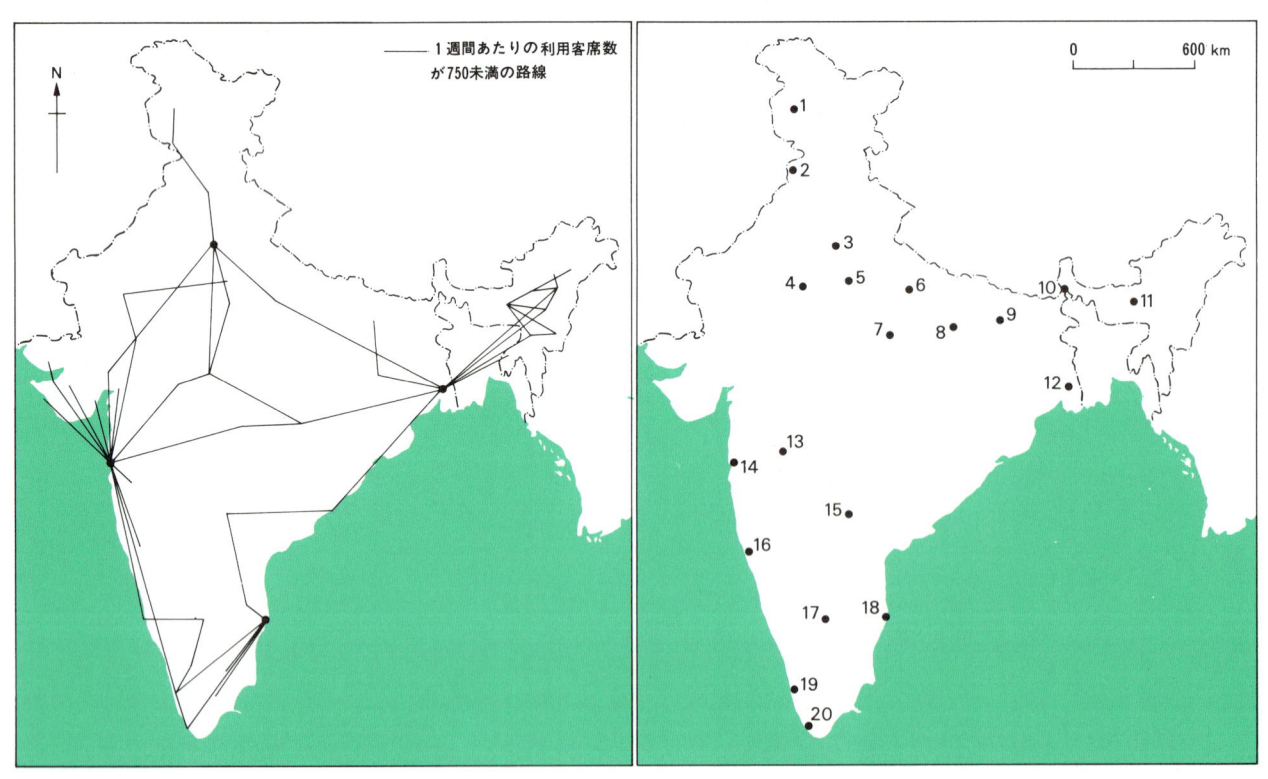

図8.14　インドの赤字航空路線

図8.15　設問11で利用するための白地図

第8章 交通：空間の絆　199

との経済的なきずなを決定的なものにしているからである。航空機はまた何か緊急事態が発生したような場合，食糧・薬品・衣料品などの緊急援助物資を供給するために使われている。

10 図8.14を見て下さい。

a この図から，あまり重要でないと思われる航空路線網を読み取り，そのパターンの特徴を分析して下さい。

b 空路網が集中している4都市は何という都市でしょうか。

c 利用者が少ないにもかかわらず，これらの空路が開かれている理由は何だと思いますか。

d もっと重要だと思われる空路はどれですか。

11 a 図8.15をかき写して，番号をつけた都市名を調べてみましょう。わからなければ地図帳を見て下さい。

b 路線マトリックス（図8.16参照）を見て，各都市間で航空サービスのあるものを直線で結び，太さを変えて頻度を表わしてみましょう。太さは次のようにして下さい。

　A（750−1500席）：1mm幅
　B（1500−3000席）：2mm幅
　C（3000−6000席）：3mm幅
　D（6000席以上）：4mm幅

c できあがったら，設問10で読者が想定したパターンとどこが違うか比較してみましょう。

d 最も利用頻度の高い空路が集まっている都市はどこですか。

e 主要路線がないのはどの地域でしょうか。

f 作った図を見て，なぜこのような路線パターンができたのか考えてみましょう。インドの地形図を見ながら分析して下さい。

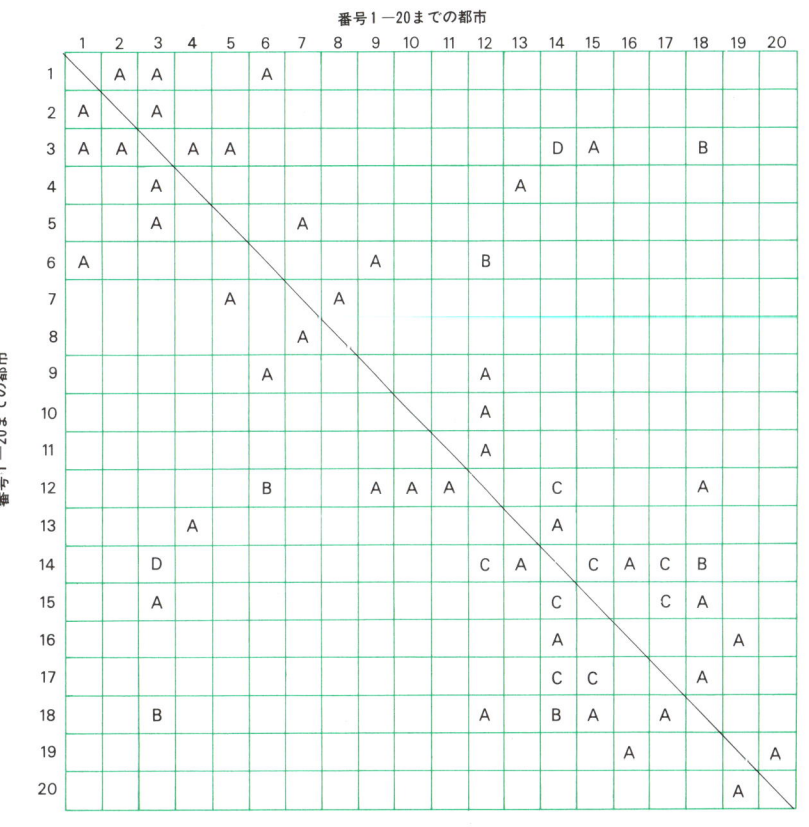

番号1−20までの都市

	1	2	3	4	5	6	7	8	9	10	11	12	13	14	15	16	17	18	19	20
1		A	A			A														
2	A		A																	
3	A	A		A	A								D	A			B			
4			A											A						
5			A				A													
6	A							A			B									
7				A					A											
8							A													
9					A								A							
10													A							
11													A							
12						B			A	A	A			C				A		
13			A											A						
14			D							C	A				C	A	C	B		
15			A										C			C	A			
16													A				A			
17													C	C		A				
18			B									A		B		A				
19																A				A
20																	A			

番号1−20までの都市

図8.16　インドの主要空路の路線マトリックス

図8.17　エクアドルの雨林帯につくられた滑走路

ザンビアの開放鉄道

ザンビアにとって，鉄道は国家存続のために必要な生命線だといっても過言ではない。内陸に閉じ込められ，周囲は他の中央アフリカ諸国に囲まれて8つの国と国境を接しているため，ザンビアは物資の輸出入に必要な港湾を利用するには，近隣諸国を通過してこれと接続する鉄道に頼らざるを得ない。特にザンビアは国家収入の90％以上を銅の輸出で稼いでいるが，この銅は嵩が張るため，鉄道で運搬するのが一番安あがりなのである。

ザンビアが1964年に独立したとき，貿易のほとんどがローデシア（現在のジンバブエ）を通り抜けて，モザンビークのベイラへ向かっていたために，交通システムも南に向かって開発されていた。ところが1965年ローデシアが一方的な独立を宣言したことは，輸送の確保という面でこのルートの弱点をさらけ出したことになり，事実1973年ザンビアと政治的紛争が起こった時，ローデシアは国境を封鎖し鉄道を分断したのである。

ただし，ザンビアのカウンダ大統領とタンザニアのニエレレ大統領はこのローデシアの一方的独立宣言（Unilateral Declaration of Independence＝UDI）が出される以前から，もう一本の代替ルートを通る鉄道の建設について検討を進めてい

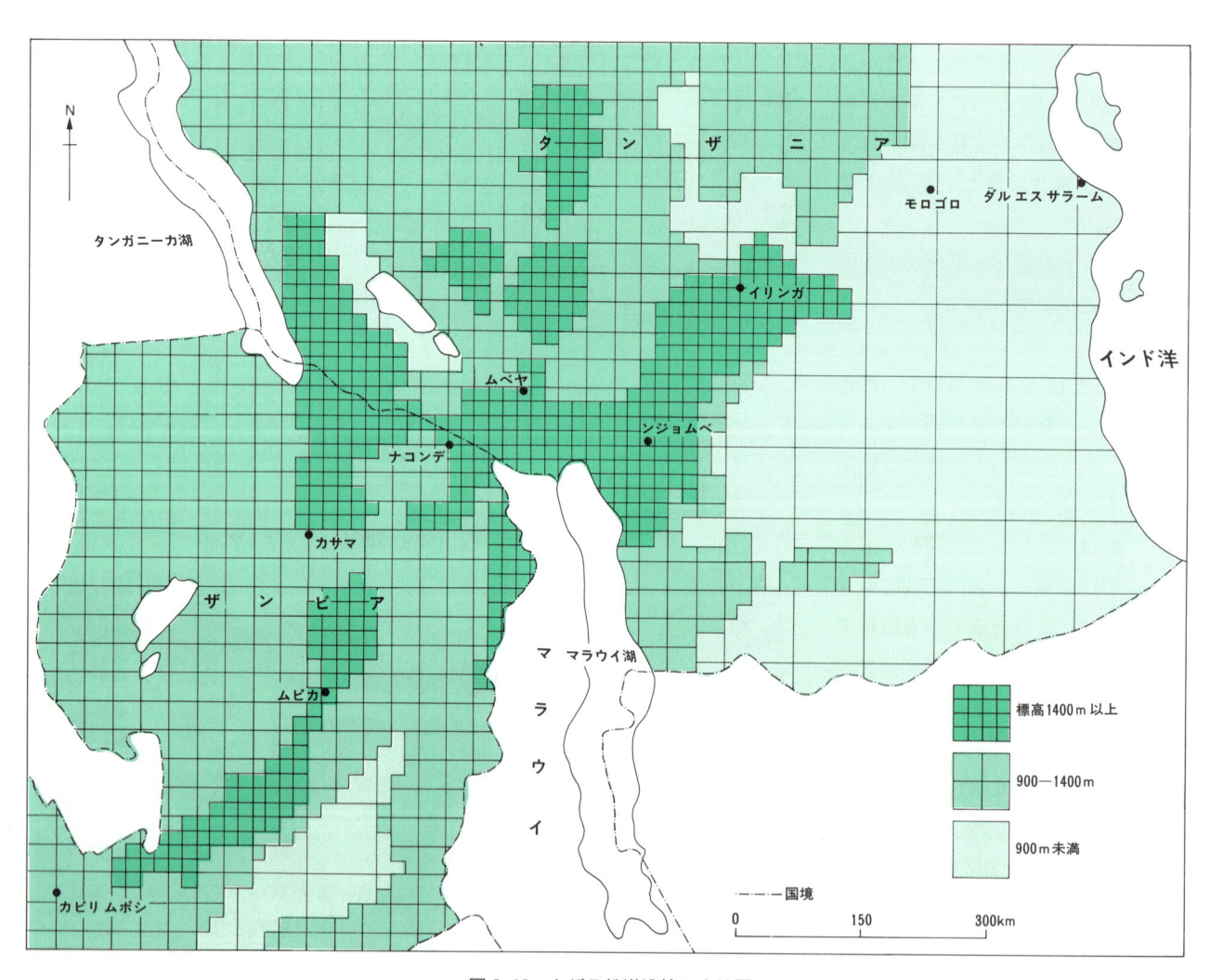

図8.18 タザラ鉄道沿線の白地図

た。これはザンビアの銅鉱山地帯とタンザニアのダルエスサラーム港を結ぶルートだが，その事業費はこのアフリカ２カ国の財政力をはるかに越えるものだった。世界銀行やいくつかの先進国，さらにはソビエトにまで援助要請を持ちかけたのだが，資金調達は困難を極めた。ところが1965年の初頭，ニエレレ大統領が中国の北京を訪問した際，中国政府は資金援助と建設協力を申し出たのである。この鉄道はその運営機関の名前（Tanzania-Zambia Railway Authority）を取ってタンザム鉄道あるいはタザラ鉄道と呼ばれた。

　幹線鉄道の建設といったような大規模な建設事業では，何事によらず極めて慎重な計画が進められなければならないことはいうまでもない。例えば鉄道敷設ルートの選定という問題一つをとっても，これをうまくやるだけで建設コストが大幅に節約できることがある。路線長が長くなれば当然コストはあがるが，かといって最短ルートが常に一番コストが安いとは限らない。２点間を結ぶ最短距離は直線だが，そのときこの区間の土地条件を考慮しなければならない。ふつう山とか湖といった物理的な障害物がある場合も多く，この時はこれを無理に横切るよりも，迂回するほうが安上がりになることが多いのである。このような理由でルートを変更することを消極的路線選定（Negative Deviation）と呼んでいる。

　一方，鉄道ルートは配達や供給の必要に応じて建設されるから，その結果物資の運搬・移動の経路にあわせて必要な場所場所をつなぎながらルートが設定されていくのがふつうである。その場所は例えば町や都市，農業地帯あるいは鉱山地帯だったりいろいろだが，そうすることでその地域の産業・交易が発達することが期待され，新たに生じる開発利益がルートを多少変更しても，そのことによって余分にかかるコストを補って余りあるほど大きい場合もある。こうした判断に基づくルート選択は積極的路線選定（Positive Deviation）と呼ばれている。

12 図8.18について，タンザニア海岸にあるダルエスサラームとザンビアの銅山地帯にあるカピリムポシの２カ所の鉄道起点を見つけて下さい。この２点間に広がる土地は，標高や傾斜が様々に変化しています。

地図に示されている土地では鉄道の建設費が以下のように変化するものと仮定します：

標高900m未満　マス目１つ当たり100万ポンド
900m－1400m　マス目１つ当たり200万ポンド
1400m以上　マス目１つ当たり300万ポンド

a 図8.18の上にトレーシング・ペーパーを当て，次にあげる路線ルートを読者なりに想定してかいてみましょう。（ただし，この２国間以外の国境を越えないこと）

　ⅰ）ダルエスサラームとカピリムポシを結ぶ最短

図8.19　タンザニア–ザンビア国境での線路敷設記念式

ii) この2つの起点を結ぶ建設費の最も安いルート。ただし，どうしても通らざるをえない場合を除いて，途中では町を通過しないものとして下さい。
iii) 建設費の最も安いルートで，かつ途中少なくとも5つの町を経由するもの。

b 何人かでやってみて，お互いの選んだルートがどうなっているか，また建設費はどうか比較してみましょう。次に読者がii）とiii）で考えたルートについて，積極的路線選定および消極的路線選定にあたる区間を2色に塗りわけてみましょう。

タザラ鉄道の開発計画は1968年に中国政府との合意に基づいて，その2年後から建設が着手された。15,000人の中国人を含めて，総勢およそ35,000人の労働者がこの事業に動員された。建設はダルエスサラームの西側起点部から着手され，港に陸揚げされた資材が工事が進むにつれて順次内陸に向かって運ばれるように工夫されていた。総延長1,900kmにおよぶルートには300の鉄橋とトンネルが21カ所作られたが，その3分の1はムリムバ～マクムパク間の160kmほどの区間に集中していた。この区間は南部高原地帯に登る急斜面地を持つ区間で，ここを通り抜けなければならなかったのである（図8.20参照）。加えて軟弱土質地帯や湧水地層がある区間では，雨季の工事が特に難航した。

建設工事が進んで，ザンビアとの国境を越えたのは1973年の中頃で，さらにカピリムポシの起点にまで到達したのは1975年の初期のことだった。工事完成後，完全操業に入るまでにはまだしばらく時間がかかった。というのは技術者，転轍手，信号手，駅員など8,000人にのぼる職員を採用しかつ訓練しなければならなかったからである。結局総事業費は1億7,000万ポンドにのぼり，その全額を中国政府が無利子で30年返済という条件で貸しつけることになった。しかしこのような貸しつけは中国政府にとっても大きな財政負担となり，コストが切り詰められ，ひいては高規格の鉄道建設自体が困難な事態に陥ってしまったのである。

13 図8.20に示すタザラ鉄道の実際のルートを見て下さい。
a 読者が想定したルートに一番近いのはどの区間ですか。
b 計画ルートが実際に図のように配置されたことを見て，この様になったのはどういう理由からだと思いますか。

タザラ鉄道は，開通したとき大ウフル（開放とか自由という意味）鉄道と名づけられ，これは白人が支配する南アフリカとローデシアからの独立を象徴するものと受け止められた。しかし1960年代に計画されてから開通するまでの10年間に，政治情勢は大きく変化し，競合問題が新たに持ちあがってきた。

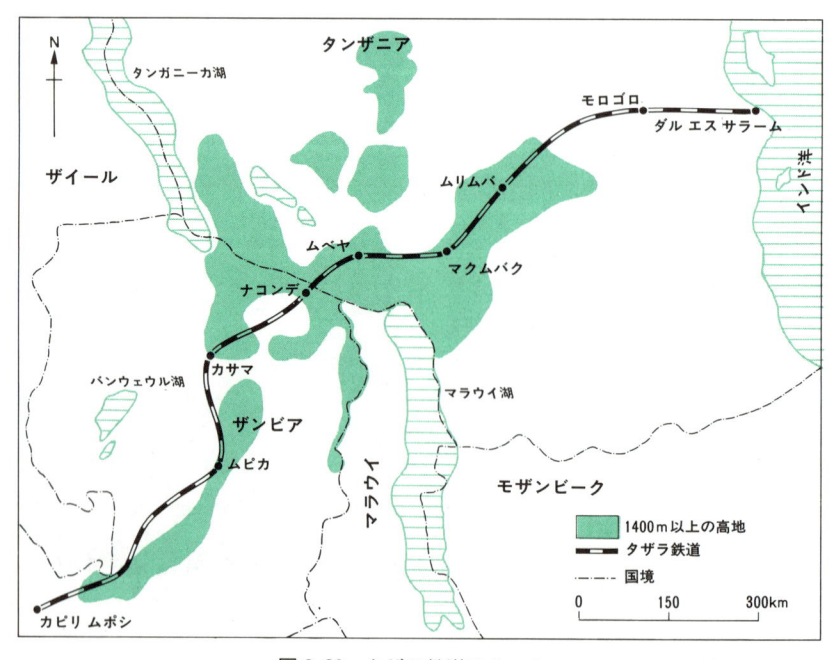

図8.20 タザラ鉄道のルート

1973年ベイラへの交通路を絶たれた時，ザンビアは貿易を確保する対策として緊急な対処を迫られた。その対策とはタンザニアと組んで国営の運輸会社を作り，トラックの輸送部隊を編成して，国道を使ってダルエスサラームへ向けた物資輸送にあたる一方，アンゴラのロビト港に向かうベングエラ鉄道の輸送量を増やすというものだった。実際タザラ鉄道ができるまでは，タンザニアの貿易のかなりの量が既にベングエラ鉄道を利用して行なわれていた経緯がある。その後1975年の中頃にはアンゴラで内戦が起こり，ベングエラ鉄道までも封鎖される事態になると，ザンビアはとうとう道路も鉄道も完全にダルエスサラームに依存せざるを得なくなったのである。

　今日ではタザラ鉄道の抱える様々な制約条件がさらに顕在化してきている。まず使っている車両の整備不良の問題，加えてダルエスサラーム港自体の混雑と荷役効率の悪さの問題である。ダルエスサラーム港はこれまでも拡張工事の手が加えられたとはいえ，もともとじょうご(漏斗)に流れ込むようにして集まってくる貨物量はそう簡単には処理できない量であった。銅は嵩(かさ)の張る船荷であることに加えて，ザンビアの輸出貨物のすべてが集中するという事態が発生するにおよんで，ダルエスサラーム港は慢性的な船荷の滞貨に悩まされる状態になったのである。そのため1978年末ともなると，新たな政治問題の発生が危惧されたにもかかわらず，カウンダ大統領はあえてローデシアとの間の鉄道運行を再開せざるを得なくなるほど事態は深刻化した。今のタザラ鉄道の役割はダルエスサラームに向かう道路輸送と南へ向かう鉄道輸送に取って代わられてしまっている。ところがタザラ鉄道の有効利用を考えるならば，ザンビアの銅生産量の80％はこれを利用して輸出するのが本来の姿だといえよう。

　一方タンザニアから見ると，タザラ鉄道から得るものはザンビアほどには多くないが，それでも国土開発的にみて極めて重要だという事に変わりはない。この鉄道が建設されたおかげで，これまで手のつけられていなかった南西地域の農業開発を進めたり，この地域に埋蔵が確認されている石炭や鉄鉱石の採掘を推進することが容易になったからである。

14 世界地図を見て，ザンビアのように内陸国であるがために同様の問題を抱えている途上国を10カ国あげてください。白地図を作って，それぞれの国から海岸に到達するために必要なルートを読者なりに考えて路線をかいてみましょう。

図 8.21　ダル エス サラームに着いた開通第1号の旅客列車

コルトラニア

この章の最後に，1つの仮想国を取りあげてその国土の総合的な交通ネットワークの開発問題を考えてみることにする。これまでみてきた交通問題について全般的に復習することが目的である。なお，ここでは第3章で取りあげた熱帯雨林についての問題も並行してみなおしてほしい。

コルトラニアという国は熱帯地方にあって，総面積800万 km²，人口は1億人と想定する。コルトラニアの人口はヨーロッパ人，在来のインド人，そして黒人など様々な人種で構成されている一方，この国本来の原住民もいて，彼らはいくつかの部族にわかれて北部の熱帯雨林地域に分散している。原住民の人口はだいたい10万人ほどと見積もられており，部族のあるものは文明から隔絶された生活の中で，外部からの侵入者に対しては潜在的に敵がい心を持っている。

この国の南西地方では農地不足や増加する人口に対する失業問題が深刻化しており，その結果南部および南東地方への人口転出が絶えない。コルトラニアの総人口は毎年2.5%の割合で増加している。

この国についての基本的な情報は，表8.3，図8.22，図8.23等に示したが，この図表をつぶさに見て次の事柄について考えてみよう。

15 コルトラニアという国の人口分布・経済活動・都市開発等について，この国の特徴を簡単に説明して下さい。

16 この国の全国交通ネットワークについて，その発展状況を説明して下さい。このような交通網パターンが出来上がった背景にはどんな要因が働いていたでしょうか。

表8.3 コルトラニアの地域指標

地域名	人口(%)	面積(%)	工業出荷額の割合(%)	月額最低賃金 ドル
北　部	4	42	0.5	173
南西部	30	18	6.5	151
南　部	43	11	79.0	225
南東部	18	7	13.0	208
中東部	5	22	1.0	173

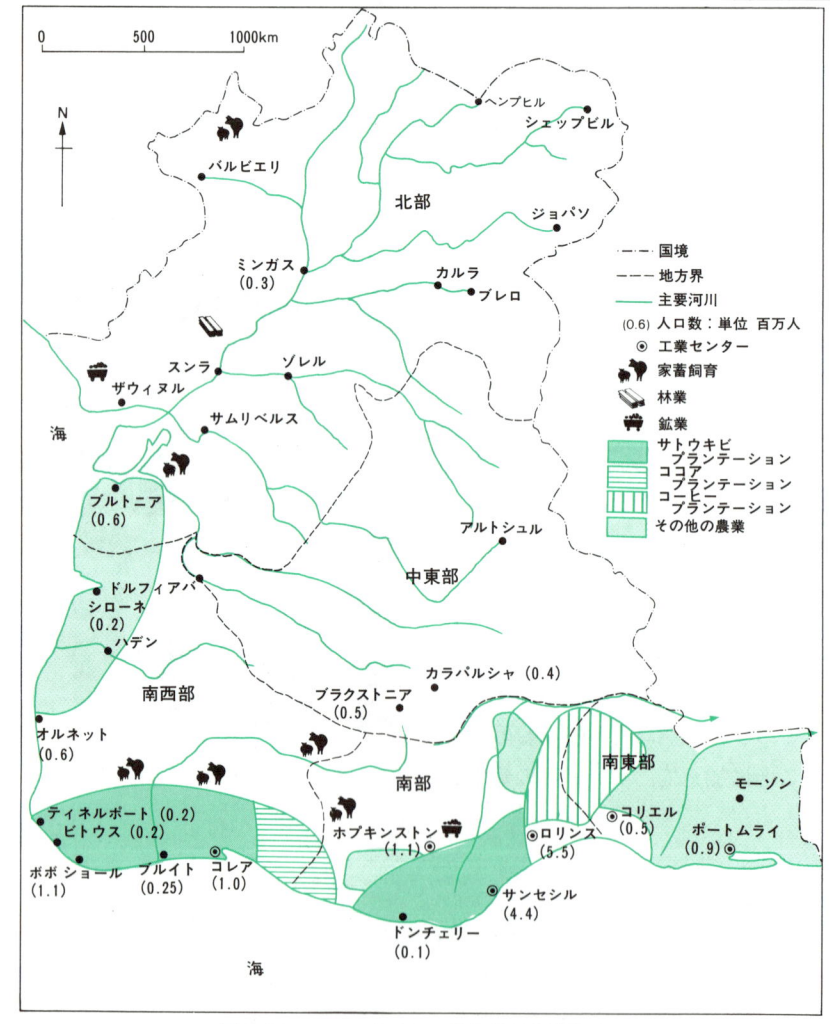

図8.22 コルトラニア：居住地と経済拠点

17 a 図8.23の地図から鉄道網だけトレースして，コネクティビティ指数を算定するための簡略化したダイアグラムを作って下さい。図中に示されている町について，2つの路線の交点や路線の終点になっているものは全てノードと見なしますが，そういう町はこの地図上に何カ所あるでしょうか。

b 道路網についてのコネクティビティ指数は1.16ですが，これは読者が算定した鉄道のコネクティビティ指数と比べてどんな違いがありますか。効率という面ではどちらが有利でしょうか。

コルトラニア政府は国の北部地域（図8.24参照）を開発して，他の地域との関係を強化し，国土全体の中で統合しようとしている。そのために10年前に南部のロリンスにあった首都をブラクストニアへ遷都した。この遷都は国民の関心の目を内陸部および北部に向け，その地域を開拓して経済開発を進めようという政府の開発政策の一環でもあった。現在の所，北部へ向かう幹線交通網は水運が中心である。

18 図8.24を見て図に示された地域全体のアクセシビリティについて考えてみましょう。

a 水運交通網に関する簡易ダイアグラムを作って下さい。

b 次にあげる町について，最短経路マトリックスを作って下さい。

ヘンプヒル，シェップビル，ブレロ，ゾレル，ドルフィアバ，ブルトニア，ザウィヌル，サムリベルス，ミンガス，バルビエリ。

c それぞれの町について，アクセシビリティ指数を計算して下さい。

d ここに示した北部地域について，アクセシビリティの全体的な特徴を説明して下さい。

南西地域でひどい干ばつがあったために，コルトラニア政府は北部の熱帯雨林地域を開拓して，新たな農地を入植者に提供しようとした。また北部の貴重な鉱山資源を開発して国内消費と輸出の振興をはかろうとしている。この資源の内容については図8.24に示したが，政府はこの資源開発を進めるために，未舗装とはいえ総延長10,000kmに及ぶ道路網システムを建設しようと計画した。

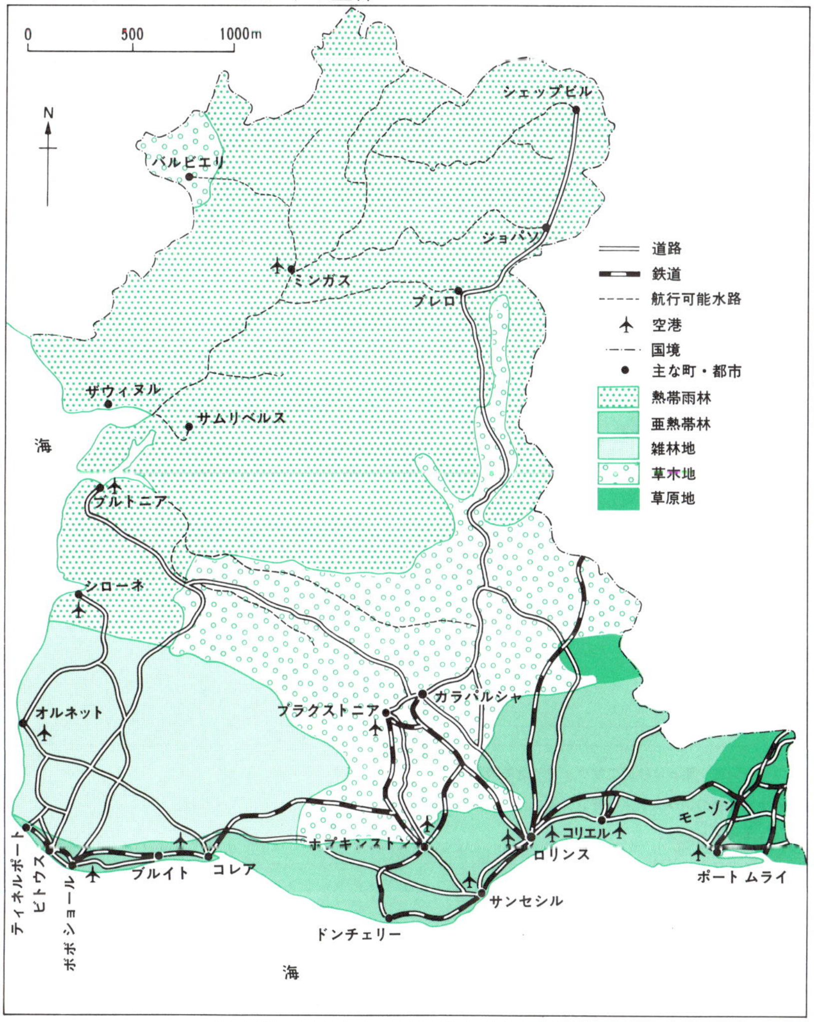

図8.23 コルトラニアの自然植生と交通網

19 a 読者なら政府に対して、この北部地域の開発のためにどの様な道路システムを提案するでしょうか。図8.24をコピーして、そのうえに提案する道路システムをかき込んで下さい。

b その提案理由を説明して下さい。計画案を完成したものにするにはこのままではまだ情報不足だと思いますが、必要な情報は何でしょうか。

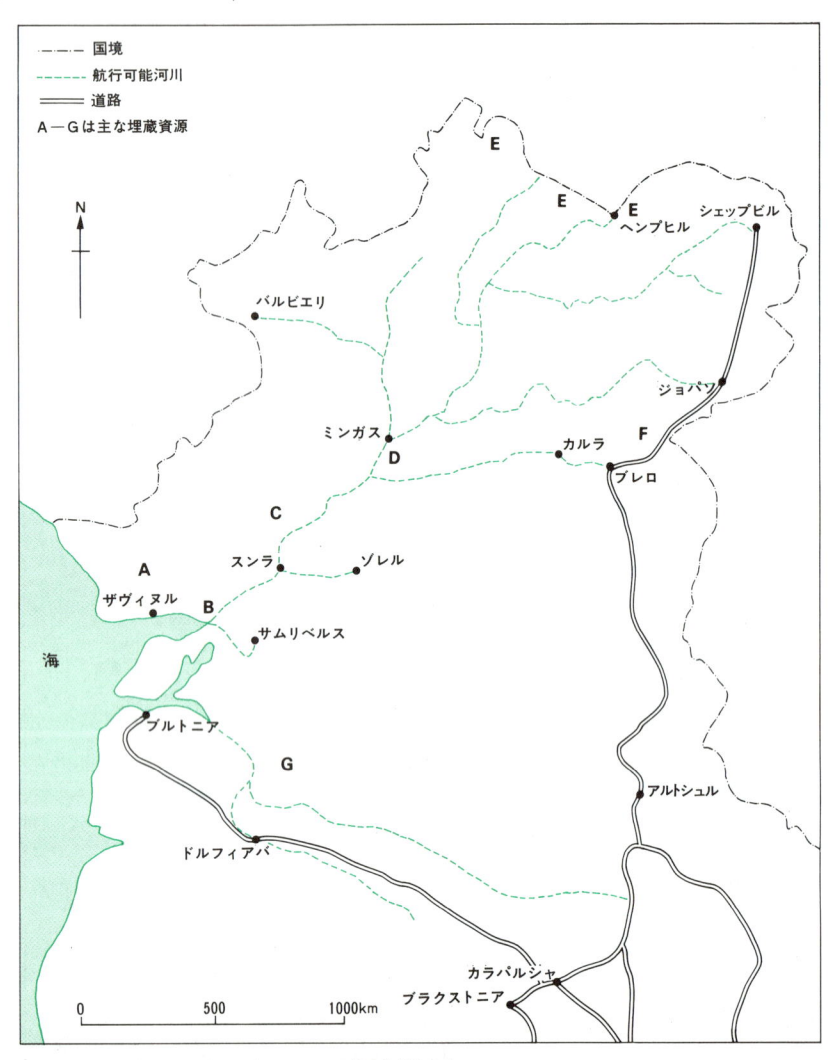

```
------- 国境
------- 航行可能河川
======= 道路
A～Gは主な埋蔵資源
```

A: マンガン鉱―原石は鉄道でザヴィヌル近郊の港へ輸送される
B: 希少高品種のプランテーション林業
C: ボーキサイト鉱床
D: 石油・マンガン鉱床
E: この地域に接した近隣2ヶ国で発掘された大油田
F: スズ鉱床で世界最大と見積られている
G: 高品種鉄鉱床で輸出のために海岸部とつなぐ鉄道の新設が必要とされる

図8.24 コルトラニア北部と埋蔵資源

まとめ

　開発の基本条件の1つとして、効率的な輸送システムは必要不可欠です。ここでは交通ネットワークの効率を評価するための方法をいくつか紹介しました。一般的にいえば、開発途上国の交通ネットワークは比較的単純で、時代遅れだったりあるいは利用が過剰に集中したりしているといえるでしょう。政府は資金不足のために先進国ほど整った交通システムが造れません。ですから、道路があってもほんの一部が舗装されているに過ぎず、また自動車を持っているのも一握りの人たちだけです。鉄道は植民地時代に造られたものが大半で、これは物資輸送を主目的にしたものであって、人の移動のためではありませんでした。開発途上国は大体が輸出入とも海運に依存する程度が極めて高いにも関わらず、港湾施設の整備は立ち後れているために経済効率があがりません。航空輸送に関していえば、遠隔地の開発には最適なのですが、政府によっては実際の必要性を無視して、空路・空港に多額の開発投資をあてる国もあります。交通システムが適切に作られていなければ国土の中に僻地が形成されてしまい、国土全体を一体的かつ適切に管理することは大変難しくなります。

第9章　産業と貿易

雇用需要

　この章では第三世界の国々が直面している産業開発上の難しい問題や，それに関わって雇用問題にどのような変化が起こっているかをみることにする。まず第一に取り上げられなければならないのは，開発途上国では増加しつつある人口に対して，十分な職場が作り出せていないという問題である。

　この失業問題は最近先進国でも増加しつつあり，西欧諸国全体で，少なく見積もっても1,500万人の失業者がいるとみられる。これに対して当面これらの国では失業手当を支給し，また医療費や教育費を無料化する等して対処しているが，これが開発途上国になると，こうした救済策は全く講じられていない。開発途上国では，失業手当や家族手当を含めて，社会的サービスを無料化するような余裕がないので，3億人を越す失業者は頼れるものが何もないのである。しかも，事態を改善するために必要な，失業者向けの職業再訓練

図 9.1　職をみつけるのがますます難しくなっているイギリス

図 9.2　シェーラ・レオーネのフリータウンでみた造船所：外で求人募集を待つ人達

事業や職業斡旋事業もないために，いつも問題は深刻化するばかりである。このままいけば，今世期末には10億人分の新たな雇用を起こさなければならなくなると予想されている。

開発途上国に住む大多数の人は農業に従事しているが，農作業というのは季節に左右されやすいために，わずかでも仕事があるのは年のうちせいぜい6, 7ヶ月というのが一般的である。このような事情は潜在的な失業状態といってもいい。一方では耕作機械の導入によって労働力需要が減り，土地なし農民が余ってくるが，他方では高収量品種が導入され，灌漑方式も改善されて多毛作が可能になってくると，以前よりは労働需要が高まる。問題なのは，農村住民はその生活水準が都市住民と比べてずっと低い，ということなのである。工業に関わる職場のほとんどすべてが都市にあるといってもよく，うまく職にありつければ，農村での職業よりもずっと稼ぎがいいし，たとえちゃんとした職につけないとしても，大都市なら何やかやと収入を得る手だてが見つかるのである。

だから，この雇用問題を解決するには，農村地域でも農業に替わる職業と呼ぶにふさわしい職場を作り出すことだといってもよい。それぞれの地域での所得格差をもっと小さくすれば，都市への相変らず続く人口移動も少しは収まるはずだといわれている。

Box 9.1　世紀末日本の雇用

1990年代からの日本はバブル景気がはじけて，長い間不況感が漂っています。土地や株の値段が急落して，投資していた会社の破産が相次ぎました。これがさらに連鎖して，これまで倒産しないと見られていた銀行まで破綻するものが出てきました。その結果，多くの企業が倒産にあえぐことになりました。都市化の進んだ今の日本では，特に製造業が重要です。しかしこの製造業が倒産したり，海外流出したりしています。そして90年代末には失業率が上がって，4%に達する最悪の状態だと言われてます。

都市の製造業には中小・零細企業が多く，事業所の数では90%以上が中小企業です。一方出荷額では大企業が70%以上を占め，従業員数ではほぼ50%と並んでいます。事業所の倒産や海外流出は特に中小・零細企業の失業問題に深く関わっている事がわかります。雇用が国の経済を支えていることはどの国も同じです。日本ではこの中小・零細企業の雇用を生み出す事が大切なのですが，資本が小さく特定の技術に特化している業態が多いために，転業・転職も容易ではありません。従業者が相対的に高年齢である事も問題を難しくしています。

金融のビッグ・バン（金融・証券制度の大幅な緩和）が叫ばれ，世間の関心を強く惹きつけていますが，その一方で，黙々と職業安定所に通う人が増えているというのが20世紀末の日本の風景です。

（訳者補足）

中国・蘇州：何処ともなく小船で出かける老夫婦
蘇州は運河が発達しており，水網都市という呼び名があるほどだ。老いも若きも船を利用する。さしずめ，日本では買い物や病院通いのために老人に軽自動車が欠かせないのと同じ様な事かもしれない。（訳者補足：保科秀明撮影）

産業構造

産業構造について考える時，ふつう第一次，第二次，第三次という3分野に分類している。

第一次産業とは自然資源や原材料の採取に関するもので，農林水産業，鉱業などが含まれる。

第二次産業とは物品の製造に関したもので，原材料から直接作られるものも，また第二次産業の他の業種が作った部品を組み立てて作られるものもある。

第三次産業とは，サービスは提供するが実際の物品は生産しない職業のことである。つまり，たくさんの種類の事務的職業や保険サービス，教育，警察，軍隊，政府公務員，個人企業の管理的職業などである。第三次産業には交通・運輸，小売業も含まれる。

1　3つの産業分類の定義を書きだして，それぞれについて代表的な職業を5つ例示して下さい。

2　表9.1にあるデータから，それぞれの国についての雇用構造がわかる棒グラフを作ってみましょう。

a　開発途上国の雇用構造は先進国のそれとどこが違うでしょうか。

b　その違いが生れた理由について読者はどう考えますか。

c　ジャマイカは第三次産業での雇用比率が比較的高いのですが，その理由は何だと思いますか。

表9.1　各国の雇用構造

国　名	労　働　力　比　率		
	第1次産業	第2次産業	第3次産業
タンザニア	83	6	11
インド	74	11	15
インドネシア	60	11	29
ナイジェリア	56	17	27
ブラジル	41	22	37
ジャマイカ	28	17	55
ソ連	17	47	36
日本	13	39	48
イギリス	2	43	55
アメリカ	2	33	65

図9.3　木綿生産の第1ステップ、第2ステップそして第3ステップ

工業開発

開発途上国における工業生産高は世界の7％であり，雇用面からみればこれらの国々の総労働力の13％を占めるに過ぎない。どこでも開発途上国は熱心に工業力を拡大しようとしているが，多くの難しい問題を抱えているのも事実である。その1つに，技術的知識の不足という問題がある。世界中で進められている研究開発のうち，開発途上国で行なわれているのはほんの2パーセントにすぎない。だから，これらの国は当然先進国から提供される技術に頼らざるを得ないことになる。しかし，技術を買うことは決して安いことではなく，またそれが開発途上国が求めるものと合致しないことが非常に多くみられるのである。巨大な多国籍企業は，膨大な設備を蓄えた本拠地での操業に照準を合わせて様々な技術を開発してきた。開発途上国ではこんな設備が買えるわけもなく，むしろ国内の失業問題を軽減するために，豊富な低賃金労働力があるという利点を生かした工業を必要としているのである。

過去，第三世界の政府は鉄工業，石油精製工業あるいは高度な機械化工場など，大規模で国の威信を誇るような事業への投資のために資金を使いすぎたともいえる。これらの工場は大変高価なために，設備も技術も外国の多国籍企業と共同して開発されるのがふつうである。ところがこの多国籍企業は地場産業を使うことはほとんどなく，必要な機材はすべて外国から持ち込む。そして管理職的人材にしても，その国の人を新たに教育・訓練するよりも自前の人材を使おうとする。さらに，基礎的な労働力は地元から雇うのが一般的だとしても，工場で必要とされる労働力はわざと少なめに設定されるのである。

図9.4 ハイテク産業の例：ナイジェリアの首都ラゴスにあるフォルスクワーゲンの組立工場

3 有名な政治的指導者として知られる，マハトマ・ガンジーは次のようなことをいっています：「……労働力の節約によって，何千もの人が職を失い，飢えて死ねとばかりに路上に放り出される。現在の仕組みは，何百万もの民衆の背にまたがる一握りの人を富ませるようにできている。」この言葉は開発途上国での工業開発が適切に行なわれない場合，どれほど社会的な公平が損なわれるかということを指摘していますが，ガンジーはこれをどう説明しようとしているのでしょうか。

Box 9.2 アジアへの工場進出

開発途上国の工業開発は輸入代替産業の開発と輸出型産業の開発とに分けられます。輸入代替産業とはそれまで輸入に頼っていた工業製品を国内で生産する事により，輸入に必要な費用を減らそうとするものです。また輸出型産業はその反対に，作った製品を海外に輸出して外貨を稼ごうというものです。本当は両方がバランスよく開発される事が理想ですが，アジアの国はその多くがまず輸入代替産業の開発を優先しました。しかし，石油などエネルギーを海外に頼る国では，1970年代に起こったオイル・ショックのために原油価格が暴騰し，輸入を減らして節約した費用が一挙に目減りした上，さらに大きな貿易赤字さえ抱える事になりました。そのため急きょ輸出型産業の誘致に切り替えました。そしてこの輸入代替型，輸出型に関わらず，アジア諸国の多くが先進工業国，特に日本からの工場進出によって支えられてきました。

日本から進出していった工場には現地企業との合弁企業も多く，家庭電化製品の製造から始まって，電子部品，自動車の組み立て，繊維工場，カメラ製造など，幅広い分野に及んでいます。いずれにしても，現地での人件費，税制，輸送条件，労働者の意欲，その他様々な条件を注意深く国別に分析して，製品にあった最も条件のよい国を選んで進出していきます。日本企業同士の競争も激しいために，条件のよい国には集中的に日本企業が進出するという現象もみられます。日本企業の看板があふれ，日本車ばかりが走る街頭風景を見ると，現地社会は日本人についてどんなイメージを持つか気になります。

（訳者補足）

タイ・バンコク郊外の工業団地誘致のために開発された土地
外国企業誘致は途上国の経済発展の要となっている。しかし国際経済が悪化すると，とたんに企業進出が止まる。企業進出を当て込んだ土地開発も不景気にさらされれば，あとに無残なさら地が残り，ペンペン草が生い茂る。（訳者補足：保科秀明撮影）

適正技術

開発途上国でのハイテク工業（高度な産業技術を必要とする工業）の欠点を補うものとして考えられているのが適正技術（アプロプリエート・テクノロジー）と呼ばれるものである。これは開発途上国にある資源（経済力，人材，自然資源などをさす）に適した，むしろ規模の小さい工業の発展に必要な技術を意味している。この適正技術は，設備や動力源に費用をかけるのではなく，それに変わるものとして人間の労働力を最大限に活用しようというものである。たくさんの人に雇用機会を創出すれば，産業振興の利益を広く行き渡らせることになるし，また同時に労働の熟練度が重要になるので，職業としての満足度も高められるのである。これは伝統産業をやめるという意味ではなく，むしろ伝統産業をもっと発展させて，その体質を強化しようということを意味している。このようにみてくると，適正技術が目指すのはその地域にある様々な資源，特に順次更新していける資源を最大限に利用し，捨てられていくものを効率よく再利用することにあるといえるだろう。そうすれば，ひいては環境の保全にも役立つことになると期待されるのである。

適正技術がうまく使われるようにするには，まず手ごろな値段で作れて，かつ民衆が必要としていることに役立つものでなければならない。従って，これまでもうまくいった適正技術というのは，単純かつ安価，しかも今必要とされている機器類であった。人力の地下水汲み上げポンプや脱穀・製粉機械，動力源となる風車，あるいは簡単な農業用機器等がそのよい例である。図9.6はタンザニアで開発されたものだが，非常

図9.5　簡単な太陽光反射式グリル：太陽熱を利用する試みが世界中で進められている

図9.6　適正技術のもう1つの例

に安く作れるバイオガス発生装置の例である。図中，右下に掘られた井戸には家畜の糞が同量の水と共に入れてある。その糞はガスタンクの下に掘られた大きな穴に流れてゆく。これが発酵してくると，表面に薄い浮遊物が浮かび上がり，それが図の中程に描かれている溝に流れ出してきて，肥料として使われるものになる。一方，大きい穴に発生したガスは，木の支柱で支えられた七本のドラム缶に溜められ，そのガス貯蔵缶が，ブリキ缶に穴をあけただけの簡単な調理器—その中にはどこにでもある炭火用のコンロが据えつけてある—と直接チューブでつながれている。

> **Box 9.3　途上国と適正技術**
>
> 　開発途上国の農村では伝統的な農業が行われていますが，これは自然まかせの不安定な農業です。農民は貧しさのために，ほとんどがまともな教育を受けられず，十分な教育を受けられる人はほんの一握りです。このような状況では，貧困を改善するための新しい農業技術を導入しても設備の維持管理ができず，機械化しても操作技術が難しいとか，機械の整備・修理もできません。さらにガソリンさえ入手が困難という事もあり，先進国の技術が役に立たない事が少なくありません。結局いっぺんに近代化するのは難しいので，少しずつ改良しながら徐々に，しかも継続的に進める事が必要です。こうした取り組みの中から適正技術の開発が進んできたのです。
>
> 　その1つに家庭燃料として炭を普及する事が考えられています。貧しい農家では薪が料理用燃料として広く使われていますが，都市ガスやプロパンガスに切り替える事などとてもできません。そこで炭を使う事を考えたのです。炭の場合コンロが必要になりますが，扱いは簡単で，何よりも炭は薪よりも火力が強く使用量も少なくてすみます。そのために樹木の伐採も減少して，森の荒廃をとめる事も期待できるのです。
>
> 　別の例として，ゼンマイ・ラジオというのがあります。電気がなく，電池も買えない辺ぴな農村でも，手巻きのゼンマイ・ラジオなら使えるというわけです。これは厳密な意味では適正技術とは言えないかもしれませんが，大変な発明です。このラジオはイギリスの発明好きなおじいさんが，たまたまテレビでアフリカの貧困農村の番組を見て思いついたものです。イギリスの援助機関がこのアイデアに飛び付いて，専門家に技術的改良を加えさせて完成しました。今このゼンマイ・ラジオは南アフリカ共和国で量産化しています。定年後でも楽しみながら国際協力ができる事を証明してくれたといえるでしょう。
>
> （訳者補足）
>
> **マレーシア・ペナン：下町の軒先で鋳物を作っている**
> 適性技術はゼロから生まれるものではない。どこかで何かの形で生かしていた技能や技術を応用したり，能率よくする事によって改善が進む。そしてこうして改良された技術はそのあとも改善を継続させることができる。（訳者補足：保科秀明撮影）

零細企業の振興

開発途上国の経済では、零細企業の役割が極めて大きい。都市や農村にベースを置いた同族や個人で経営されている地場産業がその中心である。内容的には織物、瀬戸物、木工や革製品、そして食品加工や鍛冶屋などである。都市型産業にしても似たようなもので、電気部品・プラスチック・ガラス・紙・その他の軽工業が中心になっている。いずれにしても、この零細企業の特徴は大規模な産業組織とはかけ離れた存在だということである。なぜならば、零細企業は生産活動に関する政府の徴税規則に縛られることなく営業しているのがふつうだからである。そのためにこれらは"インフォーマル・セクター"（日本語では"非公式部門"などと直訳されることが多いが、むしろ"非登録部門"といったほうがわかりやすい）あるいは"未組織部門"の産業分野だといわれている。このインフォーマル・セクターの中には露店商や使い走り的な仕事も含まれる。

実際、産業全体に対してインフォーマル・セクターで働く人の割合は、東南アジアやラテン・アメリカでは30％、インドやアフリカに至っては80％に達するとみられている。しかもこの種の産業に対して、助成策を持っている政府は開発途上国ではあまり見当たらない。もし政府の融資や技術指導があったら、まだまだ発展する余地が大きい分野である。問題はこれが未登録の企業活動とみなされるために、公的な信用保証が得られず、発展・拡大に必要な資金繰りができないことである。都市部のものは、たいていスラムやスクォター地区にあって、交通条件や公共サービスがお粗末なために、企業競争力が極めて脆弱だという点も問題である。

しかし、農村部でのインフォーマル・セクターの産業は都市部のものよりさらに深刻である。分散して立地しているうえ、大きなマーケットを形成しにくく、また経営者も零細規模に満足し、技術的にも従来の枠から脱皮しようという意欲に欠けるきらいがある。時には、仲買人が材料を高い値段で売りつける一方、製品は買い叩いて利益を独り占めしてしまうといったこともまま起こっている。一般に農村工業は都市へ人口が流出していくこととか、値段の安い大量生産製品がどっと入り込んできて、それまで伝統的に生産してきた品物を駆逐してしまうといったこともあって、深刻なダメージを受けている。しかしこんな事情にもかかわらず、零細工業だけはまだ田舎に人を引き止めるうえで重要な役目を果たしている。農閑期における働き場所であり、多くの家庭の貴重な現金収入源を確保してくれるからである。この零細工業の振興に関して大変な努力を払っている国はインドである。

インドは決して零細産業の国だというわけではない。工業生産では世界第9位の生産高を誇っているし、500万人を雇用する様々な技術の進

図9.7 インドに従来から伝わるツボ作り

図9.8 ホンコンでみたジーンズの最終加工作業

んだ近代的な製造企業をもっている。しかしその一方ではその4倍ともいわれる数のインフォーマル・セクターの工業労働者も抱えているのである。(この国の総労働力はほぼ3億人に達し、その大多数は農業に従事しているということを覚えておいておく必要がある。)インドでは毎年600万人分の職場を新たに用意していかなければならないのだが、それにはこの零細企業の生み出す雇用機会に頼るしかない。

インド政府は、さかのぼること1954年、小企業開発庁(Small Industries Development Organization＝SIDO)を設立して、零細企業に対して職業訓練や技術指導その他の特別な助成措置を講じた。最近ではそれが発展して、それぞれの地域にある工業開発センターをネットワーク化して集中管理しながら、技術開発・経営管理・資金計画といった幅広い助成策が講じられている。そのために作られた法律を見ると、この助成の対象は600余種の業種に広がっており、その中には高度な電子産業や精密技術産業も含まれている。この法律のおかげで、零細企業は大企業との競合という問題からは一応守られているのである。

農村地域の伝統工芸の手織物産業については、経済効率がどんどん低下しており、それに対してもインド政府は補助金を出して助成策をとっている。この業種では生産管理は労働組合が行なっていて、政府は仲買人の役を果たしている。結果としてその製品コストは一般の工場製品より高くなるのは避けられないが、インド政府としてこのような助成をするのはむしろ社会的な理由があるからなのである。農村部では既に失業率が極めて高く、これ以上雇用機会を減らすことは何としても食い止めなければならないのである。

Box 9.4　フィリピンの地域おこし

開発途上国の農村には農業のほかには、これといって見るべき産業がありません。換金作物が作れるところはまだいい方で、自家消費用の農業が精一杯というところが多いのです。このような農村の貧困を改善するには、土地に適した換金作物を探して生産する事、生産したものに手を加えてできるだけ付加価値をつける事、今まで蓄積してきた技術があれば、これに改良を加えて商品価値のある品物を作る事など、様々な工夫が必要です。そして製品を売るマーケットも確保しなければなりません。しかしこれは一人の農民でできる事ではありません。やはり村人皆が協力して努力していかなければなりません。つまり、単なる産業育成ではなく、村おこし運動というべきものが必要なのです。

日本の大分県では30年も前から「一村一品運動」という活動をはじめました。村から若者の流出が続き、老人が残りました。このままでは村が崩壊すると心配した平松知事が推奨したものです。村や地域毎にまだ残っている技術や特産品を探し出して、それぞれが特徴のある品物を作ろうという考えです。この取り組みは多くの途上国の人から関心をもたれ、フィリピンでも研究が始まっています。産業政策というよりは、むしろ貧困問題への取り組みとして位置付け、農村活動全般にわたる社会政策の一環として考えられているのです。

(訳者補足)

貿易

　貿易はどんな国でもその国の経済システムにとって，欠かせないものになっている。なぜならば，国内の資源だけですべての需要を満たせるような国はない，というのが１つの理由である。また，貿易を発展させることによって国家は豊かになる，というのがもう１つの理由である。目下のところは世界貿易は先進国が支配しており，石油輸出国を除く開発途上国は，海外に売るべき生産品の量とか生産品の販売価格を決定することについてあまり影響力を持っていない。これは貿易の構造がそうなってしまっているからで，輸出入に関わる商品の内容の問題ということもできる。

4　図9.9を見て下さい。
　a　図に示された２時点を比べて，ナイジェリアの輸出入に関わる生産品の内容には大きくどんな変化が見られるでしょうか。このような変化が起こった理由は何だと思いますか。
　b　ナイジェリアの貿易には1966年から1980年にかけてどのような質的変化が起こったでしょうか。1980年の状態は前よりよくなったのでしょうか，それとも悪くなったのでしょうか。その理由も説明して下さい。
　c　最近の輸出構造を見て，予想される問題点を説明して下さい。

　開発途上国は，たいていが第一次産品（鉱物資源や農産物）の輸出に依存している。理由としては埋蔵地下資源が地理的分布状態からみて有利であるとか，またある特定の穀物は熱帯気候のもとでしか収穫されないためだという指摘があるが，それはあながち間違いとはいい切れない。しかしもう一方では，18世紀から19世紀にかけて開発された貿易パターンの反映だということもできるのである。ヨーロッパ勢力は，かつてその植民地において，食糧や原材料との交換取引を前提として自国の工業製品を売り込むことができる仕組を持った市場を確立していた。事実，ヨーロッパ諸国の中には自国の工業と競合する恐れのある場合，植民地での工業活動の制限も行なったのである。イギリスを例にあげれば，かつてランカシャーの紡績産業を保護するために，イギリス政府はインドにおける綿布生産を巧妙に制限したことがある。

　1970年までには，開発途上国のほとんどがその宗主国から政治的に独立したのだが，しかしそれは必ずしも経済的独立ということではなかった。政治的には独立しても，経済的にはかつての貿易の構造そのものに頼らざるを得なかったのである。アフリカの例を見れば，鉄道網は港湾

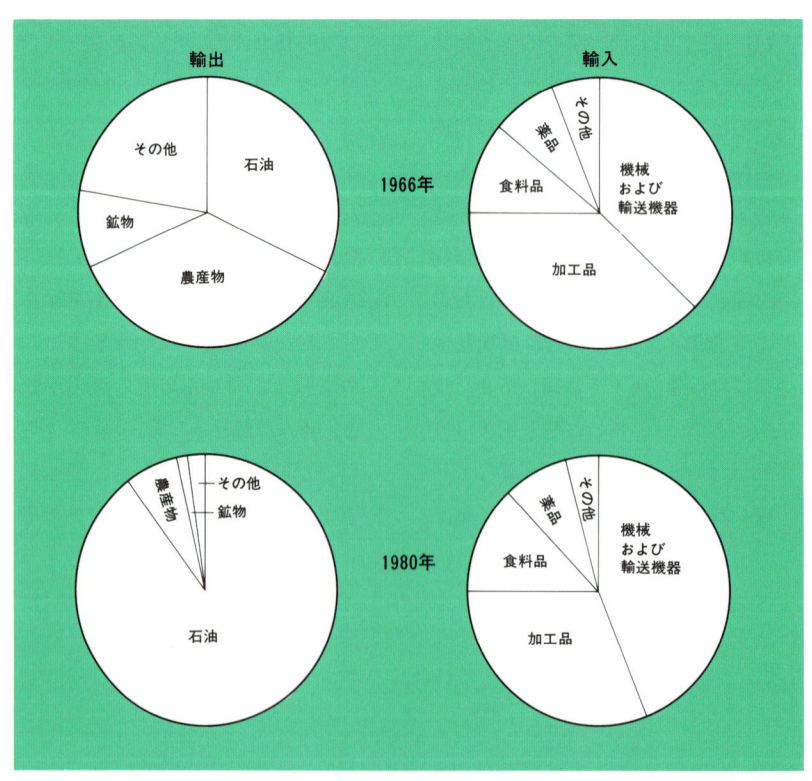

図9.9　ナイジェリアの貿易構造（1966年および1980年）

へ直結する単線のものばかりで，鉄道は近隣のアフリカ諸国との貿易には全く役に立たないことがはっきりしているからである。

この数年，第三世界の国々は国際貿易に関して取引条件の改善を訴えてきたが，当時先進諸国は開発途上国に有利になるような富の再配分条件には反発していた。ところが1973年石油危機が起こり，それが国際経済に広範囲な影響を及ぼしたために，西側世界は身動きが取れなくなる事態が生じた。第三世界諸国からなる石油輸出国機構（The Organization of Petroleum Exporting Countries＝OPEC）が，価格引き上げをはかるために原油の供給を差し控えたのである。そのため，原油価格は数カ月もしないうちに4倍にも跳ね上がった。この経験を通じて，先進国はどれほど開発途上国の自然資源に依存しているかという事実に気がついたのである（図9.10）。

その翌年，国連の特別総会では，全加盟国が低所得国は貿易差益に関して，もっと公平な配分を得る権利がある，ということを満場一致で承認した。しかしこれに対して，先進諸国はこれといった手を打たなかったので，1970年代の終りになると，状況がさらに悪化した開発途上国がでてきた。原油価格の上昇のあおりをくったのは，先進国以上にこの貧しい開発途上国だったのある。

第三世界諸国から提起されたこの貿易上の公平さという問題は，国連貿易開発会議（United Nations Conference on Trade and Development＝UNCTAD）の旗の下で開かれたいくつもの国際会議のなかで討議され，その中で問題は主に6つの論点に集約して考えられなければならないことがはっきりしてきた。

(1) **原材料価格の再評価**：開発途上国が輸出で稼ぐ収入の4分の3は原材料の販売によるものだが，その価格は需要によって変わるため，極めて不安定である。銅を例にあげると，1966年から1978年までの間に世界の銅の価格は図9.11にあげたように変化している。ザンビアのように輸出貿易の95％までを銅に頼っている国にとっては，こうした価格の変動は深刻な問題である。ザンビアでは，各年次の年間収入の見通しがたたないために，先々の計画をたてることさえ困難になっているのである。

一方，先進国が生産する工業製品の価格は，過去20年の間比較的安定

図9.10　1973年に発生した石油危機の時：ガソリンスタンドで順番を待つ自動車の列

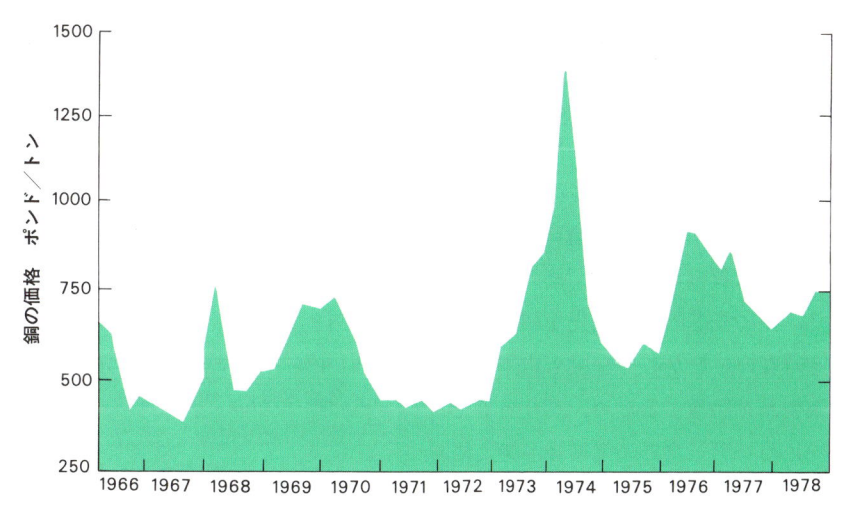

図9.11　銅の価格変動状況

して値上がりしてきた。従って，開発途上国から見れば，自分たちの輸出収入と工業製品の輸入支出との間のギャップは拡大する一方なのである。結局は輸出価格の安定化をはかって，何としても国家の輸出力を維持しなければならないということになる。そのための方策としては，特定の産出品について生産者が備蓄システムを作って，価格の低迷時にはそれを貯めておき，値上がりが見込める時に徐々に市場に放出する，という方法が考えられる。しかしそのためには膨大な財政的支援が必要であり，また農産物の場合にはこの仕組みは機能しないのである。そこでそれに変わるものとして，開発途上国は工業製品の価格と連動して原材料コストを決定するという仕組を考えている。そうすれば輸入価格の値上がりに対して，材料輸出による収益も増加するというわけである。このような仕組をインデクセーションといっている。

(2) **欧米市場への参入の拡大**：開発途上国としても当然原材料だけに頼っているわけにはいかない。1977年，世界における工業製品の貿易量のうち10％は第三世界において生産されていた。国内市場は購買力が小さいために限られており，そのぶん海外，特に先進国に販売先を頼らざるを得ない。しかし先進国も自国の工業製品を保護するため，割り当てを決めたり第三世界の工業製品輸入に対して関税をかけて価格を上げたりしている。そのために開発途上国は，この輸入割当や関税の撤廃を求めているのである。

(3) **多国籍企業の規制**：第三世界諸国は，その地域の貿易の60％を握っている大規模多国籍企業の活動を規制する意向を強く持っている。なぜなら，最大手の企業ともなると，世界の最貧国80カ国のうちのどの国と比べても，1国の総生産額を越えるほどの利益をあげており，これが新しい植民地化を進める力となっているからである。

(4) **国際金融システムの改革**：現在の国際経済の仕組では，国の通貨の価値は国際為替レートに沿っていろいろに変わる。この為替レートはアメリカのドル，イギリスのポンド，またドイツのマルクなどの主要通貨の強さにあわせて決められている。この通貨価値をコントロールすれば，貿易額の上昇・下落もコントロールできるわけで，開発途上国はもっと安定した国際金融システムを望み，またそれが運営される仕組の中に参入したいと考えている。

(5) **債務救済**：豊かな国から貧しい国に対して与えられる援助をみると，前に受け入れた借款に対する債務を返済するために，新たな借款を必要とするといった現象が起こっている。今日，援助は無償供与や無利子ないしは低利の借款がふつうであるが，1950年代，1960年代の援助では金利の高い借款が与えられることが多かった。

(6) **援助**：開発途上国は1975年の合意に基づいて，経済先進国が国家収入の0.7％を途上国の開発援助にあてるように要望している。

Box 9.5　構造調整

1980年代後半になると，開発途上国の中には累積債務（先進国や世銀などの国際機関から借りた借金がたまったもの）が膨れ上がり，金利も払えなくなる国がでてきました。そこで世銀やIMF（International Monetary Fund＝国際通貨基金）は，金利を減免したり，貸した元本を割り引いたり，追加融資するという方針をとりました。その条件として，政府の支出を減らしたり，国営企業の民営化，複数の政党による政治運営などを要求しました。このような政府の機構や経営のやり方を変える政策を構造調整（Structural Adjustment）と呼んでいます。この途上国に対する金融政策は，1990年代の主流になりましたが，メキシコ，フィリピンなどでは比較的うまく機能したといわれます。その一方では，やっと安定してきた政治運営が弱体化し，かえって不況が進み，貧困層が増加したり，基礎教育や保健衛生面の公共サービスが低下してしまった国もありました。90年代後半にはこうした点に配慮して，各国の援助は貧困対策，環境対策など，被援助国の手が届きにくい分野に援助が増えてきました。

（訳者補足）

メキシコ：新しいオイル・パワー

メキシコは，偶然金のなる木を発見した開発途上国だといってもいい。メキシコは膨大な石油資源を保有しているため，これをうまく利用すれば，どれほど国民の生活を改善できるか計り知れない。既にわかっている石油埋蔵資産だけでも，優にメキシコをアメリカやイギリス以上に豊かな国にできる程だとさえいわれる。楽観的な見方をすれば，総埋蔵量はサウジアラビア以上だともいわれている。

メキシコでは小規模な石油の掘削は既に1901年頃から行なわれていた。その後政府は1938年に石油産業を国有化したために，外国の石油企業は国外に追放されたのである。その影響で，1972年にメキシコ南東地方のレフォルマで新しい油田が発見されるまでは，その後の国の発展には特にみるものはなかった。この発見があって，国営企業のペトロレオス・メキシカノス（ペメックス＝Pemex）は，この埋蔵油田がどれほど貴重なものかに気がつき，チアパスおよびタバスコ州全域にわたる油田開発に取組み始め，ようやく石油生産が軌道に乗り出した。引き続き石油探査が続けられた結果，カンペチェ州に面したメキシコ湾で膨大な海底油田が発見されたのである。今ではユカタン半島の地下岩石層の下には大規模な石油・天然ガスが埋蔵されているとみられているが，詳しい調査が進んでいるのはまだほんの10％程度の地域である（図9.12参照）。

しかし石油生産の増加と精製事業は多くの難問を抱えていた。メキシコ人は自分たちの石油は完全に自分でコントロールできると考え，多国籍石油企業の参入を拒んできた。そ

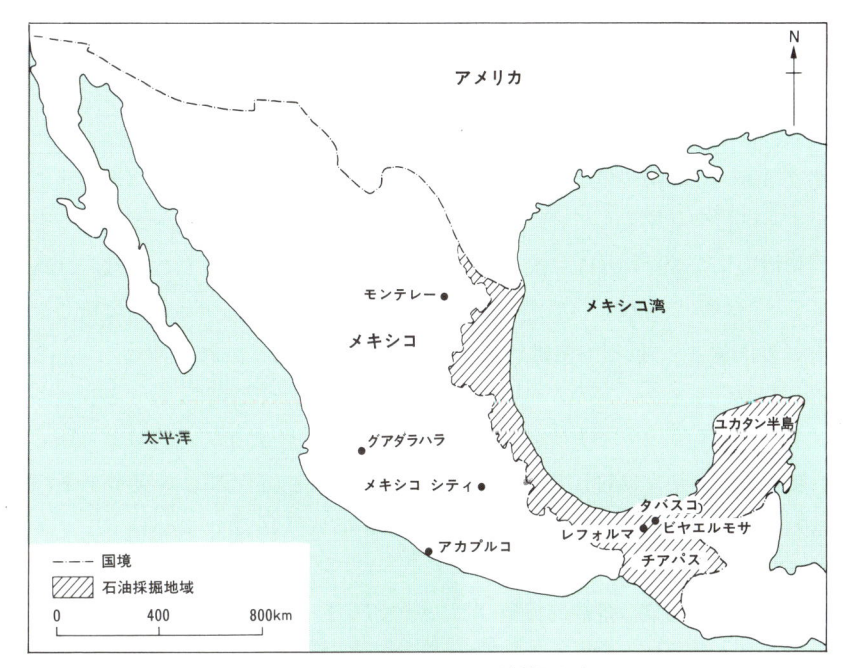

図9.12　メキシコと石油採掘地域

図9.13　石油資源を加工するメキシコの新型設備

れでペメックスは専門技術の開発や新たに労働者を訓練しなければならず，その発展は遅々として進まなかった。石油精製施設や大型タンカーが入港できるような深水港湾施設もないため，生産量自体を低水準に留めざるを得なかったのである。1970年代には，原油に伴って産出する天然ガスも，石油から分離された後いたずらに燃やし尽くしていた。今は湾岸沿いに1,290 kmにも及ぶパイプラインが敷設されていて，テキサスとの国境までガスが運ばれている。このパイプラインのおかげで，メキシコ産の原油の90％を買い入れているアメリカに対して，さらに余剰ガスも売ることができるようになった。

この新しい産業は景観的特徴の1つともなっており，広大な熱帯雨林が切り開かれて石油精製施設・港・また石油化学工場などが造られている。しかしそのおかげで，そこに流れ込む川は汚染が進み，海岸も汚染されて漁民の生活を脅かすようにもなった。1979年6月に発生した海底油田探査井戸の爆発によって，膨大な量の原油が流れ出し，そのためにメキシコ湾では数百平方キロメートルという海面が何ヵ月も汚染され続けた（図9.15参照）。

それまで穏やかだったメキシコの南東部沿岸各州に与えた影響もたいへんなものであった。まず，何千人もの農業労働者が土地を離れ石油工業で働くようになった。農業をするよりも4倍も賃金が増えたからである。レフォルマの町は巨大なスクォッターと化し，ビヤエルモサの町も人口が3倍に増えて30万人になった。地価は高騰し，食糧費はメキシコシティーより30％も高くなった。ペメックスはビヤエルモサに労働者のための大規模な住宅団地を建設し，また新しい空港も造った。タバスコでは大型の石油輸送車が通るようになって，道路の痛みが激しく交通網の荒廃が進んだため，政府は新しい交通網を整備するために新たな投資を余儀なくされた。

とはいえ，石油収入がメキシコの経済に与えた効果には目覚ましいものがあるというのも事実である。1980年から1982年にかけて，メキシコは石油収入の68％，金額で120億ポンド（約4兆200億円）にのぼる資金を公共投資に関わる総合事業に使うことにした。これまで顧みられなかった農業の振興，教育・保健衛生，住宅供給および交通運輸事業などである。いい換えれば，この金額の大きさはメキシコが抱えていた問題の大きさを象徴していたともいえる。

メキシコの人口は現在7,000万人を越え，さらに年間3％の割合で増加している。人口の40％は15才以下の年齢で，つまるところこれは1980年代には雇用需要が急激に増加するということを意味している。既に失業率は20％に達しており，さらに潜在失業者がほぼ同じくらいいるのである。毎年増える失業者の職場だけで80万人分が必要になるとみられている。こうした人口圧力に対する安全弁になっているのがアメリカ南西部への不法出国で，既にそ

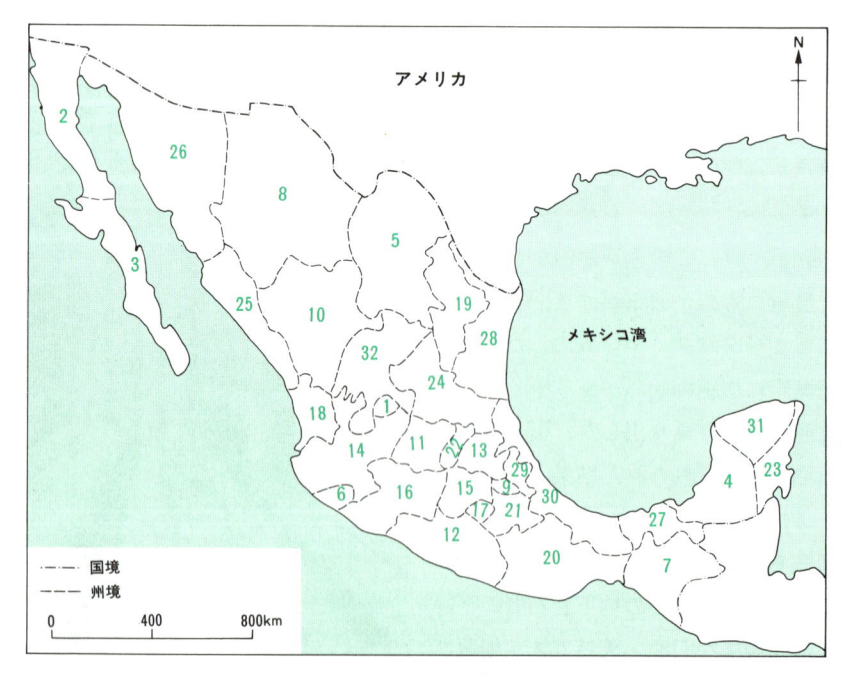

図9.14　メキシコ国内各州（数字は表9.2の州番号）

の数は1,000万人を越えている。都市への人口流入はメキシコシティでも深刻で，1,200万人の人口を抱えたこの都市は人口急増に起因する問題を様々に抱えることになった。

メキシコはさらに，大量の農業小作労働者をどう工業化社会に適応させていくかという問題も抱えている。土地に働き，農業に従事してきた農民の5分の2は工業分野での労働力としては期待できない状態にある。食糧生産が人口増加に追いつけないことは明らかで，今や輸入穀物の量は増える一方である。政府は小型の国有農地を協業化して，農業協同組合を作るなどの効率化をはかっているが，地域によっては土地がやせていて組織的な再編成ぐらいでは改善が進まない所もある。そこで政府は農村経済を補完する意味で，農村工業の開発に役立つ事業を展開してきた。

5　ここで次の設問に答えるために5つのグループを作って下さい。それぞれはメキシコ政府の役人を演じるものとして，この先3年間にわたって，メキシコの石油収入をどう使ってゆくかという計画をたてる役目をになっているものとします。予算総額は180億ポンドで，その1/3はペメックスへの投資に使い，残り120億ポンドを開発目的に

図9.15　9ヵ月間原油を放出した後、閉鎖されたイクストック油田

表9.2　メキシコ各州の統計

	州　名	A	B	C	D	E
1	アグアスカリエンテス	37	74	16	0.8	80
2	バハカリフォルニア	22	77	18	1.2	96
3	バハカリフォルニア (T)	35	67	8	1.0	68
4	カンペーチェ	46	50	14	0.8	84
5	コアウィラ	30	71	18	1.1	87
6	コリマ	44	46	9	0.8	86
7	チアパス	73	39	5	1.0	63
8	チワワ	36	70	13	1.1	79
9	メキシコ シティ	2	71	31	—	100
10	ドゥーランゴ	55	69	9	1.0	72
11	グアナファト	49	64	17	1.1	76
12	ゲレロ	52	39	8	0.9	73
13	イダルゴ	61	54	10	0.9	70
14	ハリースコ	34	72	21	1.2	83
15	メキシコ	30	62	25	1.1	91
16	ミチョアカン	59	55	10	1.2	76
17	モレーロス	43	55	13	1.3	94
18	ナヤリート	59	48	8	0.9	83
19	ヌエーボレオン	17	64	30	1.4	87
20	オアハカ	72	41	9	0.9	78
21	プエブラ	56	53	14	1.0	86
22	ケレータロ	48	54	13	0.8	69
23	キンタナ ロー	53	41	6	0.8	68
24	サン ルイ ポトシ	53	57	11	1.0	69
25	シナロア	51	53	9	1.0	75
26	ソノーラ	38	74	10	1.0	81
27	タバスコ	59	46	6	0.9	76
28	タマウリパス	33	60	12	1.2	80
29	トラスカーラ	55	56	17	0.9	90
30	ベラクルス	53	53	9	1.2	79
31	ユカタン	55	50	11	1.1	87
32	サカテカス	64	68	7	0.9	66

A：農業従事者の総労働力に占める割合
B：1室以上の住居に住む人口の割合
C：工業従事者の総労働力に占める割合
D：州幹線道路網のコネクティビティ指数
E：人口500人以上の村（町）に住む人口の割合

使ってください。グループのメンバーは開発にあたる担当官として，ある特定の開発目的に予算を取ることが任務になります。演習にあたって，初めに各グループの担当を次のように決めて下さい：

- 農業および農村開発
- 社会サービス―教育・保健衛生・住宅開発
- 工業開発（ただし石油産業は除く）
- 運輸・交通整備
- 地方自治

次の手順に従って進めて下さい。

a まず120億ポンドを各担当局にどんな割合で配分するかを決めるための会議を開いて下さい。この会議では各メンバーとも自分の部局が予算を必要とする理由なり，配分比率の根拠などについてできる限り皆を説得することがねらいになります。

b それぞれの部局に対する配分比率が決まったら，それに120をかけて100万ポンド単位の予算を確定します。例えば運輸・交通整備に10％割り当てたとすれば，実際の金額は12億ポンドになるわけです。

c 各担当官は図9.14と表9.2を使って，コロプレス・マップを作って下さい。

この図は各自が受け持つ分野について，開発状況を示すものにしなければなりません。そのために，農業および農村開発ではAの欄，社会サービスではBの欄，工業開発はCの欄，運輸・交通はDの欄，地方自治は

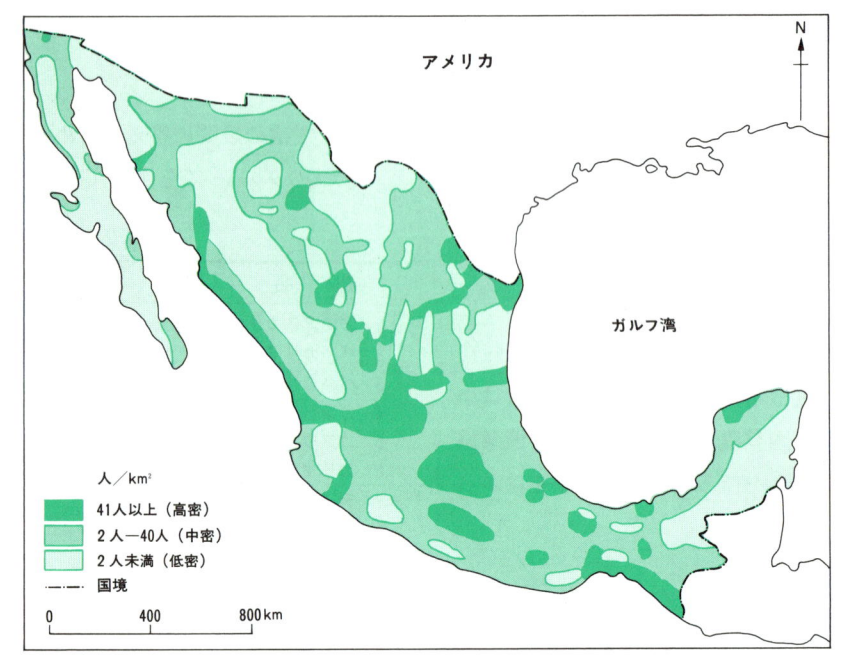

図9.16 メキシコの人口密度

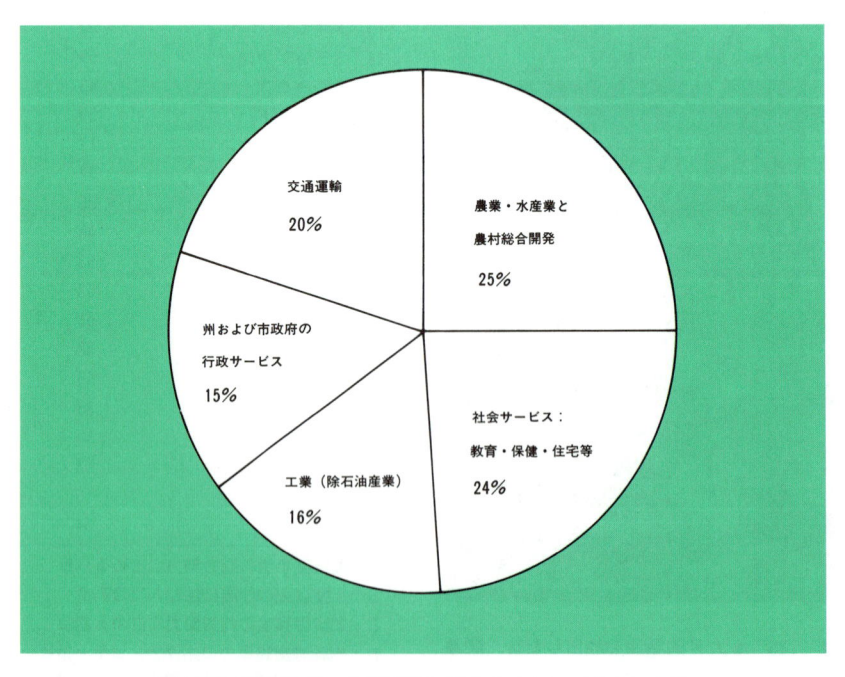

図9.17 石油収益の支出目的に関するメキシコ政府の方針

Eの欄を見て下さい。コロプレス・マップはそれぞれの項目の値を4段階に分類してそのランク別に塗り分けます。そのランク分けについては各自最も適当と思われる区切り方を考えて下さい。

d　コロプレス・マップができたら，メキシコの人口密度パターンを示した図9.16と照らし合わせながら，各々の州に各自が受け持つ部局の予算を配分して下さい。ただし，配分額は最低1,000万ポンドより小さくならないようにします。それが終わったら，なぜそういう配分にしたのかを説明して下さい。

e　次に各部局の配分した予算について，各州毎に集計した合計額を計算して，その結果をもう1つのコロプレス・マップに表現して下さい。

f　次の問題について考えて下さい。

 i ）図9.17はメキシコ政府が割り当てた比率を示したものですが，これと比べて設問でえた結果はどうなりましたか。

 ii ）全国の中で最も配分が多かった地域，また少なかった地域はどこですか。

iii）なぜそうなったか説明して下さい。

iv）もしほかにこの設問をやるチームがあれば，そのチームと結果を比較してみるとよいでしょう。

Box 9.6　シンガポールの石油基地
（訳者補足：共同通信社提供）

カリブの観光産業

近ごろ，休暇を海外で過ごす人の数はますます増えてきたが，1970年代の後半には毎年の国際観光客数はおよそ2億5,000万人となり，1950年の国際観光客数の10倍にも増えた。航空運賃が安くなり，またパッケージ・ツアーが盛んになって，様々な開発途上国で新しい観光地域の開発がひき続き進められている。これらの国では，観光産業は新しい収入源として，また雇用創出の機会として考えられており，特に製造業の立地が難しい所では期待が集まっている。カリブ海諸島は，1960年以降急速に観光産業が成長してきたために，こうした動きをみる上では典型的な例といえる。各島々の魅力というものは島の物理的な形状によって随分違ってくるが，主に3つの特徴がある：

(1) 石灰岩でできた低地型の島で，白い砂浜が続き珊瑚礁が取り囲んでいるもの；バハマ島，アンギラ島，アンチグア島，バルバドス島，トバゴ島などがそれである。
(2) 急峻な火山島で雨が多く，晴間は1日のうち数時間しかない所；グレナダ島，セント・ルチア島，マルチニーク島，ドミニカ島など。
(3) 大型の島で構造的には火山島とよく似ているが，土地の景観は多様で変化に富んでいる；ジャマイカ，ハイチ，ドミニカ共和国，プエルト・リコ，トリニダード島等である。

6 a カリブ海の地図を見て，上にあげた島がどこにあるかを見てみましょう。この島の3つのタイプはどのように分布していますか。
  b こうした島のどんなところが観光客を引きつけるのでしょうか。

7 a 表9.3をみてそれぞれの島で

表9.3 カリブ3島における月間流入観光客（%）

	バルバドス	マルチニーク	クラカオ
1月	8.0	9.0	8.5
2月	10.5	11.0	9.0
3月	11.0	12.0	9.5
4月	9.5	9.0	9.0
5月	6.0	7.5	6.0
6月	5.0	7.0	5.5
7月	8.5	6.5	8.0
8月	10.5	8.0	9.0
9月	5.0	6.0	7.0
10月	6.0	5.5	8.5
11月	9.5	9.0	10.0
12月	10.5	9.5	10.0
	100.0	100.0	100.0

図9.18 ジャマイカ島のホテルで観光客向けにカリプソを演奏するバンド

観光客の数がどう変化するかグラフをかいて比べましょう。月の変化を水平軸，割合を垂直軸にとって島別に線を変えて下さい。線の色を変えると島別のパターンの違いがわかりやすく表現できます。

b 観光客で一番混むのは1年のうちどの月でしょうか。その理由についても考えてみましょう。観光業に携わっている人たちにはどんな問題が起きているか考えて下さい。

c 観光客の輸送という面で，季節変化が一番大きいのはどの島でしょうか。

カリブ海で観光産業が最もにぎわうのは，乾季で気温も高くなる1月から3月にかけてのシーズンである。この時期は北アメリカやヨーロッパの観光客が北半球の冬から逃げ出したくなる時期にもあたっている。その次のピークは7月，8月で，これは先進国では夏休みのシーズンにあたる。それぞれの島に観光客が訪れるパターンは客の種類や出発地によって違ってくる。プエルト・リコの場合，年間を通じて安定した訪問客があるが，それは利用者が主にアメリカのビジネスマンで，様々な会議がここで催されているからである。

観光産業にとって，この季節変動は島の経済に様々な影響を与えている。オフシーズンにはホテルは空室をたくさん抱え込み，さらに宿泊費もディスカウントしなければならず，適切な運営ができなくなるホテルもでてくる。オフシーズンには解雇される従業員もたくさんでて，それでなくても失業者が多いのにそれ

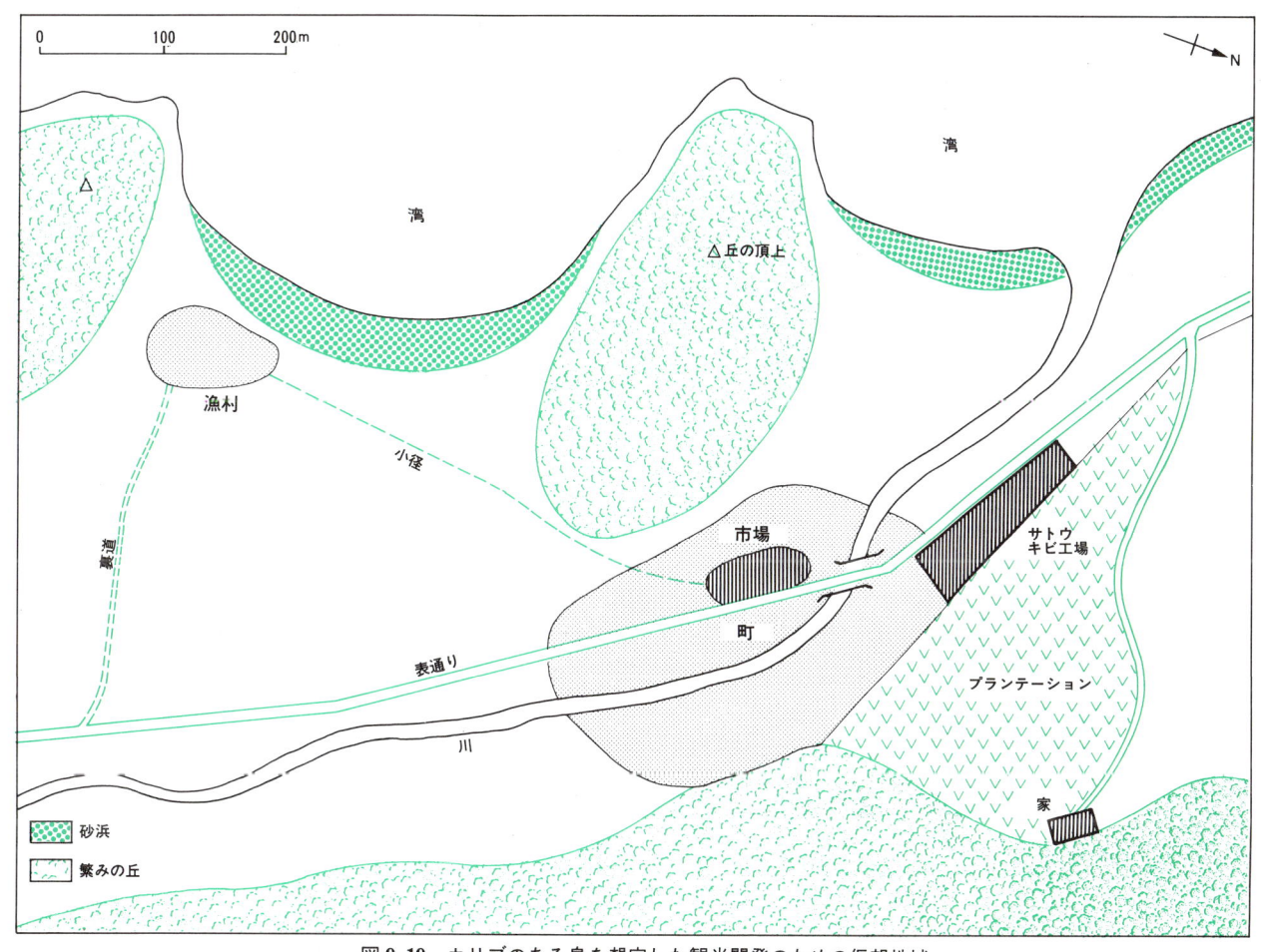

図9.19 カリブのある島を想定した観光開発のための仮想地域

が増幅されることにもなる。タクシー運転手も仕事が減り，仕方なく一時的にアメリカに出稼ぎにいくといった人もいるのである。

観光産業にはこういった欠点があるのだが，カリブ海地域の経済にとっては死活問題になっており，島によっては農業よりもウェイトが高い所がある。一方観光産業に付随して様々な商売が成りたっている。ホテル業，タクシーやレンタ・カー業，建設業，航空旅行業，家事サービス，貸しヨット業等は代表的なものといえよう。従業員に支払われる給料は物品やサービスに消費されて，その地域内で使われるから地域経済が活性化される。ホテルはぜいたくなものなので，従業員もたくさん必要になる。平均的にいっても客室１室当たり１人では足りないのである。その一方，ホテルのオーナーは外国企業であることが多く，給料の高い管理的ポストは地元の人にはまわってこないといった問題がおこっている。

8 図9.19を見てここに観光拠点を計画してみましょう。そこにつくってほしいものは；プールつきのホテル，バンガロータイプの宿泊施設，現地人の経営する宿泊所，水上スキーや釣りのための埠頭；ショウを見る劇場；古い町やマーケットめぐりの観光コース，眺めのいい地点で静かなバーをつくるのに適した場所，日光浴や海水浴に向いた浜辺がある所，昔からあるプランテーション所有者の邸宅を観光名所にするために必要とされる施設，駐車場や必要な道路，などの施設です。

a 図9.19をコピーして，それに計画の要点をかき込んで下さい。その計画について簡単な理由もつけて下さい。
b その次に，その計画に対して地元の人はどう反応するかを想像してみましょう。下にあげるような立場の人なら読者が提案した開発計画に対してどう反応すると思いますか。
　　現地人相手の商人
　　湾内にある漁村の漁師
　　さとうきびプランテーションの従業員
　　果物や野菜を作る農民
　　町の自動車修理工
　　失業中の若者
　　小中学生
　　漁村の主婦

カリブ海の観光産業には楽観を許さない問題が１つ残されている。それは，島民たちの間には観光客に対して恨みとも憤りとも取れる感情を持つ者がいるということである。その感情は，恐らくかつての奴隷制や植民地主義に支配されていた地域としての歴史と無関係ではないようである。また貧困と闘う毎日を暮す地元民からすれば，見るからに裕福な観光客に対して反感を持つのも当然といえば当然であろう。これは大変難しい問題であると共に，今後事態が悪化することにもなりかねない様相をはらんでいるのである。

図9.20 カリブの休暇保養地にある観光客用コテージ

まとめ

　第三世界の産業というのはほとんどが第一次産品関連業種で，産物の多くが先進国に輸出されています。しかしその中にはブラジルやインドのように，十分な第二次および第三次産業に支えられた高度な工業部門を持っている国もないわけではありません。小型・零細な伝統産業も大切な雇用の場を作りだしていますが，規模の大きい産業組織との競争にはなかなか勝てません。西側政府は開発途上国政府に対して，雇用機会の創出にはあまり役立たないようなハイテク工場の建設を勧めたりすることがあります。しかし実際には労働集約型にして，雇用機会を増やすほうが適しているばかりでなく，製品価格も安くできることが多いのです。適正技術というものがそのために考えられつつあります。一方，世界の貿易の仕組みを見ると，今のところ開発途上国にとってはその工業製品を輸出する上で様々な障害があります。特に第三世界の国々がもっと広く市場に参入できるような仕組みに組立てなおすことが急務です。

Box 9.7　東アジアの貿易拡大

　開発途上国における産業と貿易の事情は1980年代になって大きく変わっていきました。東アジア地域（韓国，台湾，香港，シンガポール，タイ，マレーシア，フィリピン，インドネシア，および中国を含んだ地域）で，輸出志向型工業が大きく成長して，貿易量も格段に増えたのです。一方アフリカ地域では紛争や飢饉が発生，また南アフリカ共和国がアパルトヘイト政策を放棄するという政治的変化が起こりました。南米地域でも経済危機が起こるなどして，途上国全体としては東アジア地域の発展が多いに注目されるようになったのです。

　90年代になって，東西ドイツの統合，ソ連の崩壊といった政治的変化は，ポーランドやチェコなどの東欧諸国に市場経済化を促し，モンゴルなどの中央アジア地域へも変化をもたらしました。経済の発展に政治の安定は不可欠ですから，旧計画経済社会が市場経済社会に移行して，安定した経済成長の道をたどるようになるには，21世紀を待たなければならないでしょう。

　将来を期待されている東アジア地域でも，90年代中葉には日本経済のバブル崩壊のあおりを受けて，経済が低迷しました。ラオス，カンボジアなど，目下国造りに精一杯という国もあります。90年代後半には大国・インドネシアで20年以上も続いたスハルト政権が崩壊し，政治的な不安定が起こり，経済事情が悪化しています。21世紀における東アジアの課題は，この地域を構成する国家間の経済的格差をできるだけ縮小しながら，安定的な経済発展をとげる事でしょう。広大な中国でも，国内の地域格差が拡大しているのです。日本経済が立ち直って，東アジア全体の経済を支えていく事が期待されています。　（訳者補足）

中国・上海市：バンドと呼ばれる国際貿易の拠点に立ち並ぶビル群
中国最大の経済中心地・上海はかつてアジアで最大の貿易都市であった。植民地の拡大はその後，世界の国際貿易拡大へと変質していった。今も残るこれらのビル群は100年前の姿をそのまま残している。（訳者補足：保科秀明撮影）

Box 9.8　スリランカの首都コロンボの昼下がり
　コロンボはかつてイギリスのアジア貿易の一大拠点であった。インド洋を多くの商船が行きかったことであろう。今は活気がなくみる影もないが，遠くに浮かぶ一杯の外洋船に往年の姿を見る気がする。
（訳者補足：保科秀明撮影）

第10章　分断された世界

ブラント報告

1980年，"南と北：生存のための戦略"というタイトルの非常に重要な本が出版された。これは，国際開発問題に関する独立委員会（the Independent Commission on International Development Issues＝通称，ブラント委員会と呼ばれている）による報告書を本にしたものだが，この委員会は世界各国から選ばれた18人の政治的指導者によって構成され，その委員長は元西ドイツ首相のウィリー・ブラント氏であった。

この報告書がはっきり指摘しているのは，先進国も開発途上国も共に協力して格差を解消していかなければならない。さもなければ，この格差によって全人類はその共存を脅かされるようになるだろう，ということである。この報告書はその事態の緊急さについて次のようにも述べている：「私たちはこの世界では，貧困と飢餓が多くのかつ広大な地域を覆っていること，貴重な資源が再利用の必要性も無視して浪費されていること，武器がますます増産され，以前にもまして売買されていること，そして今ではその破壊力は，加算すればこの地球という惑星を何回も繰り返して叩きつぶせる程大きくなっていることなどに思い至らなければならない。」

この報告書は先進国がなぜ第三世界を援助しなければならないかということについて，決定的な理由を2つあげている。その第1は，先進国は低所得国の問題を解決することに対して，あるいはまた過去においてそれらの国の発展を妨げたということがあったとすれば，それに対しても道義的責任を負っているという点である。第2は，経済的な意味においてこの2つのグループは強く依存しあっているために，先進国の将来発展も第三世界の開発なくしてはあり得ないという点である。そして失業問題，軍備拡張競争，環境破壊，資源の枯渇といった脅威を克服するためには，地球的視野からの取り組みがなければできないといわれている。

図10.1　ウィリー　ブランド氏

1　図10.2にあげた"1990年代のシナリオ"と題した劇画を見て，次の事柄について考えて下さい。
  a　この物語では紛争地域が幾つ取りあげられていますか。
  b　そこでの紛争はどんな原因から起こっているのでしょうか。
  c　ここで語られているできごとは実際に起こると思いますか。
  d　人類にとっての最大の脅威は一体なんだと思いますか。

このブラント報告の要点は，すべて極めて現実的な視点から研究され

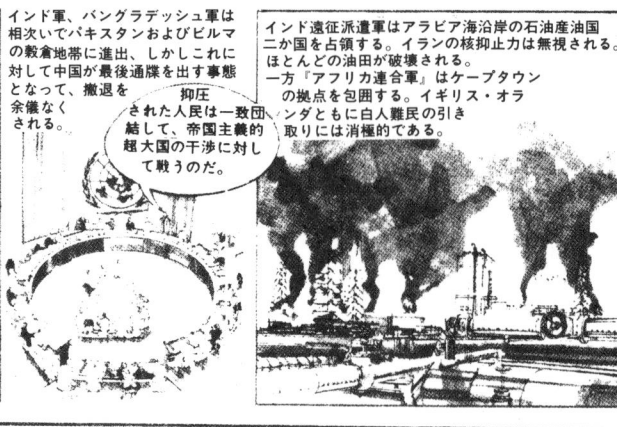

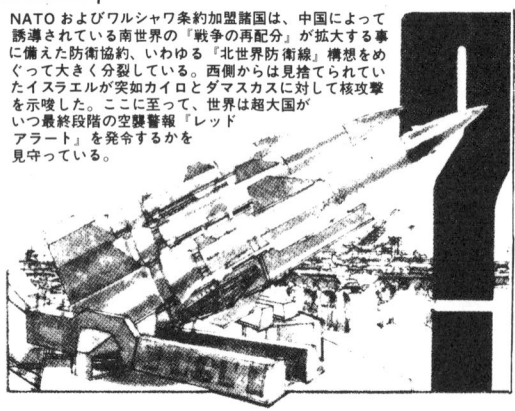

図10.2 世界の将来

ているといってよい。つまり重要なのは，今必要とされている改革を実行に移すための政治的意志があるかどうかという問題なのである。

(1) **資源の転換**：先進国は第三世界に対する投資をもっと増し，輸出前の段階における資源の加工能力を高めることに援助しなければならない。そうすれば国際貿易による収入が増え，また収入の安定にも役立つであろう。

(2) **工業化**：開発途上国は自らの体質にあった工業化にむけて努力しなければならないが，同時に先進国はそこから製品を買い入れる努力と，途上国の市場参入を受け入れなければならない。そのために先進工業国は産業構造の転換につとめ，第三世界の製品と競合しないハイテク製品の生産に力を入れるべきである。

(3) **行動基準**：国際間の商行為に対してあらゆる側面からこれを統治し，多国籍企業に対しては，開発途上国における影響力を抑制するよう

第10章 分断された世界 231

な行動規範を示す新しい基準を作らなければならない。

(4) **軍縮**：軍縮の遂行はそれ自身の目的のため，かつその結果として軍事支出が削減されるためにも，またその分が開発目的に振り向けられるという利点のためにも，基本的な重要事項である。毎年世界で使われている軍備費は国際援助に使われている額の20倍以上に達している。

(5) **食糧問題**：世界の食糧生産を高め，緊急用食糧備蓄を達成するために，ひき続き努力を傾けなければならない。食糧輸入に頼る低所得国は，優先的に食糧事情の改善に関わる特別融資が受けられるようにしなければならない。

(6) **エネルギー問題**：石油はもっと節約して使われなければならないのは当然だが，同時に供給ももっと安定してかつ価格の見通しがたつ範囲で行なわれなければならない。新しい油田やガス田が開発されると同時に，石炭や水力発電ももっと開発されなければならない。その他のエネルギー源，例えば太陽エネルギーなどの実用化に向けた研究もさらに推進される必要がある。

(7) **金融問題**：これからの新しい金融システムはインフレーションを克服することについての基本的な合意がなされなければならず，現在の不公平な仕組は取り払われなければならない。そのためには，開発途上国は国際通貨基金（International Monetary Fund＝IMF）の活動に対して，もっと発言力が与えられなければならない。世界銀行（World Bank）による借入金は，先進国が資金提供を増やしてもっと増額される必要がある。

(8) **国際税制**：開発計画のために使われる歳入は，各国の総資産額に連動して配分されるような，世界的に共通な税制が確立されれば，自動的に増えるはずである。

(9) **国際援助**：先進国は，おしなべて1985年を目標に政府開発援助（Official Development Assistance＝ODA）として，国の総生産額の0.7％を拠出する，という目標を達成しなければならない。

(10) **世界開発基金**：世界開発基金（World Development Fund）と呼ぶべき新しい組織が必要である。これは開発計画に関する資金計画を調整し，すべての国がもっと平等な基盤にたって協力しあえるような場になるものである。

2 図10.3を見て下さい。これはブラント報告の内容のどの事柄を表現していると思いますか。また読者なりにこの風刺漫画を解釈して下さい。これにタイトルをつけるとすればどのようなものにしますか。

3 a 図10.4には20項目にわたる意見が示されていますが，一通り読んでそれについてどう思うか考えて下さい。

  b 読者の判断に基づいて，次のように得点をつけて下さい：
    奇数番の意見に対して……

図10.3　ある風刺画家のみた南北問題

賛成なら，1
反対なら，0
偶数番の意見に対して……
賛成なら，0
反対なら，1

c 次にその得点を合計して，その結果次にあげた判定のどれにあたるかをみてみましょう。

0―10点：あなたは将来を少し悲観的にみているようです。得点が少ないほどますますその傾向が強いといえます。あなたは生産経済の展開の仕方や実利主義の奨励ということをかなり疑問視していますね。その代わり生活の質とか，さらに高いレベルでの協力の精神が必要だと考えているようです。きっと科学や技術が重要視されすぎていると思っているのではないでしょうか。それは人間の諸活動が環境に対して与える影響を心配しているからだと思われます。多分あなたは開発途上国が求めていることに対して，他の人よりも理解を持っている人です。

11―20点：どちらかといえば，将来を楽観的に考えている人です。得点が20点に近いほどそれははっきりします。基本的にこの工業化社会の原則は間違っていないと考えているようです。つまり，競争原理や成功報酬，それに経済成長といったことを積極的に評価していますね。恐らく技術を信頼し，それがよりよい世界を創るために大きな可能性を持つと考える立場を取っています。環境問題は解決できるもの，また自然資源の枯渇といった問題もないとみる人のようです。

d 何人か一緒にこの演習をやってみて下さい。そのグループ全体の平均得点をみてみましょう。楽観的でしょうか，それとも悲観的でしょうか。ここに述べれられている意見の中で最も賛成が多かったもの，あるいは反対が多かったものはどれでしょうか。

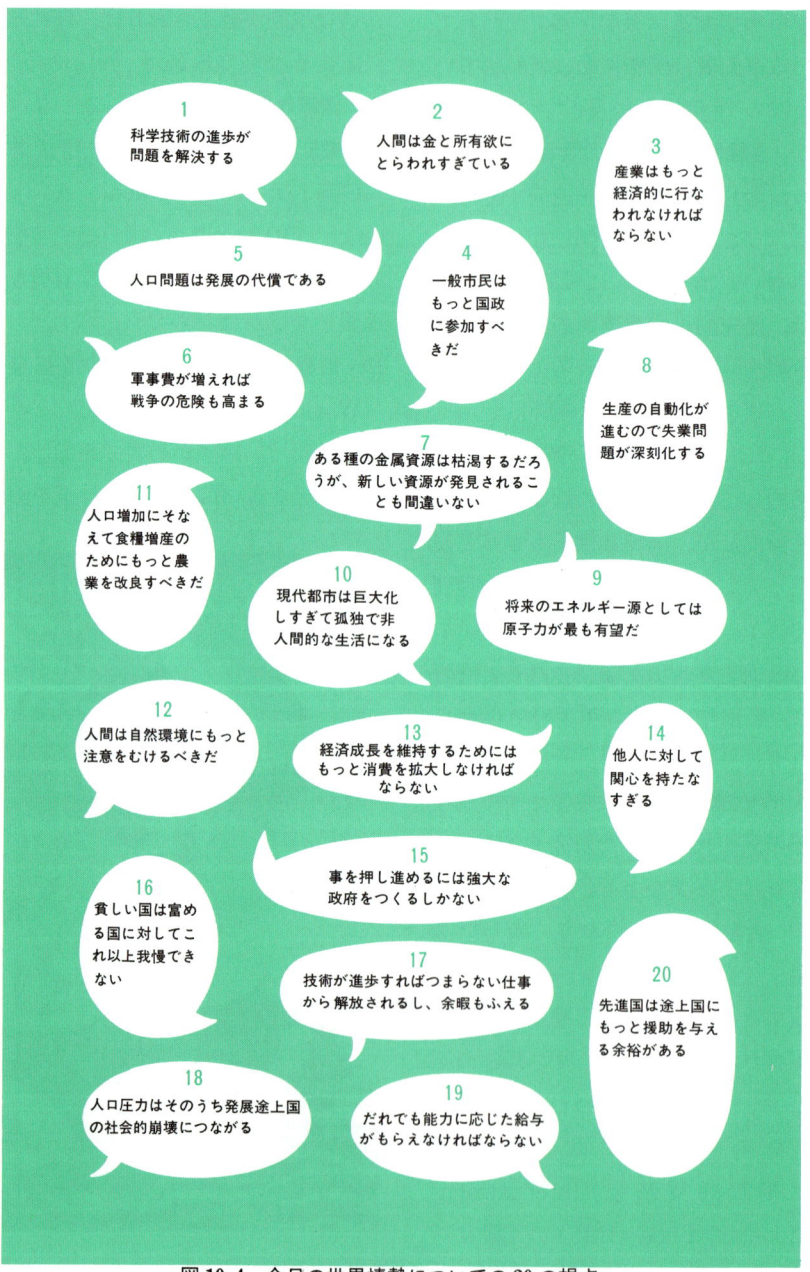

1 科学技術の進歩が問題を解決する
2 人間は金と所有欲にとらわれすぎている
3 産業はもっと経済的に行なわれなければならない
4 一般市民はもっと国政に参加すべきだ
5 人口問題は発展の代償である
6 軍事費が増えれば戦争の危険も高まる
7 ある種の金属資源は枯渇するだろうが，新しい資源が発見されることも間違いない
8 生産の自動化が進むので失業問題が深刻化する
9 将来のエネルギー源としては原子力が最も有望だ
10 現代都市は巨大化しすぎて孤独で非人間的な生活になる
11 人口増加にそなえて食糧増産のためにもっと農業を改良すべきだ
12 人間は自然環境にもっと注意をむけるべきだ
13 経済成長を維持するためにはもっと消費を拡大しなければならない
14 他人に対して関心を持たなすぎる
15 事を押し進めるには強大な政府をつくるしかない
16 貧しい国は富める国に対してこれ以上我慢できない
17 技術が進歩すればつまらない仕事から解放されるし，余暇もふえる
18 人口圧力はそのうち発展途上国の社会的崩壊につながる
19 だれでも能力に応じた給与がもらえなければならない
20 先進国は途上国にもっと援助を与える余裕がある

図10.4　今日の世界情勢についての20の視点

軍備：無用の長物

世界各国で使われた軍備費は1970年から1980年までの間に倍に増加した。その軍備費総額の半分はアメリカおよびソ連の2大大国の兵器備蓄に使われた。この2国間の軍備拡張競争はエスカレートして一度起こったら大戦争になる危険性を持っているだけではなく，膨大な資源が浪費されてきたことを意味している。先進工業国の軍備費は開発途上国のそれの100倍にも達しているが，皮肉なことは世界の武器貿易額の3分の2は第三世界でまかなわれているという事である。武器取引はアメリカ，ソ連，フランス，イギリスといった主要武器供給国の政府レベルで決められている。

その商品の中身は主に4つある。船舶・航空機・戦車といった大型装備；ライフル銃や機関銃などの小火器；コンピューター・エレクトロニクス・通信システムなどの非殺傷兵器；そして兵器部品・兵器の維持管理・操作訓練の提供といったバックアップ・サービスである。第二次大戦後，急速な技術発展があって，特に主要兵器の殺傷能力は飛躍的に向上し，それだけコストも高くなった。主要兵器を製造する技術や生産施設を持っている国はほんの数ヵ国しかないので，一般には高い値段を払ってでも輸入に頼らざるを得ない。開発途上国はそんな兵器を購入する経済的余裕はほとんどないのだが，国によっては国家予算の3分の1を国防費に使っているところもある。

第三世界の政府がなぜ兵器を購入するか，ということにはいくつかの理由がある。その代表的なものは，隣国に負けないようにという競争である。加えて国家の威信とか，兵器の売買にまつわる汚職，軍部からの圧力といった背景もからんでいる。さらにいえば，世界の大国が途上国の軍事力を援助して，大国間の代理戦争に仕立てることさえ起こっている。

図10.5 フランスで発表された核ミサイル装備の潜水艦

武器の売買それ自体は，開発問題にまつわる様々な要因の1つに過ぎないということができるが，この問題は思いがけない波及効果を持つことがある。もしある国が軍事力を強化すると決めたとすると，その時から国家財政の支出バランスを狂わせるような，うなぎ登りの財政支出を余儀なくされる。武器購入の費用がかかるだけでなく，これを維持・管理するために部品調達その他の費用が継続的に必要になるからだ。当然政府としては，貴重な外貨を軍備の維持費に割り当てなければならなくなる（しかもその国の通貨価値は世界の為替レートによって左右される）。できることといえば，輸出を増やして外貨を稼ぐか，利子を払わなければならない借款を増やすしかない。

輸出を増やすには換金作物あるいは鉱物資源の生産を増やすこと，観光開発を促進すること，もしくは労働力を輸出することなどに頼らざるを得ない。しかし，その結果はその地域に伝統的に育ってきた経済の仕組が変わり，農業も商業主義的な特に輸出用農業に切り替わっていくことになる。さらにその行き着く先は，自家消費用の食糧生産農地が減少し，食料品価格の値上がりを招くようになってしまう。そうなると農民の所得は，生産した食糧の外国での販売価格に左右されるようになり，世界市場で価格の下落があれば，もろにその影響を受けることになる。そうでなくても一般的に第三世界の生産品価格は，先進国からの輸入品価格と比べると相対的に低下してきているのである。

第三世界の経済が生活中心の基礎経済から遠のいていくことは，大多数の国民の間で貧困が拡大し，一握りの特権階級が生れて行くことを意味する。そして貧困が広がると政治

図 10.6　政府守備隊とゲリラの衝突後

図 10.7　ゲリラの早朝訓練風景

的不安が生れ，政治体制の再編成や武力鎮圧が生じる事態にまで至ることもある。少数の富裕階層はその特権を守ろうとして，社会不安を静めるために武力に頼ろうとする。こうなると武器の購入が増加するのは当然の帰結となってしまう。支配階級が欧米型の商取引を好み，その産物が持ち込まれるのを歓迎するのは珍しいことではないが，それが輸入向けの支出を増やす結果ともなっている。それが進むと通貨の為替レートが悪化し，さらに外国からの借款を増加させることになる。時に軍部は武力を背景に権力を握り，軍事政権をたてることがあるが，これは武器の購入を一段と進める結果に結びついている。

4 図10.8の風刺画に適当なキャプションを付けて下さい。また軍備と第三世界との関わりについて要点をまとめてみましょう。

5 表10.1を折れ線グラフにして下さい。年を水平軸，支出を垂直軸にとって下さい。第三世界が軍備に使っている費用の増加はどんなパターンを示すでしょうか。

図10.8　第三世界と武器

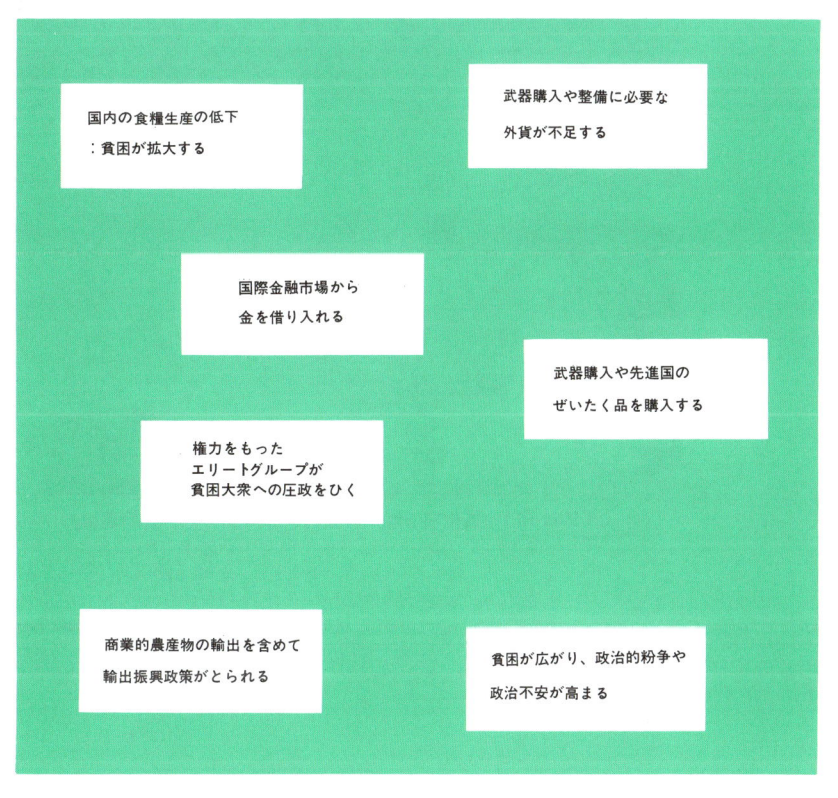

表10.1　第三世界の軍備支出（1973年価格）

年	指数	年	指数
1957	100	1967	215
1958	110	1968	235
1959	110	1969	255
1960	115	1970	285
1961	120	1971	335
1962	130	1972	350
1963	150	1973	390
1964	155	1974	450
1965	180	1975	515
1966	200	1976	580

図10.9　軍備拡大のサイクル

- 国内の食糧生産の低下：貧困が拡大する
- 武器購入や整備に必要な外貨が不足する
- 国際金融市場から金を借り入れる
- 武器購入や先進国のぜいたく品を購入する
- 権力をもったエリートグループが貧困大衆への圧政をひく
- 商業的農産物の輸出を含めて輸出振興政策がとられる
- 貧困が広がり、政治的紛争や政治不安が高まる

6 図10.9は第三世界のある国について起こりうるできごとの関連事項を示しています。この事柄の因果関係を考えて，軍備の強化がどんな道筋をたどって進むかを示す要因関連図を作ってみましょう。

7 図10.6，図10.7は，中南米のエルサルバドルで撮影された写真です。

a 死人はゲリラ兵ですが，どこでゲリラとわかりますか。
b 彼は何歳位でしょうか。
c どうやって彼はライフル銃を手に入れたと思いますか。
d 国家警備隊に装甲車を提供したのは誰でしょうか。
e ゲリラ兵の基地が置かれているのはエルサルバドルのどの辺でしょうか。
f ゲリラはどんな政治的信念から戦っているのでしょうか。
g 国家警備隊が支持するのはどちら側でしょうか。
h ゲリラと国家警備隊との戦闘についての記事を書いてみましょう。その時の立場は，
　ⅰ）ゲリラに同行している欧米のジャーナリストの場合。
　ⅱ）政府の報道部に属する記者の場合。

Box 10.1　風化する戦いの後（ジョルダン・ペトラ遺跡）

ジョルダンにはローマ時代，アレクサンダー大王・東征軍の進軍ルートに沿って多くの遺跡が残っている。ペトラは幅数メートル，高さ数十メートル，長さ数キロメートルに及ぶ岩盤の裂け目の奥に，忽然と広がる狭い岩の谷間に建設された町だ。岩壁をくりぬいて古代ローマ式の神殿，屋外劇場，住居などが作られている。この戦いに備えた堅固な防衛都市では，いくつもの戦闘が繰り返された事だろう。今はそれも風化して，灌木の花と谷間を通りぬける風音が戦いのむなしさを誘うだけだ。
（訳者補足：保科秀明撮影）

南アフリカとアパルトヘイト

南アフリカは農業開発にも工業化にも成功した豊かな国である。しかし収益のほとんどは少数の白人の手に握られている。国民総数のうち，黒人は1,800万人，白人450万人，カラード250万人，アジア人75万人と言われている。黒人はバンツー族で，元来中央アフリカにいたものが何百年もの時をへて南下してきた。一方白人はヨーロッパからの移民の子孫で，主にオランダ人，ドイツ人，イギリス人である。彼らは17世紀以降ずっと南アフリカを植民地化してきた。カラードというのはケープ地方に集中して住んでいる混血人種のことを指している。アジア人というのは植民地時代に働きに来たインド人たちのことである。

1652年，オランダ人が最初のヨーロッパ人居留地を喜望峰に設立した。その後19世紀にイギリスがこのケープコロニーを占領したとき，大量のオランダ系農民（ボーア人）が北部，東部の内陸地域に移住していった。大移動と呼ばれたこの移住の

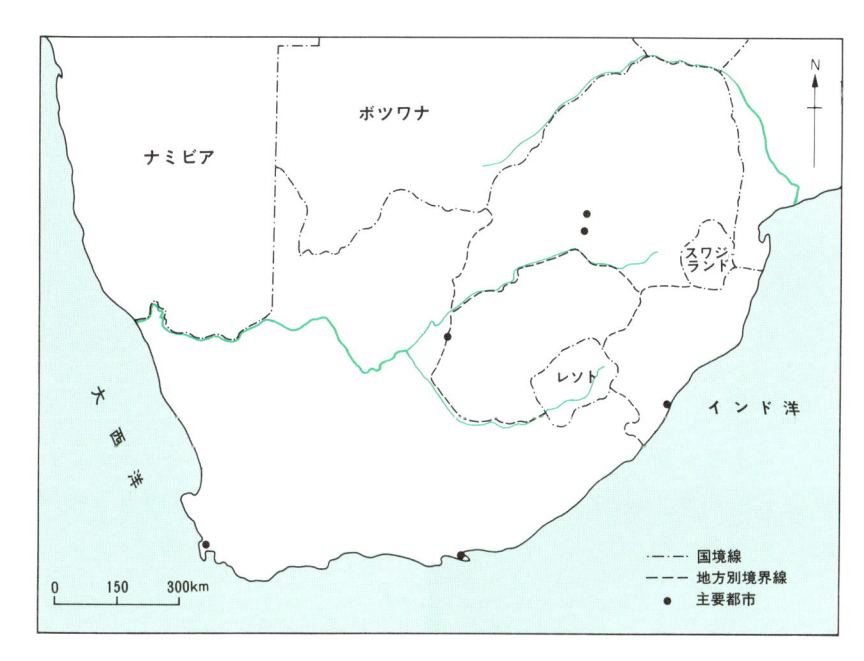

図10.10 南アフリカの国土

図10.11 南アフリカの草原をゆく大移動中のボーア人

結果，オランダ人はナタール，オレンジ自由国，トランスバールという3つの共和国を建てた。これがもとで，ヨーロッパ人とバンツー族の土地争いが生れ，絶えざる紛争の種となり，せめぎ合いの結果は白人の勝利に終ったのである。ついでキンバリーでダイアモンドが，ウィットウォーターズランドでは金が発見されると，これがケープにいたイギリス人を魅了するところとなって，そこに住み着いていたオランダ人農民との間に，大きな摩擦を起こすことになった。その結果1899年から1902年にかけてボーア戦争が勃発し，これに勝ったイギリスは南アフリカ全域を支配するようになった。

8 図10.10を使って，次にあげた地名についてその地理的な位置を図に書き入れて下さい。

a 4つの地域：ケープ地域，ナタール地域，オレンジ自由州，トランスバール地域。
b 大きな都市：ケープタウン，ポートエリザベス，ダーバン，ヨハネスブルグ（ウィットウォーターズランド），プレトリア，キンバリー。
c 喜望峰とオレンジ川，バール川，リンポポ川。
d カラハリ砂漠。
e オランダ人入植者がケープから東に向かった動きと，バンツー族が東アフリカから南に下ってきた動きを2色の矢印で書き表わしてみましょう。矢印に名称をつけて下さい。
f ダイアモンドと金の産出地点をそれぞれ記号で示して下さい。

19世紀後半になって工業が発達し始めると，特にヨハネスブルグ一体では深刻な労働力不足に悩まされた。これはバンツー人を雇うことで解決したのだが，このバンツー人は主に賃金労働を求めて，農村から都市に出てきた労働者達だった。この労働者は家族を引き連れて都市に移り住んだので，工場町の周辺には巨大な黒人居留地が形成されるようになった。ところが20世紀になって発展した南アフリカは白人中心国家で，黒人は国家の構成員とはみなされていなかった。その結果，白人は政治や経済に関するあらゆる権限を持ち，政府を動かし，給料が高く熟練度も高い職業を独占した。黒人はさして技術も要らない商業とか，金やダイアモンド鉱山の危険な鉱夫といった職業に限られていたのである。

図10.12 ウィットウォーターズランドのプラチナ採掘風景

図10.13 横断歩道橋の利用も差別される

1948年になって，白人だけのアフリカーナ政府が実権を握ることになった（アフリカーナというのは，植民地時代に入植してきたオランダ系白人の子孫のことである）。この政府は，アパルトヘイト政策あるいは南アフリカ国内の人種別の分離開発という政策を強力に押し進めた。その施策においては，白人と黒人は完全に分離され，それは日常生活のあらゆる面に適用されたのである。政府はタウンシップと呼ばれる特別な居住地域を定めて，黒人はすべてそこに居留することを義務づけた。黒人系アフリカ人は皆，現住所と職場を明らかにするための身分証明書を持たされた。

アフリカーナは警察国家をつくって国中隙のない管理を徹底し，政情不安から来る暴動や騒乱には情け容赦なく対処した。当局が望めば，裁判もなく誰でも刑務所にいれられるようになっていた。アフリカーナは黒人は単に南アフリカへ出稼ぎに来たにすぎないのだから，永住する権利はないと理由づけてアパルトヘイト政策を正当化しようとした。この主張を援護するために，いろいろな人種グループが住んでいるとみられる地域の中から，10ヵ所を選び，そこをバンツスタンあるいはホームランドと呼ばれる地域に定めた。1970年の半ばにはそのうちの2つ，つまりトランスケイとボプタツワナを独立国とした。しかしそれを承認したのは南アフリカ政府だけだった。

なぜほかの国がこのホームランドに対して独立の承認を与えなかったかについては，難しい理由は何もなかった。実際のところボプタツワナには領域を決める境界線がないばかりか，首都といわれたムバトにはガレージが1つとホテルが1軒あるだけという状況だったのである。トランスケイについて説明した次の記事

図10.14 トランスケイの農村

図10.15 新しい建物がたつトランスケイの首都・ウムタタの風景

を読むと，ホームランドの独立とは何を意味するかがよくわかる。

……広大な美しい領地を占有するためにこんな口実があった。いやケープ地域の中で残った部分と比較すれば，必ずしもそんなに広いとはいえないし，また南アフリカ全体からすればほっておいてもよい程度なのかもしれないが，それでもなお切り捨てることもできず，認知しておきたいというわけだ。ここには共通語（コーザ語）を話し，お互いに部族間の区別をしながらも，血縁関係を理解しあった人々が住んでいる。ウムタタという名の首都があり，そこには正面に列柱があってその上部にドームが被せられたかわいらしい国会議事堂とホリデイ・インのホテルが1軒，今第一期工事が進んでいる大学が1校ある。また，ここには複雑で見事な地形をもった俗化していない海岸があって，小規模な観光業が成り立っている。もっぱら白人系南アフリカ人用のホリデーリゾートである。空港はK.D.マタンジマ空港と名づけられているが，ここの首相にちなんでつけられた名前であることは明らかだ。

しかし，ここは元々貧しい地域である。あまり貧しいものだから男たちはたいていが境界線の向こうにある都市や農場に働きに出る。そこで働く男たちはほかの黒人と同じ待遇にも甘んじるしかない。この地域は貧しいために政府はボプタツワナ同様，ほとんどのことで南アフリカ政府からの援助に依存せざるを得ない。この広々した，フェンスもないような国土には，泥壁に小屋掛けしただけの円形をした伝統的な家がおびただしく点在していて，のどかで何の変哲もないような印象を与えている。しかし実際には人口が多過ぎ，家畜の飼い過ぎとか，土地の侵食があちこちで発生しており，疫病も頻発するという状態にある。

私たちがここで出会った人たちは，南アフリカでもよその黒人に比べて，私たちに対して冷やかだったようだ。もちろんその中には卒直な話をしてくれる人も何人かはいたが。ある男はマタンジマ首相とその政府を軽べつするような言い方で，この国のいわゆる"独立"について，「まあ言わば人間の腕を切り落とすようなものさ。切り落とされた腕を独立と呼んでいるに過ぎないんだ……。」と表現していた。（1978年12月発行のオブザーバー紙，ドン・ヤコブセン氏執筆の"ホームランド-そのまやかしの内幕"より抜粋）

9　図10.16を見て下さい。
a　この図から，それぞれのバンツスタンについて，おおよその見当で総面積をはかり，サ

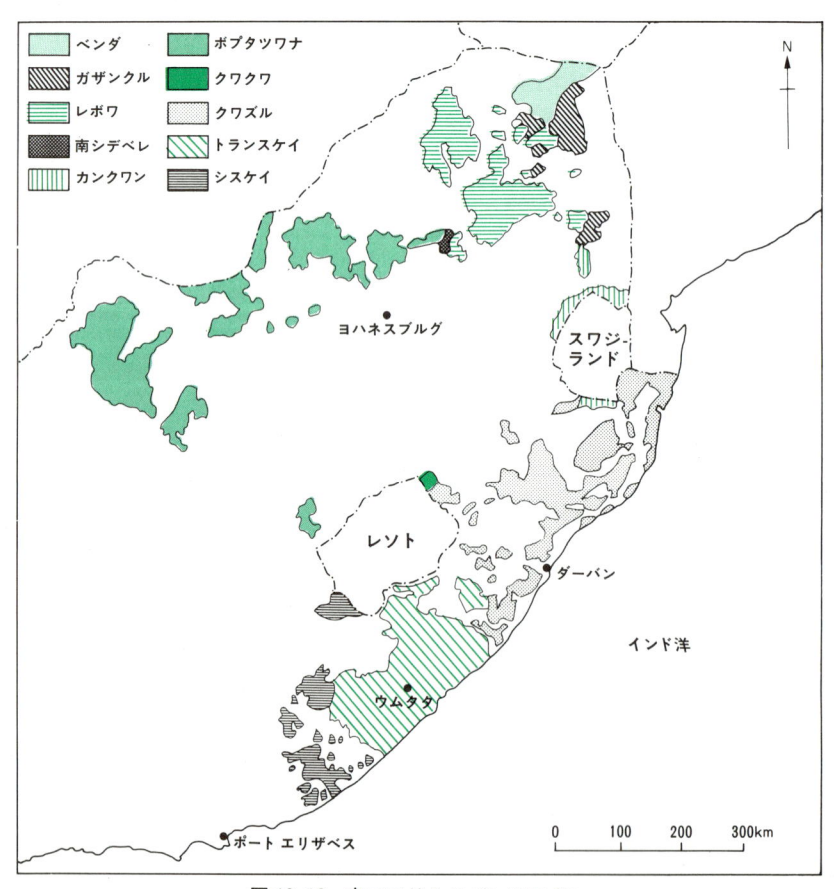

図10.16　南アフリカのバンツスタン

イズの大きい順に順位をつけてみましょう。

b それぞれのホームランドごとに飛び地が幾つあるか見て下さい。

c こんなに地域が細切れにされているのはなぜだと思いますか。ホームランドが独立国になるとした時，飛び地の領土ではどんな問題が起こるか考えてみて下さい。

このホームランドの面積は，南アフリカの総面積の13％を占めていて，しかも理屈の上からいえば人口の72％を抱えていることになる。しかし国土の中で最も開発の遅れた地域であり，当然そこに住むであろう1,800万人もの黒人を食べさせていくことなど不可能である。従って彼らが生きのびていくためには，人口のほとんどは南アフリカの白人地域で働くことが大前提になる。ホームランドには職がなく，あってもほんのわずかである。一方白人地域に指定された広大な土地には，主要な鉱山地帯や工業地域，また優良農地のほとんどが取り込まれている。

政府はこのホームランド政策を遂行するために，たくさんの黒人をその出身部族のいるバンツスタンに強制移住させてきた。その数は1960年以降だけで300万人にのぼるといわれる。その過程では老いも若きも病人も，さらには何人もの子供をかかえた母親までもが強制移住させられた。強制移住させられた人というのは白人地域に指定される以前からそこに住んでいた人とか，許可証を持たずに違う場所に住んで居住認定法を犯したとされる人たちであった。この強制移住キャンプは人里離れたところに作られ，職につくことなど考えられないような環境である。しかも乾燥して地味もやせた場

図10.17 ヨハネスブルグの鉱山で書類審査を待つ出かせぎ労働者

図10.18 スウェトのタウンシップに建設された標準型住宅

所なので，農業さえままならない土地だった。そんなところでは人口が増えたとしても，とても十分な食糧生産など望めるわけもない。疫病は流行するし，過半数の子供は栄養不良にかかっている状態である。幼児死亡率も白人地区では1000人当たり15人だが，ここでは何と1000人当たり250人という高さなのだ。

ホームランドのこのような状況がほとんどの成人男子と一部の女子を出稼ぎ労働に出させる要因になっている。しかもそのためには，彼らはまずホームランド政府の労働局に手続きしなければならない。そこでは契約書が交付され，白人南アフリカ地域への出国と11ヵ月の労働許可が出される。契約される職種は鉱山労働とか工場の単純労働といった特定業種に限られがちである。そして契約期限が切れれば一度ホームランドに戻って，また別の契約をみつけなければならない。在留許可証に押されるスタンプは，職場に近い黒人居留地の男子寮に滞在することを義務づけている。その居住環境といえば，簡素で過密な上娯楽の場などほとんど用意されていない。この出稼ぎ労働者は労働組合活動が厳しく規制されているため，労働環境の改善や割のいい職につけるような保証は皆無である。このような状態のため，労働者の間で不満が頂点に達して暴力的なデモが過去いくつか発生した。しかし今ではこの出稼ぎ労働者たちはもうあきらめ切っており，重労働・単純作業それに低賃金に甘んじ，覇気も自尊心もない人になってしまっている。

出稼ぎ労働はその家庭にも，等しく破壊的な影響を及ぼすものだ。一番の働き手がいなくなるのだから，農作業は当然残った主婦，子供そして老人といった家族がすることになる。しかしここの農業は残った家族の肉体労働には厳し過ぎるため結果的に生産性がぐっと下がる。そうなると，家族は出稼ぎに行った夫や娘からの仕送りに頼るしかなくなってしまう。このようにみてくると，黒人の側からアパルトヘイトに対する猛烈な反対が起こってくるのは自然の成り行きといえよう。だからそんな法律を無視して，家族と一緒に居られる所に掘っ建て小屋を建てて住み着いている人が増えることになる。主な都市の近傍にできたこのシャンティータウン（掘っ建て小屋が集まってできた住宅地で，土地は不法占拠がほとんど）や町では様々な不満が集中している。黒人の反対勢力が強いことでよく知られている町はヨハネスブルクに近いソエトである。ここで町というと，間違った印象を与えるかもしれない。というのは，実際にはその多くが不法に在住する人口150万を抱えた，いわば都市だからである。そこは小さな住宅が果てるともなく建ち並んでおり，夏はうだるように暑く，冬は寒くて凍りつくような所である。電気が通っているのはその1/5ほどしかなく，それでもこの町中のほうがシャンティータウンの居住環境より全般的にましだといえる。ある黒人政治家は次のように言っている。「…なぜ我々の住宅をアフリカ人の国のシャンティーと比べなければならないのか。私たちはわが祖国にある白人郊外住宅地のあのぜいたくな邸宅と比較しているのだ。あの豊かさを生み出すことに我々も協力したのだから，もう少し分け前が欲しいといっているに過ない。」

アパルトヘイトは今南アフリカの経済成長の足を引っ張り始めている。アパルトヘイトのおかげで，先進国からの白人移住者を引きつけることができず，熟練労働力の不足が深刻になっているからだ。しかも，適当な職業訓練を行なって黒人労働者がその熟練職の穴埋めをするような手だても打っていない。南アフリカが今後も国民の大多数を占める黒人大衆の発展を引き止め続けるなら，この国にとって，その将来は全く見通しの暗いものになるだろう。

開発援助

国際援助というのは，世界の低所得国の発展を助けるために行なわれる様々な金銭的・物資的・技術的援助を意味している。この援助の主な供給源は共産国からの援助もあるが，大半は西欧の工業先進国である。

最初の大型援助計画はアメリカが第二次大戦後ヨーロッパの戦災復興のために行なった財政援助で，マーシャル・プランといわれるものだった。この計画が成功をおさめたため，アメリカやその後の先進国の援助は開発途上国に対して，経済的な援助を行なうことが中心になった。これはもともと工業や貿易を支援するものとして考えられていたのだが，同時に貧しい国の政府の歓心を買う意図もあったことは否めない。それから20年たって，富裕国と貧困国の格差，つまり北と南の格差はますます開いてきた。今日南の国は，援助の増大や貿易の均衡という問題を中心に，世界の富の分配をより公平に行なうように強く要求している。

1980年時点を取ると，開発途上国に与えられた政府援助総額は180億ポンド（約6兆300億円）に達している。そのうち135億ポンドは西側先進国から，35億ポンドはOPEC諸国から，そして残りの10億ポンドはソ連圏および中国から与えられたものである。OPEC諸国はそれ自身が開発途上国なのだが，膨大な石油による収入があったために，対外援助を行なう国になったのである。一方ソ連の場合，それほど援助額が大きくなかったのは，歴史上かつて植民地を搾取したことはなかったという事実を理由に，開発途上国に対して負うべき責任はないという立場を取っていたからである。中国の援助

図10.19　ニューヨーク国連本部で開かれた開発問題に関する討議

図10.20　世界銀行の援助で作られた国語学級

は，一般的に中国の政治的イデオロギーに対して同情的な国に対する小規模な援助であった。

西側の援助についてはいろいろな形で制度が用意されている。基本的には2つの仕組みがあって，1つはある国から直接援助が与えられる形をとる二国間援助である。もう一方は先進国が共同して資金を出し合う多国間援助であって，これはふつう二国間援助よりも平均的に援助が配分されるようになっている。この多国間援助は国連の指揮下にある様々な機関によって運用されているが，国連はもう一方で，いろいろな慈善事業と連係して救済活動や現場実務を遂行している。この慈善事業はその母体によってそれぞれに違った方法を取っている。例えば基督教援助（Christian Aid）のように教会と連係しているものもあるし，オクスファム（Oxfam）のように宗教とは関係のないものもある。さらに，あるものは緊急時の救援事業に資金を使うもの，あるいは開発途上国の長期的な視野にたつ発展のために援助するものなど，様々な活動がなされている。

図10.21は先進国が援助をする時に使ういろいろな方法についてその流れを示したものである。大きな流れは政府機関（公的チャンネル）によるもの，または営利ないし非営利組織（私的チャンネル）によるものの違いがある。公的チャンネルをみると，その中で一番大きな役割を担っているのが政府開発援助（Official Development Assistance＝ODA）である。これは無償供与（つまり贈与），適当な期限を付けた借款，あるいは技術の援助といった形をとっている。無償供与は特定な条件が満たされた場合に限られることがほとんどで，ひもつき援助といわれることがある。一般的にはこの供与は援助国からの製品や技術サービスを買うように条件をつけられていることが多い。

1960年代後半までの援助は，特定な事業目的のためのものがほとんどであった。その頃考えられていた開発とは，大規模工業開発への投資を意味することが多かった。工業生産性を高めれば経済の仕組みを通じて全体に成果が"浸透"するはずだと期待されていたからである。しかし実際は事業ベースの援助は大都市の少数の有産階級をうるおす結果に留まり，農村の貧しい農家にまで利益

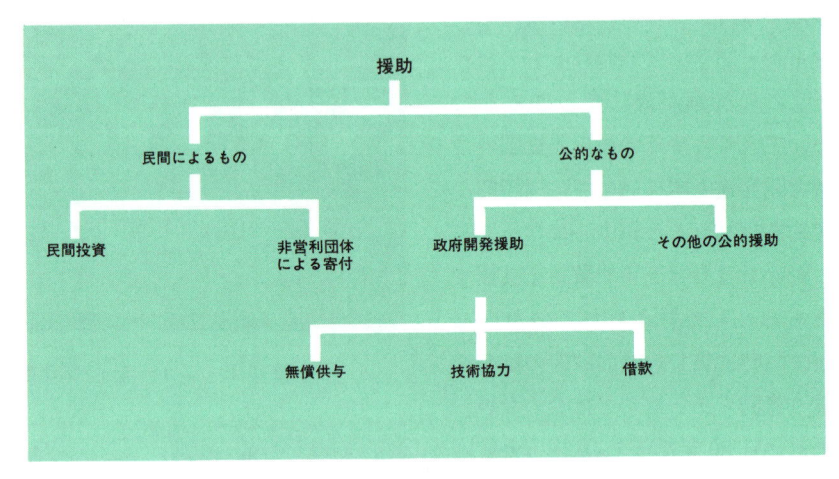

図 10.21 援助の種類

表 10.2 主要援助国が1980年に行なった政府開発援助

国　　名	金額(百万ポンド)	GNPに占めるODAの割合
アメリカ	3570	0.27
フランス	2025	0.62
西ドイツ	1760	0.43
日本	1650	0.32
イギリス	890	0.34
オランダ	790	0.99
カナダ	520	0.42
スウェーデン	460	0.76
イタリア	335	0.17
オーストラリア	330	0.48
ベルギー	290	0.49
デンマーク	235	0.72
ノルウェー	235	0.82
スイス	125	0.24
オーストリア	85	0.22
フィンランド	55	0.22
ニュージーランド	35	0.32

を及ぼしえなかったといわれている。にもかかわらず先進国からすれば，技術水準の高い機材を売り込むことができるし，それは引き続き技術援助にもつながっていくので，この種の援助を好む傾向にあったことは否めない。そのうえ援助がどう使われるかについてきめ細かくコントロールする上でも，この方が好都合だったともいえる。

しかし，その後は大規模事業から農村開発へと重点が移ってきた。この農村開発は事業管理がずっと煩雑で，事業としての威信性にも乏しいものだったが，その事業の恵みを受けられる人口は格段に増えた。非事業ベースの援助に力点が向くということは，援助国が援助対象国の総投資計画そのものに対して資金供与するようになったことを意味している。

ともあれ，西欧各国の政府が毎年安定した援助を続けるように，それなりの働きかけがなされてきたことも事実である。しかし先進国の国民総生産の0.7％を政府開発援助として拠出するという勧告は，結局守られていないことが表10.2をみてもわかる（1980年時点での実績）。

10 a **表**10.2をみて，ここにあげられている国についてODAのGNPに対する比の大きい順に並べた表を作って下さい。

b できた表にそって，各国の国民総生産に対するODAの拠出額比率を示す棒グラフを作って下さい。(オランダが最高の0.99％で，イタリアは最低の0.17％になっている。)

c 新しくできた表の順位と，も

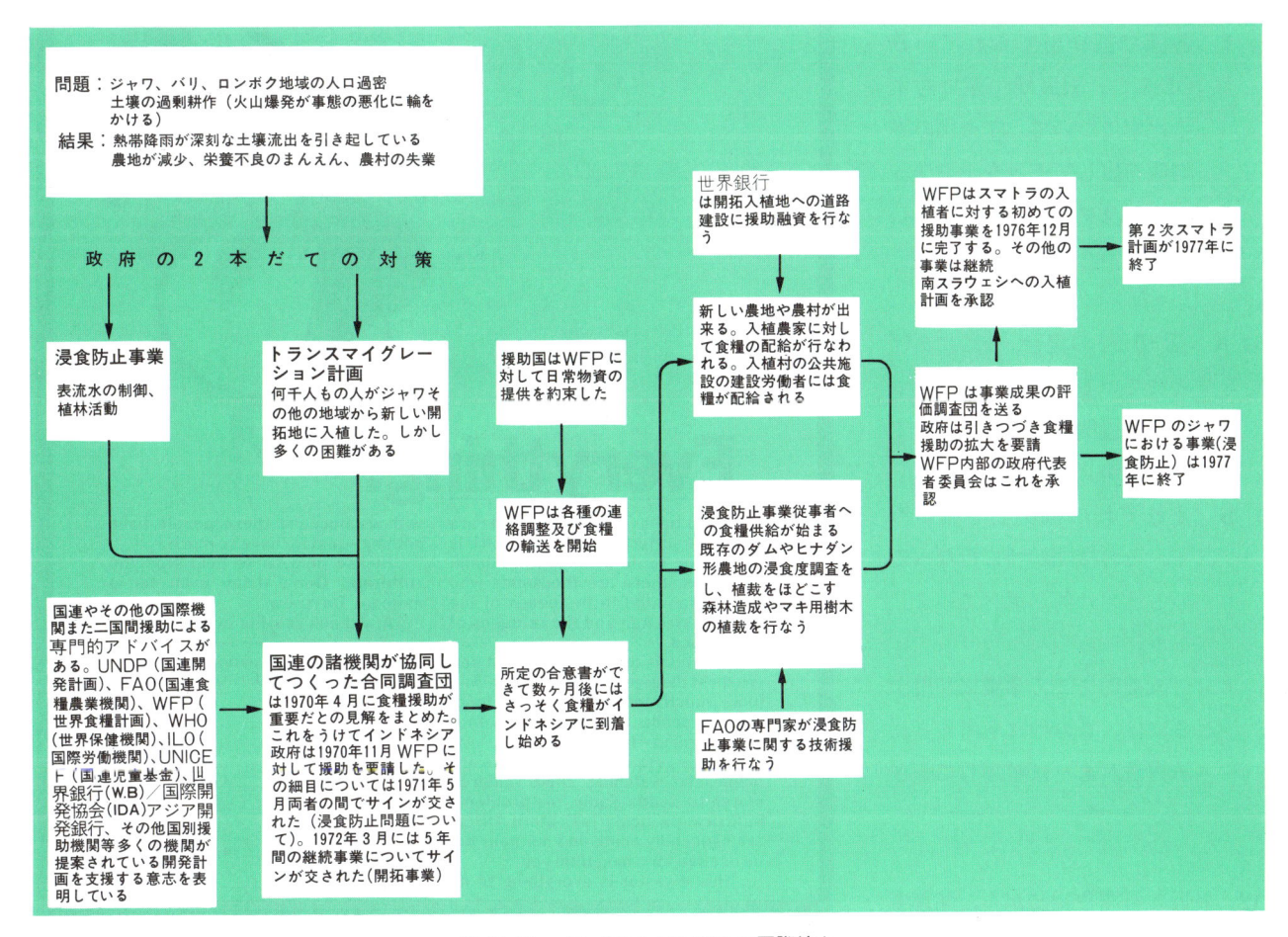

図10.20 インドネシアに対する国際協力

との表にある援助額の絶対値の順位はどう変わったでしょうか。

d イギリスの人口が1980年に5,600万人だとすれば，1人当たりの援助額はいくらになるでしょうか。

e 同じように次にあげた国についても1人当たりの援助額を計算して下さい。
アメリカ（2億2,000万人），スウェーデン(800万人)，日本（1億1,300万人），オーストラリア(1,400万人)，西ドイツ（6,000万人）

f 各国で割り当てられているODAの，国民総生産に対する比率について，17カ国の平均値を出してそれを上で作った棒グラフに水平線で記入して下さい。

11 a 図10.22の場合，ここにあげられている援助計画には幾つの援助機関が関わっているでしょうか。

b それぞれの機関名を確かめて，その機関が特に行なっている仕事は何か調べてみましょう。

c 外国援助をこの事業に利用するには，この他にも考えられる方法があれば整理して下さい。

12 最近の新聞や雑誌から，慈善事業への協力を訴えた広告欄を切り抜いて下さい。その内容やアピールの仕方の違いに注意してみて下さい。

a 募金の目的は，ⅰ）国内で使われるもの，ⅱ）第三世界で使われるもの，にわければどちらがどれぐらい多いでしょうか。

b どの広告が一番人を引きつけそうだと思いますか。それは

図10.23 オクスファム新聞に掲載された広告

なぜでしょうか。

13 図10.23を見て次の問に答えて下さい。
   a このアピールは人々の良心を喚起するためにどんな手段を使っているでしょうか。
   b ところで、読者はこの広告は強い説得力があると思いますか。一般の人はこれを見てどう反応すると思いますか。
   c ふつう慈善事業では、集めた金のうちどれくらいを宣伝広告費に使っていると思いますか。

まとめ

この終章では、今日の世界が直面している中心的な課題や問題は何かをみてきました。開発途上国は世界の富をもっと公平に配分するよう訴えています。それを達成するためには、基本的には世界の貿易と金融システムを変えなければならないでしょう。国際援助ももっと増やし、かつもっと有効に使われるように注意が払われるべきです。今後とも先進国が蓄積した富をわけてゆくことを渋ったりすれば、南北間の緊張の高まりは避けられないでしょう。これに人種抗争や人種偏見が加われば、事態はもっと悪化するのは確実です。第三世界では軍備・防衛費の額が急速に増えてきており、いつでも戦争が起こる可能性が高まってきています。仮にその戦争が特定な地域に限られたものであっても、政治的な関わりからすれば何らかの形で世界の超大国が関係してくることは避けられないのです。

人類が飢えや病気、汚染、居住問題、軍拡競争、都市の過密、そして社会緊張といったことによって引き起こされる様々な脅威を克服しようとするのならば、根本的には政治的に解決していくしかないのです。

Box 10.2 穏やかなアフリカの生活（アフリカ・ジンバブエ，ハラレ市近郊）
ジンバブエは独立後比較的安定した政治状況が続いて、庶民の生活にも余裕が見られる。笑みのこぼれる若い母親と、健康で機嫌良く遊ぶ幼児を穏やかな時間が訪れる。こうした生活を助けるのも開発協力の役割である。
（訳者補足：保科秀明撮影）

増補解説

はじめに

　1980年代以降の第三世界の開発問題を見直すとき、1990年を境に二つの時代区分を考えないわけにはいきません。東西ドイツの統一と旧ソ連邦の解体を契機とした戦後冷戦構造の消滅です。90年代に入ると、第二次大戦後長く続いてきた東側諸国が将棋倒しに市場経済を導入し始め、世界が大きく市場経済体制へと傾斜しました。これはヨーロッパ・ロシアの政治や経済に起こった変化ですが、瞬く間に中央アジア、南米大陸、アフリカへと広がったのです。しかし実はこれを引き起こすような底流はすでに80年代以前から続いていました。「アメリカ・西ヨーロッパ諸国・日本」対「ソ連・中国」という東西勢力の競合が続いていた中で、開発途上国地域でも援助競争という形で東西対立が起こっていました。この冷戦構造のもとで、80年代入ると東アジア地域を中心とする市場経済諸国の経済成長が目覚ましく、「21世紀はアジアの時代」という標語さえ使われた程でした。市場原理に基づく経済運営が、貧しい開発途上国でも有効に機能するという事を東アジア諸国が世界に示したのです。これは東側諸国にも伝わって、国民は徐々に、かつ確実に計画経済社会の限界を知らされていきました。西側諸国の生活ぶりをテレビを通じて目の当たりにするようになって、計画経済社会の非効率と官僚体制の不公平、そして個人の自由を束縛するような政治に対する不満が募っていったという点も見逃せません。それが21世紀まで後10年を残すだけという1990年代に入ってはじけたのです。

　1991年には湾岸戦争が勃発。その後の世界はアフガン紛争、アフリカの内戦、バルカン紛争、アイルランド紛争、アラブ・イスラエル紛争など、様々な武力紛争があり、今でも続いている紛争が少なくありません。一方アジアでは経済危機が起こり、インドネシアのように政治不安が広がる国もありました。日本も経済危機をはらんで、企業や銀行の倒産が増え、大胆な経済改革に取り組んでいます。ヨーロッパでは21世紀の世界経済市場をにらんで、EUを発足させました。

　21世紀を迎えるに当たって起こったこうした世界の動揺は、明らかに何か新しい時代の到来を予告しているような気がします。21世紀がどんな世紀になるのかよくわかりませんが、武力紛争を抑止する事、紛争の火種となる原因を作り出さない事、世界的な格差を縮小する事、地球環境を守る事などへの取り組みは21世紀に引き継がれていくに違いありません。

　この巻末解説はこうした思いを念頭に置きながら書き加えたものです。

1. 「地球環境と開発：持続的開発の課題」では1970年代以降、世界経済が急速に拡大・発展していく中で、地球規模の格差の問題や顕在化する環境破壊の問題を見る国際社会の目がどの様に変わっていったか、地球社会の持続的発展とはどんな内容を指しているかなどについて解説しました。国際政治

とは何も戦争の防止や紛争調停だけを行っているわけではなく，地球規模で起こり得る経済・社会そして環境保全の問題にも取り組んでいます。そんな分野で何が議論されてきたかを振り返ってみたものです。

この章の後半では「都市環境問題と開発援助の課題」について考えてみました。ここでは前述の途上国の都市問題に対して，どのような開発援助がなされてきたか，これからはどんな取り組みが必要になるのか，といった視点から問題を整理してみました。地球環境の中の相互依存が一層強まるなかで，日本に住む私達も，アジアの都市問題はよその国の問題では済ませなくなるでしょう。海外に出かける日本人が増える一方で，日本の都市に住む外国人も増えています。高まる相互依存のなかで，互いに都市環境を共有し解決に取り組む事を考えていきたいものです。

2. 「持続的開発と都市問題：アジアの大都市問題」では開発途上国の大都市問題を取り上げました。大都市問題はこれまでどちらかといえば，先進国の問題と考えられてきましたが，21世紀には途上国でも大きな問題を抱える事になります。途上国では早晩，都市人口が農村人口より多くなる事が確実視されていて，都市における開発と保全に取り組む事がとりもなおさず，地球の開発と保全を考える事になるのです。今でもすでに途上国の首都地域を中心に，大都市問題が起こっています。人工的に首都移転をした国もありますが，ほとんどの国では首都が政治・経済・社会・文化・教育・医療などの活動の中心です。そしてそこが環境問題の中心地でもあります。ここでは大都市の実態がどうなっているかを知るために，アジアにおける大都市問題を見る事にしました。アフリカやラテンアメリカではまた事情が異なるので一概には言えませんが，まず私たちに身近なアジアの問題を見る事にしました。

Box A　美しい都市づくりに成功したシンガポールのながめ
（訳者補足：保科秀明撮影）

増補解説－1：地球環境と開発－持続的開発の課題

1. 国際社会の取り組み

1969年9月「開発と援助の構想」と題された1冊の報告書が出版された。これは世界銀行が支援する「ピアソン委員会」（注1）が取りまとめた研究成果を発表したものである。そのねらいは当時の国際社会が開発問題をどう捉えたかを明らかにする事にあった。そして援助とはどうあるべきかを問いかける事を通じて、開発途上国のニーズの実態を世界情勢の中で位置づけた。この委員会は「先進国と途上国の間の経済格差をみると、先進国の援助が増えたにもかかわらず事態は改善されず、過去においてむしろ拡大してしまった」という基本認識にたって、援助政策の見直しと開発戦略のありかたを提言している。

当時を振り返ると、世界各国の関心はもっぱら経済政策のあり方に振り向けられていたように見える。国際社会の役割も途上国の経済発展を如何に支援するか、という点に終始していた時代であった。このピアソン報告でもその影響が強く反映されていて、環境問題についてはほとんど触れられる事がなかった。1960年代は第2次大戦からの復興と東西冷戦に対する対応に追われ、先進国でも戦後の急速な経済成長に目を奪われていた時代であった。

しかし、一部に「世界経済はどこまでも拡大する」という仮説に疑問を呈する人々がいなかったわけではない。1972年、「成長の限界」と題する研究書が出版された。これはローマ・クラブ（注2）がマサチューセッツ工科大学に研究を委託して21世紀の世界を予測したものである。報告書は「この地球上では無限の経済成長はありえない。このまま経済成長のみを追い求めれば、地球の物質的、環境的限界に直面して、世界は破綻を迎える事になるかもしれない」という主旨の警告をアピールしたのである。

一方この同じ年、国際連合は人類の生存と生活環境の改善を目指して、大規模な国際会議をスウェーデンのストックホルムで開催した。これがいわゆる「ストックホルム国連人間環境会議」と呼ばれるものである。このような同時期に起こった国際機関や国連機関の動きは「人類の生存は経済だけでは支えられず、環境問題にも配慮しなければならない」という警鐘を鳴らすものだった。

この頃の日本は、国内各地で工場排水が水汚染をおこし、また工場の排煙や自動車の排気ガスによる大気汚染が深刻化した。国民の健康障害が大きな社会問題化し始めており、環境に対する真剣な取り組みがなされつつある時であった。日本全体が環境汚染の恐ろしさに目覚めたときで、政府の環境問題への対応もほかの先進国よりは先鋭的だったといえる。その中で、この「成長の限界」という警告が専門家ばかりでなく、政府・経済界など各方面に与えた影響は衝撃的ですらあったといえる。さらに1974年には、いわゆるオイル・ショックが世界経済を襲い、国際社会の資源政策・エネルギー政策を根本から揺さぶった。このオイル・ショックの影響は大きく見て二つあった。一つは言うまでもなく、先進国、特に日本における石油・エネルギー政策の見直しを余儀なくさせた事である。もう一つは、これは少し時間が経ってはっきりした事だが、石油の輸入に依存する多くの途上国経済を直撃した事である。これはその後の途上国における債務問題へと引き継がれていった。

その後1980年になると、「南と北：生存のための戦略(North-South : A Programme for Survival)」と題されたいわゆる「ブラント報告」が出版された。これは「国際開発に関する独立委員会(Independent Commission on International Development Issues ＝ 通称ブラント委員会＝（注3）」による報告書を本にしたものである。この委員会は先の「ピアソン委員会」、「ローマ・クラブ」と同じく、世界の指導的立場にある人が集まる賢人会議という性格のものだった。

この報告書は、格差の持つ意味を経済だけに限らず、広く社会的・人間的格差にまで視野を広げた。そのうえで、先進国も途上国も共に協力して格差を是正していかなければ、この格差によっていずれ人類はその

生存を脅かされ事になると警告した。そして国際社会は南北国家間の一層深まる相互依存関係を認識する事の重要性をはっきりと盛り込んだ。

1990年1月にはこのブラント報告後の10周年を記念して、「南北問題—90年代の挑戦(North - South : Challenge for the Nineties)」と題する国際会議がボン郊外で開催され、90年代における新しい南北協調のあり方が討議された。この翌年1991年4月には、ストックホルムでカールソン・スエーデン首相の主催でボン会議のフォローアップとして「世界の安全保障と軍縮に関する会議」が開かれ、「1990年代における共通の責務」と題する提案が採択された。その内容は、東西間の緊張緩和を受けて多国間機構の整備を急ぎつつ、軍縮、環境、開発を総合的に捉える視点から、東欧および開発途上国への援助を一層強化するというものだった。

ここでこれら一連の賢人会議における主張の流れを見ると、そこには一貫した共通の姿勢が読み取れる。どの会議でもそれぞれに変化する時代の流れを捉えその要請に応えつつも、より公平な地球社会を実現しようという高い政治的理念が追求されていたし、またこれに支えられた国際社会を確立するという強い姿勢が貫かれていた事である。経済活動が地球的規模に広がった事は早くからわかっていたが、格差が広がり貧困問題が取り残される中で、新たに経済問題が地球環境問題につながるという理解が定着していった。世界は地球を共有する地域社会の集まりだという認識が広がっていったのである。

こうした国際政治における理念追求の動きの一方で、問題をより具体的に把握して実行に向けた努力目標を探るという実践的な努力も進められていた。1980年、アメリカ政府はカーター政権下において「2000年の地球」と題する研究成果を発表した。この研究は先の「成長の限界」で予想された将来をさらに詳しく検証するものであった。

報告書では、大きく人口・経済などの将来予測、資源状態の推計、地球環境の予報という三分野からなる詳細かつ膨大な調査が行われていた。その内容はいわば、21世紀における地球の経済、社会、物的環境に関する緻密な在庫調べとでも言うべきものであった。このアメリカ政府の動きに呼応して、日本政府も地球環境問題に対して具体的な行動をとり始めた。

当時の鈴木内閣は環境庁の中に「地球環境問題懇談会」を設置し、その中間報告で、途上国の環境保全への援助と環境に関する国連賢人会議の開催を提案した。この提言は1982年、ケニアのナイロビで開かれた「第2回ナイロビ国連人間環境会議」において、「地球規模の環境委員会」設置の提案としてまとめられ、関係者の間では別名、日本提案とも呼ばれた。これがもとになり、「環境と開発に関する世界委員会(World Commission on Environment and Development＝通称ブルントラント委員会＝(注4)」が設置される事になった。同委員会は1987年に日本で最終会合を開いた後、その成果を「地球の未来を守るために(Our Common Future)」と題する報告書を取りまとめたのである。

この報告書はその内容において、多くの政治的指導者が唱える「賢人会議としての理念」と、これを支援するために必要なデータにもとづく「具体的な開発戦略の目標」を含んでおり、いわば理念と実践が統合された実行可能性を強く意識した提案だといえる。その提言は、地球の未来を守りつつ持続的な発展をとげるという目標にたって、地球環境を保全し環境と調和した開発を推進するという方針を立て、そのための具体的かつ重点的な政策の枠組みまで検討している点が重要である。

2. 持続的開発のメイン・テーマ

地球環境の持続的開発の視点について、ブルントラント委員会が考えていた事は次のようなものであった。

最も基本的な問題として、委員会は「いかなる開発も環境問題と切り離して考える事は出来ない」という理解にたって、これを原則として人口、食料、エネルギー、工業、国際経済など、さまざまな分野から問題を分析し、「持続的開発」にむけて世界が早急に講ずるべき対策を提示し

た。今まであまり省みられる事のなかった「環境と経済の係わり」を強く意識した点に特徴がある。そしてこの持続的開発を妨げ，地球環境の未来を脅かす最も基本的な様相として，次の4点を指摘している。

その第一は，いまだに世界87カ国において，総数3億4千万人に及ぶ貧困階層の人口が存在するという「国際社会が抱える貧困」の問題である。貧困な生活は食料生産のための森林伐採，燃料として使う伐採，用材および輸出のための伐採など，熱帯樹林の破壊が進み，さらにこの熱帯樹林の破壊が土壌の流出，干ばつ，洪水など，環境破壊の原因を生み出している事。

その二は成長と開発それ自体に含まれる問題である。適切に管理されない成長は水資源を浪費し，大気・水などの汚染を通じて森林の酸性雨被害や水中生態系の破壊，さらにはオゾン層の破壊といった地球規模の環境破壊を起こしている事。

第三は生物の生存と地球のエコシステムに関する問題である。二酸化炭素の増加による地球の温暖化は，低地の生態系を破壊する恐れがあり，大気オゾン層の減少は生物，特に人間の健康阻害に関連すると見られており，さらに自然の破壊はそこに形作られてきたエコシステムの破壊や種の絶滅をもたらすと考えられる事である。また都市部では，大気汚染が文化遺産の浸食を引き起こしている事。

第四はこうして起こった環境悪化が経済活動にもたらす反作用の問題である。

一つの地域に起こった環境破壊は順次近隣地域に波及していく。環境悪化が拡大する場合，どのような経済・社会活動への影響があるのかについては，まだよく知られていない点も多い。しかし放射能汚染や公害病の発生が地域経済に大きな打撃を与える事は疑問の余地がない。この問題は今後とも注意深く観察し，分析を進める必要がある事。

つまり，持続的開発とはこのような問題を解決しつつ開発に取り組まなければならないという事であり，いいかえれば，地球上の生命を支えている自然システムを危険にさらさない開発のあり方を探り，そのために投資，技術，制度など，あらゆる面で人間の能力を高める努力をする事である。このような理念にたって，持続的開発の具体的な政策的枠組みを考えると，

1) 地球資源の総合的管理の確立
2) 地球の総合的な安全の確立
3) 都市と地球環境の調和の達成

という三つの柱が考えられなければならない。

1) 地球資源の管理については，人的資源の管理，エネルギー資源の管理，そして種と生態系の管理という三分野から考える事ができる。

(1) 人的資源の管理とは人間の教育，健康，栄養状態などを一層改善する事によって，貧困を克服し，自然と調和した共存関係を作り出すような，人間のより高い能力を開発する事，

(2) エネルギー資源の管理とは，天然資源の利用ばかりでなく，再利用エネルギー源，非消費型エネルギー源の開発とその利用をすすめて，環境を阻害しない安全なエネルギー・ミックスの体系を管理する事，また

(3) 種と生態系の管理というのは，野生生物の主を保存し，地球に形成された自然生態系を保護する事によって，地球全体としての生命圏を持続させなければならない事，などを指している。

さらに，これからの地球資源の国際管理にあたって，人類共通の資源である海洋資源の管理，宇宙空間の利用・管理，そして南北極地にある，いわゆる極地資源の管理についてもこれまで以上に注意深く取り組まなければならない。

2) 安全保障に関する枠組みは，食料に関する安全保障，武力に対する安全保障，

そして経済摩擦に関する安全保障という分野から考えられている。

(1) 食料安全保障問題の背景には，地球全体で見た食料生産量はかつてなかったほど増加しているにもかかわらず，実際には7億人以上もの人口に対して不

充分な配分しかまわっていないという現実がある。特に貧しい農民に対する食料・生活の改善が急務である。

(2) 武力紛争の安全保障というのは、いうまでもなく、核戦争を含む大小の軍事紛争の防止と即時停止という事である。武力紛争は経済・社会の枠組みを破壊するばかりでなく、地球環境破壊の最も直接的な原因の一つである事は言をまたない。

(3) 開発途上国経済の安全保障は所得格差、国際債務問題、貿易摩擦などに起因する様々な経済運営上の不安を解消し、国際社会の協調体制を確立するという事である。産業構造の調整、多国籍企業の倫理問題、為替調整などの面で、より公平な原則を打ち立てる事によって、資源消費、環境破壊に関する過度な負担を軽減する事が必要とされている。

3) 都市化の進展と環境破壊の進行とは極めて密接な関係にあるとみられており、

特に開発途上国で予想されている爆発的な都市の肥大化は、今日の都市問題をさらに解決困難なものにしていく恐れがある。

(1) 拡大する大都市問題は、その様相は様々に異なるとしても、先進国・途上国を問わず大きな問題である。都市内における居住問題、交通問題、環境汚染、都市廃棄物の処理問題など、解決を急ぐ問題が山積している。多くの途上国では特に首都地域への一点集中が激しく、都市基盤整備、公共サービスの低下を招いている。

(2) 大都市が拡大する一方で、都市と地方とのあいだの経済的、社会的、さらに公共サービスの質的格差が拡大している。そのため地方部では人口が流出し、経済的、社会的資源の損失を招いている。これを改善するためには、地方における中核都市の育成、農村社会の能力強化、交通手段の改善などを推進して地域格差の是正に取り組まなければならない。特に貧しい地方では飲料水の確保といった最も基本的な条件すら整っていない事が多い。

(3) 地域の持続的開発は開発投資だけでは不充分である。特に地域特性に応じた開発を進めるには、地方自治組織、とりわけ地方政府の開発・管理行政能力の強化が不可欠である。環境の保全と開発の調和を達成するための実務においては、地方自治体の主体的な関わりを抜きにしては語れない。

3. 90年代の取り組み：UNCEDとHABITAT II会議

90年代に入って、地球社会の持続的発展の問題に取り組むうえで、2つの重要な国際会議が開催された。その1つが1992年6月ブラジルのリオ・デ・ジャネイロで開かれたUNCED(United Nations Conference on Environment and Development)であり、もう1つが1996年6月にトルコのイスタンブールで開催された第2回国連人間居住会議(HABITAT II)である。

UNCEDは環境と開発に関する国際会議で地球サミットとも言われる。この会議の成果は「環境と開発に関するリオ宣言」、そしてその具体的な行動計画としての「アジェンダ21」の採択という形で結実した。さらに参加各国の多くは気候変動と生物多様性に関する条約にも署名した。このアジェンダ21は環境と開発に関わるほぼあらゆる分野の行動計画を網羅しており、各国レベルでの実施指針となった。

アジェンダ21の構成は、大きく社会・経済問題、開発資源の保護と管理問題、行動主体の果たすべき役割、実施のための資金・制度・機構などの問題が幅広く取り上げられている。

社会・経済問題について見ると、貧困の撲滅、消費行動の見直し、人口問題、健康と保健衛生、持続可能な人間居住の開発、政策立案における開発と環境の統合問題が取り上げられている。

開発資源問題では大気保全、森林資源、生態系の管理、持続可能な農業、生物多様性の保護、海洋・淡水資源の保護、有害廃棄物の管理などの問題に関心が払われた。

さらに，持続的開発における女性の役割，先住民社会の役割などの問題に注意を払いつつ，労働界，産業界，専門家集団，農民の果たすべき役割への期待が込められている。

このアジェンダ21については，世界180カ国以上の政府の取り組みをモニターするために，5年後の1997年6月，ニューヨークで国連環境開発特別総会が開催されている。この総会では，92年の地球サミットが地球的規模で合意されたものであったにもかかわらず，各国の取り組みは決して一様なものではなかった事を露呈していた。むしろ経済力の差，技術力の差，経済戦略の違い，政府の開発目標の違い，さらに先進国と途上国の国情の違いなどが，一層鮮明になり，国連としての取り組みを不透明なものにしていったと言える。地球環境の汚染と破壊はむしろ先進国の責任だ，と考える途上国代表も少なくなかったのである。こうした中で，国際的な排出権取引（地球規模で汚染排出基準を定め，これを超える国は基準以下の国から，その差に当たる分だけ買い取るという仕組み）の是非についても議論されるようになったが，実際のところまだこれといった妙案は出来ていない。

一方，アジェンダ21とも微妙に関連しながら，1996年6月にイスタンブールで開催されたのが第2回国連人間居住会議，ハビタットIIだった。もともとハビタットとは，ギリシャ人建築・都市計画家，コンスタンチン・ドキシャデスが提唱したHuman Settlements = HABITATという，人間の生存に関わる環境を総合概念として表現した用語である。この考えは，先の1972年に開催された「ストックホルム国連人間環境会議」で初めて紹介されたが，1976年カナダのバンクーバーで開催された「国連人間居住会議=ハビタットI」は，この「人間居住=ハビタット問題」に焦点を当てた最初の国連の会議であった。この会議の提案に基づいて，国連人間居住センター（ハビタット）｛United Nations Centre for Human Settlements (UNCHS) = HABITAT｝が1978年ケニア・ナイロビに設立された。イスタンブール会議がハビタットIIと呼ばれるのは，このバンクーバー会議から20年後に当たる事を記念する意味があったからである。

もともとストックホルム会議では同時に取り上げられていた環境問題と人間居住問題は，その後UNCHSが設立され，また他方では国連環境計画(United Nations Environmental Programme = UNEP)が設立されるにいたって，分岐していった。UNEPは地球環境の保全を視座に，UNCHSは人間居住を議論の視座に据える事となっていったのである。しかし皮肉な事は，ここに「開発の管理」という視野を持ち込む事によって，両者の議論に重層化が避けられなくなってきている事である。この事はこれからの国際社会がこれからも，この2つの立場の間で微妙に揺れ動くであろう事を意味している。

4. 都市環境問題と開発援助の課題

都市に住む人口が増加するにつれて，都市における居住環境問題への関心が高まってきた。人間の居住環境も広く見れば，持続的な地球環境の保全によって支えられており，共に開発と保存のバランスの上に成り立つものである。多くの場合，人間の生存環境は都市地域と農村地域に分けて考える事が一般的である。水や大気など地球環境の汚染の原因は主に都市部に端を発し，都市地域内部と周辺地域に影響を及ぼしている。一方，都市は工業・商業などさまざまな都市活動の中心であり，教育・文化，情報など，社会活動の中心でもある。都市に生まれ，都市で働き，都市で老いを迎え，そして都市で死んでいく人は少なくない。つまり都市とは，人間にとって見れば文明の発祥と発展の拠点であって，人間が作り上げた1つの小宇宙だと言っても良い。もし都市の発展と拡大が地球環境を破壊するのであれば，それは人間の文明が作り上げた小宇宙自身が地球を滅ぼすことになる。だから都市化の進んだ先進国では，国を上げて都市問題に真剣に取り組んできたのである。

西暦2020年頃には地球人口の5割が都市人口になるとされ，その頃地球人口の7割は途上国人口であると予想される結果，途上国では新た

な都市形成が爆発的に起こるだろうと危惧されている。20世紀初頭，人口百万を超える大都市は世界でもロンドン，東京などほんの一握りに過ぎなかった。これが1980年には人口5百万人を越す大都市が世界中で26都市に増えた。国連の推計によれば，21世紀中葉には5百万人以上の都市が60カ所に出現するだろうといわれる。21世紀の地球はまさに都市爆発の時代を迎えるといっても過言ではないだろう。

もしこの予想どおりに現実が進むとすれば，途上国は次の20年間に新たに都市人口を収容する計画的な都市づくりを達成しなければならない。もしこれを怠れば，途上国の都市はカオスと化すであろう。これはとりもなおさず，人類は一方で宇宙飛行を可能にする高度な科学技術を開発したにもかかわらず，他方で国際社会は途上国にカオスの都市を生み出すことを放任するという政治的過ちを犯すことを意味している。技術と政治，文明と文化が二極分化した地球社会に持続的発展はありえないし，明日はないという事を改めて確認しておきたい。

先進諸国における都市問題への取り組みを見ると，極めて多方面に渡った取り組みがなされている事がわかる。これは本来都市の総合計画は都市という複雑な小宇宙を管理するための様々な施策の大綱として，開発と保存のバランスを目指すものであったからに他ならない。残念ながら未だこれを完全な形で実現した例は見当たらないが，部分的な成功例は少なくない。例えば上下水道の整備は都市における公衆衛生問題を大きく改善してきたし，都市交通の発達は人・ものの移動・流通を飛躍的に改善した。また公害防止技術が進んで，大気や水の汚染が改善されてきている。公園や緑地の整備によって，高密度な都市居住地区のアメニティが改善されてきている。こうした改善は過去100年，200年と絶え間なく改善に取り組んできた努力の結果である。

途上国では今これが都市環境問題として取り上げられ始めた。限られた資源を共有しなければならない地球環境の中で，一層国際的な交流が進むとすれば，都市環境問題は地球環境問題そのものといえるのではなかろうか。工場や自動車からの汚染大気は拡散して酸性雨として国境を超えてくる。またスラム化した環境が拡大すれば，ホーム・レスや失業者，ストリート・チルドレンも増加して，貧困が拡大し再生産されていく。こうした都市の貧しい生活実態は国境を超えた不法就労を生み出し，また都市犯罪や都市型疾病が拡大すれば国際的なネットワークに乗って地球規模で広がることも危惧される。都市経済のグローバル化が進めば，人・もの・かね・情報の流れが一層加速され，先進国・途上国が共同して取り組まなければならない問題が増えていく事は明らかであろう。都市問題とはそういう問題だということを提起しているのである。

これからますます国際化が進む地球社会では，都市環境問題は途上国政府が単独で解決することはもはや不可能であり，だから途上国は都市環境問題に対して援助を必要としているということなのである。都市の環境衛生，公害問題，都市犯罪，財政運営などは，それぞれが相互に深く関係し合っているために，都市経営といった総合的な展望のなかで，具体的な改善目標と着実な行動計画を実行していかなければ根本的な解決はおぼつかない。これからの開発援助では途上国の都市政策のあり方に目を向け，これにどう戦略的に関わっていくかが一層問われる事になるかもしれない。

先進国では総合的に都市問題に取り組む主体は地方自治体である。健全な都市経営を進める事は地方自治の根幹だからである。一方多くの途上国では地方自治体の行政能力が弱体で，中央政府の管理下にある事が多い。「開発独裁」を許さず，民主的で公平な国家運営を行う事が中央政府の「グッド・ガバナンス」だとすれば，民主的で公正な地方自治を育てる事がその第一条件であり，またしっかりした都市の経営・管理を行う事が地方自治体自身の「グッド・ガバナンス」だといえよう。そして総合的な都市問題への取り組みはその中心的な課題の1つである。地域の住民が主体的に計画の意思決定に

参加し，かつ公正なルールに則って都市を経営する事が都市問題の解決に不可欠だからである。

多くの途上国では首都地域で大都市化が進んでおり，交通渋滞，住宅不足，環境汚染，廃棄物処理問題などが同時並行的に発生しており，事態を一層複雑にしている。そして大都市への集中は地方社会との格差をさらに際立たせる事になり，大都市集中を加速化させる原因となっている。

1) 大都市の経済問題：大都市の経済構造が一般の都市と区別されるのは，その活動の多様さと密度の高さ，そして複雑なネットワークの上に成り立っているという点である。そしてその規模は大きく，国家経済の推進役になっているからである。東京やソウルの地域労働市場は農業にほとんど依存せず，製造業，商業，業務・サービス業の分野にまんべんなく広がっているが，マニラ，バンコク，ジャカルタなどでは業務・サービス業分野に極端に特化している。雇用機会も海外からの投資によって生み出されたものが多く，経済も短期的な利益を追いかける外国投資に頼る一方，経済規模に見合った環境整備，公共投資への取り組みが遅れたために，様々な都市環境問題をたなざらしにする結果となっている。さらに外国投資への過度な依存は国際金融市場の影響をもろに受けるという，国家経済の脆弱さを内蔵する事となった。

2) 大都市の社会問題：首都圏にはその国の中枢管理機能が集中する。国会，中央官庁，一流の大学や研究機関，銀行など金融機関の本社，高度医療機関，国立博物館などの文化施設，報道機関の本社などはみな首都に集まっている。その一方で，様々な職を求めて地方から人が集まる。教育のない者は日銭稼ぎの仕事につき，大学を卒業した地方出身者はもうふるさとへは戻らない。その結果中間所得階層は少なく，少数の中高所得階層と広大な低所得階層から構成された所得階層ピラミッドが描き出されている。スラム出身者のサクセス・ストーリーがないわけではないが，ふつうはスラムに生まれ，スラムに死んでいく。かくして貧困格差が大都市の中で生まれ，拡大し，そして定着していく。貧困の再生産を断ち切る手立てを見出す事が難しい。地域社会が持つべき政治的意思が都市の貧困問題を素通りしていくからだ。あらためて，都市問題がいかに地域社会のあり方と密着しているかを考えさせられる。

3) 行財政問題：途上国の都市自治体の行政能力は多くの場合きわめて弱体である。アジアでは1970年代後半になって，首都圏の開発管理を担う主と圏庁の設立が相次いだ時期があった。マニラ首都圏庁，バンコク首都圏庁，ジャカルタ首都圏庁，ケラン・バレー首都圏庁など，主なアセアン諸国は競って首都管理組織を設立した。これも首都圏の経済成長と都市化の拡大が急速に進んだからである。しかし行政需要の多様化と規模の拡大は首都圏庁の一層の機能強化を求めており，財政支援，人材の補強，行政運営の効率化などが求められている。一方脱冷戦時代を迎えた1990年代になると，各国で地方分権の動きが活発化した。フィリピンでは「地方自治法」を定め，国費を地方自治体に配分して開発の自治を地方政府に移管した。タイ国政府も現在積極的に地方自治体の強化に乗り出している。中国で80年代に始まった改革開放都市政策も地方化の動きである。開発資金の調達から始まって，より良い地域社会サービスを提供するために，アジアでも「都市経営の時代」が始まったのである。

4) 物的環境問題：都市が人間活動の所産だとすれば，その入れ物である都市の物的環境も人が造るものである事は言をまたない。人間が集団で働き，生活していくために必要かつ十分な条件を備えた物的環境を造る事が求められている。かつてUNESCOはその条件を，安全，健康，利便，快適という4つの座標で定義しようとした。災害に強く，事故や犯罪の少ない都市，大気汚染や水汚染のな

増補解説1：地球環境と開発：持続的開発の課題　257

い，また衛生的な住まいを備えた都市，通勤や通学に便利で保育所など様々な社会施設が楽に利用でき，そしてレクリエーションやショッピング・娯楽施設も十分備えた都市。こんな都市をイメージしていたかも知れない。そしてそんな都市を作ろうというのが都市計画の本来の目的であった。実際のところこんな理想的な都市は先進国にもないのだが，途上国の都市を見ると，最も基礎的な住民の生存を保障する条件さえ整っていない住宅地区が広がっているのである。

以上見てきたように，都市問題の内容は大変複雑であり，かつ全体的である。しかも人間の取り組みには限界があるから，いっぺんに全体を改善する事は出来ない。何をどうすればよいのか，いつまでにやらなければならないのか，どこから手をつけるのか，誰がやるのか，そしていくらかかるのかなど，計画で考えなければならに事は山積しているのである。

今地球環境問題が語られ，また世界各地で都市の公害問題が議論されている。都市環境問題はそのどちらにも深く関わっており，その取り組みにも総合的な視点が求められている。近年日本政府の技術協力実施機関である国際協力事業団のプロジェクトでも，都市計画的アプローチと公害規制的アプローチを統合するような都市環境問題への取り組みが始まっている。長期的対応と短期的処方を組み合わせ，またマクロな広域的視点とミクロな地区レベルにおける対応を組み合わせて，より総合的な計画に近づける努力が始まっている。

まとめ

地球環境と開発の調和を目指す持続的開発の課題について，これまで30年間の取り組みを様々な側面から概観した。20世紀末の脱冷戦時代になると，環境問題に加えて，多発する地域紛争問題が急浮上してきた。以前から続いていたパレスチナ問題は，1994年にイスラエルとパレスチナの間で暫定自治合意が成立し，曲がりなりにも紛争収束に向けた努力が実りつつある。しかしその一方で，ボスニア・ヘルツェゴビナ紛争，コソボ紛争，ソマリア紛争さらには東チモール紛争など，各地域で民族的・政治的紛争が起こってきた。21世紀の初頭はこの地域紛争への対応が国際社会に課せられた最重要課題の1つになる可能性が高い。こうした紛争が沈静化しない限り，また経済のグローバル化が弱者救済の公平なルールを確立したもとで進むのでない限り，21世紀になっても先進国と途上国の格差はなかなか埋められそうにない。その一方で国家間の相互依存関係は強まる事はあっても，決して弱まる事はないだろう。より強まる依存関係とより拡大する格差という構造の中で，都市環境問題を軸に据えた地球の持続的開発への取り組みにどのようなコンセンサスを作り出していくか，新しい世紀の，そして新しい世代の英知が求められている。

注1．ピアソン委員会：1968年8月，元カナダ首相L.B.ピアソン氏が当時の世界銀行総裁，ロバート・S・マクナマラ氏の要請を受けて設けた委員会。8人の世界的なオピニオン・リーダーがメンバーであった。

注2．ローマ・クラブ：1968年ローマで設立されたのでこの名がついている。リーダーはイタリアの代表的な財界人，オーレリオ・ペッチェイ氏であった。メンバーはヨーロッパを中心に世界的な財界人，経済学者，科学者などであり，食料，人口，環境問題などについて国際的・学際的な研究に基づいて提言をまとめた。

注3．ブラント委員会：1980年国際連合のもとに設立された独立委員会（Independent Commission）である。ドイツのウィーリー・ブラント元首相を委員長として，世界各国から選ばれた18人の政治的指導者によって構成されていた。

注4．ブルントラント委員会：1983年国連事務総長の任命を受けて，グロー・ハーレム・ブルントラント，ノルウェー首相が委員長を務めた委員会。マンスール・ハリッド，スーダン元外務大臣が副委員長を努め，世界中から20人の委員が選ばれた。

記　本稿はリオ・デジャネイロ環境サ

ミットに先だって，平成2年東京で開催された国連地域開発センター／国土庁共催による「居住環境国際会議」での基調講演資料（大来佐武郎内外政策研究会・元会長の指導を得て保科が作成したもの）と，雑誌「フロンティア」No.7，1998年3月，国際協力総合研修所発行に記載した拙稿「途上国の都市問題を考える」の内容を整理・統合して加筆・修正したものである。

参考資料：
1. 「アジェンダ21実施計画（'97）」，環境庁・外務省監訳，1997年12月，㈱エネルギージャーナル社発行。
2. 「人間居住キーワード事典」，岩崎駿介ほか，1995年5月，中央法規出版発行。
3. 「居住問題に取り組むハビタット」，国土庁長官官房参事官室編集，1998年9月，大蔵省印刷局発行。

Box B　今もひっそりと息づく古い貿易の中心地（マレーシア・ペナン，ジョージタウン）

ペナンは大英帝国のアジアにおける植民地貿易拠点の一つとして，シンガポール，ラングーン（現ヤンゴン），コロンボと並んで栄えた。マレーシアの独立後は首都クアラ・ルンプール地域に開発の中心が移っていったが，ペナンは破壊を受ける事もなく植民地様式の都市として残った。今では歴史都市として，またマレーシア北部地域の中心都市として緩やかに成長している。歴史・文化と産業・貿易が融合した地方中核都市として，これからの新たな開発モデルを提示している。
（訳者補足：保科秀明撮影）

増補解説−2：持続的開発と都市問題−アジアの大都市問題

はじめに

第1章「地球環境と開発」では，地球的視野にたって環境と開発のバランスに取り組む国際社会の動きを振り返った。この保全と開発という逆説的な課題は，途上国の都市化という動きのなかで最も鮮明にあらわれている。その意味で途上国の大都市問題を分析する事によって，一層問題の本質が見えてくる。ここではアジアの大都市問題をとりあげ，大都市集中の背景とそこに発生している様々な問題を見ていく事にしたい。

1. 都市化の背景：アジアの発展と格差

第二次大戦後50年以上の歳月が過ぎた。この間第三次大戦とも言うべき世界規模の戦争は起こらなかったというものの，1990年代以前も，またそれ以降もさまざまな武力紛争が世界各地で発生してきた。そしてその多くが開発途上国と呼ばれるアジア，アフリカ，ラテン・アメリカ，中近東地域で発生した。これらの諸国ではかつての植民地型の経済・社会構造を独立国型の構造へと転換していく中で，国内的にも国際的にも様々な摩擦を乗り越えていかなければならず，これが地域紛争の形で現れたといえる。言いかえれば，今なお地域紛争が起こっている事を見ると，一度失った国家の自立は真の回復が如何に難しいかを示しているとも言える。（図−1参照）

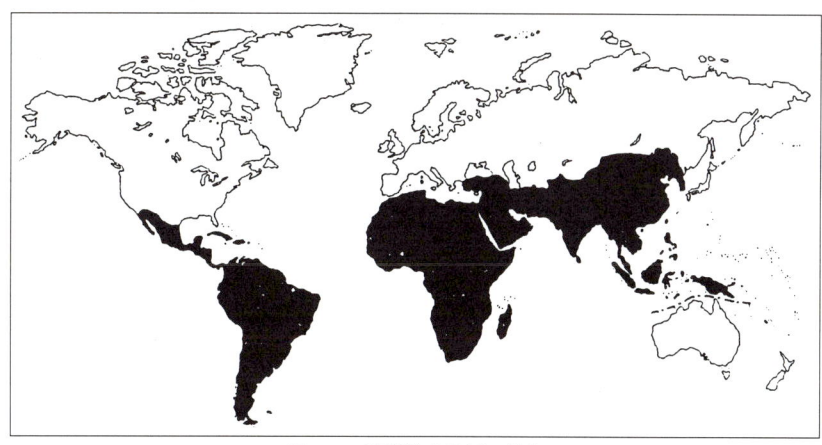

図−1 開発途上地域の分布
注：黒部分が開発途上国，ただし南アフリカ連邦は定義によって除かれることもある。また南太平洋地域も開発途上国に含まれる。

これと並行して，新しい経済・社会現象も現れた。50年近く続いた東西冷戦時代には西側諸国の経済の拡大が著しく，南の諸国への経済進出が大きく進んだ。これがひいては途上国，特に東アジアにおける工業化・都市化を促進する力となった。そして南北の経済関係は一層深まり，相互にかつ複雑に依存しあう国際環境を作っていった。戦前の経済関係は宗主国と植民地の関係を軸とした垂直型の関係だったといわれるが，それが独立国同士の対等な水平型の関係へと変わっていったといえる。しかし制度的には対等だといっても，現実の経済関係では技術力の差，資本規模の差，そして情報量の差が大きく，国家単位の経済力の格差を一層広げていった。

経済の地域格差そのものはなにも新しい現象ではない。人類史上地域格差のなかった時代はないといっても過言ではない。しかし，今日問題なのはこの国家間の経済格差が大きく，人々の生活水準の格差があまりにも大きくなってしまった事である。その結果として，今日途上国に住む人々は国内における所得格差と国家単位に現れた経済格差という，二重の格差に悩まされる事になった。

表−1は中国を除く東アジア諸国の国別GDPの変化を30年以上にわたって見たものである。1960年から95年までの35年間に，地域全体のGDPは100倍近く増加した事がわかる。そして日本の経済の比率は，統計値上の単純比較だが，60年に63％程度だったものが，95年には81％まで拡大した。一方フィリピンは10％から1％台まで比率が低下した。いわば地域全体のパイが100倍になったにもかかわらず，フィリピンの取り分は減った事になる。一方，韓国は80年代以降急速に経済発展をとげ，5％台から7％台までパイ

表—1 東アジア地域の国別GDP成長の比較

国名	1960		1982		1995	
	百万ドル	(%)	百万ドル	(%)	百万ドル	(%)
インドネシア	8,670	12.4	90,160	6.6	198,079	3.1
タイ	2,550	3.6	36,790	2.7	167,056	2.6
フィリピン	6,960	10.0	39,850	2.9	74,180	1.2
マレーシア	2,290	3.3	25,870	1.0	85,311	1.4
韓国	3,810	5.4	68,420	5.0	455,476	7.2
ホンコン	950	1.4	24,440	1.8	143,669	2.3
シンガポール	700	1.0	14,650	1.1	83,695	1.3
日本	44,000	62.9	1,061,920	78.0	5,108,540	80.9
合計	69,930	(100)	1,362,100	(100)	6,316,006	(100)
(倍率)	(1.0)		(19.5)		(90.3)	

出典：世界銀行：「ワールド・デベロップメント・リポート」、1984年・1997年より作成

の取り分を増やした。全体の経済成長の平均スピードを超える早さで発展した事になる。東アジア地域の中だけでもこのような格差の拡大が見られる時、世界規模で見ればアフリカ諸国が開発から取り残されていった現象は、以前にも増して明白になってきた。

一方、国際間で経済格差が拡大する流れの中で、開発途上国内では都市化という社会現象が顕在化して、国内格差を広げていった。元来都市化は産業革命に伴う大量生産型の工業化が進んだヨーロッパ・アメリカ社会で進行し、遅れて工業化を取り入れた日本でも著しく進展した。つまり、先進国では製造業の発展と都市化は軌を一にしていたのだが、途上国では工業化が遅れていたにもかかわらず、都市化現象が発生した点が注目される。その背景としては、途上国の農村部では人口の増加に対してそれに見合った収入機会が増えない事、教育や医療などの社会サービスが需要にに追いつかず停滞した事、干ばつや地震災害の多発など自然環境が厳しい事、さらに革命や反乱などの経済・社会・政治面での不安定な条件が重なる一方で、都市部では国外からの資本投資が集中し始め、徐々にでも雇用機会の拡大への期待が高まっていった事が人口を都市に集める結果となったと見られる。

しかし途上国の都市経済は十分な内需に支えられたものというよりは、むしろ安い労働力を求める国際的な競争経済の上に成り立つ企業進出に支えられたものが多かった。この多国籍企業の進出は生産・業務拠点を国際的にたやすく移動するために、受入国側の都市経済からすれば、国際経済の変動の影響をもろに受ける脆弱なものである。言いかえれば、途上国の都市化はしっかりした国内市場が支える緻密な産業連関を持たない経済構造の上に成り立っている。その意味で先進国の都市を「内生型都市」とすれば、いわば海外からの投機的基盤に立つ「外生型都市」とでもいうべき、かつて植民地時代のシャンハイやホンコンに見られたような都市形成の道をたどったという事ができる。

国内の基盤が弱い「外生都市」は国内市場から遊離するために、地域経済との連携は弱く、広い範囲をカバーする地方経済圏を潤す効果もあまり期待できない。そして国境をいとも簡単にまたいでしまう国際経済を牽引する「内生都市」が広げたインターナショナルなネットワークにぶら下がる「外生都市」は、その国の伝統的な地域社会とも切り離されて、伝統的な工業都市でもなく、単なる商業・流通都市でもなく、また支配の頂点としての強大な政治都市でもないという、特異な発展形態のなかで成長してきたのである。

2. アジアの都市化

東アジア諸国における都市化の進展状況を見たのが表—2「東アジアの都市化」である。1960年から1995年までの35年間に、例外なくかつ着実に都市化が進行した事がわかる。最

表—2 東アジアの都市化（都市人口の比率）の進展 （単位：%）

国名	1960	1980	1995
インドネシア	15	22	34
タイ	13	17	20
フィリピン	30	38	53
マレーシア	25	42	54
韓国	28	57	81
ホンコン	80	92	95
シンガポール	100	100	100
日本	63	76	78

出典：世界銀行：「ワールド・デベロップメント・リポート」、1984年・1997年より作成

も都市化の速度が速かったのは韓国で，35年間に60年時点の3倍に達し，総人口の80％以上が都市人口となった。韓国で工業の発展がいかに急速に進展したかをうかがわせている。60年代に都市への人口移動があまり進んでいなかったのは，朝鮮戦争の影響が大きかったといわれるが，首都のソウルだけは北朝鮮からの難民を受け入れて，急激な人口集中に悩まされていた。農村が飢饉に襲われたときや戦乱の後に，大都市が急激な人口増加を見る事は歴史的にしばしば起こる現象である。日本でも平安時代に農村の大飢饉が起こり，平安京が食い詰めた人であふれたという。また第2次大戦敗戦直後に，帰還兵や海外からの帰還家族が大量に東京や大阪などの大都市に集中した事はまだ記憶に新しい。

一方タイをみると，13％だった都市人口は35年後でも20％にしか増えていない。このきわめて低い都市人口比率は東アジア地域で特異な現象である。タイは比較的平坦で肥沃な内陸地域が大きく広がり，米作を中心とした農業地域の人口支持力が大きい事がその一因である。しかし首都バンコクはご多分に漏れず，1,500万人を越す大都市を形成していて，都市人口全体の70％以上が集中していると見られている。この一極集中ぶりもまた，東アジアの中では特異な現象である。

インドネシアは15％から34％へと都市人口率が増加した。国土はタイと違って多数の島からなる島嶼国家で，ジャワ島を除けば未開発地域が主要島嶼部に広く残っている。島嶼間では人口の移動は，陸続きの地域と比べれば少ないため，インドネシアでは全国から首都に移動する人口の割合も低いのである。

このような人口の都市集中の結果，同時に社会面でも経済面でも都市化現象が明らかになってきた。東アジア地域の経済活動は，表-1で見たように過去35年間に飛躍的に成長したが，その過程では成長した分野が変わっていった事がわかる。表-3は国別にGDPを農業，工業，サービス業分野別に分けて，この35年間における成長分野を見たものである。

各国に共通する現象は一貫して農業分野の占める割合が低下した事だ。インドネシアでは60年に54％と半分以上を占めていたものが，95年には17％にまで低下した。その一方で，工業の割合は14％から42％へと増加している。国民の経済活動に占める農業の役割が急速に低下し，それに変わって工業の役割が大きく浮上したといえる。サービス業も着実に成長して，工業とサービス業の和は83％に達した。工業もサービス業も共に都市部に立地する都市型産業だから，35年間にインドネシア経済は農村依存型から都市型経済へ完全に移行した事がわかる。

つまり，国の経済活動全体に占める割合が17％しかない農業に，人口の66％が依存している一方で，83％に拡大した都市型経済で34％の人口が所得を向上させたという，経済活動と人口分布の間に大きなギャップが生じているという事である。この35年間に都市部と農村部の経済格差が一層拡大したのである。そしてこの都市と農村の所得格差が大きくなると，それは生活の質の格差となっていく。

日本では経済の98％は都市型経済で占められており，これと呼応す

表―3　生産の構造（国別GDPにおける主要産業分野別の分配率）の変化

(単位：％)

産業 / 国名 / 西暦19-	農業			工業						サービス業		
				全体			内製造業					
	60	82	95	60	82	95	60	82	95	60	82	95
インドネシア	54	26	17	14	39	42	8	13	24	32	35	41
タイ	40	22	11	19	28	40	13	19	29	41	50	49
フィリピン	26	22	22	28	36	32	20	25	23	46	42	46
マレーシア	36	23	13	18	30	43	9	18	33	46	47	44
韓国	37	16	7	20	39	43	14	28	27	43	45	50
ホンコン	4	1*	0	39	32*	17	26	24*	9	57	67*	83
シンガポール	4	1	0	18	37	36	12	26	27	78	62	64
日本	13	4	2	45	42	38	34	30	24	42	54	60

出典：世界銀行：「ワールド・デベロップメント・レポート」，1984年・1997年より作成
注：数値に*印のついたものは1980年の数値である。

るように，都市人口もすでに78％に達している。残り22％の農村人口には兼業農家（準主業・副業的農家）を含んでいるから，専業農家（主業農家）だけを数えれば農村人口はわずか5％程度になる計算である。経済活動の偏りと人口分布の偏りがほぼ対応している。香港やシンガポールのような都市国家でない以上，日本全体では農村人口の減少もほぼ限界に達している事を考慮すれば，所得を含めたトータルな生活水準は都市部と農村部の間で，ある程度均衡状態に達したといっていいだろう。

インドネシアは都市人口率が34％で依然として低い水準にある事を考え合わせると，このままでいけば急速に人口の都市化が進む可能性が高い。これに対応するためには，新たな人口を受け止めるための積極的な都市政策が必要であり，その一方で人口流出が進む農村地域では，農村が疲弊しないように，農村の自立を目指す農村政策が推進されなければならない事を意味している。

表-3を見る限り，ホンコンとシンガポールを除けば，都市化とそこから想起される都市・農村政策の必要性はこの東アジア地域の共通の課題だといっても過言ではない。

ところで，農村型社会と都市型社会とでは様々な面で体質が異なる。例えば公共サービスの内容について考えてみよう。伝統的な農村社会では，生産技術は家庭教育ないし地域社会内での教育によって継承されてきた。これが都市社会ではむしろ公的教育と高度な理科学教育が支えている。さらに都市社会では交通の集中，工業・サービス業の集中，職住の分離，そして人口の高密度化といった現象が特徴である。これは個人の生活様式，経済の支出構造などを変化させて，ひいては教育・福祉などの公共サービスの内容まで変えて行く。

先進国では産業革命以来200年の時間をかけて，こうした都市社会を作り上げてきた。しかしアジアの途上国は数十年でこれを達成しなければならない。どの国もすでにサービス業の割合は40％を超えており，商業・業務，その他のサービス業は一層増加する事が見込まれる。製品を作るのではなく，デスクワークやサービスを中心とする知的職業人が増え，それに奉仕する労働者が中心の社会－人の機能関係を中心とする組織社会－が増大しつつある。

社会構造とは集団における人間の関わりの構造であって，なかなか変えにくいものといわれる。日本では明治・大正・昭和・平成という4つの時代，100年以上をかけて都市化社会を作ってきた。それを数十年で達成しなければならない途上国が直面する課題は山積している。そしてこの都市化の最も先鋭的な地域が各国における首都圏なのである。

3. アジアの首都圏
3.1 首都の人口集中

アジアの都市化問題に見られる1つの特徴は首都圏の肥大化である。国全体として都市化が進んだと同時に，どこの国でも首都圏で爆発的ともいえる急激な人口・資本の集中が見られた。この1点集中の都市化に対して，集中の分散が議論された事もあったが，全体としてみれば首都圏の拡大が止まった形跡はない。日本でも東京都心部では人口の過疎化が深刻だが，都心業務機能は拡大しているし，東京郊外部の人口増加と都市化は拡大している。このように，首都が拡大して周辺に広がり行政区域を越えて都市形成が進むと，首都から首都圏へと変質していく。

少しデータが古いが，図-2「アジア首都人口の変化と予想」は，東京を含む東アジア諸国とインドの首

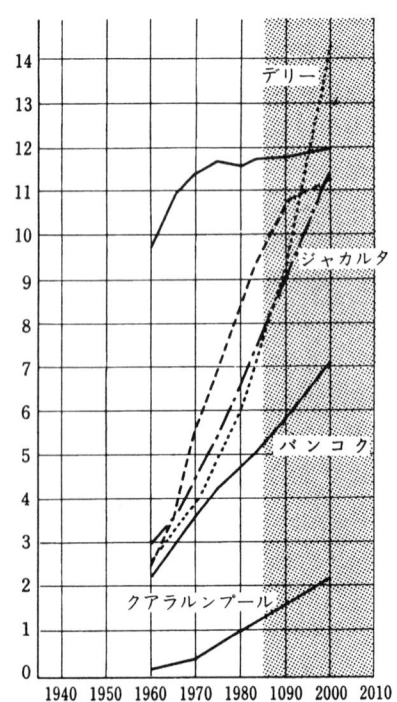

図-2 アジアの首都圏人口の変化と予想
注：1990年，2000年については予想値
出所：「世界の大都市」東京都1985より作成

都人口について1985年以前のトレンドとそれ以降の予測を示したものである。この図を見ると，東京やソウルのように85年の前後では増加率の下がった都市もあるが，全体としてはまだ上昇傾向が強く現れている。

このような首都の拡大に対して，当時各国とも首都圏地域を設定して，国によっては新しい行政単位を設ける国も現れた。フィリピンではマニラ市とケソン市をまたがる636 km²をマニラ首都圏とし，マニラ首都圏庁(Metro Manila Commission)を設けた。またタイでは1,569 km²をバンコク首都圏とし，バンコク首都圏庁(Bangkok Metropolitan Administration)を設置している。インドはデリー首都圏庁(Deli Metropolitan Authority)を設けている。その他にも行政単位ではないが，日本では東京1都3県(千葉，埼玉，神奈川)を東京圏と呼び，これに茨城，栃木，山梨を加えた1都6県を首都圏とする事もある。インドネシアでは656 km²にわたる地域をジャカルタ首都圏 (DKI Jakarta)として，統計的にも1つのまとまりとして理解されている。

表－4は当時の首都圏の人口，面積，スラム・スクォッターを調べたものである。この表で東京都は行政地域としての東京を指しているが，当時東京大都市圏(東京・埼玉・千葉・茨城南部・神奈川東部をくくった地域)という定義もあった。この場合全体では3,110万人の人口を数

表－4 主な首都圏の人口，面積，スラム・スクォッター人口

都市名	首都圏全域		都心地域		スラム・スクォッター	備考
	人口(万人)	面積(km²)	人口(万人)	面積(km²)	人口(万人)	人口(調査年)
バンコク	540	1,569	360	290	71	1983
クアラルンプール	99	235	20	18	24	1980
マニラ	690	636	178	38	203	1980
ジャカルタ	650	656	340	162	—	1980
東京都	1,175	2,160	836	596	—	1983

注：東京都については首都圏域を東京都，都心地域を東京23区とした場合の数字。
出所：「アジア大都市の居住環境」国際連合地域開発センター 1986年8月，「世界の大都市」東京都1985年5月，「国際比較による大都市問題」Ⅲ，国土庁・名古屋市1984年3月

え，国の総人口の26％が東京大都市圏に集中していた事がわかっている。東南アジア諸国の首都圏への人口集中度は，インドネシア4.2％，マレーシア6.6％，タイ10.9％，フィリピン13.2％であったから，20年を経た現在では当然集中度は高まっている事が予想される。

このような人口の集中の結果として，首都圏での住宅不足が深刻で，スラム・スクォッターと呼ばれる住民が急増している。特にマニラでは当時人口の30％がスクォッターであるとされたが，1990年の統計では人口が800万人に増加するのにつれて，スクォッターはさらに増えて350万人，70万世帯に達したと見られる。実に首都圏人口の44％がスクォッターという異常事態と言わざるを得ない。インドではさらに深刻で，人口統計にも乗らない，おびただしい数の路上生活者が大都市に溢れている。

3.2 経済機能の集中

人口の首都集中に対して，経済活動の面はどうなっているか見てみよう。表－5はフィリピン，インドネシア，日本における首都圏のGDPとその全国比を示している。フィリピンでは1980年に全国の約30％がメトロ・マニラに集中していたが，およそ20年後でもあまり大きな変化は見られない。むしろインドネシアのほうがジャカルタ首都圏への経済の集中度が高まった。日本でも東京への集中が進んだ事がわかる。マニラ首都圏や東京首都圏の面積は国土面積のわずか0.2％から3％程度である。そこに国の3分の1もの生産力が集中すると言う事は，各国で首都圏と他地域の経済力に大きな格差がある事を意味する。

経済活動では集積が新たな集積を呼びこむ。適切な地方の開発・育成を強力に進めなければ，格差の拡大は抑制できないであろう。経済の力学からすれば，首都圏は民間の経済力によって主体的に成長する事が期待できるが，地方の活性化は当面政府の強力な支援が必要となろう。

地方の活性化は中核都市を指定し

表—5 フィリピン，インドネシア，日本における首都圏GDPとその全国比

	1980	1997
フィリピン		
全国(百万ペソ)	264,652	893,017
メトロ・マニラ(同)	79,698	275,508
全国比(％)	30.1	30.9
インドネシア		
全国(10億ルピア)	45,446	624,337
DKIジャカルタ(同)	3,757	82,070
全国比(％)	8.3	13.0
日本		
全国(10億円)	247,832	483,220
東京圏(同)	73,425	151,077
全国比(％)	29.6	31.3

出典：Statistical Year book of Indonesia, 1984&97
　　　Philippines Statistical Yearbook, 1984&97
　　　日本統計年鑑, 1985&1999
注：東京圏は1都3県

は今世界の大都市として，世界経済の一大中心地として，金融・情報産業の集中する都市になりつつある。にもかかわらず，依然として約3分の1は工業生産に関わる雇用機会を備えている。

これに対して，北京，ソウル，クアラルンプール，ジャカルタの4都市を見ると，かなり特徴的な構造が読み取れる。

北京は商業が少ない反面，農業，各種サービス，鉱・工業の比率が高い。中国では社会主義制度のもとで経済開発が政府の計画にそって進められてきた。中国の経済政策はかつ

て，これを軸にした地方経済圏を確立する戦略が求められる。そしてこれを推進するのが地方自治体によるイニシャティブである。東アジアの各国は90年代に入って，どこでも地方自治体を強化するために，地方分権を進めている。開発を指導・管理する能力は単に制度だけの問題ではなく，これを運営する人材と行政能力を必要とする。その意味で，21世紀は地方政府の人材育成と行政能力の向上が急務である事は間違いない。

次に首都経済の構造的特徴を見ていこう。図-3は首都における分野別就業者数を見たものである。東京の就業構造は農業がほとんどなく，鉱・工業，商業，各種サービスの分野でほぼ均衡した比率を占めている事がわかる。わずかに商業，サービス分野が高いが，様々な就業機会が均等に備わっていると言える。東京

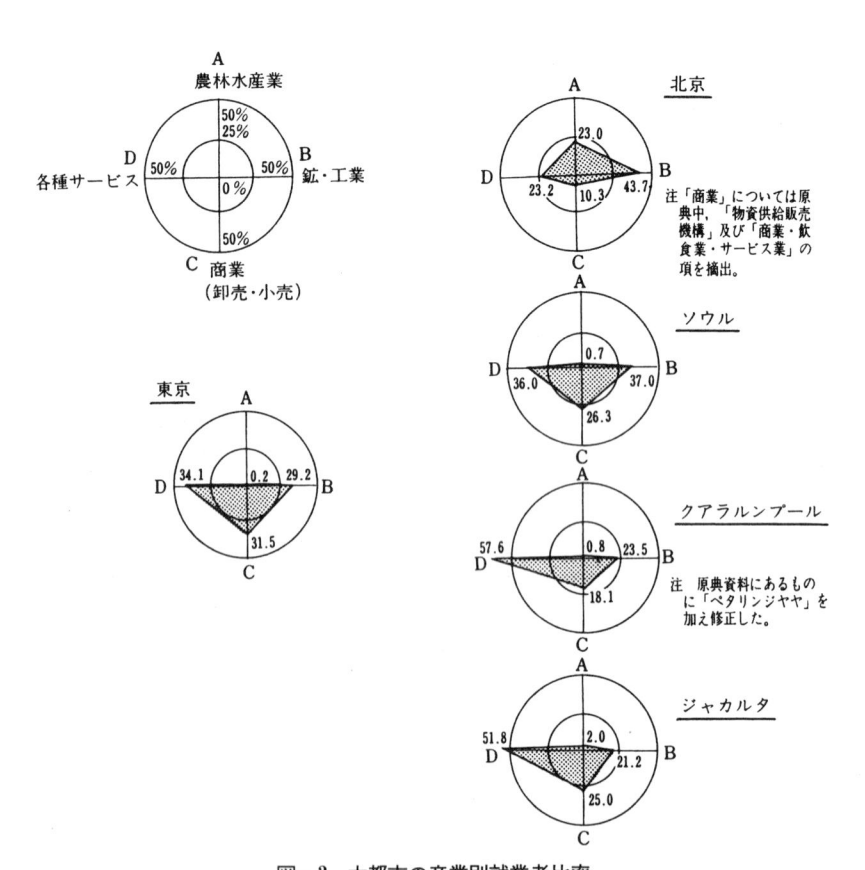

図-3　大都市の産業別就業者比率
出所：「世界の大都市」第1巻東京都1985年より作成

増補解説2：持続的開発と都市問題：アジアの大都市問題　265

て地域毎に自給自足体制を目指していた。北京でも，消費される農産物はできるだけ近郊で生産するために，強力な農業保護政策がとられていたのである。また中国の首都北京は官僚都市と呼ばれるほど政府機関が集中しているため，行政関係就業者が多く，サービス分野の就業者が多くなっている。商業分野が小さいのは，社会主義では物を生産しない流通業としての商業が軽視されていたからである。人が人にサービスして対価を得るという，商業的サービス業はまったく未発達であった。改革開放政策をとり始めてからは，北京郊外も開発の波に洗われ始め，農地が宅地や工場に変わってきている。反面農産物を遠隔地から調達しなければならなくなり，新たに交通網の整備が必要になってきている。ソウルは最も東京に近い就業構造を示している。かつて，アメリカの経済学者R.バーノンはニューヨークについて，その著書「大都市の解剖」のなかで，大都市の産業はきわめて多様性に富み，工業では中小零細企業が発達し，また大きな人口集積を市場とした商業活動も発達，さらに効率的な経済活動を支えるための各種サービス業も良く発達していると指摘した。ソウルはまさに，そんな資本主義国の大都市に成長したと見ていい。

　一方クアラルンプールとジャカルタはサービス分野の比率が極端に大きい。これらの国では首都圏の後背地たる国土全体の生産力・消費力はまだ大きくなく，都市経済を牽引したのは外資による経済活動である。家電製品・電子部品・機械組み立て工場などの進出に加えて，銀行や投資会社，保険会社，デパート，ホテル，スーパーマーケットなどの商業・金融活動が急速に拡大した。その結果，直接の生産従事者および商業・業務従事者の増加に加えて，派生的なサービス従業者（例えばトラックやタクシーの運転手，セクレタリーやオフィス・ボーイ，飲食店関係者など）の雇用もどんどん膨らんだのである。

　またこの偏った就業構造を雇用機会の多様性という角度から見ると，クアラルンプールやジャカルタでは雇用機会がサービス分野に大きく偏っていて，工業や商業分野の雇用機会が非常に少ない。時にサービス分野が不況になった場合，他の分野で吸収する雇用の柔軟性に乏しいといえる。あるいは平素であっても，サービス分野で他分野より雇用が多い分，いつ人員整理が起こってもおかしくないという雇用不安を抱えていると見る事も出来る。つまり大都市でありながら雇用機会に多様性がなく，経済の変化に脆弱な都市なのである。

3.3　情報機能の集中

　一方，首都は国内における情報の中枢でもある。各種の国家機関の本部が立地し，外国政府の大使館が設置されている。国家レベルで政府の意思決定がなされ，それが全国に向けて発信されると同時に，全世界にも発信される。この，中央から地方への意思の伝達体制が確立している政府は，ガバナビリティが確立している事であり，国全体の開発の方向を左右する上でもきわめて重要である。革命が起こるとき，革命政府がまず支配下に置こうとするものの一つが中央放送局である。首都が首都であるためには，情報の中枢である事が必要条件である。

　今日本では，東京への情報および情報機能の集中の大きさに強い関心が寄せられている。日本国内各地における県別情報発信・受信量に関する調査を見ると，受信・発信のどちらをとっても東京の情報交信量は群を抜いて多く，特に発信量では東京と他の地域との格差は小さくて8倍，最大で実に200倍以上の差があると見られている。この格差が東京への情報機能の過度な集中をあらわしている，と見る識者の間では首都機能の分散が必要であるという見解が見られる。また1990年代に起こった「バブル景気の崩壊」を救済するための大規模公共投資の重要案件として注目されて，東京の首都機能の移転が論議を呼んでいる。日本では歴史的に幾度も遷都を経験してきており，明治維新の際，皇居が京都から東京へ移転した事も遷都の一種といえる。ただこれからの首都移転問題は，階級社会だったころの遷都とは違い，権威を象徴するものではなく，21世紀のグローバルな情報立国にふさわしい高度な，かつ広範な情報

収集能力と分析能力を兼ね備え，さらにこの情報が国民への公開性を保障するような拠点となる条件を備えていなければならないのではなかろうか。

東南アジア諸国でも1970年代の後半から経済が発展し始め，これに伴って首都圏の情報機能が急速に拡大していった。1990年代に入るとインターネットが急速に普及し始め，情報交換の手段はファックスやE-mail，また携帯電話が主流になったが，1980年代の経済発展の初期ではテレックスがビジネス情報の中心的手段だった。ファックスやE-mailの発信・受信量についての統計値はないが，テレックスの発信頻度はわかるので，古いデータだが引用してみよう。

インドネシアでは国内向けテレックスの利用度数はDKIジャカルタだけで全国の45％に達していた。1地域単位の平均的な利用度数と比べてみると，20倍であった。フィリピンではテレックスの設置台数をみると，首都圏に全国の32％が集中し，1地方の平均台数の5.6倍であった。さらにタイでは，電話機設置台数を見ると，首都圏に全国の72％が集中，1地方当たり平均台数の92倍であった。当時アセアン諸国の通信事情は決して良いとは言えず，実際の需要はもっと大きかった事が推定される。情報交流活動はさらに首都圏に集中していたものと考えられる。

情報機能を代表する指標として，商業・業務機関の本社機能の立地状況も注目されるものである。1980年代中頃の東京では，資本金10億円以上50億円未満の企業の53％，50億円以上の規模の企業は62％が本社を東京においていた事が知られている。

これに対してマレーシアの場合を見ると，中央政府機関の87％，大手商業銀行は82％，保険会社は98％が首都クアラルンプールに集中していたと見られる。金融会社は中国系・インド系マレーシア人の経営する中小企業も多く，これらは主に地方部における小口の貸し付けを主業務とする場合，地方での立地が多くなる傾向にあるが，それでも63％は首都に集まっている。

1990年代に入って，マハティール首相はクアラルンプール市内中心部で，世界最高層ビル・「ペトロナス・ツインタワー」の建設を皮切りに，市郊外では政府機関を集約・移転するために新都心・「プトラ・ジャヤ」を建設，さらに情報化拠点・「サイバー・ジャヤ」を建設して，そしてこれらを効率的につなぐ「マルチメディア・スーパー・コリドー」の実現に着手し始めている。21世紀の情報首都圏を強く意識しての考えであろう。情報の集中は新しい情報を生み出す機会を提供する事を考えれば，アセアン諸国の首都はさらに情報機能を高める事で，21世紀を生き延びようとしているのかもしれない。

3.4　国際的機能の集中

現代の国家経済の発展は，貿易の拡大という経済の国際化を常に伴ってきた。そしてそれに伴って，人的交流，文化的交流など様々な分野での国際交流が盛んになってきたのである。アジア諸国が植民地だった時代は，貿易は宗主国の管理下にあり，また貿易相手も強く管理され，同じ傘の下に置かれた植民地・地域間の貿易が多かったようである。アジアが独立した1960年代以降，貿易面で注目するのが工業先進国への輸出を増やした国と，途上国への輸出を増やした国という違いが現れてきた事である。62年と81年の2時点での比較だが，これらの諸国ではこの20年の間に輸出額が飛躍的に増加したとともに，インドネシア，フィリピン，韓国は途上国への輸出を増やし，他国は先進工業国（米国・ヨーロッパ・日本など）への輸出を増やしている（表－6参照）。これが1990年代に入ると，日本のバブル崩壊，EU統合に伴うヨーロッパ流通体制の変化などの影響を受けて，米国経済への依存傾向が一層鮮明になってきた。

そして国際化の舞台となっているのはやはり首都圏である。インドネシアから発信される国際通信の80％はジャカルタ発であり，マレーシアでは外資系銀行の90％以上がクアラルンプールに立地している。また日本を例に取れば，国際電話の70％，外国企業の約半数，そして国際会議の約60％は東京をベースにしているといわれる。このように見て

表-6 工業製品の産出国及び輸出先

	工業製品の輸出先（全体に対する比率, %）								工業製品の輸出額（百万ドル）	
	市場経済工業国		東欧非市場経済国		高所得石油輸出国		開発途上国			
産　出　国	1962	1981	1962	1981	1962	1981	1962	1981	1962	1981
インドネシア	52	33	1	…	1	5	46	62	2	733
タ　　　　イ	51	59	…	…	…	7	49	34	21	1,896
フィリピン	91	78	0	…	…	1	9	21	26	2,552
マレーシア	11	62	0	…	…	2	89	36	58	2,359
大韓民国	83	62	0	0	0	10	17	28	10	19,188
香　　　港	63	77	0	…	1	3	36	20	642	20,076
シンガポール	4	49	0	1	2	4	94	46	328	11,712
日　　　本	45	47	4	3	1	7	50	43	4,341	146,635

注：…入手不可能
出所：ワールドバンクリポート（世界銀行）1984

くると，国と国との交流はつまり首都圏と首都圏の交流であるともいえる。経済交流の発展は，もの・かねの交流ばかりでなく，人の交流，情報の交流，文化の交流，さらには様々な社会現象にさえ，交流が起こっている。その結果，旅客・物流・情報機器の需要は増大し，さらに効率の良いインフラ・ストラクチャーが求められていく。クアラルンプールのマルチ・メディア・スーパー・コリドー計画はそんな展望を如実に示している。

3.5　高等教育・文化機能の集中

以上アジア諸国では，経済活動，情報機能，国際的な活動や機能など，国家を代表するような様々な都市活動が首都地域に集中している事が明らかになった。このような事情は高等教育や文化機能の面でも見られる。例外的ながら首都が政治・行政の中心地であっても，必ずしも経済の中心となっていない場合がある。先進国で言えばアメリカ，オーストラリアであり，途上国ではブラジル，パキスタン，中国，ベトナム等の国である。

アセアン諸国を見ると，タイでは大学・短大の70％，マレーシアでは55％，フィリピンでは40％がそれぞれの首都地域に立地している（表-7参照）。東京の場合は学校数で全国の20％程度，学生数で32％程度を占めている。このほか国立図書館や国立博物館，出版社，新聞社，中央研究所や中央病院など，高度な教育・文化，研究開発機能はどこの国でも首都地域に集まっているのが一般的である。一方でこうした機能はこれからグローバルな情報を求めて，活動を一層深化させていくはずである。そして他方では大きな人口集積を背景に，様々なニーズに合わせて選択の機会を増やしていくと考えられる。つまり，最先端のものから普通のものまで，あるいは最低のものまで，個人が求める選択の自由度の範囲を最大限に備えた都市が首都圏なのではなかろうか。

表-7　アセアン6カ国における大学・短大の数と地域分布

国　名	全国学校数	首都圏		
		学校数	対全国比(%)	1校当りの人口(万人/校)
1. タ　　イ	13	9	69.2	57.8
2. インドネシア	52	12	23.1	54.2
3. マレーシア	11	6	54.6	16.5
4. フィリピン	45	17	37.8	35.3
5. シンガポール	5	5	100.0	―
6. ブルネイ	4	3	75.0	―

出所："The World of Learning 1986" Europa Publication Limited

まとめ

このままで行けば21世紀の各国の首都圏は，量的には都市地域を拡大しつつ，高密度社会に向かうであろう。また質的には都市機能をさらに多様化しつつ，国際化・情報化と

いった機能を強化する方向へ向かうであろう。

しかし，首都圏は高度な都市機能を内包してその国の頭脳となり，また顔でありつづけるかもしれないが，その社会全体の典型とはなり得ないのではなかろうか。むしろその社会全体の，最も先端的な部分を空間的に集約しているという意味では社会の特異点であるとさえいえるかもしれない。そしてこの特異点同士は都市の問題と可能性について，グローバルに共通した特性を持ち，反面それぞれの社会では他の地域との格差を広げて，異なった特性をはっきりさせていく傾向にある。現に東京の都心にある商業・オフィスビルや官庁ビル，交通渋滞，地下鉄などの"近代的な風景"はホンコンやマニラ，バンコクでも出現しており，これらはニューヨーク，パリ，ロンドン，ベルリンなどとも共通したものである。

見方を変えれば，今日歴史の一局面において，かつての帝国が1つの国として，またかつての属国が1つの独立国として，その立場を共有し始めたとき，その社会が追求する最先端の欲望と知識と情報を詰め込んだ空間としての首都が，共通した都市の表情を持ち，共通した機能を発揮するのは当然なのかもしれない。

そして個別の首都に特徴的な都市固有のローカリティは，零細なあるいはインフォーマルな風景の中で，わずかに存続しつづけるだけなのかもしれない。

アジアでその国固有の伝統的都市社会の特質を保ち得る都市を求めるとすれば，それは首都圏ではなく，むしろ歴史の中である程度の拠点性を育んできた地方都市が注目される。穏やかな経済発展を維持し，そのなかで活発な文化活動を興し，絶え間ない世代の継承を保障するような都市の魅力を確立していく事が歴史的な中核都市の課題であり，これによって首都との格差を質的にバランスさせていく手がかりが出来るかもしれない。

記　本稿は「都市と交通」広岡治哉編，1998年1月，成山堂書店発行の第2部4章，拙稿「アジアの都市化と首都圏問題」を元に，一部新しいデータを加えるなど，内容を加筆・修正したものである。

参考文献：

1. 雑誌「住生活」(財)住宅産業情報サービス発行 No.147, 1986年12月号，拙著「開発途上国の都市と住宅問題」
2. ワールドバンクレポート 1984年版, 1992年版, 世界銀行発行
3. 英文セミナーペーパー「Some Aspects of Inner City Prroblem in Asian Metropolises」, 拙稿, 1987年7月
4. 「世界の大都市」第1編, 東京都発行, 1985年
5. 「アジア大都市の居住環境」(アジア大都市人間環境国際会議論文集) 国際連合地域開発センター発行, 1986年8月
6. 「国際比較による大都市問題」III (1986年) 国土庁・名古屋市発行のうち, 拙稿「アジアの大都市問題」
7. Statistical Year Book of Indonesia 1984, 1997 インドネシア政府発行
8. Philippines Statistical Year Book, 1984, 1997 フィリピン政府発行
9. Statistical Year Book of Thailand 1984, タイ政府発行
10. Malaysia 1982-1983 "Information" Berita Publishing SDN, BHD 発行, 1983
11. Statistical Year Book for Asia and the Pacific 1984, 国連, ESCAP 発行
12. "The World of Learning 1986" Europa Publication Limited 発行
13. 雑誌「世界」特集「東京論ブームの裏側」, 1986年7月号, 岩波書店発行

挿入資料出典

1. 「地理」31巻2号．1986年．古今書院
2. 「地理」33巻2号．1988年．古今書院
3. 「地理」35巻4号．1990年．古今書院
4. 「地理」35巻7号．1990年．古今書院
5. 「地理」35巻9号．1990年．古今書院
6. 「地理」36巻2号．1991年．古今書院
7. 「地理」36巻3号．1991年．古今書院
8. 「地理」36巻9号．1991年．古今書院
9. 「地理」37巻4号．1992年．古今書院
10. 「地理」37巻5号．1992年．古今書院
11. 「地理」37巻7号．1992年．古今書院
12. 「地理」37巻10号．1992年．古今書院
13. 「最新地理統計1991年版」古今書院
14. 「最新地理統計1992年版」古今書院
15. 『基礎からの交通地理』木村辰男著．1991年．古今書院
16. 『激動の統合ドイツ』小林浩二著．1992年．古今書院
17. 『黒い積荷』ダニエル・P・マニックス著．土田とも子訳．1976年．平凡社
18. 共同通信フォトサービス
19. 「新・東南アジアハンドブック」松本重治監集，滝川勉編．講談社
20. 「東南アジアを知る事典」平凡社
21. 「世界開発報告」1986年版，1990年版．世界銀行
22. 「国際防災旬年に向けて」1990年．国際連合地域開発センター
23. 「アジアの都市化と首都圏問題」1988年．拙稿（研究資料）

訳語参考資料出典

1. 「世界地図帳」1986年版．昭文社
2. 「アパルトヘイトの制度と実態」斉藤憲司訳．1989年．岩波書店．
3. 「現代用語の基礎知識」1986年版．自由国民社版
4. 「新統計概論」森田優三著．1976年．日本評論社
5. 「学術用語集・農学編」文部省．1986年．丸善株式会社
6. 「学術用語集・地理学編」文部省．1988年．丸善株式会社
7. 「地理学要説」村山磐著．1987年．大明堂
8. 文部省検定教科書「地理」石井素介・奥田義雄他．教育出版株式会社
9. 文部省検定教科書「改定・地理」東京書籍株式会社
10. 文部省検定教科書「高校・地理」実教出版

Box 目次

BOX 1.1　ウガンダという国　3
BOX 1.2　開発途上国　5
BOX 1.3　開発問題を捉える視点　7
BOX 1.4　国内総生産　12
BOX 1.5　ウガンダのアチョリ人　19
BOX 1.6　開発と都市化　24
BOX 2.1　世界人口の予測　35
BOX 2.2　その後の中国　38
BOX 2.3　断種手術実行者数の推移（インド）　43
BOX 2.4　人口爆発　48
BOX 3.1　地球生命圏　51
BOX 3.2　地球サミット　58
BOX 3.3　法定アマゾニアの自然植生と各州の森林破壊率　63
BOX 3.4　地球の環境問題　67
BOX 3.5　地球上の水　72
BOX 4.1　農業と都市形成　74
BOX 4.2　東南アジアの農耕形態　81
BOX 4.3　開発途上国の農村と貧困　85
BOX 4.4　大規模開発事業の難しさ　90
BOX 4.5　生産の拡大と肥料・農薬問題　92
BOX 4.6　中国ウィグル自治区トルファン郊外の乾燥地　105
BOX 4.7　美しい田園地帯とそれを守る農村集落　105
BOX 4.8　開発途上国における農村開発の動き　106
BOX 4.9　中国人民公社の改組　106

BOX 5.1　栄養失調の克服：タイの成功　111
BOX 5.2　保健医療サービスの格差　114
BOX 5.3　エイズ問題の発生と拡大　119
BOX 5.4　噴煙を上げるフィリピン，ルソン島のピナトゥボ火山　122
BOX 5.5　ピナトゥボ火山の噴火で家を失い，マニラ北方の避難センターで水の配給を待つ避難民　122
BOX 5.6　自然災害問題　125
BOX 5.7　最悪の乾燥年，1984年の西アフリカ・サヘルにおける"砂漠化前線"および"飢餓前線"の南下と月別降水量　130
BOX 5.8　江戸の防災対策　133
BOX 5.9　日本のおもな気象災害　134
BOX 5.10　河川敷の危険地帯にも人は住み着いていく　134
BOX 6.1　就業移住　137
BOX 6.2　アフリカの独立国の言語・民族・宗教　142
BOX 6.3　奴隷航海　145
BOX 6.4　アメリカ合衆国の主要都市における人種構成　145
BOX 6.5　ドイツにおける外国人労働者の就業状況　148
BOX 6.6　西ヨーロッパ諸国における外国人労働者数　148
BOX 6.7　ドイツにおける産業別国籍別外国人労働者の比率　148
BOX 6.8　アメリカ合衆国への移民　151
BOX 6.9　リマの闘牛場に遠征してきたスペイン本場の闘牛　154
BOX 6.10　日本の援助により建設されたリマ市北方の石油精製工場　154
BOX 6.11　屯田兵村とトランス・マイグレーション計画　157
BOX 6.12　最近のタンザニア　159
BOX 7.1　首都の拡大と国際化　163
BOX 7.2　都市化の背景　169
BOX 7.3　タイの首都バンコクへ転居する理由　169
BOX 7.4　スコォッター地区の子供たち（フィリピン）　174
BOX 7.5　都市のホームレス問題　178
BOX 7.6　フィリピン第2の大都市・セブ市の眺め　181
BOX 7.7　地球の都市環境問題　184
BOX 8.1　途上国の鉄道・道路問題　187
BOX 8.2　地域の発展と交通　189
BOX 8.3　大都市の交通　191
BOX 8.4　総合交通体系　194

BOX 8.5　日本の海運　197
BOX 9.1　世紀末日本の雇用　208
BOX 9.2　アジアへの工場進出　211
BOX 9.3　途上国と適正技術　213
BOX 9.4　フィリピンの地域おこし　215
BOX 9.5　構造調整　218
BOX 9.6　シンガポールの石油基地　223
BOX 9.7　東アジアの貿易拡大　227
BOX 9.8　スリランカの首都コロンボの昼下がり　228
BOX 10.1　風化する戦いの後（ジョルダン・ペトラ遺跡）
BOX 10.2　穏やかなアフリカの生活　247
BOX A　美しい都市づくりに成功したシンガポールのながめ　249
BOX B　今もひっそりと息づく古い貿易の中心地　258

訳者あとがき

　1983年の6月,私はマレー半島の南端にある町ジョホール・バルという所にいました。ジョホール水道をはさんだ対岸にはシンガポールがあります。そのとき,私は日本政府派遣の都市計画専門家の1人として,ジョホール・バル地域の開発計画作りに携わっていました。

　ある日の昼下がり,じっとりと汗ばむ体を冷やそうとジョホール・バルで1軒の小さな本屋に立ち寄りました。そこにはインド人の亭主とその従兄弟らしい若者がいて,いつもこの2人でのんびりと店番をしていました。多少とも学術書を置いているのはこの本屋だけだったので,そこは私の行きつけの店でした。当てもなく書庫を眺めている時,何気なく手にしたのがこの本です。一見した所,世界の地誌の本に見えましたが,内容に目を通していくうちに,この本が重要なメッセージを含んでいることに気がつきました。すぐその場で買い求めたことはいうまでもありません。

　私が開発途上国,特にアジアに関心を持つようになったのはそれほど古いことではありません。それ以前に一度,2週間ほどの旅行をしたことがあったとはいうものの,実際の生活に接するようになったのは1977年のことでした。この時からの3年間を私は日本政府派遣のコロンボプラン専門家として国立マレーシア理科大学で都市計画を教えることになったのです。その時以来,アジアの町にひとしお親近感を持つようになりました。

　こんないきさつがあって,帰国してからもアジアに関する本や出版物があると,できるだけ読むようにしていたのですが,いつも何か一つ足りないような気がしてなりませんでした。つまりこの本のように,開発途上国の問題を知ろうとする時,全体としてどんな問題が起こっているのかについて基礎的な知識を整理して教えてくれる本が,少なくとも日本語では見当たらなかったのです。

　今では日本でも開発途上国の開発問題に携わる人が増えて,優れた専門家も輩出してきていますが,そのほとんどは専門分野に限られたものだといっても過言ではないでしょう。専門分野のことになりますと,それぞれに特有の領分があるので,読者としては開発途上国についての基礎的な全体像をどこかで補っておかないと,優れた専門書を読んでもその意味を十分理解できないばかりか,その分野の事情が開発途上国のすべての事情であるかのような誤解さえ持ちかねません。

　先に述べた本書のメッセージとは実はこのことです。この本を通じて著者は,私たちがいかにバランスの取れた視点を持って開発問題を考えることができるか,という問いを投げかけているように思えて仕方ありません。本書はまたこうも問いかけています：……あなたは今の自分の生活を支えているものの中に開発途上国の存在を考えたことがあるだろうか。その国は貧しいかもしれない。そして言葉も文化も違う人々がたくさん住んでいるが,その人々はあなたの周囲にいる人たちと少しも違わないのだ……。

　ここで本書の内容について一言申し添えておきます。原本が発行されたのは1983年です。本を書く準備

に何年かかかりますから，その内容は1980年頃までの事情が述べられています。したがって，本書に使われている統計データも，断わりがない限り1980年頃の数値が使われています。しかし，1990年の今日でもあまり状況が変わっていないことに驚かされます。むしろ悪化した問題―所得格差の拡大，環境破壊，政治不安，住宅・交通事情の悪化，等―さえある程です。その意味でこの本の内容はいまでもまたこの先も，しばらくは立派に通用するものだといえます。

とはいえ，著者も前書きで言っているように，新しい変化があることも事実です。特にアジアでは韓国，台湾，香港，シンガポールのように先進国並に成長してきた所もあり，またその他の東南アジア諸国も着実に成長してきています。専門家の中には21世紀はアジアの時代だという人も少なくありません。そのため，この本の内容も今では一部古くなってしまった部分があります。例えば中国の変化は著しいものがあります。1980年代に入った中国は国家経済の開放路線をとり始め，海外との経済交流を盛んに進めています。また国内的にも，コミューンと呼ばれた人民公社を解体して，これを行政機構に切り替えました。こうした中国の近代化の動きに前後して，ソ連・東欧諸国も経済体制の開放を目指して活発に動きだし，この1～2年大きな政治的変化にまで発展してきました。その変化が急激なあまり，1990年の初頭は社会の関心がもっぱら東西問題に向かってしまい，南北問題は二の次になった感があります。

しかし，世界有数の経済大国となった日本が開発途上国に対して果たすべき役割は大きく，これからも世界的な視野にたって南北問題に取り組むことが期待されているといえます。このことは単に国の問題というだけでなく，一個人としての日本人の問題でもあるといえます。開発途上国で働く日本人の数は増えこそすれ，減る事はないでしょう。同時に日本で働く外国人の数も年をおって増えていくようです。これからの日本にとって，南北問題は国外の問題として片づけられず，内政問題として考えなければならないことも多くなりそうです。そのへんの事情については，改めて別の機会に議論を譲りたいと思います。

このほか，翻訳作業中に補足説明が必要だと感じたことはたくさんありました。限られたことしか取りあげませんでしたが，巻末注で若干補足した事柄もあります。また紙面の割り付けの関係で余白のでたページには本文と関連のありそうな参考データを挿入したので参考にして下さい。

いずれにしても，本書は開発問題に関心を持つ読者にとっては優れた入門書です。この訳本を通じて，1人でも多くの日本人に南北問題への関心を深めてもらえれば幸いです。

この訳本を出版するに当たって，実に多くの方々のご協力を得ました。翻訳については，日本福祉大学助教授・大浜裕氏（第4章担当），神奈川県職員國重正雄氏（第5章担当）および都市問題研究家・稲垣道子氏（第6章担当）の協力を得ました。訳文の統一などのため，全体的に私が手を入れましたが，訳に問題があるとすれば，それは監訳者の責任においてご示唆頂ければ幸いです。

また古今書院橋本寿資社長には出版にかかわる様々な手配・準備に始まり，翻訳中の校正・レイアウト，追加資料の手配など，共同製作者として身にあまるご支援を頂きました。橋本社長の精力的な支援なしにはこの出版も日の目を見なかったと思います。また，慶応大学教授伊藤喜栄先生には橋本社長をご紹介頂くなど，そのほかにもご指導頂いた方は少なくありません。1人1人の方に心から感謝しています。

最後に，翻訳にかかってからの2年半というもの，いつもさりげなく力になってくれたのが亡妻・靖子であり，長女・忍，長男・整だったことを申し添えます。

1991年9月

保科秀明

索 引

〔あ 行〕

青ナイル 90
アガデス 128
アクセシビリティー 188,189
アクセス 140
アクラ 192
アジア系移民 151
アジスアベバ 88
アシム 193
アジュア 193
アスワン・ダム 45
アタカマ砂漠 66
アトアボ 193
亜熱帯気候帯 65
アパム 193
アパルトヘイト 237,239
アフリカ社会主義 158
アフリカ人居住区 179
アフリカーナ政府 239
アフリカ西海岸 138
アボリジニー 73
アマゾン流域 31
アマゾン流域横断長距離幹線道路 60
アラブ産油国 4
アラブ世界 44
アルシャ宣言 158
アルジェ 192
アルジェリア 96
アルゼンチン 87
アレキサンドリア 192
暗黒の木曜日 123
アンゴラ 203
アンデス 198
アンドラプラデシュ 41
イスラム教徒 150
移動速度 188
移動農業 75
緯度帯 10
一夫多妻制 33
一方的独立宣言(Unilateral Declaration of Independence＝UDI) 200
医療事業 112
医療施設 18
医療補助員 112
インダス川 71

インダス渓谷 65
インダス平原 87
インデクセーション 218
インド 35,116
インドネシア 31
インフォーマル・セクター 214
インフレーション 231
ウィットウォーターズランド 238
ウガンダ 98,151
雨季 17
ウジャマー 158
宇宙衛星写真 62
ウチュクマルカ 82
ウッタールプラデシュ 41
ウムタタ 240
ウールウィッチ地区 124
衛生学 28
栄養失調，栄養不良 19
営利灌漑農業 86
営利的家畜飼育 56
エジプト 35
エスキモー 73
エネルギー 9
エネルギー消費量 9
エネルギー問題 231
エルトール・コレラ 116
エルミナ 193
沿岸低地部 37,122
園芸農地 62
援助機関 246
援助金 123
援助国 70
援助対象国 245
延長距離 188
えんどう豆 82
オアハカ渓谷 71
オイル・パワー 219
欧米市場 218
大型船 195
オカ 83
沖合停泊型 193
オクスファム(Oxfam) 244
オーストラリア 138
汚染 247
オレンジ自由国 238

温帯樹林地帯 52
温帯草原地帯 52

〔か 行〕

海運 192
海運交通網 192
海外援助 125
海軍基地 175
外国企業 59
外国人労働者 147
開拓 31
開拓村 156
海底油田 175,219
開発圧力 56
開発援助 218
開発計画 17
開発状況 10
開発途上国 4
開発密度 132
開発利益 201
開発レベル 6
開放鉄道 200
海洋貿易 186
改良事業 182
カウンダ大統領 200
ガオ 128
価格の低迷 218
化学肥料 38
価格変動 76
革命委員会 100
駆け込み移民 150
カサブランカ 192
火山噴火 121
過剰放牧 64
河川堆積土 37
家族集合体 15
家族手当 207
カビリムポシ 201
カラード 149
カラハリ砂漠 238
カリナ 179
カリフ 93
カリブ海 136
刈分け小作 83

カルカッタ 42
カルナタカ 41
カロリー 108
為替レート 218
簡易舗装 61
灌漑技術 71
灌漑水路網事業 70
灌漑農業 30
灌漑用水池 57
乾季 17
環境帯 52
環境破壊 81, 117
環境保護主義者 62
環境問題 232
換金作物 234
観光産業 224
ガンジス川 71, 123
甘薯 79
桿状菌 115
関税 218
幹線 185
感染経路 116
感染症 59
完全操業 202
寒帯樹林地帯 52
カンペチェ州 219
カンボジア 136
管理的職業 209
管理的ポスト 226
機械化農業 9
基幹交通体系 194
飢饉 43
気候条件 21
技術 7
技術援助 244, 245
技術指導 214
技術集約的 9
季節変動 89
基礎経済 234
基礎単位 100
北半球 29
キチュワ地帯 82
キチュワ・フェルテ地帯 82
起点 202
ギニア・コーン 15
ギニア湾 127
キニーネ 117
基本資材 187
基本物質 9
基本理念 132
救援物資 128
競合問題 202
共産主義集団農業 96
狭小過密 182
強制移住キャンプ 241

強制的移住 136
強制労働 33
競争原理 232
共同営農計画 17
協同組合 89
共同体所有方式 96
共同体の内部均衡 50
業務地区 179
極地帯 52
居室面積 178
居住面積 178
居住条件 170
居住地区 179
居住認定法 241
居住問題 247
基督教援助(Christian Aid) 244
キルギス人 74
キンシャサ 116, 179
キンバリー 238
金融問題 231
空中散布 117
空調機 23
クウェート 147
グジェラート地方 150
クスコ 98
クマシ 193
クーリー 146
グリッド 32
クル病 109
グロスマイグレーション 137
クワーシオーコー症 109
軍事予算 71
軍縮 230
軍備拡張競争 230
軍備費 233
経済開発 43, 59
計量なアプローチ 135
ゲジラ委員会 89
ゲジラ開発計画 88
下水道設備 6
結核 39
月間温度差 20
欠乏症 109
ケニア 112
ケープコロニー 237
ケープ・タウン 192, 238
ケララ 41
原材料消費 29
原住民 139
建築様式 20
原油価格 217
降雨量 16
交易協定 140
交易所 139
高架式灌漑 86

高規格の主要幹線 191
高級郊外住宅地 181
公共住宅 170
公共投資 112
工業開発 210
工業化社会 221
工業製品 227
工業先進国 10
工業地区 179
航空網 188
航空輸送 198
航空旅客交通 198
航空路線網 199
広州 100
広舟 100
高収量穀物 70
高収量品種 91
洪水 57, 121
降水分布 126
降水量 126
抗生物質 116
高層アパート住宅 176
交通幹線 190
交通システム 187
交通施設 7
交通手段 185
交通需要 7
交通網 188
交通問題 186
公的チャンネル 244
鉱物資源 59
広葉樹 57
港湾施設 187
港湾発展の段階理論 192
国外移住労働者 147
国家革命 97
国家経済 165
国際稲作研究所(International Rice Research Institute) 91
国際援助 231
国際開発問題に関する独立委員会 229
国際観光客 224
国際機関 8
国際金融システム 218
国際経済 217
国際税制 231
国際石油資本 175
国際通貨基金(International Monetary Fund=IMF) 231
国際統計 8
黒人居留地 238
黒人奴隷 149
国際貿易 217
国際連合食糧農業機構(United Nations Food and Agriculture Organization

索　引　275

=FAO）97
国勢調査　8, 33
国土開発　71
国土交通網　194
国内消費　205
国民総生産額　8
国有農地　221
国連　8
国連貿易開発会議（United Nations Conference on Trade and Development＝UNCTAD）217
国連ハビタット会議　71
小作権　89
小作人夫　83
コーザ語　240
個人所有　96
古代都市　74
コネクティビティ　188
コホリドゥア　193
コミュニティ意識　159
コミュニティ・ケア　112
コミューン　96
小麦栽培　78
ゴム栽培　59
ゴム・プランテーション　59
雇用機会　7, 42, 163
雇用需要　207
雇用創出　224
雇用比率　209
雇用問題　24
コレラ　69, 115
コロプレス・マップ　10
コンゴ川　179

〔さ　行〕

菜園　79
災害安全基準　132
サイクロン　123
財政負担　202
最短経路マトリックス　188, 189
最短ルート　201
最低気温　20
最貧国　124
債務救済　218
在来品種　91
再利用（資源の）　230
ザイール　116, 179
リウジアラジア　147
サキア（牛引き水車）　86
作物原産地　78
作物の北限　126
砂州　195
雑食動物　51
砂糖もろこし　17

砂漠化　62, 64
砂漠性気候　23
砂漠地帯　21
サバナ地帯　30, 52
サヘル　65, 126
ザポテク人　71
サリー　23
三角貿易　144
産業革命　109, 139
産業活動　187
産業構造　209
産業振興　212
産業組織　227
産業分野　7
産児制限　27
散布図　12
産卵行動　119
視覚相関法　12
自家米生産農家　93
識字率　33
資金援助　70
自給自足型農業　44
自給自足生活　82
シーク教徒　150
資源開発　205
資源需要　29
自己消費　8
自己所有　83
自己防御機能　63
市場参入　230
自助努力　182
地震　121
自然界　49
自然環境　7
自然共同体　50
自然減少　26
自然災害　121
慈善事業　246
自然植生　52
自然増加　9
自治権　139
自治体　156
失業手当　207
失業問題　7
実利主義　232
シテ　179
私的チャンネル　244
支配階級　235
地場産業　210
死亡率　9
資本　7
邵　力子　36
社会的伝染病　119
ジャガイモ　83
借地利用　96

借款　218, 244
シャーマ　193
ジャラビア　23
ジャワ島　155
シャンティータウン　242
首位都市　164
住環境　62
就業移住　146
住宅不足　166
住宅問題　167
集中管理　215
住民税　33
重力式灌漑　86
集約的　77
集約農業　77
熟練労働力　147
出国（エミグレーション）　135
出生可能年齢人口　25
出生登録　33
出生率　9
主要交通手段　186
狩猟民　73
ジュロン地区　175, 176
小家族化　27
小企業開発庁　215
蒸気機関　140
商業協同組合　175
商業・業務地区　132
消極的路線選定（Negative Deviation）201
蒸発散　57
商品作物　76
商品野菜栽培　78
省用水型品種　70
将来人口　34
職業再訓練事業，職業斡旋事業　207, 208
植生郡　51
植民地化　139
植民都市　131, 179
食物連鎖　51
食糧需要　29
所得格差　4, 208
シリア　87
シルト質　47
白ナイル川　89
震源地　131
人口圧力　41
人口移動　208
人口過剰　41, 166
人工港湾　194
人口サイクル　40
信号手　202
人口集積地　198
人口増加のパターン　25
人口増加率　9

人口転出　204
人口統計　8
人口の回帰変化　27
人口の構造　33
人口の爆発　25
人口ピラミッド　34
人口扶養能力　41
人口分布　29
人種抗争　247
人種偏見　247
侵食　57
深水港　194
新農村計画　158
人民委員会　100
人民公社　100
信用保証　214
衰弱症　109
水上交通　196
推定人口　161
水稲栽培　78
水文学　68
水力発電施設　70
スウェーデン　28
スカルノ将軍　155
スクォッター　162
スクォッティング　170
スクオトポリー・ゲーム　171
スコール　127
スーダン　20
スピアマンのR　13
スプリンクラー　86
スマトラ　146,155
スラウェシ　116
スラム　40
スラム・スクォッター　170
スリランカ　28
生活習慣　21
生活様式　14
政治的イデオロギー　244
政治体制　235
政治的意志　230
政治的独立　139
成人識字率　9
正相関　11,12
生態系(エコシステム)　49
政府援助　243
政府開発援助(Official Development Assistance＝ODA)　232,244
生物(バイオティック)　50
生物圏(バイオスフェア)　49
精密技術産業　215
制約条件　203
セイロン　146
世界銀行　8,123
世界人口　26

世界貿易　216
世界保健機構(World Health Organization＝WHO)　69
石油収入　221
石油消費量　9
石油ショック　119
石油精製基地　175
石油ブーム　147
石油輸出国　216
石油輸出国機構(The Organization of Petroleum Exporting Countries＝OPEC)　217
セコンディ　193
世襲　83
積極的路線選定(Positive Deviation)　201
セナル　89
全国交通ネットワーク　204
潜在失業者　220
センサス　33
扇状地　123
先進国　6
遷都　132
相関　10,11
ソエト　242
ソシアルワーカー　40
宗主国　141
草食動物　51
総人口　9
粗放的　77
粗放農業　78
村民委員会　89

〔た 行〕
タイ　116
ダイアグラム　56
第一次産業，第二次産業，第三次産業　209
第一次産品　7,187,227
大ウフル　202
滞貨　203
大河川流域　37
対数軸　11
対数相関図　12
大西洋　136
大都市　37
大都市圏開発庁　167
太陽エネルギー　50
代理戦争　233
台湾　96
タウンシップ　239
ダカール　192
多国間援助　244
多国籍企業　210,218
タコラディ　193,194

タザラ鉄道　201
脱水症状　115
タバスコ　219
ダーバン　192
タミールナドゥ　41
多毛作　45
ダモダール川　125
ダルエスサラーム　192
タルクワ　193
単一作物栽培(モノカルチャー)　76
タンザニア　112
タンザム鉄道　201
断種証明書　41
単純労働　152
淡水　68
チアパス　219
地域共同体所有　96
地域経済　226
地下水位　64
地下水資源　71
地球的視野　230
チーク材　57
チグリス・ユーフラテス川　71
治水計画　38
地方行政　33
地方道　185
地方都市　165
地中海沿岸諸国　147
地中海性地帯　52
チャド　126,198
チュー川(珠江)デルタ　100
中近東諸国　4
中国　35
中国医療　112
沖積層　155
長距離輸送　185
腸チフス　69
チリ　96
ツアレグ族　127
通貨　235
ツエツエバエ　17
津波　121
ツンドラ地帯　31,52
ディクスコープ　193
定住地　61
定地農業　75
ティンブクツ　128
出稼ぎ　33,226
適正技術(アプロプリエート・テクノロジー)　81,212
DDT　117
テムズ川　124
デリー　41
デルタ地帯　37
電子産業　215

索　引　277

転出入　33
転出入パターン　152
伝染病　69
点滴灌漑法（ドリップイリゲーション）　70
転轍手　202
伝統産業　212
天然ガス　219
天然痘　59
テンプラード地帯　82
テンプル地帯　82
店舗住宅　176
トゥアレグ人　74
等雨量線　126
統計資料　8
統計分析　13
凍土　31
東南アジア　116
島嶼地域　198
動力型揚水ポンプ　71
道路網　185,188
都市　6
都市化　161
都市開発　181,204
都市型産業　214
都市機能　165
都市規模　162
都市形成　166
都市国家　175
都市人口　9,42,161
都市の過密　247
都市の成長速度，都市の膨張　161
都市文明　138
都市問題　166
土壌流失　87
土地改革　83,96
土地所有制度　96
土地利用図　181
土地利用パターン　179
特権階級　23
トラコーマ　39
トランスケイ　239
トランスバール　238
トランスマイグレーション計画　155
奴隷制度　140
奴隷貿易　136
ドンクワ　193

〔な 行〕
ナイジェリア　25
内陸高地　37
内陸都市　190
ナイル川　44,71
ナイル峡谷　45,47
ナイル・デルタ　45

ナイロビ　67
仲買人　214
ナタール　238
軟弱土質　202
南米インディオ　59
南北戦争　144
難民　137
難民キャンプ　128
荷役効率　203
ニエレレ大統領　6
ニカラグア　131
肉食動物　51
二国間援助　244
西インド諸島　150
ニジェール川　126
西側ブロック　4
入国（イミグレーション）　135
入植者　61
ヌサワン　193
熱帯雨林帯気候　31
熱帯砂漠地帯　52
熱帯樹林　52,55
熱帯性低気圧　127
熱帯農業　16
ネットマイグレーション　137
年平均気温　20
年齢別構成　34
農閑期　152,214
農業技術，農業労働　9
農事試験場　100
農村　6
農村銀行　94
農村工業　214,221
農村コミュニティ　37
農村地域　165
ノード（結節点）　188

〔は 行〕
バイオガス発生装置　213
配置計画　157
ハイテク工業　212
パイプライン　220
培養体　58
白人中心国家　238
バクテリア　51
爆発する都市　161
麻疹　59
バスティ　166
裸足の医者　37
パッケージ・ツアー　224
バナナ　79
パプア・ニューギニア　79
ハマダラカ　117
バラカ　170

バラック住宅地　152
ハリケーン　121
針治療　112
ハルツーム　20
バルゼア地域　62
バングラデシュ　116
半砂漠地帯　73
パンジャブ　41,150
ハンセン氏病　39,69
バンツスタン　239
バンツー族　237
パンデミック（世界的流行）　116
日当り食糧供給量　9
被害状況　131
東側ブロック　4
光合成　51,58
ピグミー　73
被災地域　123
非殺傷兵器　233
ビジター　147
非常事態宣言　40
非生物（アバイオティック）　50
備蓄　218
1人当たり国民総生産額　8
避妊法　27
ビハール　41
日干しレンガ　21,182
ヒマラヤ　198
ひもつき援助　244
ビヤエルモサ　220
百万都市　162
表土　31,57
ビランキュロス　33
ビルハルツ吸虫病　69,120
ビルマ　116,146
ヒンドゥ教徒　150
ファルカ地帯　82
ファルカ・フェルデ地帯　83
風土性　23
仏山（フォーシャン）　100
武器取引　233
負相関　12
復興事業　123
プッシュ（押し出し）要因　136
物流　187
不法占拠　182
不法出国　220
不毛地　64
ブフウ・ブクム　178
プラスター　182
フラッシュ・カード　114
フラニ族　127
プラム・プラム　193
プランテーション　17,96
ブラント報告　229,230

ブリストル 144
プル(吸引)要因 136
プレトリア 238
プロジェクト 156
フローチャート 72
文化大革命 38
分散 12
紛争地域 230
分布パターン 37
平均移動距離 99
平均寿命 9
平均人口密度 32
平均必要摂取量 108
平面図 178
ベイラ 203
ベクワイ 193
ベドウィン人 74
ペトロレオス・メキシカノス(ペメックス) 219,220
ペルー 82
ベルギー 116
ヘルス・ケア 107,112
ベンガル湾 123
ベングエラ鉄道 203
ヘンリー・スタンレィ卿 179
ボーア人，ボーア戦争 237,238
貿易 48,216
貿易差益 217
紡績産業 216
防潮堤 124
放牧民 64
保菌者 115
北限線 126
牧場経営 62
牧畜 29
保健行政 112
保健サービス 6
補助金 215
ポートエリザベス 238
ボプタツワナ 239
ホームランド 239
ホームレス 156
ボランティア 114
ホリデーリゾート 240
ポルトガル 33
ボルタ川，ボルタ湖 195
香港 100
本社機能 176
ボンベイ 42

〔ま 行〕
マイグレーション 135
埋蔵油田 219
毛沢東(マオツオトン) 36

マーシャル・プラン 243
マスタープラン 179
マタンジマ首相 241
マディアプラデシュ 41
マドラス 42
マトリックス 189
マナウス 62
マナキル山系 90
マナグア 131
マナグア再建計画 132
マハトマ・ガンジー 211
マプート 192
マホガニー材 57
マミーワゴン 18
マラウイ 112
マラヤ 146
マラリア 69,117
マラリア病原虫(プラズモディアム) 118
マリン族 79
マレーシア 31,175
水需要 68
緑の革命 43
ミャンマー 116
無機物 51
無償供与 218,244
無政府状態 132
メキシコ 25
メキシコ湾 219
蒙古 138
モザンビーク 33
モヘンジョ・ダロ 65
モロッコ 34
モンバサ 192
非識字率 113

〔や 行〕
焼畑耕作 56
焼畑農業 75,80
野生動物 73
ヤムイモ 17
有機ガス発生装置 94
有機体 50
有機排泄物 101
遊牧生活 34
遊牧民 74,126
ユカタン半島 219
輸出貨物 203
輸送業務，輸送効率 188
輸送コスト 197
輸送システム 206
輸送能力 188
輸送量 203
輸送ルート 188
油田開発 219

輸入割当 218
要因関連図 236
養魚事業 100
幼児死亡率 39
用水 86
ヨハネスブルグ 238
ヨーロッパ人居留地 237
ヨーロッパ列強 141

〔ら 行〕
ラゴス 192
ラジャスタン 41
落花生 17
ラティフンディア 96
ラピ 94
ランカシャー 216
陸上交通 196
陸屋根 21
リバプール 144
リビア 147
リベリア 142
流行性感冒 59
流行性疾患 109
利用可能地 29
利用頻度 199
リンク(路線) 188
輪作 45
ルアンダ 192
ルサカ 182
零細企業の振興 214
零細自作農地域 83
レオポルドビル 179
レフォルマ 219
連鎖関係 50
レンズ豆 82
連邦移民法 150
労賃 7
労働時間 7
労働需要の拡大 150
労働力輸出 147
路上生活 166
ローズウッド材 57
路線沿線 190
路線長 201
路線マトリックス 199
ローデシア 200
露天商 214
露天生活 166
ローム質 14

〔わ 行〕
ワクチン 33,120
ワドメダニ 88

訳者略歴

保科秀明：1943年1月生れ
法政大学工学部建築科卒、修士課程終了。
槙総合計画事務所、マレーシア国立理科大学アドバイザー、法政大学講師、国際連合地域開発センター・都市計画主幹を経て、現在国際協力事業団、国際協力専門員。

翻訳協力者略歴

大濱　裕：1953年9月生れ
一橋大学経済学部卒、国立フィリピン大学・地域社会開発研究所修士課程終了。
商社勤務。民間開発援助団体（ＮＧＯ）スタッフ、国際連合地域開発センター・研究員を経て、現在日本福祉大学経済学部助教授。

國重正雄：1956年12月生れ
横浜国立大学経済学部卒。
神奈川県企画部政策調整室、国連地域開発センター・研究員を経て、現在神奈川県総務部秘書室勤務。

稲垣道子：1945年2月生れ
東京大学工学部建築学科卒。
㈱日本設計勤務を経て、現在フェリックス総合計画事務所代表。

増補改訂版　第三世界の開発問題　　　　　〈検印省略〉

2000年7月10日　増補改訂版　第1刷発行

訳　　者　保　科　秀　明
翻訳協力者　大　濱　　　裕
　　　　　　国　重　正　雄
　　　　　　稲　垣　道　子
発　行　者　株式会社 古今書院
　　　　　　橋　本　寿　資

東京都千代田区神田駿河台2-10 〒101-0062
電話　東京03-3291-2757
発行所　㈱古今書院　FAX 東京03-3233-0303

ISBN-4-7722-5032-8　C1030　　印刷・製本 カシヨ株式会社
Printed in Japan

国際協力をめざす人に

岸本　修著
宇都宮大学農学部教授
四六判　238頁
2600円
1998年発行

★派遣先で何に気を配ればよいか？
途上国への派遣者必読の書

派遣の分野別に留意点を整理し，目標や陥りやすい課題を具体的に提示した。著者は，大学教官の立場で国際協力の現場にかかわった農学者。失敗談等の個人体験をつづったトピックも役立つ。
1) 初めての派遣：事前準備，現地対応他
2) 短期派遣：基本姿勢，トップヘビー他
3) 長期派遣：適応への条件，効率，技術他
4) 青年海外協力隊：意義，古年兵的振舞い他
5) 定年後の派遣：意志疎通不足，高い要求他
6) 大学教官の派遣：服装問題，サバティカル他
7) 国際協力と戦争：財政，国際貢献の意味他
トピック：昼食会でのトラブル他，35話収録
ISBN4-7722-1683-9　C3033

国際農業協力論

友松篤信・桂井宏一郎・岸本修編
宇都宮大学農学部助教授・JICA国際協力専門員・宇都宮大学農学部教授
A5判　276頁
3000円　1994年刊行
好評重版

★JICA総裁推薦、国際協力の人材養成を目的としたテキスト

国際協力の人材養成を目的とした大学学部，JICA職員の研修，青年海外協力隊，NGO関係者の基本テキストとして，国際協力論の体系化をはかったもの。第三世界の基幹産業である農業の協力を通じて，わが国の国際協力の現状を紹介する。JICA専門員など，国際協力の経験者24名が執筆。
［第1部：理論編］日本のODAの概要，農業協力の方法，農業協力に関する基礎知識やキーワードの解説，戦後国際農業協力史年表など。
［第2部：事例編］技術協力，民間協力，学術協力に分けて，世界各地の事例を紹介。ペルーでのテロによる専門家死亡事件も収録。
ISBN4-7722-1642-1　C3060

ダイナミック・アフリカ
—地図に見るアフリカの歴史—

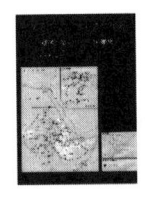

M.ワクメナ・J.トッシュ・R.ワーラー・M.ティディ著
保科秀明監訳
A5判　94頁
3500円
1997年発行

★歴史の移り変わりを2色地図で追う！

民族の抗争・差別の背景，奴隷貿易・植民地支配の後遺症など，日本ではほとんど知られていないその実態を，歴史の流れとしてとらえ，地図と対比しながらわかりやすく解説する。国際協力関係者、ビジネスチャンスを求める企業関係者を始め、21世紀を担う若者に好適。

［おもな内容］アフリカの地勢・人々，11-18世紀の北西アフリカ・北東アフリカ，16世紀までの西アフリカ，ヨーロッパの侵略と奴隷貿易，19世紀のアフリカ，植民地の拡大，植民地化への抵抗，植民地の経済，第二次世界大戦後のアフリカ他
ISBN4-7722-5008-5　C1022

古今書院　〒101-0062 東京都千代田区神田駿河台2-10
電話03-3291-2757　FAX03-3233-0303
http://www.kokon.co.jp

〈ユネスコ選書〉
ユネスコで世界を読む 改訂新版

日本ユネスコ協会
連盟編
菊判　270頁
2400円
1999年発行

★この一冊ですべてのユネスコ活動がわかる

　ユネスコ50年の活動と激動の半世紀がこの一冊でわかる。中学生，高校生にもなじみやすい三択クイズ形式でユネスコの仕事や歴史を70問紹介。久野収，平山郁夫，西川潤らの回顧インタビューやエピソードでつづるユネスコ50年の歴史と年表。国連の機関，国際年，ユネスコが作成した条約・勧告・宣言，加盟国，国内ユネスコ協会連絡先などの資料。
[クイズのテーマ] ユネスコとユニセフの違い，ユネスコのマーク，識字教育支援，世界遺産，国際フェアプレー賞，世界寺子屋運動，公用語，海のシルクロード調査，本部の芸術作品，NGO，ユネスコの職員になるには，ほか
ISBN4-7722-1492-5　C1320

〈ユネスコ選書〉
国旗総覧

吹浦忠正著
難民を助ける会代表
A5判変形　230頁
2330円
1993年刊行

★本格的な国旗の本。完全決定版。

　本書は、東京オリンピックの時に出版された日本ユネスコ教会連盟の『国旗総覧』を大幅改訂し、192カ国および地域の国旗を大型サイズで掲げ，解説した。当時学生ながら専門委員として中心になって執筆した著者は，その後も国旗研究を続け現在第一人者である。国旗の由来，その意匠の意味を解説することは，その国の歴史・地理を抜きには語れない。国旗の語る歴史・地理はさまざまだ。ある国の国民が独立を勝ち取ったときの国に対する熱い思いが国旗に象徴される。政権交替で変えられた国旗もある。過去30年に平均7カ国の国旗が変更されるという激動の現代，国際情勢を冷静に見るときのまさに基本図書。　　　学
ISBN4-7722-1635-9　C0330

〈ユネスコ選書〉
辺境の旅から

金子民雄著
A5判変型　134頁
2000円
1994年刊行

★辺境に魅せられた歴史家、金子民雄のスケッチとエッセイ

　19－20世紀の中央アジア史と東南アジアの遺跡調査を研究している著者の旅をスケッチとエッセイで綴る。
[主な内容] ヘディンのカシュガール到達百年，カシュガールのグレイトゲーム始末，アレクサンダーが恋した美女，眠れる森の美女フェルガナ，バルフに消えた三人の先人，沙漠をうねる涙の跡，紅い都アフガニスタン，パランジャをぬいだ女たち，過去と現代を結ぶ町，ポプラの葉ずれ千古の海鳴り，欲望を映す鏡，古人と結び合う南海の潮騒，船に乗ってたどる黄泉路，生ける石器時代人，幻のビルマロード，ミャンマーの古都パガン，涙の雫スリランカ，悪の花，クシ畑と犬　図　学
ISBN4-7722-1391-0　C1326

古今書院　〒101-0062 東京都千代田区神田駿河台2-10
電話03-3291-2757　FAX03-3233-0303
http://www.kokon.co.jp

〈ユネスコ選書〉
新しい開発教育の すすめ方　改訂新版
―地球市民を育てる現場から―

開発教育推進セミナー編
B5判　176頁
2400円
1999年発行

★教え方のノウハウとすぐ使える教材が充実

新しい開発教育の考え方がわかる教師のための開発教育実践マニュアル。教室でどのように授業をすればよいかがわかる。サンプル教材をいくつも具体的に示してあるので，教師はコピーしてすぐ実践できる。開発・人権・環境の三つの視点から教科を問わず実践が可能。改訂新版にあたりイラストや資料を充実。
［おもな目次］地球市民を育てるために（なぜ新しい開発教育が必要なのか）／開発教育実践研究：貧困問題の視点から（どうアプローチするか，貧困の現実を教える，なぜ貧しいのか，解決に向けて）／人権の視点から（開発問題と人権問題，教室の人権，自分の性と生，自分の文化・他の文化，抑圧・非抑圧の構造）／環境の視点から（生命を守る水）
ISBN4-7722-1048-2　C3337

国境（くにざかい）の人びと
―トランスボーダーの思想

越田　稜・吉井吉敬・吉岡　淳編
A5判　240頁＋カラー口絵16頁
2300円
1994年刊行

★国境を越える思想とは

世界各地の国境に生きる人びとを語る。移動する自由を奪われた人びとのルポを通じて，国境を越える思想を考える。紛争地域の理解に重要な視点を提供する。本書は，月刊地理に特別連載された「国境に生きる人びと」を編集したもの。アジア，アフリカ，ヨーロッパ，アメリカ，オセアニアの各地の事例は，今後の地域研究に価値ある視点を提供する。編者ほか，仁科健一，江本嘉伸，西倉一喜，松本栄一，田村志津枝，荒川俊児，内海愛子，細川弘明，野中章弘，丸山庸雄，水野孝昭，城戸一夫，水島朝穂，小林善彦，清原工，松島多恵子，小貫大輔，工藤父母道，土井敏邦，武藤一羊，花崎皋平，田中宏が執筆。
ISBN4-7722-1840-8　C1031

第三世界と 人口移動

パーンウェル著
古賀正則監訳
A5判　172頁
2500円
1996年発行

★開発問題を人口移動から考えるテキスト。

本書は，第三世界の開発問題を理解させるための大学生用教科書として1993年に刊行されたルートリッジ社の開発研究入門シリーズの1冊である。
著者パーンウェルは，イギリスのハル大学の東南アジア地誌担当の地理学の助教授。開発教育は，イギリスでは地理学者が中心になってすすめている。そこでこのようなてごろな良いテキストが生まれた。各章に議論のための復習問題を用意し，具体的事例（ベトナム，メキシコ，南ア，フィリピン，タイ，中国）は図・表・写真で解説されている。監訳者は，本書が形態と類型に重点を置いた故の不足部分として歴史的背景への言及などを長いあとがきの中で指摘している。
ISBN4-7722-1847-5　C3036

古今書院　〒101-0062 東京都千代田区神田駿河台2-10
電話03-3291-2757　FAX03-3233-0303
http://www.kokon.co.jp